U0575070

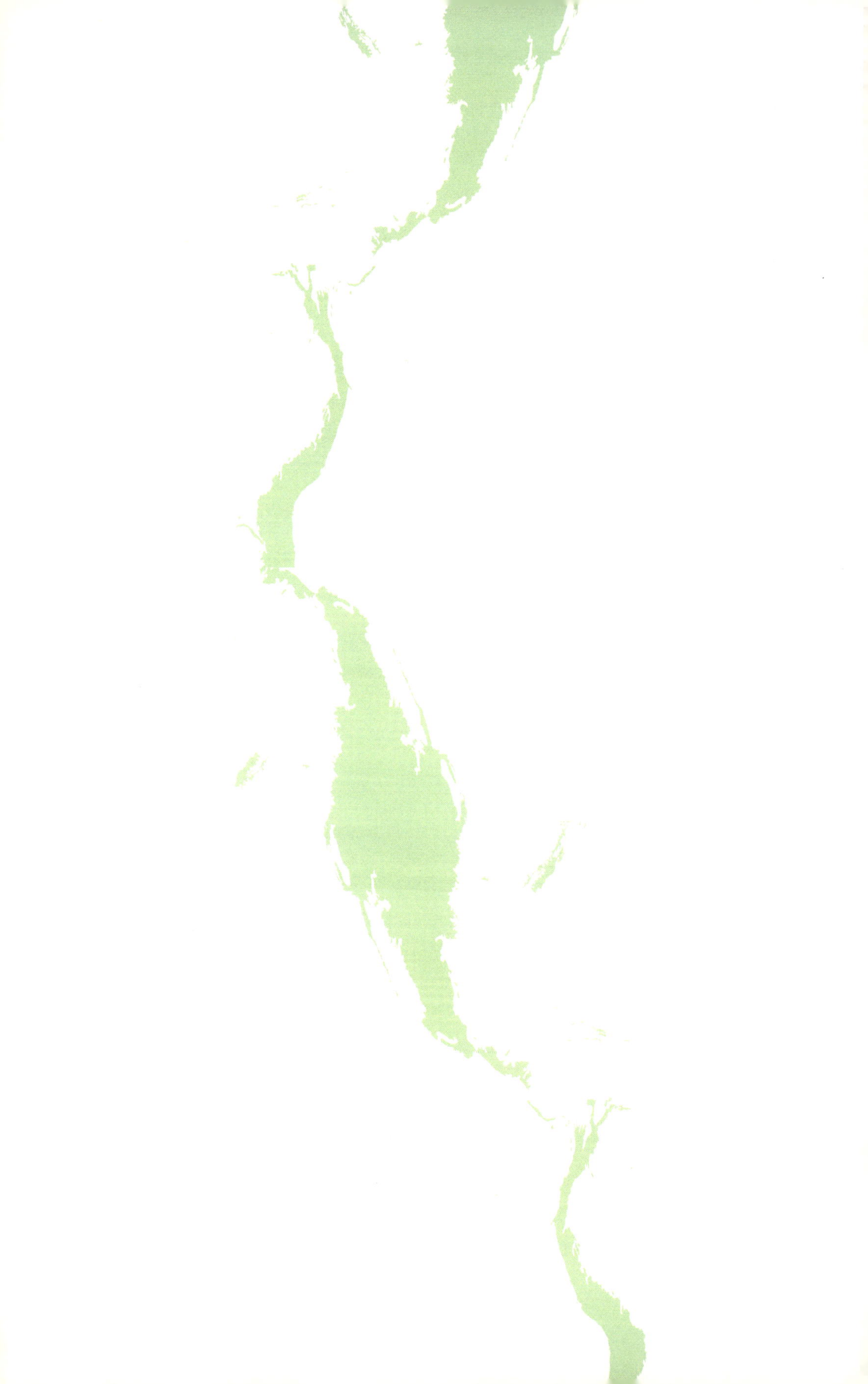

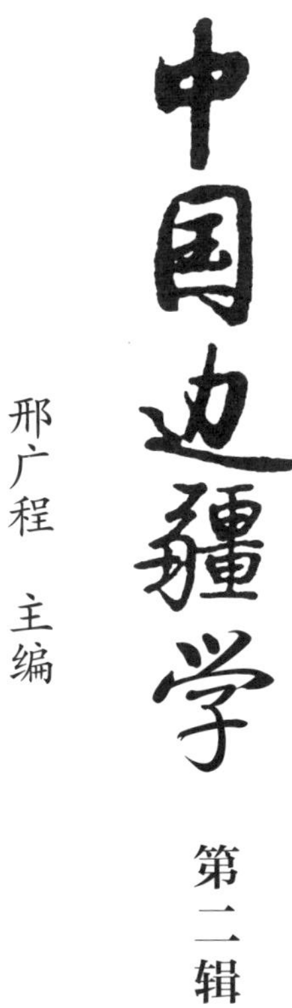

第二辑

邢广程 主编

BORDERLAND STUDIES OF CHINA

Vol. 2

社会科学文献出版社
SOCIAL SCIENCES ACADEMIC PRESS (CHINA)

目 录

丝绸之路与丝绸之路经济带专稿

边政研究

边疆民族与政权研究

文献与资料

CONTENTS

FEATURE ABOUT THE SILK ROAD AND THE SILK ROAD ECONOMIC BELT

STUDY OF FRONTIER POLITICS

STUDY OF FRONTIER ETHNICITY AND POLITICAL POWER

THE LITERATURE AND INFORMATION

丝绸之路与丝绸之路经济带专稿

中国边疆学（第二辑）

“丝绸之路经济带”与中国边疆安定和发展

——以我国东北和西部边疆为视角

邢广程

摘　要：2013 年中国提出的构建“丝绸之路经济带”，是中国在不断持续发展过程中面向不断变化的世界所提出的战略构想。本文从挖掘“丝绸之路”的历史文化价值、“草原丝绸之路经济带”的战略定位、绥芬河作为东部陆海丝绸之路经济带的桥头堡的意义、积极发挥新疆在“丝绸之路经济带”建设中的重要作用四个方面进行了论证，提出要特别关注“丝绸之路经济带”构建中的新疆与中亚合作问题、阿富汗局势对中国新疆的影响两大问题，为“丝绸之路经济带”构想的建设和落实提供了我国东北和西部边疆的视角。

关键词：丝绸之路经济带　中国边疆　安定与发展

作者简介：邢广程，中国社会科学院中国边疆研究所所长、研究员。地址：北京市东城区先晓胡同 10 号，邮编：100005。

2013 年中国提出构建“丝绸之路经济带”和“21 世纪海上丝绸之路”，这是中国在不断持续发展过程中面向不断变化的世界所提出的战略构想。中国提出上述战略构想，主要是准备通过合作和协作使中国与欧亚地区建立起更加紧密的交往空间，使欧亚空间的物质流动、人员往来、文化交流更加顺畅和便利，以满足此区域中的民众的综合性需求。中国与世界的经济合作越来越密切，2013 年中国相继提出了两个贸易额“一万亿”的战略目标，即到 2020 年中国与欧盟的贸易额将到达一万亿美元，中国与东盟的贸易额也将达到一万亿美元。实现这个战略目标需要以“一路一带”为载体加以实现。但是，中国提出“一路一带”的战略并不仅仅着眼于经济领域，习近平主席在阐述丝绸之路经济带时明确提出“五通”政策①。在这“五通”政策中，欧亚空间的“民心相通”非常重要。而在“民心相通”中各国之间文化交流和交融非常重要。

一 挖掘“丝绸之路”的历史文化价值

“一路一带”的战略构想并不是凭空而来。事实上，几千年来，中国就与欧亚大陆各国和地区通过陆上丝绸之路和海上丝绸之路进行了频繁的交往。古代丝绸之路就像一条红线将中国与欧亚空间联系在一起。古代丝绸之路就是欧亚各民族文化交流之路，是东西方文明激荡之路。丝绸之路是古代东西方文明交流最重要的战略通道。丝绸之路不仅仅是一个道路体系，更是交流网络。它实际上是东西方物质和文化交往的网络系统。尽管在漫长的几个世纪中丝绸之路并不总是十分通畅，但它却是东西方交往的重要渠道和纽带，对东西方文明的交流产生了重要作用，为东西方物质和文化沟通做出了巨大贡献。中国是古代丝绸之路的起点，现在中国提出“丝绸之路经济带”和“21 世纪海上丝绸之路”的战略具有历史的积淀性质和延续性质，并昭示了这样一个道理，即欧亚大陆空间应在历史深度交往的基础上着眼于未来进行更加紧密的合作与交流。

古代丝绸之路最直接的功能就是贸易。通过丝绸之路大量商品在地中海、中亚诸国和中国之间进行交换和流通。中国的丝绸、漆器、青铜器、镜子、纸张和瓷器等运至西方，许多商品不断地从地中海流向中国。萨珊伊朗帝国时期（224 ~ 651）丝绸之路十分繁荣。在阿黑门尼德王朝时期，伊朗就已经与中国通过丝绸之路进行贸易，萨珊伊朗帝国进口中国的主要商品是丝绸，此外还着力进口生丝，按照萨珊传统的纺织方式进行再加工，以获取更大利润。萨珊伊朗帝国丝绸图案比较精美，对西方的拜占庭和东方的中亚都产生了较大影响。从历史史料和考古发掘材料中可以看出，萨珊伊朗帝国

① 2013 年 9 月 7 日习近平主席在哈萨克斯坦哈扎尔巴耶夫大学讲演时提出建设“丝绸之路经济带”的战略构想，他所提出的“五通”政策是：加强政策沟通，加强道路联通，加强贸易畅通，加强货币流通，加强民心相通。这是构建丝绸之路经济带的指导思想。

的文化对欧洲和中亚乃至中国都有影响，对后来的穆斯林文化也产生了较大影响。萨珊伊朗帝国一般通过两条线路与中国进行贸易，除陆上丝绸之路外，另一条是海上丝绸之路，即绕道东南亚海岸的海路，但当时陆上丝绸之路更繁荣一些。由此可见，海陆丝绸之路在当时就已经成为东西方贸易的重要通道。萨珊伊朗帝国之所以繁荣，与其地处东西方贸易的中心地带有关，该国商人精心利用这个地缘优势进行过境贸易，善用"中间商"的地位，他们还能够铸造精美的货币。

索格底亚那商人的丝绸贸易。在公元3~8世纪，中亚的索格底亚那包括泽拉夫善河（Zerafshan）和卡什卡河（Kashiha）流域。在这个时期，索格底亚那人是典型的丝绸商人，善于控制丝绸之路贸易。索格底亚那人铸造钱币，多为方孔青铜铸币。从敦煌文书提供的材料表明，早在4世纪，中国长安等城市中就生活着来自索格底亚那的商人。根据喀喇昆仑山的岩石铭文记载，索格底亚那商人当时控制了南部商路（从中亚到印度河谷地）。从6~8世纪索格底亚那人还控制了中亚北部被称为"毛皮之路"的商路。应该说索格底亚那人在当时为丝绸之路的拓展和繁荣做出了很大贡献。

在公元5~7世纪，来自地中海的商人、索格底亚那人、西突厥人、萨珊伊朗人和来自中国中原的商人频繁进行贸易往来，他们既从事贸易又传播文化。"丝绸之路上的贸易使大量极其贵重的商品得以在中国、中亚诸国和地中海诸国特别是拜占庭之间流通和交换。不仅个别的商人和行会（如印度的情况），而且国家也参加这种贸易；统治者们对这种贸易的利润也很感兴趣。外交关系往往取决于商业和经济利益。索格底亚那人、西突厥人与萨珊伊朗关于丝绸运输通过伊朗领土的冲突，以及一起使用穿过高加索北部道路的突厥和拜占庭建立军事和政治联盟（针对萨珊），都最好地说明了这一点。应该注意，丝绸之路不仅对商品的交换，而且对人员、文学著作、艺术品、思想和观念的交流都做出了贡献。[①] 在3~8世纪中亚地区形成了一些重要的艺术中心，有希腊和罗马文化与艺术影响的痕迹。萨珊伊朗帝国的城市建筑和要塞建筑也具有东西方文化兼容的特点，比如沙普尔一世（241~271）的城市建筑受到欧洲的影响很大，因为他邀请了

① 《中亚文明史》第三卷《文明的交会：公元250至750年》，中国对外翻译出版公司、联合国教科文组织，2010，第416页。

希腊等国工匠从事建筑活动。在丝绸之路形成和发展过程中，东西方文化交流是其重要内容。从西域发现的书面材料中可以看到汉文、藏文、突厥文、波斯文、帕提亚文、索格底亚那文、和田塞文、巴克特里亚文和吐火罗文，这表明西域是一个民族大熔炉，各种文化、语言和民族、宗教在这里熔合交融，生息繁衍。

宗教的传播。在丝绸之路所经过的区域宗教的作用越来越大，佛教、锁罗亚斯德教、基督教、摩尼教和道教都通过丝绸之路进行交融和影响。由此可见，丝绸之路不仅是货物流动的网络，也是宗教交流和传播的渠道。在丝绸之路上人员流动是非常重要的内容。来自中国和其他地区的朝圣者往来于印度，来自印度的佛教僧人也从印度前往中国和中亚等地传教。法显法师于公元 399 年从长安出发，经过西域鄯善等国，进入印度，习梵文，搜集佛教经典，后由海路经斯里兰卡（师子国），再经印度尼西亚（耶婆提）回国。他途经陆海两个丝绸之路，为推动中国与西域、南亚和东南亚的人文交流做出了不可磨灭的贡献。他是环绕陆海各丝绸之路的著名僧人。玄奘西天取经在中国家喻户晓，成为中国唐朝与西域交流的典范。贵霜帝国时代以来，在东方佛教处于发展的高峰时期，具有明显的宗教扩张性，在西方基督教则在美索不达米亚发展开来，而犹太教则在巴比伦比较兴盛。在贵霜帝国时期，佛教对中亚地区的影响非常大，并与中亚当地的传统文化相融合。公元 7 世纪，在西域同时崛起了三个强国，即中国唐朝（618 ~ 907）、吐蕃和阿拉伯帝国。上述三个大国有竞争、有战争，也有交流和融合。唐朝为了管理西域地区，实行了都护府制度，先后设立了安西都护府和北庭都护府。在唐朝时期于阗地区曾经是佛教的中心地区，来自中原的很多朝圣者向往于阗。于阗的僧侣们研究大乘教义，翻译印度诗歌，整理佛教文献。随着阿拉伯帝国的崛起，也随着怛逻斯之战中国唐朝军队的溃败，阿拉伯帝国逐渐在中亚得势，与阿拉伯帝国扩张的同时，伊斯兰教也逐步向东扩大影响。丝绸之路是伊斯兰教向西域地区乃至中国中原地区扩大影响的重要渠道。尽管中亚西部在八世纪被阿拉伯征服，但并没有立即接受伊斯兰教。佛教对早期苏菲主义有一定的影响。“毫无疑问，伊斯兰教传播的最初几个世纪中，人民的信仰继续受古老的、前伊斯兰观念所主导，这些观念只是部分地隐藏在一层薄薄的伊斯兰化文明之下。只有直接介入穆斯林崇拜活动的一小群人的情况有所不同。前伊斯兰和非穆斯林意识形态构成了中世纪人民意识形态的核心——这种意识形态直接地或它通过民间文学，也通过书面传说或回忆——对文学、哲学和科学，以及对社会的精神氛围具有深远影响。”“因此，三至八世纪的中亚文明，或者说这个时代中亚文明结构的所有方面都是以后一些世纪伊斯兰文明许多主要因素的基础。”①

中原文化与西域文化的交融。西域的文化对唐代有很大的影响。龟兹的文化如音乐和舞蹈为中原地区所接受。著名的“霓裳羽衣”是从中亚地区通过龟兹传入唐朝长安的。当时唐朝流行西凉乐，它实际上就是龟兹音乐与传统中原音乐结合而成的。当时唐朝的很多著名的乐师和舞蹈家都来自西域地区。② 751 年怛逻斯之战，唐朝大军大败，被俘唐兵中有造纸工匠，他们将造纸技术带到了中亚并传播到欧洲，后来撒马尔罕成为中亚造纸中心。早在 2000 多年前中国汉代，中国就与东南亚人民进行交流。15 世纪初，中国明代著名航海家郑和七次远洋航海，传播了中国文化，带回了东南亚、南亚和印度洋文化。通过海上丝绸之路中国与海外建立了密切关系。《红楼梦》对来自爪哇的奇珍异宝有比较详细的描述。

在 21 世纪人类进入了全球化时代，在全球化的背景下，欧亚大陆更应该挖掘古代丝绸之路的历史文化价值，弘扬交流、融合、对话、合作和共赢的理念，让欧亚空间成为繁荣发展与和平安宁的地区。

二　“草原丝绸之路经济带”的战略定位

习近平总书记提出的“丝绸之路经济带”战略构想，以“五通”政策和创新模式打造区域大合作的新格局。“丝绸之路经济带”是我国在不断发展和崛起的背景下提出来的，具有战略意义，是中国在新的历史条件下结合国际国内两个大局的新情况和新特点而提出的战略思路，旨在欧亚大陆空间形成一个新的经济发展区域，构建一个世界上最具有发展潜力的经济走廊和区域，通过现代化的基础设施现代化和贸易便利化将欧亚各国紧密联系起来，丰富欧亚大陆的合作内涵和形式。

应最大限度地挖掘古代丝绸之路的历史价值和历史意义。从历史上看，“丝绸之路”不止一条，主要有四条大的通道：一是“沙漠丝绸之路”，经

① 《中亚文明史》第三卷《文明的交会：公元 250 至 750 年》，中国对外翻译出版公司、联合国教科文组织，2010，第 418 ~ 419 页。

② 《中亚文明史》第三卷《文明的交会：公元 250 至 750 年》，中国对外翻译出版公司、联合国教科文组织，2010，第 298 页。

河西走廊至西域通向欧洲；二是北疆的“草原丝绸之路”；三是东南沿海“海上丝绸之路”；四是通往印度的南方丝绸之路。其中北疆的“草原丝绸之路”在历史上也起到了重要的作用。

“草原丝绸之路经济带”是“一路一带”重要的组成部分，是中国通向欧亚大陆西端的重要环节。从区位上看，“草原丝绸之路经济带”位于“一路一带”的北端，承载着“一路一带”连接中国北疆与北部和西部周边国际环境的战略作用。其中俄罗斯和蒙古是“草原丝绸之路经济带”能够直接覆盖的地区，俄罗斯和蒙古是中国北部邻居，内蒙古可以通过满洲里和二连浩特两个铁路节点与俄罗斯和蒙古的铁路网进行对接，是连接中国内地和俄罗斯、蒙古及欧洲腹地的重要节点。因此，俄罗斯和蒙古是“草原丝绸之路经济带”重要的合作区域和通向欧洲和东北亚的重要通道。从辐射区域上看，“草原丝绸之路经济带”的东段可以延伸至朝鲜、韩国乃至日本和美国等国家和地区。“草原丝绸之路经济带”的东段是亚欧大通道的重要平台和通道，是“草原丝绸之路经济带”在新的历史条件下所容纳的重要内容。“草原丝绸之路经济带”的西段效应也很明显，它是“沙漠丝绸之路”的重要分支，它将宁夏、青海、甘肃与新疆丝绸之路连接起来，成为经典的丝绸之路的组成部分。

从南北的区位优势上看，“草原丝绸之路经济带”承载着我国南北战略通道的战略作用，我国东南沿海地区属于经济发达地区，其经济能量的输入和输出极为频繁。东南沿海地区将内蒙古视为我国经济对外发展的重要窗口。上海、广州、深圳和中部地区省份向俄罗斯乃至欧洲的陆路运输需要经过内蒙古。这种现象的形成不是现在才有的。从历史上看，“草原丝绸之路”实际上是呈网络分布，除东西向延伸之外，“草原丝绸之路”还呈南北向伸展，比如“茶叶之路”就是从福建武夷山起，经过中原地区，至内蒙古和蒙古，通往欧洲，该路被史学界称为“万里茶道”，这条茶道使中国南茶北运西销，不仅带动了茶叶贸易，更传播了茶叶文化。

俄罗斯和蒙古国的战略作用。构建“草原丝绸之路经济带”离不开俄罗斯，换句话说，“草原丝绸之路经济带”是否能够构建成功关键取决于如何与俄罗斯建立并保持长期的互利共赢的稳定的战略关系。俄罗斯对中国的“一路一带”战略非常关注。正如俄罗斯外交家沃罗比约夫所说：“考虑到这一构想的严肃性和长期性，作为欧洲—太平洋地区强国、中国的多年战略伙伴的邻居，俄罗斯应密切关注北京如何阐释和具体落实该构想的内容。”① 到目前为止，俄罗斯官方的表态是非常清晰的，即支持中国的“一路一带”战略并积极加以合作。2014 年 2 月，习主席与普京在索契会见时，习主席欢迎俄方参与丝绸之路经济带和海上丝绸之路建设，使之成为两国全面战略协作伙伴关系发展的新平台。普京总统积极回应，俄方积极响应中方建设丝绸之路经济带和海上丝绸之路的倡议，愿将俄方跨欧亚铁路与“一带一路”对接，创造出更大效益。这是中俄全面战略协作伙伴关系发展的重要合作方面。同时，普京总统在 2013 年 12 月发表国情咨文时提出，要把开发远东和东西伯利亚作为绝对优先发展方向，西伯利亚和远东地区在俄罗斯崛起进程中的地位和作用。俄罗斯正在实施强国战略，谋求强势崛起。俄罗斯实现崛起的有利因素很多，同时阻碍其崛起的因素也很多。其中如何对待西伯利亚和远东地区的发展问题，是决定俄罗斯能否顺利崛起的最重要的因素之一。全部问题的关键在于，俄罗斯如何富有智慧和有效地将西伯利亚和远东地区逐步地发展起来。大规模发展西伯利亚和远东地区是俄罗斯成为真正意义上的欧亚大国的必要条件和最重要的任务。西伯利亚和远东地区是俄罗斯各种战略资源的储备库，是俄罗斯实施亚太战略的直接平台。俄罗斯若崛起离不开与亚太地区的深度经济合作并以有效的方式融入亚太地区，在亚太地区的经济发展结构中扮演重要的角色。俄罗斯大规模开发西伯利亚和远东地区应在市场经济的框架内实施。在这个前提下俄罗斯应实现两个开放，一是对俄罗斯西部地区的全面开放；二是对周边国家的全面开放。俄罗斯若获得开发资金，首先要改善自身的投资环境，最大限度地吸引国际资本到西伯利亚和远东地区投资开发。如果俄罗斯有节奏地开发西伯利亚和远东地区，则俄罗斯就有可能将西伯利亚和远东地区的开发作为撬点来实现俄罗斯跨越式发展，实现俄罗斯欧亚大国的真正理想，这将意味着 21 世纪将有可能成为俄罗斯的世纪。普京总统有两个新的战略构想：一是欧亚经济联盟，二是大规模发展西伯利亚和远东地区。而这两个战略构想存在着内在联系的逻辑。成立远东地区发展部，制定专门针对该地区发展的战略纲要和规划，这表明俄罗斯不想空谈开发远东地区，而要加以落实，而欧亚经济联盟也在加紧推进，这表明俄罗斯政府已经选好了国家崛起的内外两个新的战略平台，呈现出俄罗斯崛起的崭新战略布局。组建欧亚经济联盟和大规模发展

① 莫斯科国际关系学院国际研究所东亚与上海合作组织研究中心高级研究员维塔利·沃罗比约夫：《新丝绸之路》，《全球政治中的俄罗斯》双月刊 2014 年第 4 期（7 月 2 日出版）。

西伯利亚和远东地区是俄罗斯建立真正意义上的欧亚大国的两根最重要的地基之桩。

2014年对俄罗斯来说极其不寻常，乌克兰危机和内战使俄罗斯陷入了与西方严重对立的状态，面对西方的经济制裁，俄罗斯的经济发展受到了制约和阻碍，这个新因素极大地刺激了俄罗斯转向亚洲的势态。俄罗斯专家甚至提出建议，中俄设立“卢布—人民币”合作区联手取代美元。俄罗斯与中国的金融合作主要在油气和工业贸易上，这是人民币作为储备货币的前提条件。地理上最大规模的行动正在东西伯利亚—中国东北地区展开。以能源等价物为基础发行俄中结算单位的问题进入了议事日程。所有其他国家将不得不在本国的授权交易所购买这种单位。这种结算单位的代号是“能源保障货币”。该计划的实施将使世界经济形势发生重大变化。[①] 正如俄罗斯学者所说的，面对西方的强大压力，俄罗斯转向亚洲是明智之举。[②] 中国正在谋求和平崛起，中国所提出的“一路一带”的战略是中国实现和平崛起的重要途径，也是中国与外部世界谋求对接的重要载体。在“一路一带”这个大的战略背景下，“草原丝绸之路经济带”是与俄罗斯对接的最直接的合作方式。从2014年普京总统访华两国签署非常重要的天然气合作协议中可以看出，中俄战略合作更加紧密，更加务实。中俄发展关系不是权宜之计，俄罗斯向东扩大经贸关系不是受到西方刺激而做出的政策反应，而是既定战略的延续，“在东方，俄罗斯需要解决另一个国内问题——发展东西伯利亚和远东”。[③]

蒙古国对参加“丝绸之路经济带”建设也十分积极。“中方愿同蒙方加强在丝绸之路经济带倡议下合作，对蒙方提出的草原之路倡议持积极和开放态度。双方可以在亚洲基础设施投资银行等新的平台上加强合作，共同发展，共同受益。”[④] 习主席这次访问期间，蒙方长期关心的过境运输、出海

---

① 俄罗斯欧洲研究所能源政策中心教授阿列克谢·海通：《卢布与人民币联手取代美元》，俄罗斯《独立报》2014年6月10日。

② 莫斯科国立经济、统计和信息大学塔蒂亚娜·由茅：《俄罗斯明智转向亚洲》，西班牙《起义报》2014年6月17日。

③ 俄罗斯议会上院国际事务委员会主席米哈伊尔·马尔格洛夫：《俄罗斯—西方—东方》，俄罗斯《独立报》2014年6月30日。

④ 国家主席习近平2014年8月22日在蒙古国国家大呼拉尔发表题为《守望相助，共创中蒙关系发展新时代》的重要演讲。http：//news. xinhuanet. com/politics/2014 - 08/22/c _ 1112195359. htm。

口等问题都得到了妥善解决。两国签署了《中蒙经贸合作中期发展纲要》，确定了到2020年双边贸易额达到100亿美元的目标。两国还成立了矿能和互联互通合作委员会，双方同意研究在中国二连浩特－蒙古国扎门乌德等地建立跨境经济合作区。这表明中国与蒙古国的合作已经全面展开。内蒙古通过“草原丝绸之路经济带”可以与蒙古国的“草原之路”实行对接，建立非常密切的经济合作关系。中国内蒙古自治区与蒙古国进行区域经济合作具有很多得天独厚的便利条件，蒙古族是跨境民族，同根同源的蒙古文化和民族特性是该地区进行深度经济合作的重要人文条件和推动因素；辽阔的草原形态是“草原丝绸之路经济带”伸展的有利媒介。蒙古国是中国内蒙古自治区构建“草原丝绸之路经济带”最重要的外国合作伙伴之一。

纽带作用。从国内来看，中国沿海和内陆省区通过“草原之路经济带”，可以加快走向欧亚市场的进程。2014年满洲里率先发力，与江苏省苏州合作，组建了“苏满欧”运输模式。“苏满欧”铁路专线一经开通就显示出很大的优越性，与渝新欧、郑新欧和汉新欧相比更具有经济效益。到目前为止广州、郑州等地希望与满洲里合作共建直达亚欧的铁路集装箱专线。内蒙古具有独特的向外伸展的物质环境和基础设施，应该充分发挥呼和浩特、满洲里、二连浩特的重要城市节点作用，其中满洲里和二连浩特的作用不可替代。通过满洲里和二连浩特，内蒙古将中国内地和沿海地区与俄罗斯的第一条欧亚大铁路有效地联系在一起，形成了便捷的运输通道。在基础设施便利化方面中俄、中蒙之间还有很多事情需要做。比如应该推动修建中蒙“两山”铁路（中国阿尔山—蒙古国乔巴山），该倡议最早是由联合国计划署提出来的，这对蒙古国和中国都有好处。

构建“一路一带”，给内蒙古自治区带来了前所未有的战略机遇期，内蒙古经济发展势头很好。在构建“草原丝绸之路经济带”的大背景下，内蒙古可以能够更好地发挥区位优势和资源优势，有步骤地统筹发展国际和国内两个市场，运用“看不见的手”优化市场资源配置，着力推进贸易投资便利化。但资源型经济结构制约着自身的发展，内蒙古自治区应以构建“草原丝绸之路经济带”为契机，进一步加快对外开放的步伐，取得实质性突破性的进展，在与周边相邻国家的经济合作中扮演重要角色，在与国内其他省区在经贸往来中起到纽带作用。

加强沟通和对话。当然，中国的“一路一带”战略在国际上也有各种各样评论，这些都是很正常的。其中俄罗斯莫斯科国际关系学院国际研究院东亚与上海合作组织研究中心高级研究员维塔利·沃罗比约夫的观点值得我们思考和关注。他的观点如下：（1）推行丝绸之路经济带构想是否与北京已经实施的中亚政策，即强化中国与中亚已有关系的政策有关？（2）落实该构想是否意味着成立跨国机构，也就是说朝组建某种组织前进？或者中国是否盘算着构筑与自己捆绑在一起、拥有自由化贸易经济机制、类似欧亚经济联盟的灵活自治区架构？（3）丝绸之路经济带构想在实际落实过程中采取的具体措施，多边或双边活动的标准是什么？（4）对于北京提出将“互惠互利”原则应用至存在激烈竞争的贸易、经济关系中，该如何解读？应将其理解为数字意义上的利润均等，还是中国向别国经济提供“利他主义”的金融投资？（5）如果有人认为该构想必然包含文化、人道主义因素，那么中国在多大程度上做好了落实构想过程中需向参与者解释种种问题的准备？又在多大程度上做好了从东欧和西欧运来的不只是商品，还包括政治化价值观理念的准备？（6）或者说，中国的重点不在商品、金钱关系或货物运输商，而是在建立某种世界观平台上？该平台或将成为中国将和平共处五项基本原则进一步向国际舞台推广的思想、哲学化应用框架？[①] 沃罗比约夫先生所提出的问题，最重要的是，希望中国学术界能够明确解释，中国构建“丝绸之路经济带”的战略意图是什么，中国如何处理经济合作因素与其他因素之间的关系等。因此，中国学术界应更多地与外部世界进行接触，多沟通，多解释，让利益共同体和命运共同体理念在周边国家落地生根。

三　绥芬河：东部陆海丝绸之路经济带的桥头堡

2013 年中国提出构建“丝绸之路经济带”和“21 世纪海上丝绸之路经济带”后，黑龙江省把握中俄深化全面战略协作伙伴关系的重大机遇，提出“加快打造连接欧亚的东部陆海丝绸之路经济带”的战略思路。黑龙江是边贸大省，是对俄经贸合作的桥头堡和枢纽站，应着力拓展东北亚区域合作宽度和深度，向俄罗斯方面拓展经济合作的战略空间，实现丝绸之路经济带的东拓，着力推动中俄经贸合作，使中俄经济合作实现转型升级，成为中俄区域合作的重要支撑点。

---

① 莫斯科国际关系学院国际研究所东亚与上海合作组织研究中心高级研究员维塔利·沃罗比约夫：《新丝绸之路》，《全球政治中的俄罗斯》双月刊 2014 年第 4 期（7 月 2 日出版）。

绥芬河在对俄贸易方面正在逐步发力，正在成为黑龙江省对俄经济合作的桥头堡和战略节点。第一，绥芬河是传统对俄贸易的通关口岸，也是对俄跨境电商通关服务平台的试点口岸，绥芬河跨境电商通关服务平台建立后，为中俄商品的小额贸易提供了便利条件。第二，绥芬河中俄跨境汽车自驾游线路已正式开通。绥芬河位是目前中国通往远东地区的最大陆路口岸。2013年初，俄罗斯游客就被获准可以在绥芬河城市内自驾游，现在俄方批准中国游客入境自驾游，标志着中俄绥芬河两国边境旅游迈上新台阶。第三，2014年绥芬河开始从俄罗斯进口石油液化气。第四，绥芬河每年进境的木材达400多万立方米，约占全国从俄罗斯进口木材的1/3，是黑龙江唯一进口原木加工锯材出口试点口岸。① 第五，绥芬河市商务局与俄罗斯滨海边疆区认证中心合作成立“绥芬河市中俄进出口商品认证中心”，从而简化了通关手续，推进了口岸通关便利化，在绥芬河就可以完成到俄罗斯的权威全程认证，大大方便了中国商人去俄罗斯经商。绥芬河市海关已确定将出口的果菜和进口的锯材列为中俄海关监管结果互认的试点商品。绥芬河海关与绥芬河检验检疫局已正式启动关检合作“一次申报、一次查验、一次放行”项目，绥芬河对外贸易额连续多年占黑龙江省的1/4，口岸过货量占黑龙江省的80%以上。② 第六，绥芬河还成立了中俄法律服务中心，为中俄企业界人士提供法律咨询和服务，是中俄地区首家跨国法律服务平台。③

还要看到，在中俄关系处于全面发展的新时期，在黑龙江省打造连接欧亚的东部陆海丝绸之路经济带的战略构想中，绥芬河正在扮演着重要的中俄区域合作角色。党的十八大报告提出了“创新开放模式，促进沿海内陆沿边开放优势互补，形成引领国际经济合作和竞争的开放区域”的战略，旨在构建沿海、内陆、沿边多向度的开放格局。2013年8月9日，国务院批复了《黑龙江和内蒙古东北部地区沿边开发开放规划》，将黑龙江和蒙东地区的沿边开放开发正式上升为国家战略。十八届三中全会上通过的《中共中央关于全面深化改革若干重大问题的决定》专门论述了“构建开放型经

① 《“木业之都”的守护者——黑龙江绥芬河检验检疫局支持木业产业发展见闻》，中国质量新闻网，2014年2月7日。http://www.cqn.com.cn/news/zggmsb/dier/842886.html。

② 《扩大查验互认范围　方便出口商品通关——绥芬河推行通关便利化》，《人民日报》（海外版）2014年7月19日。

③ 《加强中俄法律交流合作，成立首家跨国法律服务中心》，《今日绥芬河》2014年3月17日。

济体制”问题，提出要“加快沿边开放步伐，允许沿边重点口岸、边境城市、经济合作区在人员往来、加工物流、旅游等方面实行特殊方式和政策”。目前国家发改委、商务部牵头编制《沿边地区开放开发规划（2012～2020）》，旨在具体落实党中央提出的全面开放战略。在贯彻党中央和国务院战略布局中，绥芬河应获得更大的发展空间，必须在“实行特殊方式和政策”方面下功夫。

绥芬河是东北亚对俄开放的重点城市，目标是发展自由贸易区。早在2013年年中，绥芬河就已经向国家有关部门提交了《绥芬河边境自由贸易区设计方案》。绥芬河市是国务院批准设立的第六个综合保税区，也是中俄边境线上唯一一个综合保税区。绥芬河与俄罗斯远东运输网联通，是我国连接东北亚和走向亚太地区的便捷通道。绥芬河口岸联通两个战略交通方向，一是绥芬河向西连接俄罗斯西伯利亚大铁路，可以直达欧洲国家和地区。二是绥芬河向东连接俄罗斯符拉迪沃斯托克、纳霍德卡和东方港三个俄罗斯东方港口，通过这些港口中国的货物可以达到韩、日、美国等国家和地区。绥芬河申请自贸区已有一定基础和必要条件：第一，绥芬河综合保税区已运行3年，积累了一定的经验，其基础设施建设已初具规模；第二，公路和铁路口岸改造正在逐步推进，旨在提高通关能力；第三，绥芬河正在开工建设直线机场，2015年将开通牡丹江至绥芬河的高铁。① 绥芬河正在打造现代化的口岸+机场+高铁=便捷的国际化交通模式。绥芬河仅仅加强自身的建设还不够，更需要督促俄方加快公路、铁路口岸的改造，只有俄方的基础设施建设跟上来了，双方的合作才能进一步深入下去。2015年绥芬河到海参崴高等级公路将全部贯通，这将改善该区域的流通环境，届时绥芬河到符拉迪沃斯托克200公里的路程只需要两个小时，这属于快速交通模式。上海自贸区黑龙江分支运营中心正式落户哈尔滨。上海、哈尔滨、绥芬河联合打造对俄贸易大通道，构建一条以绥芬河为起点，中经哈尔滨，向南延伸至上海的对俄贸易走廊。上海自贸区介入黑龙江省会对中俄贸易产生巨大正面影响，也会促进绥芬河自贸区的形成。上海—哈尔滨—绥芬河合作模式具有很大的潜力：上海是我国经济中心城市，具有强大的辐射和带动作用；哈尔滨是黑龙江乃至我国东北地区中心城市，具有强大的区位优势；绥芬河是对外贸易的

---

① 《专访绥芬河市委书记赵连钧：自贸区申请已上报，正细化方案与政策设计》（2013年12月27日）。http://www.nbd.com.cn/articles/2013-12-27/798327.html。

窗口，对俄出口作用不可替代。

另外，绥芬河是中俄本币互换和结算的示范区。在绥芬河可以使用卢布，是绥芬河发展自由贸易区的必要条件，而综合保税区也是自由贸易区的必要前提。截至2013年11月末，绥芬河本币结算量达34103万美元，同比增长85.48%。其中，人民币结算量为19.3亿元，同比增长85.52%，占本币结算量的91.8%。同时，绥芬河还在推进对俄贸易投资结算中心试点，截至2013年11月末，完成结算量达31.19亿元，同比增长39.18%。[①] 使用卢布一方面方便了俄罗斯公民在绥芬河从事贸易活动，另一方面也降低了交易成本，减少了汇率上的损失。使用卢布还可以刺激俄罗斯公民购物的积极性，因为他们用卢布消费，既方便熟悉又有安全感和亲切感。使用卢布必将进一步扩大绥芬河的对俄开放，特别是扩大双向开放。实现中俄区域货币的互通，也会促进人民币国际化进程，首先是人民币在俄罗斯区域范围内实现国际化。绥芬河的经济合作重点应放在商贸、旅游、金融、物流等方面，尤其是金融领域。绥芬河应打造成为中俄边境地区的金融重镇，应将银行、保险、证券、担保等金融企业的分支机构引入绥芬河，以引领和带动区域经济发展。

总之，绥芬河以其特有的地缘经济优势，正在中俄区域经济合作格局中发挥越来越大的作用，成为中俄经济合作的重要战略支点。

四　积极发挥新疆在“丝绸之路经济带”建设中的重要作用

习近平主席提出建立“丝绸之路经济带”，是我国针对欧亚大陆战略空间所提出的极其重要的区域合作倡议和主张，符合中国快速发展所形成的影响外溢的客观现实，体现了中国通过欧亚区域经济合作与其他周边国家共享区域经济合作成果的共赢思想。而新疆地处祖国西部边陲，自然是实施“丝绸之路经济带”战略的前沿、桥头堡和核心地带，是推动该战略实现的主力军和排头兵，是其最重要的推动者、受益者，应该发挥独特的甚至不可替代的作用。

---

① 《专访绥芬河市委书记赵连钧：自贸区申请已上报，正细化方案与政策设计》（2013年12月27日）。http：//www.nbd.com.cn/articles/2013-12-27/798327.html。

（一）新疆是我国“丝绸之路经济带”建设的最直接参与地区和前沿

按照习主席所提出的基本思路，“丝绸之路经济带”首先要开辟交通和物流大通道。具体地说，开通从波罗的海到太平洋、从中亚到印度洋和波斯湾的交通运输走廊。这实际上是在欧亚大陆腹地开通十字形的贯通东西南北的交通和物流大通道。而新疆正处于这个欧亚大陆腹地十字大通道的区域之内，我国新疆与俄、哈、吉和塔四个上合组织成员国直接为邻，与乌兹别克斯坦为近邻，与蒙、阿、印、巴四个上合组织观察员国直接为邻，其地理位置十分重要，在我国各省区中处于“丝绸之路经济带”建设的独一无二的特殊地理位置，这就决定了新疆是我国实施“丝绸之路经济带”最前沿地区，是我国与周边国家合作最直接的平台，是我国影响外溢的直接发力地区，是实现我国“丝绸之路经济带”战略最重要的载体。新疆165万平方公里的广袤土地完全可以在与周边八国以及中亚、中东乃至欧洲的交流中起到纽带、桥梁和支点作用。

（二）新疆应首先实现与中亚地区的互联互通

在“丝绸之路经济带”建设中首先要将新疆由交通末端变为西联的枢纽，将新疆已经制定的“外引内联、东联西出、西来东去”的开放战略和统筹国际国内两种资源、两个市场的规划镶嵌在我国“丝绸之路经济带”大战略中去，推进与内地及周边国家的大通道建设，把新疆打造成我国对外开放的重要门户和基地。

（1）加快新疆交通网络的建设。根据新疆“十二五”规划，到2015年，新疆铁路营运里程将达到8200公里（五年新增4100公里），到2020年，新疆将形成四纵四横、五大对外通道、六个对外铁路口岸（红其拉甫、吐尔尕特、霍尔果斯、阿拉山口、吉木乃、塔克什肯）的铁路路网格局。到2015年，新疆公路通车总里程达17万公里，初步形成“四横两纵”高速公路骨架和“五横七纵”干线公路网络格局。到2015年，新疆干线机场数量达到22个，其中新建、迁建机场6个。[①] 新疆应抓紧时间与内地交通

① 《新疆维吾尔自治区国民经济和社会发展十二五规划纲要（2009年7月6日）》，http：//www.china.com.cn/aboutchina/zhuanti/09dfgl/2009－07/06/content_ 18078718.htm。

网络相衔接，新疆交通网络的先行构建会为将来的“丝绸之路经济带”交通网络布局做出预先准备和安排，有助于将来我国与该经济带交通网络的顺利衔接。

（2）加强国际铁路通道建设，加快推进中吉乌、中巴等铁路建设，形成我国新疆与中亚和南亚区域铁路交通微循环的畅通，有助于推动中巴经济走廊建设，有助于推动中亚地区与新疆的经济区域合作。

（3）国家应对阿拉山口口岸铁路站区进行“二次”规划、扩能改造，满足不断增长的运能及贸易企业的发展需要。

（三）加强喀什和霍尔果斯特别经济开发区的建设

在“丝绸之路经济带”大战略中，喀什和霍尔果斯特殊经济开发区应起到向西开放的窗口和沿边开发开放的重要示范区作用，一方面，两者应加强与中亚、南亚、西亚的经贸合作，另一方面应与新疆北部和祖国内地紧密联系。在建设“丝绸之路经济带”新的背景下，喀什、霍尔果斯特殊经济开发区的基础设施建设应加快推进，使其成为推动新疆跨越式发展新的经济增长极。在“丝绸之路经济带”框架下，应特别强化上述两者的外向功能，使之成为进出口商品集散地、进出口产品加工基地、面向中亚与欧洲的物流通道和国际商贸中心、绿色和有机食品出口生产基地，着力发展进口资源加工、高新技术、民族特色产品加工等产业，将喀什打造成连接亚欧的区域中心城市和中国西部“明珠”城市。[①] 处理好霍尔果斯特殊经济开发区与霍尔果斯国际边境合作中心的关系，形成优势互补，功能配套的经济合作区域。

（四）进一步实施新疆对外开放战略

加大能源和紧缺矿产资源进口力度，将新疆优质产品推出国门，着力发展面向中亚的外向型产业和企业，建设出口加工基地，提高边境贸易发展和边境小额贸易企业能力，推进口岸旅游购物和边民互市。

进一步利用好已有的新疆经济合作平台，将“中国—亚欧博览会”作为新疆在“丝绸之路经济带”框架内展示新疆乃至全国经济影响的重要平台和窗口，扩大博览会在欧亚乃至全世界的影响力。将中国新疆喀什—中亚

---

① 《新疆维吾尔自治区国民经济和社会发展十二五规划纲要（2009 年 7 月 6 日）》，http：//www. china. com. cn/aboutchina/zhuanti/09dfgl/2009 - 07/06/content_ 18078718. htm。

南亚商品交易会、中国新疆伊宁—中亚国际进出口商品交易会、新疆塔城进出口商品交易会作为展示新疆发展的重要平台和窗口。

加强口岸通道功能建设。将阿拉山口口岸进一步做强做大，使之成为该经济带加快向西开放战略布局的重要节点和支撑点。该口岸目前已经具备比较扎实的向西联通的基础：第一，阿拉山口口岸位于新疆博州境内，是第二座亚欧大陆桥中国段西桥头堡，是目前我国唯一集铁路、公路、管道、航空四种运输方式于一体的国家重点建设和优先发展一类口岸。第二，该口岸是全国过货量最大、发展速度最快的第一大陆路口岸和我国从中亚、西亚国家进口能源及战略物资的安全大通道。第三，在该口岸设立了综合保税区。第四，成立了阿拉山口市。但总的来看，阿拉山口口岸在国家能源资源安全大通道和向西开放中发挥更大作为的潜能还未充分释放出来，特别是“西来东去”进口储备国家急需的能源资源方面还有很大的潜力和空间。在“丝绸之路经济带”建设中赋予该口岸更多的功能：第一，在阿拉山口市建立一个国家石油战略储备库，目前已具备看这方面的基础条件；第二，国家对新疆边境贸易进口的国家紧缺的石油、有色金属和非金属矿产等能源资源产品，统一实行进口关税和进口环节增值税减半征收的优惠政策；第三，国家对凡在阿拉山口口岸注册经营的边贸企业恢复享受进口关税和进口环节增值税减半征收的优惠政策。

“丝绸之路经济带”将解决贸易和投资便利化问题，将与相关国家签署这方面的协定。未来新疆将充分利用这个协定，寻求在贸易和投资领域与周边国家广泛开展合作，实现优势互补。

新疆应充分利用已在运转的上海合作组织银行联合体这一机制，采取补偿贸易、贷款等多种方式，帮助周边国家加强连接口岸的境外铁路、公路建设。新疆应及早开展跨境人民币业务，推动在新疆开展跨境贸易和投资人民币结算，建立新疆与沿边国家的人民币跨境结算、清算渠道。在中哈霍尔果斯国际边境合作中心和中方配套区、喀什和霍尔果斯特殊经济开发区范围内使用人民币进行贸易和投资，着力扩大人民币使用范围，鼓励我国金融机构在上述区域内建立分支机构。

国家将支持喀什、霍尔果斯两个经济特区的优惠政策，特别是金融支持政策（支持阿拉山口综合保税区设立离岸人民币结算中心、成立地方性商业银行和金融租赁公司），并赋予阿拉山口综合保税区的地位，把阿拉山口综合保税区建设成为推动新疆跨越式发展新的增长点。

（五）新疆要在“丝绸之路经济带”的大思路下实现经济跨越式发展

目前，新疆提出“五化同步”设想很有新意，即新型工业化、农牧业现代化、新型城镇化、信息化和基础设施现代化。新疆有实力的企业应该走出去，到周边国家投资办厂，从事能源资源开发、农林业合作。新疆要加大引进外资力度，“十二五”期间，外商直接投资年均增长25%以上，借用国外贷款五年累计达到15亿美元以上。新疆还要加强同内地的经济技术合作，支持内地企业以各种方式参与新疆开发建设，把新疆资源、市场、劳动力优势与东部地区资金、技术、人才优势结合起来，鼓励东部沿海地区产业特别是劳动密集型产业向新疆战略转移。积极引进大企业大集团投资新疆重点经济领域。新疆虽然地处“丝绸之路经济带”的前沿，但也必须以内地为后盾，与陕西、甘肃等西部省区密切合作才能发挥出更大的作用。

（六）新疆应充分挖掘古丝绸之路的历史价值和文化价值

汉代张骞两次出使西域，开辟出一条横贯欧亚的丝绸之路。而古代新疆正好处于丝绸之路要道上，丝绸之路在此分为南路、中路和北路。西域曾经是沟通东西方文明的桥梁，是促进不同民族、不同文化相互交流和合作的纽带。新疆应该充分挖掘古丝绸之路的灿烂文化价值和欧亚经济交流的历史价值，宣示在经济全球化条件下欧亚不同种族、不同信仰、不同文化背景的国家完全可以寻求共同发展的途径，共享互利共赢的区域合作成果。新疆在让古老的丝绸之路焕发出新的生机活力方面更有独特的文化底色和传统优势，完全可以与我国西北地区的其他省份一起把古丝绸之路的文化底蕴和历史价值彰显出来，与中亚国家、俄罗斯和欧洲诸国共同将古丝绸之路作为欧亚纽带的历史价值，以新的形式塑造“丝绸之路经济带”。

（七）新疆与中亚一些国家存在跨境民族

比如哈萨克族、乌孜别克族、塔吉克族、俄罗斯族、柯尔克孜族（吉尔吉斯族）等，这些跨境民族的存在易成为新疆与中亚地区进行紧密交流的民族纽带和沟通桥梁，成为促进区域合作的正能量。新疆多数居民信仰伊斯兰教，属于穆斯林，属于突厥语系，这些宗教相通和文化相近的因素有助于新疆与中亚地区的居民增强相互之间的文化认知和宗教认知，具有不可替代的文化和人文交流的便利条件和基础。这是新疆直接参与“丝绸之路经济带”建设的最有力的文化因素和人文因素。新疆应主动积极地充分运用好这些因素，寻求恰当利用这些因素的有效形式和途径。

（八）新疆应在“丝绸之路经济带”的大战略下思考长治久安问题

实施进一步对外开放的战略是新疆必然的政治选择，在“丝绸之路经济带”的大战略下，新疆对外开放程度将会进一步提高。新疆在“放”的同时，还必须在“防”上做文章。新疆越实行对外开放战略，就必须越提高防范和遏制“三股势力”的能力和水平，两者是相辅相成的。从国际上看，我国新疆参与欧亚区域合作的程度越高，“三股势力”在欧亚活动的空间就会越受到压缩和变窄，我国通过“丝绸之路经济带”与欧亚国家逐步形成利益共同体就会使欧亚国家主动与我国合作，遏制“三股势力”在国际舞台上的活动，削弱“东突”势力的国际影响。在新疆我们要努力寻找有效的打击暴力恐怖主义和分裂主义的长效机制，树立底线思维，下好先手棋，在大开放的状态下形成强遏制，运用综合性措施和方式维护新疆的稳定大局。

五　要关注“丝绸之路经济带”构建中的新疆与中亚合作问题

“丝绸之路经济带”旨在建立一个新型欧亚区域合作框架和合作空间，这个对欧亚大陆各国都有重大意义的合作框架不可能一蹴而就，需要循序渐进。我国可以分阶段和分区域地推动“丝绸之路经济带”的建设，在推进这个战略时应本着逐步展开的原则，以点带面，从线到片，逐步形成区域大合作。中亚地区是我国推进该战略实施的最直接的契合地区，在我国“丝绸之路经济带”战略构建中的作用和地位十分重要和突出；新疆与中亚地区相毗邻，是我国实现“丝绸之路经济带”的前沿、桥头堡和核心地带，是我国推动“丝绸之路经济带”建设的主力军和排头兵。

（1）“丝绸之路经济带”应该从中亚地区先行推进。这是因为，第一，我国与中亚国家建立了战略伙伴关系，政治互信不断增强，这次习主席访问中亚明确表示，中国尊重中亚人民自主选择的发展道路和奉行的内外政策，决不干涉中亚国家内政，不谋求地区事务主导权，不经营势力范围。这种立场赢得了中亚国家的高度认同，增强了中亚国家对我国的信任，起到了很好的政治效果。第二，我国与中亚五国的经贸合作增长迅速，1992 年我国与中亚五国建交之初，双方的贸易额仅为4.6 亿美元，而2012 年则达到459.4 亿美元。第三，中哈石油管道和中土天然气管道的开通和运行，使中亚地区成为我国能源进口的稳定的战略来源地和供应国，这对我国经济保持持续发展具有战略意义。中土天然气管道经乌哈两国成为当今世界最长的天然气管道。第四，第二座亚欧大陆桥正在发挥我国通向中亚乃至欧洲的重要铁路连接作用。第五，我国在上海合作组织框架内向中亚地区提供了 200 多亿美元的贷款，并帮助哈萨克斯坦等国度过金融危机。第六，我国与中亚国家在反对国际恐怖主义等非传统安全领域进行了密切的合作。第七，我国新疆与中亚地区已经建立了比较系统的口岸体系。上述情况表明，我国与中亚地区的区域经济合作框架已大致呈现出来，这是“丝绸之路经济带”得以在中亚地区先行推进的基础和前提。

（2）我国应善于将与中亚国家的政治关系优势、地缘毗邻优势和经济互补优势转化为务实合作优势和持续增长优势，与中亚国家共建互利共赢的利益共同体，而这个利益共同体的具体体现形式就是“丝绸之路经济带”，应与中亚国家加强政策沟通，加强道路联通，加强贸易畅通，加强货币流通，加强民心相通。第一，加快推进中吉乌铁路的建设，形成我国新疆与中亚邻国铁路网络的微循环，再以此促进欧亚铁路网络的大循环。第二，加大我国新疆与中亚国家的公路网络的并网，形成便捷的运输通道。第三，加快与中亚国家的信息网络的建设，形成稳定而安全的信息流。中亚国家都是内陆国家，如果不与周边国家开展合作就无法与外部世界发展联系。中国和中亚国家之间的铁路网和公路网一旦建立，将使中亚国家可以便利地通往世界上经济发展最活跃的亚太地区。

（3）我国应将哈萨克斯坦作为重点合作伙伴。经过 20 多年的发展，哈萨克斯坦已经成为中亚地区的龙头老大，对诸如吉尔吉斯斯坦等国的经济已经产生了重大影响。我国抓住哈萨克斯坦这个中亚的龙头就会比较便捷地推进“丝绸之路经济带”在中亚地区的建设。中国应帮助哈萨克斯坦进行铁路、公路扩能改造，新建阿克斗卡至阿拉山口国际铁路复线和多斯特克口岸至乌恰拉尔高速公路，促进中哈双边贸易，完全符合我国与周边国家互联互通的战略要求。

（4）充分发挥新疆在与中亚国家相毗邻的地缘政治和地缘经济优势，

将新疆塑造成为我国构建“丝绸之路经济带”战略中的桥头堡、前沿和核心地带，新疆应成为“丝绸之路经济带”建设的主力军和排头兵。

针对中亚地区和南亚地区的不同特点，考虑到新疆地缘政治的基本特点，新疆应在对外合作的区位功能方面做些适当的分工。

新疆北疆主要与哈萨克斯坦接壤，应该重点做好与哈萨克斯坦的经济合作工作。要特别重视霍尔果斯国际边境合作中心的建设，这是我国与哈萨克斯坦共同构建的两国一体式的跨国经济合作中心，体现了两国双边合作的创造性、探索性和示范性，哈萨克斯坦旨在通过该合作中心使其能够更加面向亚太地区，实际上哈方试图将该合作中心打造成一个结实的列车挂钩，与中国这部高速奔驰的快车相衔接，我们一定要从国家战略高度看待这个问题，通过该合作中心有意识、有步骤地将哈萨克斯坦引向东方，引向亚太地区。霍尔果斯国际边境合作中心面积虽小，仅 13.16 平方公里，但其所承载的任务却是独特的，其功能是巨大的，从目前的情况来看，我国从总体上对该合作中心的关注程度还不够高，对其“牵引”哈萨克斯坦的极端重要地位的认识还缺乏战略高度，还存在一些不够协调的地方，应将该合作中心视为推动中亚国家与我国靠近的战略支点和牵引点。我国应从国家、新疆维吾尔自治区和霍尔果斯特别经济开发区三个层面，集中力量、统筹协调，集千钧之力于一点，使其真正起到牵动哈萨克斯坦乃至整个中亚地区的“挂钩”作用，使其起到四两拨千斤的撬动作用。还要加大对阿拉山口市和阿拉山口口岸的建设，使之成为向哈萨克斯坦和其他中亚国家展示我国新疆发展魅力的示范城市，从而形成吸引哈萨克斯坦走向中国进而走向亚太地区的“磁石”效应。

而新疆南疆尤其是喀什市及其喀什特别经济开发区则主要承载与吉尔吉斯斯坦、塔吉克斯坦的经济合作任务。上述两国虽然国土不大，但战略位置十分重要。新疆南疆地区的经济影响还可以通过吉尔吉斯斯坦辐射到乌兹别克斯坦。南疆应加快交通基础设施建设，及早形成与中吉乌铁路建成相匹配的预设能力，充分发挥面向吉、塔的口岸功能，加强其基础设施的建设。2014 年 9 月习主席访问塔吉克斯坦进一步推动了两国关系的发展。该国总统拉赫蒙明确表示，塔吉克斯坦欢迎和支持这一非常明智的倡议，因为它回应了塔吉克斯坦的需要。中国在上合组织框架内做了很多工作，特别是在塔吉克斯坦、吉尔吉斯斯坦、乌兹别克斯坦等国实施了很多项目。建设丝绸之路经济带对塔吉克斯坦等国来说是很好的构想，它将为那些与中国接壤的国家提供发展机会。[1]

新疆南疆还要承担中国与巴基斯坦经济走廊的对接任务。目前中巴经济走廊远景规划相关工作已启动，联合合作委员会已成立，合作领域主要集中在互联互通建设、经济技术合作、人文和地方交流。在远景规划合作框架下，近期合作重点为适时启动中巴跨境光缆项目，加快推进喀喇昆仑公路升级改造工程，探讨推动太阳能、生物质能合作，探讨开展沿线产业园区建设等，新疆应及早谋划自身在中巴经济走廊中所扮演的角色和所承载的任务。中巴经济走廊另一个重要的战略功能就是将我国所需要的重要能源等战略资源引入新疆南疆，从而从战略上摆脱我国经由马六甲海峡对海上能源通道的高度依赖。可见，新疆南疆的远景战略地位极其重要。我国应该将中巴经济走廊建设纳入“丝绸之路经济带”的总体框架中来。

南疆对邻居阿富汗应采取“防”和“放”相结合的政策，一方面持续防范来自阿富汗的“东突”恐怖主义的威胁，另一方面也要抓住机遇，在阿富汗经济重建过程中谋得经济合作先机。

（5）新疆应将全国援疆的优势确实转化为与中亚地区进行深度经济合作的开放优势，背靠内地面向中亚地区，最大限度地发挥好“丝绸之路经济带”核心地带的作用，与内地密切合作，形成区域经济优势，再将这种区域经济优势辐射到中亚地区，从而形成对中亚地区的区位优势。

（6）还要看到，在中亚地区也存在“中国威胁论”的论调，中亚国家一些精英对中国影响的逐步增大感到忧虑，他们既希望分享中国发展的好处，又不想让中国在中亚地区做大。在遏制中亚地区的“中国威胁论”方面新疆有很多便利条件，完全可以多做一些增信释疑的工作，化解“中国威胁论”所带来的不良影响。要让中亚国家切实感到，通过加强上海合作组织同欧亚经济共同体合作，中亚国家和我国新疆会获得更大的发展空间，对各方都有益处。

（7）新疆在推动“丝绸之路经济带”建设中必然会遇到美国因素的干扰。事实上，美国在中亚地区下了很大功夫，从“大中亚”战略再到“新丝绸之路”战略无不反映出美国拉中亚国家远离中俄的战略意图。新疆是推进“丝绸之路经济带”战略的排头兵、主力军和桥头堡，自然会受到美

---

① 拉赫蒙：《习主席访问为塔中关系发展注入强大动力》，http：//www. gov. cn/xinwen/2014 - 09/14/content_ 2750151. htm。

国“新丝绸之路”战略的干扰，这就需要新疆在充分利用自身的地缘政治、地缘经济和地缘文化优势，不断化解来自美国的负面影响，将我国的总体战略意图贯彻到具体工作环节中去。

六　阿富汗局势对中国新疆的影响

最近几年来，阿富汗的局势越来越不稳定，出现了恐怖事件接连出现的趋势，其局势令人担忧。阿富汗局势呈现几个突出的特点：第一，自美国政府宣布其军队即将撤出阿富汗后，该国甚至该地区出现了不稳定的态势；第二，塔利班大有卷土重来之势，阿富汗各恐怖主义势力正在进行重新整合，旨在掌控美军撤走后的阿富汗局势；第三，阿富汗总统选举一波三折，出现复杂化局面，人们对未来阿富汗政权能否会有效地掌控局势表示担忧；第四，美军十年“反恐”不仅没有能够控制阿富汗局势，有效遏制阿富汗恐怖主义势力，而且导致了巴基斯坦局势动荡，最近几年巴基斯坦境内接连出现暴恐事件，其局势也在朝着复杂化方向发展；第五，中东局势日益恶化，尤其是叙利亚和最近的伊拉克所出现的新情况对阿富汗和巴基斯坦局势的更加复杂化起到了推波助澜的作用；第六，阿富汗和巴基斯坦局势的复杂化和中东局势的恶化都会对中亚地区的反恐局势产生消极影响，中亚地区反恐任务比较艰巨；第七，阿富汗、巴基斯坦和中东局势的恶化也给中国新疆的稳定带来的挑战和冲击，最近几年中国新疆出现一系列大大小小的暴恐事件，都有深刻的国际背景。

1. “东伊运”的影响

体现西方价值观的“阿拉伯之春”、伊斯兰教复兴回潮、“世维会”等极端组织对新疆的暴力恐怖事件都有影响，但是，对新疆暴力恐怖活动影响最大的是“东突厥斯坦伊斯兰运动”（简称“东伊运”）。这个组织在阿富汗和巴基斯坦的边境地区设立恐怖活动训练营，专门培训针对中国新疆的暴力恐怖分子。这个国际公认的恐怖组织，在2012年5月本·拉登被击毙后，追随“基地”进行改组调整，改名“突厥伊斯兰党”，调整组织宗旨、机构和口号，实施组织网络化、分散化方向转变，采取各地区自主行动的模式，在境外通过视频资料，以宣讲宗教对异教徒“圣战”的方式直接煽动恐怖犯罪，号召新疆当地的人员自发地以“圣战”的方式实施恐怖犯罪。上述转变给新疆的社会稳定和长治久安带来了冲击。新疆暴力恐怖事件新阶段性的特征，充分说明了"东伊运"这种改组调整的深刻影响。还要看到，"东伊运"与国际恐怖组织联系密切，深受国际恐怖组织所宣扬的恐怖主义理论和恐怖策略的影响，对新疆的安全和稳定构成了很大的现实威胁。

实施暴行的暴力恐怖分子受到"三股势力"——暴力恐怖势力、民族分裂势力、宗教极端势力的蛊惑和煽动。受境内外敌对势力的影响，非法宗教活动、宗教极端思想近年来在新疆日渐突出。在宗教极端思想的蛊惑下，一些当地青年观看"圣战"视频，思想急剧发生裂变。此外，"三股势力"频繁通过网络造谣蛊惑，煽动民族对立和民族仇恨，加紧内外勾连，发展壮大组织。一些宗教极端组织和极端分子，通过互联网进行非法宗教活动，传播宗教极端思想，鼓吹"圣战"，发展成员，组织策划恐怖活动。"由于受国际和周边地区环境影响，境内外利用互联网和移动存储介质传播宗教极端思想和暴恐宣传品违法犯罪现象十分突出，这些音视频灌输宗教极端思想，传授暴恐技能和爆炸物制作方法，成为暴恐案件发生的主要诱因。"① 比如，在 2013 年鄯善暴力恐怖事件案发前，两个来自新疆南部库车县的煽动者对这个团伙进行了"圣战"鼓吹。在认为非法出境困难较大的情况下，他们决定就在自己世代生活生长的鲁克沁镇开展"圣战"，搞砍杀、偷袭等暴力恐怖活动。宗教极端势力的发展已经成为新疆安全稳定的最大威胁。伊斯兰世界的世俗化进程受阻，原教旨主义抬头，某些国家对宗教极端势力的默许和暗中支持等，都鼓舞了境内外"三股势力"。在最近一两年中，鄯善县宗教氛围异常浓厚，鲁克沁镇治安环境出现恶化势头。这些年有些人宣扬宗教极端思想，认为凡是不赞同他们观点的穆斯林就不是真正的穆斯林。在这种宗教氛围下，有一些不务正业的年轻人受了极端宗教思想的影响，铤而走险从事暴力恐怖活动。②

乌鲁木齐 2009 年"75"事件以来，受复杂的国际环境和周边局势的影响，境内外"三股势力"的分裂破坏活动呈升级态势，分裂组织规模化、反动宣传公开化、行为方式暴力化的特征十分明显，热比娅等人的分裂活动日益猖獗，意识形态领域日益成为"三股势力"渗透的重点。

---

① 《新疆宗教人士：境外音视频曲解古兰经煽动年轻人》，中国新闻网，2014 年 5 月 22 日。http：//military. china. com/news/568/20140522/18517975. html。

② 有关鄯善暴力恐怖事件的情况，参见新华网《四问新疆鄯善"6. 26"严重暴力恐怖袭击案件》，2013 年 7 月 5 日，http：//news. xinhuanet. com/politics/2013 -07/05/c_ 116426752. htm。

2. 从目前和未来的大势看，中国持续快速的发展引起全世界的关注

一些西方国家尤其是美国不希望中国崛起，更不希望中国成为世界级的强国。因此，美国就将中国陆疆、海疆作为遏制中国发展的基本跳板，在我国陆疆和海疆制造各种麻烦，其中新疆就是美国高度关注的重点地区，美国的“新疆工程”的出现绝不是偶然的学术研究项目，而是具有重要的地缘政治目的的。美国竭力支持热比娅等在国外的新疆分裂势力是其重要的战略环节。还要看到，冷战结束后，世界范围的伊斯兰教呈复兴之势。在这个进程中伊斯兰极端势力也随之做大，宗教激进主义和极端势力不仅给美国、欧洲和俄罗斯增添了很多麻烦，同时也对我国形成了战略威胁。随着中国越来越强大，伊斯兰极端势力也会加大对我国境内外新疆分裂势力的支持和资助。因此，在未来我国将面临来自西方和伊斯兰极端势力这两个重要外部势力的挑战。这是不以我们意志为转移的。我们的任务就是要系统应对，富有智慧地开展治疆工作。

3. 新疆反分裂斗争是长期的过程

回顾20世纪新疆地区反分裂斗争的历史，就可以看出，新疆分裂与反分裂的斗争是非常激烈的，几乎是贯穿20世纪新疆历史始终的。特别值得注意的是，在20世纪三四十年代新疆地区先后出现了两个短命的分裂政权，一个是1933年的“东突厥斯坦伊斯兰共和国”，另一个是1944年的“东突厥斯坦共和国”。新中国成立后，从20世纪50年代到80年代新疆地区分裂与反分裂斗争依然持续。从20世纪90年代至今，随着国内外形势的变化，新疆地区的分裂与反分裂斗争并没有停止。这是因为新疆地区滋生民族分裂主义和暴力恐怖活动的国内外环境还继续存在。这是新疆地区出现分裂主义和暴力恐怖活动的深层次根源。

4. 新疆是国际伊斯兰文明的边缘地带，是我国西边边疆的战略屏障

为了新疆的稳定，我们必须防止恐怖主义通过周边国家渗透到新疆境内。2014年美军撤出阿富汗给该地区的国际地缘政治局势带来了很大的影响，如何化解阿富汗复杂局势影响到新疆的安全和稳定，需要学术界深加研究。以美国为首的西方国家将新疆作为分裂中国的重点地区。美国出于遏制中国的战略目的，会采取各种措施，阻碍新疆发展，破坏新疆各民族之间的团结，支持和培植新疆分裂势力，而且中国越发展，美国对新疆就越关注。因此，应加大美国对华政策的研究力度，着重研究美国对新疆的战略图谋和美国“大中亚”和“新丝绸之路”战略。

5. 阿富汗是中国的邻居，也是中亚国家的邻居

现在阿富汗正面临着新的复杂局面，恐怖主义正在这个国家积聚力量。联想到伊拉克局势的极度复杂化趋势，我们有理由相信，阿富汗正处于历史的又一个关键点，需要阿富汗和国际社会共同行动起来，遏制极端主义在阿富汗蔓延，使阿富汗局势逐步稳定下来。阿富汗局势的稳定不仅有利于中国，也有利于中亚各国，有利于整个国际社会。

南方丝绸之路经济带与中国地缘经济政治拓展*

王志民

摘　要：建设南方丝绸之路经济带是新形势下我国对外开放的模式创新，有利于推动地区一体化进程，发挥我国作为横跨“心脏地带”和“边缘地带”并使二者相连的地缘经济政治优势。“南方丝绸之路经济带”的建成，将贯通西南国际大通道，推进“两洋出海”战略，进而拓展中国地缘经济政治空间。

关键词：南方丝绸之路经济带　地缘经济政治　西南周边　中印缅孟经济走廊　中巴经济走廊

作者简介：王志民，教授，对外经济贸易大学全球化与中国现代化问题研究所所长、中国经济发展研究中心研究员，北京高校国际政治研究会副理事长兼秘书长。地址：北京市朝阳区惠新东街10号对外经济贸易大学全球化与中国现代化问题研究所，邮编：100029。

2013年9月7日，中国国家主席习近平在哈萨克斯坦纳扎尔巴耶夫大学发表演讲时提出建设“丝绸之路经济带”，以点带面，从线到片，逐步形成区域大合作。2013年11月召开的党的十八届三中全会正式提出“一带一路”战略，将“丝绸之路经济带”上升为国家战略。随后，中央有关部门就推进“丝绸之路经济带”战略构想总体设计和框架方案开始研究部

* 本文为国家社会科学基金项目“建设南方‘丝绸之路经济带’的地缘经济政治环境研究”（项目批准号14BGJ003）的研究成果。

署。2013 年 12 月 14 日，国家发改委主任徐绍史、外交部部长王毅共同主持召开推进丝绸之路经济带和海上丝绸之路建设座谈会，将西北五省区（陕西、甘肃、青海、宁夏、新疆）、西南四省市区（重庆、四川、云南、广西）、东部五省（江苏、浙江、广东、福建、海南）等纳入“丝绸之路经济带”规划之中，由此，“南方丝绸之路经济带”成为“丝绸之路经济带”的重要组成部分。笔者认为，中国应充分发挥自身“心脏地带”和“边缘地带”并使二者相连的综合地缘优势，构建南方丝绸之路经济带，以打通西南国际大通道，推进“两洋出海”战略，拓展自身地缘经济政治空间。

一 “南方丝绸之路经济带”的提出与构想

“南方丝绸之路经济带”，实际上是以“南方丝绸之路”这一延续两千余年的古老商道为基础的现代意义上的次区域经济合作。传统上的“南方丝绸之路”是指我国古代陕、藏、川、云、贵等地区通往印度、缅甸、泰国等东南亚和南亚国家，直至西亚的通商古道，比北方丝绸之路历史更悠久，曾是中国西南地区对外交往的古老通道。两千多年前，我国西南地区的商队带着蜀布、丝绸和漆器从蜀地出发，抵达腾越（今腾冲）与印度商人交换商品，并将印度和中亚的玻璃、宝石、海贝以及哲学与宗教经典等带回我国西南地区。张骞出使西域时曾发现大量原产于四川的蜀布和邛杖，经查证发现来自身毒国（今印度）。张骞在给汉武帝呈递的奏章中将我国西南地区通往南亚地区的通商古道称为“蜀身毒道”。《史记·大宛列传》记载：“以骞度之，大夏去汉万二千里，居汉西南。今身毒国又居大夏东南数千里，有蜀物，此其去蜀不远矣。今使大夏，从羌中，险，羌人恶之；少北，则为匈奴所得；从蜀宜径，又无寇。”《新唐书·艺文志》曾详细记载了由经交州、广州通西域、印度，远至巴格达的通路。[①] 唐代之后，“蜀身毒道”因茶马互市形成而延伸至西藏乃至长安，又称为“茶马古道”，连接川、滇、藏，至不丹、尼泊尔、印度，进而延伸到西亚、非洲东海岸。法国人伯希和（Paul Pelliot）1904 年发表的《交广印度两道考》较为详细地介绍了

① 大夏，即为今阿富汗、巴基斯坦等地；交州，古代通常指包括现在的越南北部、中部和中国广西壮族自治区的一部分。

南方丝绸之路的陆道和海道。人类学家费孝通先生提出的藏彝走廊是南方丝绸之路古老国际通道的国内部分。[①] 他认为藏彝走廊向南方延伸的对外联系的国际通道由横断山向南，一直伸展到中南半岛，向东北则由甘青高原延伸，越过北方草原地带，直到俄罗斯。考古发现，三星堆和金沙遗址出土的大批象牙来自印度，其间的交流媒介，正是与象牙一同埋藏在三星堆祭祀坑中的大量贝币。[②] 东方学家季羡林先生研究证实："古代西南，特别是成都，丝业的茂盛，这一带与缅甸接壤，一向有交通，中国输入缅甸，通过缅甸又输入印度的丝的来源地不是别的地方，就正是这一带。"[③]

中国西南地区属于我国从东南沿海至内地，再到西部阶梯式对外开放的第三个地缘层次。中国西南周边地区背靠幅员辽阔、经济发展水平较高的中原地区，与周边国家接壤地区相比在经济发展水平上有着明显优势，加之，文化相近，语言相通，特别是具有经济互补的优势，边境贸易往来数千年来从未中断。抗日战争期间，中国东部陆路和港口均被侵华日军占领。为获得国际支持，中国修筑了滇缅公路、中印公路、滇越公路等西南国际通道。1942 年，因日军切断中国西南国际通道，中美两国又开辟一条转运战略物资的空中走廊即驼峰航线。"驼峰航线" 西起印度阿萨姆邦，向东横跨喜马拉雅山脉进入中国的云贵高原和四川盆地。新中国成立后特别是 20 世纪末西部大开发政策出台后，中国西南地区经济实现了跨越式发展，极大地辐射和带动了周边国家相关地区经济发展，经贸往来更加密切。建设 "南方丝绸之路经济带" 是历史的衔接与传承，是中国向西开放和推进地区一体化战略的客观趋势。

就目前形势而言，狭义上的 "南方丝绸之路经济带" 主要由中印缅孟经济走廊和中巴经济走廊组成。广义上的 "南方丝绸之路经济带" 则是将狭义上的 "南方丝绸之路经济带" 向西扩展至伊朗、土耳其，最终抵达荷兰鹿特丹港，从而贯通第三亚欧大陆桥，西北至我国新疆喀什与北方丝绸之路经济带相连。中印缅孟经济走廊设想最早于 20 世纪末由云南学术界首先提出，并得到印缅孟等国的响应，四方于 1999 年在中国云南省昆明

① 费孝通教授将中国西南方的三条主要河流（怒江、澜沧江、金沙江）并流的区域称之为藏彝走廊。

② 参见段渝《中国西南早期对外交通——先秦两汉的南方丝绸之路》，载《历史研究》2009 年第 1 期。

③ 季羡林：《中国蚕丝输入印度问题的初步研究》，载《历史研究》1955 年第 4 期。

市举行第一次经济合作论坛，共同签署《昆明倡议》，规定每年召开一次会议，至今已经轮流举办了 11 届，初步形成了由智库主导、政府和商界共同参与的交流与合作平台。2013 年 5 月，李克强总理先后访问印度和巴基斯坦，正式提出中印缅孟经济走廊和中巴经济走廊，并与印、巴及相关国家达成共识。2013 年 12 月，中印缅孟经济走廊四方联合工作组会议正式建立四国政府机构以推进合作机制。中印缅孟邻近地区是连接亚洲各次区域的重要枢纽，入有中、印、缅广袤腹地，出有加尔各答、吉大港、仰光等著名港口，有连接南亚和东南亚的明显区位优势。[①] 2013 年 5 月 20 日，中印两国政府发表联合声明指出：双方对孟中印缅地区合作论坛框架下的次区域合作进展表示赞赏。中印缅孟经济走廊地区均属于四国的沿边地区，基础设施落后，但已经形成国家战略，前景广阔，潜力巨大。中国与印孟缅贸易额从 2000 年的 44.53 亿美元上升到 2012 年的 818.95 亿美元。云南省与印孟缅的贸易额也从 2000 年的 4.16 亿美元上升到 2012 年的 28.03 亿美元。中印缅孟经济走廊直接相关地区除中国四川、贵州、云南、广西等地外，包括孟加拉国、缅甸两国，以及印度西孟加拉邦、比哈尔邦等东北部各邦，总覆盖面积约 165 万平方公里，覆盖人口达 4.4 亿。中印缅孟走廊占据着有利的地缘地位，直接辐射东亚、南亚、东南亚、中亚几个大市场。

中巴经济走廊的设想由巴基斯坦最先提出。2006 年 4 月，中巴能源合作论坛在伊斯兰堡召开。时任巴基斯坦总理的阿齐兹在论坛上提出，中巴应该在能源合作方面建立专门和全方位的合作机制，打造中巴能源走廊。此后，时任巴基斯坦总统的穆沙拉夫接见中巴商界代表时指出：“如果把巴基斯坦的陆路大动脉与中国新疆接通，完善巴基斯坦基础设施、通讯设施，未来的喀喇昆仑公路以及在此基础上可能建立的喀喇昆仑管线，甚至铁路，必将成为中国与中东、中亚、南亚国家经济战略走廊的最佳捷径。”[②] 2013 年，李克强总理访问巴基斯坦时指出，加强战略沟通和长远规划，开拓互联互通、海洋等新领域合作，并着手制定中巴经济走廊远景规划，稳步推进经济走廊建设。2013 年 7 月，巴基斯坦总理谢里夫访问中国时提出，将中国资

---

① 参见《建设孟中印缅经济走廊，助力中国南亚合作》，中国经济网，2013 年 5 月 31 日，http://intl.ce.cn/specials/zxgjzh/201305/31/t20130531_24438122.shtml。

② 何美兰：《中巴经济走廊：“世界第九大奇迹”》，载《世界知识》2014 年第 10 期。

源丰富的西部地区与巴基斯坦战略性港口瓜达尔港连成一条新经济走廊，具有改变该地区命运的潜力。谢里夫总理还承诺在巴国内设立中巴经济走廊建设专项基金。中巴经济走廊由此上升到两国国家战略层面。中巴已决定成立联合合作委员会，制定中巴经济走廊远景规划和短期行动计划，重点实施交通基础设施和沿线经济开发区等支点项目建设，发挥骨干支撑作用，积极拓展能源合作。中巴经济走廊规划不仅涵盖"通道"的建设和贯通，更重要的是以此带动中巴双方在走廊沿线开展重大项目、基础设施、能源资源、农业水利、信息通信等多个领域的合作，创立更多工业园区和自贸区。根据巴2013～2014财年预算草案，巴政府决定投入725.88亿卢比，用于现有的35个项目以及将启动的新项目，包括喀喇昆仑公路的改线工程。高速公路建设将对发展相关工业、储油设施以及油气管道产生积极影响，巴政府希望以此拓展和建设与中国、中亚国家、印度、伊朗以及西方国家的贸易新领域和新枢纽。①

二 "南方丝绸之路经济带"的地缘环境分析

走和平发展道路是中国的既定发展战略，但中国在东亚地区长期受美国及其东亚盟国的所谓"岛链"困扰，特别是近年来美国"重返亚太"实施所谓"再平衡"战略，日本、菲律宾、越南等国借此挑起岛礁之争，致使中国同时面临高政治和低政治的双重挑战（低政治挑战主要为美国主导的TPP即跨太平洋战略经济伙伴关系和TTIP即跨大西洋贸易与投资伙伴关系协定等超大型区域经济合作机制的挑战）。为此，中国应采取非对称性战略，积极推进向西开放，构建东西双向开放的对外开放格局。建设南方丝绸之路经济带，能有效促进中印巴缅孟等国经济发展，特别是中印两个最大发展中国家的市场对接，将极大地推动双方在信息、能源、资源、基础设施、科技、农业等领域的广泛合作，培育亚洲经济合作的新模式，共同打造世界经济新引擎。从长远看，中国推进"南方丝绸之路经济带"建设，将间接推动包括中印在内的10+6的RCEP（全面经济伙伴关系协议），以有效应

① 《2013～2014财年巴基斯坦政府将为高速公路建设投入725.88亿卢比》，2013年6月13日，载中华人民共和国驻巴基斯坦经商参处网站，http://pk.mofcom.gov.cn/article/jmxw/201306/20130600161268.shtml。

对 TPP。如果 RCEP 成功实施，将成为世界上人口最多的区域一体化机制，加快世界经济向亚洲转移进程。

“南亚次大陆”兼具“心脏地带”和“边缘地带”的双重地缘价值，是世界历史上出现过的三大核心区之一。南亚全境是陆权的“心脏地带”国家通往印度洋的出海口，陆地地缘价值明显。南亚濒临的阿拉伯海及其扼守的印度洋，是重要的海上能源通道，具有极其重要的区位战略地位。[①] 中印两国双边关系敏感而复杂，但都有实现大国崛起战略意图，相互合作是必然趋势。中印存在共同利益（如在气候变化谈判和经贸规则等方面），虽然边界纠纷和水资源等问题会对双边关系造成困扰，但 2013 年签署的“边防合作协定”已使边界问题处于可控范围，而水资源问题作为低政治问题可以通过谈判协商解决。中印恶性竞争无疑会给亚太地区和世界和平带来风险。[②] 两国媒体和民意的主流均认为“中印不能再战，携手放眼未来”。有关“和平共处五项原则 2.0”“中印关系 2.0 版本”“中印国”（Chindia）等提法相继涌现。被誉为“印度的邓小平”之称的莫迪就任总理后将提振经济作为新政府最重要的工作。2014 年 6 月 9 日，莫迪在两院联席会议上公布的印度新政府的执政纲领，提出鼓励外国投资并加快重大商业项目的批准，创立世界级的投资和工业区，建设运输及工业走廊。这些举措无疑为中印进一步经济合作创造新的条件。巴基斯坦是中国全天候的伙伴，政治关系良好。缅甸及南亚其他国家均与中国保持良好关系，但又或多或少地受制于中印关系。从某种意义上说，中印两国的地缘经济政治战略决定着中印缅孟经济走廊建设的成功。由印度、巴基斯坦、孟加拉国、阿富汗、斯里兰卡、尼泊尔、不丹、马尔代夫组成的南亚区域合作联盟（简称南盟），已成为新兴国家中一支重要的力量。以南盟为依托深化与南亚国家的合作，是中国拓展南亚地区地缘经济政治的突破口。作为南盟观察员，中国于 2011 年向南盟发展基金捐款 30 万美元，并将经贸、农业、基础设施建设、环保、人力资源培训和扶贫减灾作为中国与南盟务实合作的重点领域。

南亚是世界上自然资源最丰富的地区之一，资源储量和种类与中国有很

---

① 参见刘从德主编《地缘政治学导论》，中国人民大学出版社，2010，第 64 ~ 65 页。

② 参见 Strobe Talbott, “U. S. Interest in Sino - Indian Cooperation”, *Journal of International Affairs*, Vol. 64, No. 2, Spring/Summer 2011, p. 238。

强的互补性。前任印度总理辛格曾经指出：中国以制造业崛起，印度靠服务业腾飞，两者可以优势互补。[①] 中国已是印度第一贸易伙伴，2013年中印贸易额为659.5亿美元，印度还是中国第三大铁矿砂来源国。目前，金砖国家机制、二十国集团（G20）、东亚峰会等已成为两国合作的重要平台，特别是金砖国家构建多元化的国际货币体系，将为中印经济合作搭建制度化平台。据印度媒体报道，中国向印度提交了5年贸易和经济合作计划，其中为印度第十二个五年规划期间总计一万亿美元的基础设施专项投资提供30%的资金支持，数额达3000亿美元之多。[②] 巴基斯坦是南亚第一个承认中国市场经济地位并同中国签署自由贸易协定的国家。2012年，中巴双边贸易额超过120亿美元。巴是中国在南亚地区最大的投资目的地和海外工程承包市场，巴人力资源丰富、高端人才英语优势明显，中国企业在巴投资设厂，不但有效促进中国企业的国际化，也将促进巴就业，提升巴制造业水平。[③] 中巴在基础设施建设、水利、农业、电信等领域合作也在不断推进。孟加拉国的天然气储量为3113.9亿立方米，远景储量超过8000亿立方米。缅甸已探明天然气储量达14420.5亿立方米，石油储量为31.54亿桶。2014年5月6日，中巴经济走廊首个能源项目奠基，即巴基斯坦加西姆港1320兆瓦火电项目奠基仪式在巴基斯坦南部城市卡拉奇举行。巴基斯坦国内政局不稳，又处于反恐第一线，制约其经济发展，也关乎中国西部安全。中巴经济走廊穿越巴境内基础设施最差、安全局势动荡的西北部和西南部落后地区，但中巴经济走廊北部起点中国新疆的喀什是中巴经济走廊与北方丝绸之路经济带的交汇点，有着极为重要的地缘战略价值，加快中巴经济走廊建设有利于巴经济发展和政局稳定，也有利于中国南亚战略的推进。

建设“南方丝绸之路经济带”，机遇与挑战并存，推力与阻力同在。长期以来，印度社会一直将中国作为赶超目标，部分人士甚至将中国作为对手，至今仍对1962年中印战争心存芥蒂，而且时常炒作“中国威胁论”，

---

① 参见《辛格在中央党校发表演讲：新时代的中国和印度》，理论网，2013年10月25日，http：//www.cntheory.com/CNTHEORYSF/2013/1025/1310251846BJ6D8BIF769D46095J50.html。

② 参见《中国3000亿美元投资印度基础设施，力度超日本》，中国新闻网，2014年2月21日，http：//www.chinanews.com/gj/2014/02－21/5866430.shtml。

③ 参见《述评：构筑中巴经济共同愿景》，新华网，2013年5月22日，http：//news.xinhuanet.com/2013－05/22/c_115862606.htm。

致使两国政治互信严重不足，偶尔还出现军事对峙，特别是印度对中巴合作抱有戒心。印度东北部是中印缅孟经济走廊的必经之地，却是印度经济发展最落后的地区之一。该地区的人均 GDP 为 2.1 万卢比（约合 2900 元人民币），仅为印度人均 GDP 的一半。该地区分布着 200 多个民族，加之贫穷落后等原因，致使民族与种族冲突频频发生，20 年来，已有 1.4 万多人为此丧生。中印缅孟经济走廊面临的最大挑战是中印两国如何解决藏南问题。藏南地区属于中国领土，现由印度实际控制，被印度媒体称为“禁止中国进入的地区”。[①] 而印共（马）曾多次在印度东北部西孟加拉邦和特里普拉邦执政，又为建设中印缅孟经济走廊奠定了良好的社会基础。印度学者约书亚·托马斯认为：“中国的制造业发达，缅甸有丰富的资源，印度的服务业和医疗业上有优势，孟加拉国的劳动力成本相对低廉，中印孟缅经济走廊可以充分发挥各国的优势，同时将印度东北这一‘闭锁之地’变成‘联结之地’。”[②] 而作为欠发达的缅甸和孟加拉国对中印缅孟经济走廊更是寄予厚望。缅甸学者查查森也认为，中印缅孟经济走廊建设将给处于经济开放转型期的缅甸带来经济硕果。[③] 印度东北部及缅甸、孟加拉国等国工业基础薄弱，正处于加速发展时期，在能源、交通、通信等基础设施方面需要进口大量机器设备，而中国产品，特别是机电产品、农机具、交通运输设备适合当地的消费层次。

建设“南方丝绸之路经济带”，是依据我国地缘经济政治环境及其走势所提出的对外开放模式的创新，既能实现中国向西开放与印度东向战略的对接，又将加深中国与缅甸及南亚国家的地缘经济政治合作，逐渐达到中国与西南周边国家经济合作和政治整合的双重目的。就地缘经济而言，南方丝绸之路经济带属于低政治范畴，不牵涉国家核心利益，只涉及相关国家的部分地区及经济领域，可推进次区域合作和区域一体化进程；就地缘政治而言，南方丝绸之路经济带通过我国西南地区与周边国家相关地区的经济合作，促进经济发展和社会稳定，以消除恐怖主义滋生的土壤，由此形成中国与东南亚、南亚相关国家在地缘经济政治上的相互依托发展之势，有利于相关国家建立政治互信，促进安全领域的合作，从而真正做到既固本于“心脏地

---

① 参见《在印度东北看中印孟缅走廊》，载《环球时报》2014 年 4 月 22 日。

② 《在印度东北看中印孟缅走廊》，载《环球时报》2014 年 4 月 22 日。

③ 参见《中印倡议共建中印缅孟经济走廊，四国心气渐高》，环球网，2013 年 5 月 24 日，http：//finance. huanqiu. com/world/2013 –05/3965684. html。

带”，又固城于“边缘地带”，发挥中国横跨“心脏地带”和“边缘地带”并使二者相连的轴心大国的地缘优势。

三　西南大通道和“两洋出海”的地缘战略价值

构建南方丝绸之路经济带，作为对外开放模式的创新，其依据是中国地缘经济政治环境及其发展态势，这种次区域经济合作的形式将推动中国与西南周边国家经济合作，打通中国西南国际大通道，并推进“两洋出海”战略，进而拓展中国的地缘经济政治空间。

第一，携手西南周边国家和地区，构筑互联互通国际大通道。

“南方丝绸之路经济带”也被称为“新茶马古道”“新驼峰航线”。南方丝绸之路经济带作为一种次区域经济走廊形式，实际是以地缘上相邻国家的部分地区为依托，以铁路、公路、航空、航运线为纽带，建立以交通沿线为辐射的优势产业群、城镇体系、口岸体系以及边境经济合作区，以形成优势互补、区域分工、共同发展的国际经济走廊。[①] 建设南方丝绸之路经济带，互联互通是前提。互联互通主要涵盖三个层次的含义：一是双方公路、铁路、航线、水路、管道、跨境输电网络等关键基础设施的“无缝链接”；二是双方通关便利化政策及其实施，包括双方产业的全面对接等；三是两地在民间往来、人文交流等认知及精神层面的交流，包括打造双向旅游品牌、深化文化交流、培植人才教育合作、推动两地媒体间合作、强化接近决策圈的专家学者间的经常性对话等。西南国际大通道建设的目标模式包含公路、铁路、水路、航空、内河航运及现代通信设施在内的一个连接区域内各站点的复合网络结构。目前，“新疆通道”（通向巴基斯坦和中亚）、“西藏通道”（通向印度和尼泊尔）、“云南通道”（通向印度洋地区）已成为中国与南亚地区实现联通的三个主渠道，并正按照各自的议程和步骤稳步向前推进。[②]

云南是中国通往东南亚和南亚地区最近的陆上通道，是中国、南亚与东盟三大市场的连接点，从腾冲猴桥口岸出境，经过缅甸密支那就可进入印度东部，路程只有300公里。云南可以发挥自身陆上通道的优势，与相关国家

① 参见李平《大湄公河次区域（GMS）合作20年综述》，载《东南亚纵横》2012年第2期。

② 参见蓝建学《中国与南亚互联互通的现状与未来》，载《南亚研究》2013年第3期。

经济合作进一步深化。国家副主席李源潮出席2013年国际和平日纪念活动暨中国—南亚和平发展论坛时指出："云南与南亚国家地缘相近，血缘相亲，人文相通，商缘相连，利益相融。……继续推进互联互通，探索公路、铁路、航空、电信等领域的互联互通，积极推进通关便利化，以交通、通信的畅通带动全方位各领域交往合作的畅通。"[①] 云南省已提出，加快建设国际大通道，构筑与东南亚、南亚以及印度洋沿岸国家互联互通的交通、通信、物流等国际通道和枢纽。下一步是积极打造特色优势产业基地，努力把云南打造成为资源深加工基地、清洁新型载能产业基地和特色产品生产加工基地，不断完善开放合作平台，提升大湄公河次区域合作和中印缅孟地区经济合作水平，不断深化与东南亚、南亚的全方位合作。[②] 在公路建设方面，重点是建设"三纵三横""九大通道"。[③] 在铁路建设上，泛亚铁路中线、西线方案已提上议事日程。在航空运输方面，将昆明新机场建设成为面向东南亚、南亚和全国重要的国际航空港。除交通基础设施建设外，要继续加强信息基础设施建设，扩大通信网络规模，提高技术装备水平和信息服务能力。[④]

第二，破解"马六甲困境"，拓展陆海能源和贸易通道。

中共十八大明确指出："提高海洋资源开发能力，发展海洋经济，保护

---

① 《中国－南亚和平发展论坛在昆明开幕》，新华网，2013年9月22日，http：//www. yn. xinhuanet. com/newscenter/2013－09/22/c_ 132738792. htm。

② 参见《构筑与东南亚南亚国家互联互通的国际大通道》，新华网，2011年6月5日，http：//www. yn. xinhuanet. com/newscenter/2011－06/05/content_ 22940716. htm。

③ "三纵"：第一纵，北起四川省宜宾进入云南昭通—昆明—中越边界河口，属国道213、324、326线；第二纵，北起四川省渡口进入云南永仁—武定—昆明—西双版纳中老边界磨憨属国道103、213线；第三纵，北起西藏盐井进入云南德钦—中甸—大理—临沧—勐海中缅边界打洛，全线属国道214线。"三横"：第一横，东起四川省攀枝花市进入云南华坪县—丽江—剑川—兰坪—六库（怒江州）；第二横，东起贵州省进入云南胜境关—昆明—大理—保山—瑞丽中缅边界，属上海—瑞丽国道主干线；第三横，东起广西进入云南罗村口—开远—建水元江—普洱—景谷—临沧—中缅边界清水河，属国道322线。

九大通道为：1. 连接国为邻省区的主要通道5个：①昆明与广西南宁、北海的通道；②昆明与贵州省贵阳、东中部省份的通道；③昆明—水富—成都、中原地区的通道；④昆明—攀枝花—成都、中原地区的通道；⑤昆明与西藏连接的通道；2. 出境连接越南、老挝、缅甸等东南亚、南亚的主要大通道4个：①昆明—磨憨—曼谷、昆明—打洛—曼谷通道；②昆明—瑞丽进入缅甸出境通道；③昆明—河口进入越南的出境通道；④昆明—腾冲黑泥塘进入缅甸、印度的出境通道。

④ 参见车志敏《21世纪初中国生产力发展的南向互利合作战略——云南如何面向东南亚、南亚互利合作》，载《中国信息报》2006年2月27日。

海洋生态环境，坚决维护国家海洋权益，建设海洋强国。”① 为此，中国亟待推出海洋经济战略和海洋通道战略。2012 年，中国海洋生产总值占 GDP 比重的 10%，海洋生产总值超过 5 万亿元，实现海洋产业增加值 29397 亿元，已经成为中国经济的重要支柱产业。而印度洋周边拥有全世界 70% 的锡、45% 的铬、30% 的锰矿石、20% 的铜、70% 的黄金、85% 以上的天然橡胶、波斯湾石油蕴藏量占世界的 60%。然而，海洋强国绝不局限于开发海洋、保护海洋，海上通道的安全与开拓对中国而言也至关重要。长期以来，我国只重视太平洋上的宫古水道和马六甲海峡这两个海上通道。印度洋应该也完全可能成为中国走向海洋、发展海洋战略的重要通道。印度洋是当今世界上最繁忙的贸易通道，承担着 2/3 的石油运输、1/3 的散装货物运输。印度洋又是中国通向南亚、中东、西亚、欧洲、非洲重要的交通、贸易、能源通道，中国货物贸易的 80% 要经过印度洋。“海权论之父”马汉曾指出："谁控制了印度洋，谁就控制了亚洲。印度洋是通向 7 个海、洋的要冲，21 世纪的命运将在印度洋上见分晓。”② 近代以来，世界大国无不将印度洋看作控制世界的神经中枢。如今，印度洋与太平洋和亚洲被纳入“印太”框架（又称印太亚洲，Indo Asia Pacific），已成为一个地缘经济政治新概念，美、印、日、澳等国对此高度重视，并在某种程度上达成共识。

中国作为印太地区一个崛起的大国绝不能等闲视之，推进“两洋出海”战略已是当务之急。构建太平洋出海口与印度洋出海口之间的互动格局，不仅为“南方丝绸之路经济带”提供出海口，支撑我国大西南经济崛起，而且有利于打破马六甲困境，也有利于降低中国对外贸易的运输成本。中缅石油管道的开通，打通了中国从中东进口石油而不经过马六甲海峡的能源通道，不仅保证了中国能源安全，降低了石油运输成本，还与缅甸实现了经济上的互利共赢。中缅石油管道起自于印度洋东部的缅甸西海岸皎漂市（Kyaukpyu），从云南瑞丽进入中国境内，分别通往重庆和广西。每年可向中国输送 2200 万吨原油和 120 亿立方米天然气。中国作为贸易大国，还需要多个印度洋出海港口来支撑，同时辅助若干交通通道（如公路、铁路）

① 胡锦涛：《坚定不移沿着中国特色社会主义道路前进　为全面建成小康社会而奋斗——在中国共产党第十八次全国代表大会上的报告》（2012 年 11 月 8 日），载《人民日报》2012 年 11 月 18 日第 1 版。

② David Scott. India's 'Grand Strategy' for the Indian Ocean: Mahanian Visions [J]. *Asia – Pacific Review*, Vol. 13, No. 2, 2006. P. 98.

等来保障。中国还应该积极促成与其他国家合作挖掘泰国克拉运河。中国瑞丽至缅甸皎漂港（长约 810 公里）的铁路也在建设之中。从地缘政治层面以及港口自身条件出发，中国有可能用来作为出海口的有巴基斯坦的瓜达尔港、孟加拉国的吉大港、缅甸的仰光港以及正在构划中的缅甸若口港。[①] 中国应首先选择位于巴基斯坦的瓜达尔港口和孟加拉国的吉大港作为主要开拓对象，并且与缅甸的仰光港和若开港一起规划，采取先易后难的策略循序渐进，下功夫促成印度洋出海大通道的整体阵容，以保障中国走向世界，实现和平崛起。[②] 特别是中巴经济走廊的巴基斯坦起点瓜达尔港，是远东、西亚、中亚、非洲、欧洲的交通运输枢纽，是中国新疆、青海等省份及中亚国家通往印度洋最近的出海口。该港口由中国公司投资兴建，现由中国公司运营，加之中巴全天候的战略关系，来自非洲、中东的石油及其他物资可绕过马六甲海峡，通过铁路、公路、油气管道直接运到中国，无疑是中国最安全的印度洋出海口。

“两洋出海”战略进而将实现中国西南经缅甸、孟加拉国、印度、巴基斯坦、伊朗、土耳其，最终抵达荷兰鹿特丹港，从而贯通第三亚欧大陆桥，以发挥“心脏地带”和“边缘地带”综合优势，拓展中国的地缘经济政治空间。

---

① 参见李靖宇、张卓《关于中国面向世界开拓两洋出海大通道的战略构想》，载《中国软科学》2010 年第 8 期。

② 参见李靖宇等《关于中国在南亚区域选取印度洋出海口的战略推进构想》，载《中国海洋大学学报》2012 年第 5 期。

关于新“海上丝绸之路”建设与亚洲新安全观的几点思考

林勇新

摘　要：建设新“海上丝绸之路”的倡议和亚洲新安全观的提出，均是中国适应时代发展潮流的主动战略选择，是中国从国际事务“参与者”向“塑造者”转变的重要体现。二者之间是一种相辅相成、共同促进的关系。

关键词：新“海上丝绸之路”　新安全观

作者简介：林勇新，1986年生，博士，中国南海研究院海上丝绸之路研究所助理研究员。地址：海南省海口市美兰区江东一横路5号，邮编：571100。

2013年10月初，习近平总书记提出了共建21世纪“海上丝绸之路”的战略构想，这是我国应对国际经济格局变革，扩大对外开放，加强海上互联互通建设，深化同包括东南亚国家在内的世界各国间的合作，加快经济转型，拓展辐射范围，促进沿海经济带的融合互动，推动经济社会全面发展的重大举措。

今年5月习近平主席在亚洲相互协作和信任措施会议上发表了题为《积极树立亚洲安全观共创安全合作新局面》的主旨讲话，全面系统地阐述了共同、综合、合作和可持续的亚洲新安全观，指明了一条共建、共享、共赢的亚洲安全之路。此次亚洲新安全观的提出是我国践行近20年来所提倡的新安全观的提炼和升华，是“既维护本国安全，又尊重别国安全关切”理念的重要扩充与实践，有利于开辟亚洲地区乃至全世界安全合作的新局面，有助于维护亚洲地区的和平与稳定，从而推进国际政治经济新秩序的构建。①

可以说，建设新“海上丝绸之路”的倡议和亚洲新安全观的提出，均是中国适应时代发展潮流的主动战略选择，是推进建设海洋强国战略和实现“两个百年”目标的战略依托，是“中国梦”合理延伸的重要载体。因此，二者之间是一种相辅相成、共同促进的关系。

首先，亚洲安全是建设新“海上丝绸之路”的基本前提。海上安全是世界安全体系的重要组成部分。传统上对“海上丝绸之路”的认识主要是贸易之路、文化之路、对话之路与和平之路。但显然这些“路”得以成行的基本前提是“海上丝绸之路”必须是条安全之路；缺乏安全的保障，前面所述之路都无从谈起。“海上丝绸之路”的兴起繁荣始于中国、依托亚洲、造福世界。亚洲的安全事关“海上丝绸之路”的建设大局。近年来，随着西太平洋各主要海洋国家纷纷对自身的海洋发展战略做出不同程度的调整和美国重返亚太战略实施中的选边站队行为，中国东海、南海海域频发的海洋纠纷不断冲击着区域内各国的互信基础，对区域内的和平发展添加了不少不稳定因素和消极因素；促使东南亚国家对我国提出的共建“海上丝绸之路”倡议存有一定的战略质疑。因此，我国此时提出亚洲安全观可谓恰逢其时，不仅跳出了部分国家仍拘泥的孤立的、零和的、绝对的安全观认识，而且针对所有国家共同面对的打击海盗、毒品走私、海洋污染治理等非传统安全问题提出了“互信、互利、平等、协作”的政策主张，为有效化解海上安全威胁提供了重要的解决思路，进而可有力保障“海上丝绸之路”战略的顺利实施。

其次，建设新“海上丝绸之路”是实现亚洲安全的重要基础。亚洲新安全观的践行必须以共同安全为前提，综合安全为方向，合作安全为手段，可持续安全为关键的内在推动力。② 在该新型安全观指导下建立的安全是一种动态平衡的安全体系，具有广义性、相对性和多边性等特点；而且，此次提法最具创新性的是为其内涵注入了发展的元素，以保证安全的可持续性与有效性。所以，亚洲国家只有保证经济社会的健康、可持续发展，才能为共

① 黄日涵、丛培影：《亚洲安全观的思想内涵及其世界意义》，共识网，httphttp：//www.21ccom. net/articles/qqsw/zlwj/article_ 20140709109137. html。

② 雷希颖：《新亚洲安全观：破旧立新“中国风”》，东方早报网，http：//www. dfdaily. com/html/51/2014/5/23/1154770. shtml。

同安全、综合安全和合作安全建设奠定坚实的基础。而建设新“海上丝绸之路”正是中国继承和弘扬中华文明“和平友好、互利共赢”的文化价值观，通过柔性外交和运用巧实力向世界宣传并使其理解、接受中国和平发展的理念，以团结互信、平等互利、包容互鉴、合作共赢的方式与沿“海上丝绸之路”的国家和地区分享发展的经验与成果，并最终实现与其共同发展、共同富裕的战略抉择。在具体层面上，推进“海上丝绸之路”建设可将中国、东南亚、南亚、西亚、北非和欧洲等相关国家临海港口城市串联起来，通过海上互联互通、港口城市合作机制以及海洋经济合作等途径，降低后金融危机时代新贸易保护主义的负面影响，打破彼此间社会经济文化交流的壁垒与“玻璃门”，加速推进区域经济一体化进程，推动各大经济板块的发展与融合，从而形成覆盖数十亿人口的共同市场和海上“丝绸之路经济带”，实现中国同沿“路”国家利益的深度共享与融合。因此，新“海上丝绸之路”建设有助于将不同地区与国家构筑成同发展、共繁荣的命运共同体，拓展出一条以发展促安全、寓安全于发展的合作新“丝路”。

再次，建设新“海上丝绸之路”和亚洲新安全观都是中国主动塑造战略机遇期的重要体现。党的十八大报告指出，“中国将坚持把中国人民利益同各国人民共同利益结合起来，以更加积极的姿态参与国际事务，发挥负责任大国作用，共同应对全球性挑战”。建设新“海上丝绸之路”倡议和亚洲新安全观的提出标志着中国正从积极融入国际秩序管理向主动塑造未来的国际事务转变①，并意味着中国正以前所未有的积极姿态参与国际事务。为此，“海上丝绸之路”建设战略规划和亚洲新安全观应放在中国今后成为世界大国的进程中予以谋划考量，应跳出局部时间、空间的限制，如二者的提出绝不仅仅停留在商品贸易、短期的区域安全或者解决海洋领土问题上，而是中国在“走出去”过程中积极同其他国家和地区携手构建更具有开放性、包容性、普遍性与可持续性的安全合作体系，这既可超越英、美等西方国家通过国家力量尤其是武力建立以自己为中心的国际关系模式，又可打破一个国家增加安全的能力造成其他国家的不安全的“安全困境”，并可在良好的国际环境中履行我大国责任。

最后，建设新“海上丝绸之路”和亚洲新安全观都是开放包容的体系。

---

① 人民网：《学者热议总体国家安全观：中国开始“主动塑造”未来》，http：//world. people. com. cn/n/2014/0623/c1002 -25186421. html。

不管是建设“海上丝绸之路”还是亚洲新安全观都不是一个实体和机制，而是中国结合中华文明的精神内涵和既有实践经验总结提炼出来的合作发展理念和倡议，由此决定了在二者的框架下只会形成开放包容的体系，而非封闭、固定、排外的机制。其不仅不会与既有合作机制如上海合作组织、欧亚经济联盟、中国—东盟（10+1）等产生重叠或竞争，还会通过创新性的突破有效延续、升级现有的合作，为这些机制注入新的内涵和活力。未来建设新“海上丝绸之路”将充分依靠中国与有关国家既有的双多边机制，借助既有的、行之有效的区域合作平台，逐步把现有的、计划中的合作项目串接起来，形成一揽子合作①，创造具有全局性的整合效应。而亚洲新安全观本身就是上海合作组织新安全观的延续，其内容上提倡灵活多样的安全合作模式，这些模式包括具有较强约束力的多边安全机制、具有论坛性质的多边安全对话、旨在增进信任的双边安全磋商，以及具有学术性质的非官方安全对话等。另外，亚洲新安全观不是一些西方人士所说的“中国版的门罗主义”，② 而是主张亚洲自身的安全关键是要靠亚洲自强不息的精神和亚洲的力量来维护，与此同时中国也强调“亚洲国家在加强自身合作的同时，要坚定致力于同其他地区国家、其他地区和国际组织的合作，欢迎各方为亚洲安全和合作发挥积极和建设性作用，努力实现双赢、多赢、共赢”。

综上，复兴“丝绸之路”倡议和亚洲新安全观是中国从更长远和更宏观的视角考虑自身、亚洲乃至世界的发展问题，在世界经济发展和安全面临多种困境时传递中国和平友好、自信自觉的声音，贡献中国的智慧；是中国和平发展成为世界大国进程中积极主动承担国际责任，发挥建设性作用的文明展现。

---

① 钟声：《开放包容，携手发展谋共赢》，《人民日报》2014 年 2 月 25 日第 3 版。

② 王义桅：《亚洲新安全观是中国版门罗主义?》，环球网，http://opinion.huanqiu.com/opinion_ world/2014-07/5052272.html。

清代盟旗制度与内蒙古五路驿站的设立*

——兼论草原丝绸之路的形成

吕文利

摘　要： 中国古代丝绸之路是国家意志的体现，是各族群间交流、交往的需要。草原丝绸之路是陆路丝绸之路的重要组成部分，至清代，因为在蒙古地区编旗设佐，为草原丝绸之路的开辟奠定了基础。清廷在内蒙古地区设立了五路驿站，这些驿路经过周密的设计，恰好通过内蒙古 49 个扎萨克旗和察哈尔、归化城土默特等总管旗，像一个大血管贯穿全身，不但增强了清廷的统治力，促进了草原丝绸之路的形成，而且促进了当地经济的发展，促进了各族群的交流、交往、交融。

关键词： 盟旗制度　五路驿站　草原丝绸之路

作者简介： 吕文利，历史学博士，中国社会科学院中国边疆研究所副研究员。地址：北京市东城区先晓胡同 10 号，邮编：100005。

引　言

“丝绸之路”之名本是由德国地理学家李希霍芬（F. von Richthofen）于 1877 年在其所撰写的《中国》一书里提出来的。不过他主要指的是汉

* 本文为国家社科基金青年项目“清朝藩部体系与中国疆域形成研究”（批准号：09CZS021）的阶段性成果。

代张骞凿空西域后，以丝绸贸易为媒介的、经过西域连接中亚的交通路线。1910 年德国人赫尔曼发展了李希霍芬的这个观点，在他的《中国和叙利亚之间的古代丝绸之路》一书中，把丝绸之路延伸到叙利亚。后来丝绸之路（the Silk Road）的提法渐渐被世界各国学术界所接受，并逐渐引申它的内涵。被中国学术界所接受，是最近几十年的事情，中国学术界原来不用“丝绸之路”这个词，用“东西方交通”，或者“中外交通”来表达相关的语义。这是因为仅从“丝绸之路”这一名称来说，容易使人联想到仅仅是以丝绸为媒介或以丝绸贸易为目的的交通，但是随着“丝绸之路”概念的影响力越来越大，现在大家实际上使用的只是其形象的比喻，即中国古代的代表性货物是丝绸，但又不限于丝绸；丝绸之路不止是经西域通往欧洲的贸易这一条道路，还有海上丝绸之路、草原丝绸之路等。尤其是 2013 年习近平主席提出的打造“丝绸之路经济带”这个思路之后，“丝绸之路”这个概念更具有象征性意义。2014 年，“丝绸之路”作为文化遗产“申遗”成功，使得这一中国古代的文化商贸路线更是举世皆知。

如果说丝绸之路只是指中外贸易的道路的话，那么实际上，仅陆上丝绸之路就有多条路线，发展到清代，则更趋完备。仅以清朝与俄罗斯的贸易地点来说，在东北有尼布楚、齐齐哈尔等[①]；在北部有呼和浩特、恰克图、库伦等，而这些城市都与清朝中央政府建立的驿路是分不开的。清代蒙古各部归附后，清廷就在蒙古各部编旗设佐，加以统治，随后又逐渐增设驿站，以增强控制力，所以，清廷对蒙古地区的编旗设佐实是设置驿站的前提，故本文拟考察清廷在蒙古地区编旗设佐的过程，并以清代在内蒙古设立的五路驿站为中心，考察沿线各驿旗县的形成、商贸往来、城市发展的情况，并论述驿站与草原丝绸之路的关系。

关于清代内蒙古五路驿站，前辈学者已有研究，主要有金峰的《清代内蒙古五路驿站》[②]，该文从清代内蒙古的五路驿站的设立、沿革进行了详细的研究。韩儒林的《清代内蒙古驿站》[③] 一文，利用康熙朝《满汉合璧内府一统舆地秘图》与乾隆朝《内府舆图》（即乾隆十三排图）所标注的

① 费驰：《论清代中国东北与俄国贸易的变迁》，《中国边疆史地研究》2009 年第 3 期。

② 金峰：《清代内蒙古五路驿站》，《内蒙古师范学院学报》1979 年第 1 期。

③ 韩儒林：《清代蒙古驿站》，《穹庐集》，河北教育出版社，2000。

各驿站地点或方向，进行考证和定位。另外，袁森坡[①]、刘文鹏的论著[②]以及《内蒙古古代道路交通史》[③]里都有相关内容的研究。本文将在前人研究的基础上，对相关论题进行阐发，不当之处，敬请指正。

一　清朝在蒙古地区编旗设佐

清朝在统一蒙古诸部以及哈密、吐鲁番等地区的过程中，创建了盟旗制度，对当地原有社会组织形式与行政管理体制实施变革。盟旗制度首先来源于女真部落中的牛录，“牛录”是满语 niru 的汉语音译，是“大箭”之意。女真初期社会在采集、渔捕或狩猎时，由若干个基层组织塔坦（tatan），少则三四个，多则八九个，组成一个统一行动的采集、渔捕、狩猎的集体，指定方位，分工合作；这样由几个塔坦组成的统一行动的组织就是牛录（niru），其头人就是牛录额真（niru ejen）。在这个时候，牛录是穆昆（mukun）内部的基层狩猎生产组织，它的设置还仅仅是临时性的，牛录额真是这个临时性的狩猎生产组织的指挥者、组织者和管理者。但又由于防御和抢掠的需要，从穆昆属下各户抽丁组成的塔坦，也要进行战争，那么，牛录就成为一个武装单位，牛录额真则成为战争的指挥者。随着历史的发展，女真人在出兵或出猎时，按家族村寨组织队伍，每人各出箭一支，每十人选一人为首领，这个首领就是牛录额真（后来清将牛录额真汉译为佐领），这是已制度化了的牛录组织。

明万历二十九年（1601），努尔哈赤“将收集众多之国人，尽行清点之，均匀排列，每三百丁编一牛录，牛录设额真一人，牛录额真下设代子二人、章京四人、村拨什库四人。将三百男丁以四章京之份编为塔坦。无论做何事、去何地，四塔坦人按班轮值，其同工、同差、同行走。军用盔甲、弓箭、腰刀、枪、长柄大刀、鞍辔等物若有损坏，则贬谪其牛录额真。倘一应物件修治完好，军马肥壮，则晋升其牛录额真。为此，凡事预先立法乃以示遵循。城筑二层，选可信者守门，所派之八大臣不出猎行兵，专事守城及照管村中之一应物件。又念国人苦于粮赋，特令一牛录出男丁十人、牛四头，

① 袁森坡：《康雍乾经营与开发北疆》，中国社会科学出版社，1991。

② 刘文鹏：《清代驿传及其与疆域形成关系之研究》，中国人民大学出版社，2004。

③ 内蒙古公路交通史志编委会编《内蒙古古代道路交通史》，人民交通出版社，1997。

以充公役，垦荒屯田”。[①]

由此可以看出，牛录组织的动员能力比较强，组织化程度比较高，适应组织生产和战争的需要，甚至“无论做何事、去何地，四塔坦人按班轮值，其同工、同差、同行走”，这样就把最高意志可以有效地贯彻下去。由于连年征战，归附的人口也大量增加，增设的牛录越来越多，为了更有效地管理，努尔哈赤将五个牛录编为“五牛录”（后称为“甲喇”，即五牛录为一甲喇），再将五个“五牛录”编为一固山，后称“旗”。到万历四十三年（1615），共设八个固山。八固山分别以黄、白、红、蓝、镶黄、镶白、镶红、镶蓝八旗为标志。后旗色逐渐兼有其所标志的队伍本身的含义，故“八固山”又称“八旗”。努尔哈赤创设的八旗制度是在战争条件下，综合考虑女真固有传统并加以改革的结果，这一制度克服了血缘关系和地缘关系的局限，每旗设固山额真（后称“都统”）、甲喇额真（参领）、牛录额真（佐领），逐级管理，统一指挥，其目的是为了事权归一，如臂使指，是领导权（后为皇权）归一的必然结果。由此可见，旗的最初设计是为了集权的需要，明了这一点，我们就可以明了设计盟旗制度的真正目的。

在牛录制度创设之后，前来归附的蒙古人由于数量较少，大多被纳入满洲八旗的管理之下，如天命六年（1621）十一月，“蒙古喀尔喀部内古尔布什台吉、莽果尔台吉率民六百四十五户并牲畜业归”，努尔哈赤除授二人为总兵官之职外，还赐以“满洲一牛录三百人，并蒙古一牛录，共二牛录”[②]，隶属满洲八旗。此为记录蒙古牛录之始。但是随着蒙古归附人数的增多，尤其是有名望的蒙古各部首领来投，若再把其归入满洲八旗下管理，势必不合时宜，而且容易引发纠纷，故在天命七年（1622）初，科尔沁、兀鲁特诸部贝勒明安等人举部来投，另有喀尔喀部分台吉来投，在这种情况下，努尔哈赤编这部分蒙古人为二旗，由此，蒙古单独成旗的格局设立，此后，随着蒙古各部陆续归附，后金也在不断摸索管理体制，天聪九年（1635）二月“编审内外喀喇沁蒙古壮丁，共一万六千九百五十三名，分为十一旗”[③]，这十一旗中有三旗由原来各部领袖古噜思希布、鄂木布楚琥尔及赓格尔与善巴

① 《满文老档》，中华书局，1990，第36~37页。

② 《满洲实录》卷8，“天命六年十一月乙卯”条，中华书局，1986。

③ 《清初内国史院满文档案译编》（上），第146~148页。

管理之外，其余八旗皆由原满洲八旗下的蒙古牛录加上这次新归附的内喀喇沁壮丁混编而成，由此，蒙古八旗正式成立。此次编旗也奠定了在蒙古各部编旗设佐的基础，后来的编旗实际上是按照这次古噜思希布等人率领的三旗的模式来编设的。我们来看看这三旗的设置情况。

古噜思希布率5286名男丁为一旗，以天聪二年（1628）降附的喀喇沁部长古噜思希布（苏不地子）为固山额真。

鄂木布楚琥尔率1822名男丁为一旗，以天聪二年随苏不地降附的土默特部首领、俺达汗孙鄂木布楚琥尔为固山额真。

赓格尔与善巴率2010名男丁为一旗，以土默特部首领、天聪二年降附的赓格尔、善巴同管固山额真事。

以上三旗不列入八旗序列，以后逐渐演变为外藩蒙古旗。其中古噜思希布一旗后为喀喇沁右翼旗，鄂木布楚琥尔旗后为土默特右旗，赓格尔、善巴旗后为土默特左旗。清代盟旗制度的形成过程，也是蒙古各部归附清廷的过程。在入关前，清率先在归附的漠南蒙古中编旗设佐；至康熙年间，漠南蒙古已设六盟，编为四十九旗。漠北喀尔喀蒙古四部设旗自顺治年间始，至康熙年间，共编三十二旗；乾隆时，增至八十六旗，四部各设一盟。雍乾时期，青海蒙古和漠西蒙古渐次归附，遂在青海设二盟、二十八旗；于漠西蒙古设三十四旗；西套卫拉特蒙古设有二旗；此外，还设有部分总管旗和喇嘛旗。

这些旗实际上都是按照满洲八旗的模式来操作的，但不同的只是其任官。清政府主要通过对蒙古各部领袖的任命，形成了扎萨克旗，以控蒙古诸部。

蒙古诸部在编旗设佐前，是以兀鲁思、鄂托克、爱马克等组织来统治诸部的。由于蒙古草原广袤的地理环境和以户为单位游牧的社会经济状况，鄂托克、爱马克等组织比较松散，各部领袖的意志很难贯彻下去，所以只有通过战争这种最有效的组织形式来使权力渗透到最底层。后金在蒙古地区编旗设佐，从国家的有效管理来说有着重要的意义。后金在蒙古地区的编旗具有的开创性意义体现在以下四点。

1. 清查户口，划定牧地

天聪八年（1634）十月二十二日，国舅阿什达尔汉、塔布囊达雅齐与漠南蒙古巴林、奈曼等部管事大小诸贝勒“大会于硕翁科尔地方，分给蒙古诸贝勒地”，界定了各部四至，“既分之后，倘有越此定界者，坐以侵犯之罪。至于往来驻牧，务彼此会齐，同时移动，不许参差”。[①] 这种划分旗地的范围以国家法律方式强制执行地固定下来，是国家意志在蒙古地区的体现，在这次划分旗地的同时就处理了一起越界游牧的案件：“翁牛特部落塔喇海、班第二人，越所限地界，私至哈尔占、哈喇木轮地方”，于是阿什达尔汉等人就拟定“罚马千、驼百”的处罚，后经皇太极拟定，“各罚马百、驼十”，“以昭朕议罪惟轻之意”。[②] 刚划定牧地的界限，就处以罚一千匹马、一百头骆驼的刑罚，显然是有从重处罚，以强力贯彻清朝在蒙古地区编旗的意图；皇帝从轻处罚，也是实行一张一弛的拉拢之道。

阿什达尔汉等人在划分旗界的同时还清查了各部户口：“其分定地方后口之数：正黄旗二千户；镶黄旗六百户；正红旗八百二十户；镶红旗八百三十户；镶蓝旗六百七十户；正白旗六百四十户；镶白旗七百户；正蓝旗七百户；敖汉一千八百户；奈曼一千四百户；巴林塞特尔八百户，满珠习礼八百户；达尔汉巴图鲁土巴二千四百五十户，内齐、土巴济农二千户；四子部落土门达尔汉二千户，塔赖达尔汉、车根塞冷三千户，杜棱济农二千户，东戴青二千户。共计二万五千二百余户。”[③]

划分牧地、清查户口类似于内地府县的设置程序，都是国家意志的体现。以山川形胜和各部游牧习惯来划分牧地，把原来的大部落分成一小块一小块的旗，以国家法律规定各部不许越界游牧，便于国家统一管理，并可有效贯彻国家的意志。清查户口，并“以五十家编一牛录”[④]，使得原来松散的游牧社会组织性更强，清朝可以由此掌握兵源的数量，并按照户数来调整蒙古王公的势力，以防尾大不掉。

2. 任命旗扎萨克

编旗的同时，清政府也依据蒙古各部贵族忠诚度以及贡献大小，设立旗扎萨克。一般来讲，旗扎萨克由理藩院于各旗之王公、贝勒、贝子、台吉、塔布囊等贵族内遴选，请旨出任，并可世袭。在理藩院各项政令之下，扎萨克总掌本旗军政事务；平时放牧生产，战时出兵从征。另外，内蒙古六盟各设兵备扎萨克一员，掌本盟军务。清代盟旗制度，有内扎萨克蒙古和外扎萨克蒙古之别，漠南（内）蒙古为内扎萨克蒙古，各旗之扎萨克拥有统兵之

① 《清太宗实录》卷21，“天聪八年十一月壬戌”条。

② 《清太宗实录》卷21，“天聪八年十一月壬戌”条。

③ 《清太宗实录》卷21，“天聪八年十一月壬戌”条。

④ 《清太宗实录》卷32，“崇德元年十一月丙午”条。

权；漠北、漠西等蒙古为外扎萨克蒙古，各旗扎萨克无统兵之权。

旗扎萨克的任命实际上是蒙古各部与清政府博弈的结果，是一种妥协的策略。因为归附的蒙古各部还是具有一定的实力的，在编旗的同时，考虑到当地的特点以及抚绥的需要，遂以蒙古王公充任旗扎萨克。

3. 设立蒙古衙门、理藩院管理

因为蒙古诸部相继归附，后金设立了蒙古衙门，专管蒙古事务，后其他藩部地区也纳入清朝的版图，遂把蒙古衙门改为理藩院，成立中央机构来大规模地管理边疆地区民族事务，这还是第一次（元时虽有宣政院，但只管西藏一地事务），这也是国家意志的反映，体现的是中央政府对边疆地区的强有力的、有效的管理。

4. 国家法律在蒙古地区的实施

清政府划分旗界是以法律的形式固定下来的，各旗的四至都记载在《大清会典事例》里，越旗游牧，就会被给予相应的处罚。清政府还在蒙古地区专门颁布了《蒙古律例》，后又有《理藩院则例》，这亦是国家意志在各盟旗的体现。

但划定牧场、清查户口、任命扎萨克、设立中央部门管理，以及国家法律在蒙古地区的实施，只是迈出了国家管理的第一步，要想实现国家对蒙古地区的控制力，在古代社会没有现代科学技术的情况下，建立驿路是不可或缺的一环，只有建立了驿站，就好比打通了经络血管，清廷的上述管理措施才能够实施。在驿路基础上的贸易路线，即草原丝绸之路的建立，促进了各族群之间的交流、交往、交融，亦促进了当地社会经济的发展。

二　内蒙古五路驿站的设立

在蒙古地区编旗设佐的基础上，清廷也着手建立驿站制度。对于内蒙古五路驿站的设立时间，大多著作认为是康熙三十一年（1692）①，这容易给读者一种错觉，以为这些驿站都是迟至康熙三十一年才设立的，实际上随着清朝对蒙古地区编旗设佐，一些驿站也随后设立起来，且随添随设。如康熙二十二年（1683），“理藩院题，古北口外鞍匠屯、西巴尔泰，喜峰口外王霸垓三处，应添驿站”，康熙帝曰：“此等边外添设驿站，使内地百姓迁住，

① 如上述韩儒林、金峰、袁森坡、刘文鹏的著作。

则安业之人，家口搬移，甚为苦累。见今出征兵带回之人，无田产间旷者甚多。此等人宜安插于彼处驿站。其作何安插之处，再议以闻。寻议复：每驿应设人丁五十名，管辖拨什库二名，马五十匹、牛车三十辆。此安插人丁，应令内务府派出。其管辖拨什库，亦令内务府派曾受贼伪职有妻奴之人。但远来入官穷丁，骤派安插，力量不给，应给以房屋田地，其起程时，仍给与驿站。"①

"每驿应设人丁五十名"，这就是驿站的五十家子制度，即每个驿站派五十家应役壮丁，给以房屋田地，以站养站。《口北三厅志》卷六"台站"云："独石口军台（康熙三十二年设），蒙古六台站。每台派拨骁骑校（蒙文作 kündü，通常多用这个字的音译"昆都"）二员，笔帖式（满文 Bithesi 的音译，原意为写字人。蒙文同义词为 Bichigechi，蒙古台站亦常用这个蒙古字的音译"毕齐格齐"，是担任翻译的人）一员，领催（蒙文 Boshighu，通常亦用这个字的音译"拨什库"）二名，达夫五十家。原定不设工食。康熙三十二年分给每一家牛马共五头，羊三十头，为永远养赡之用。再每台预备过往差员口粮羊二十只，每只定价银七钱。年终册报理藩院核销，用完给银再备。"②

韩儒林先生分析这段材料说："除独石口外，其它诸口蒙古驿站，每站也都由五十家应役。查康乾二图，后来热河省地区范围内的许多驿站所在地，都在今日各地的五十家子村镇。有的驿站在康乾二图上直称某河苏塞包，如卓逊苏塞包（Json Susai Boo）、希拉穆伦苏塞包（SiraMuren Susai Boo）等。满文 susai boo 译言五十家。后来的图籍上，还时常出现他本格尔的地名。按蒙文 tabin ger，亦译言五十家子。"③"五十家子"成为一个在内蒙古很多地区都有的地名，其来源就是在各驿站设立的五十家子制度。

随着清廷与蒙古准噶尔部噶尔丹战争的推进，俄罗斯逐渐往蒙古地区的侵袭，清廷在蒙古地区各旗自发设置的苏木台站的基础上④，加紧了在蒙古地区设立驿站的步伐，并逐渐将驿路系统化、网络化。

康熙二十九年（1690），准噶尔"噶尔丹深入乌朱穆秦地，上命和硕裕

① 《清圣祖实录》卷113，"康熙二十二年十一月丁丑"条。

② 转引自韩儒林《清代蒙古驿站》，《穹庐集》，第238页。

③ 韩儒林：《清代蒙古驿站》，《穹庐集》，第238页。

④ 金峰：《清代内蒙古五路驿站》，《内蒙古师范学院学报》1979年第1期。

亲王福全为抚远大将军，皇子允禔副之。出古北口”，并“谕理藩院，大将军裕亲王率大兵出古北口，令侍郎沙穆哈、学士布彦图自阿喇尼设站之处，酌拨附近旗分人马，尾随大军设立驿站”①，以“奏报军机”②，转运物资。

康熙三十年（1691）的多伦会盟，标志着外蒙古喀尔喀部归附清廷，但是因为喀尔喀部为避噶尔丹的兵锋，举部内迁，如何管理这些民众就成为清朝统治者面临的重大课题。

在多伦会盟后不久，“理藩院议复，赏给阿禄科尔沁等七旗分贫人米谷”。康熙帝曰：“此赏给米谷，调蒙古骆驼、马匹运送，时值寒冬，输挽殊难；况来领米谷之人，不能运到，必致沿边粜卖，则贫人不能皆沾实惠。今应量米折银给之，庶到彼甚易，而贫人得沾实惠也。”又谕理藩院曰：“投诚喀尔喀，已给地居住，今定例之初，应将喀尔喀并议，凡一应差役维均，则人不偏劳，差往扎赖特等处人役，俱由喜峰口行走，则喀尔喀等旗，甚为偏累。若出山海关，由盛京地方法库口行走，道路甚便，不劳可至，喀尔喀等旗亦免偏累。古北口、喜峰口外，现各有五十家一村，设为驿站，自此至科尔沁等处，其间亦须照此例，于各旗内察出贫穷之人，给与牛羊等物，使为产业，设立驿站，则贫者咸得生理，而各处亦免苦累，其传问朝正诸王、贝勒、台吉等具奏”。③

由此可见，此次增设驿站，表面上一是为减轻蒙古各旗自费往来运输的麻烦；二是为免去喀尔喀部的“偏劳”；三是增设驿站能够增加一些工作岗位，使“贫者咸得生理”，实际上是为贯彻国家意志的一种体现，无论是赏给各旗的米谷需要驿站转运也好，增设驿站免去喀尔喀部的“偏劳”也好，还是增设一些驿站的岗位也好，无不是增强国家控制力的需要。在古代社会，没有现代化的交通工具和通信工具，驿路无疑成为国家的经络血管，所以才有秦始皇为控制“西南夷”，不惜凿通五尺道的壮举。④

对于康熙帝的这个指示，在与内蒙古各旗王公商量之后，康熙三十一年（1692），“议政王大臣等议复：喜峰口外设立十五站；古北口外六站；独石口外六站；张家口外八站；杀虎口外十二站。每站安丁五十名，量给与马匹

① 《清圣祖实录》卷147，“康熙二十九年七月辛卯”条。

② 《清圣祖实录》卷147，“康熙二十九年七月己酉”条。

③ 《清圣祖实录》卷153，“康熙三十年十月丙申”条。

④ 《史记》卷116，《西南夷列传》。

牛羊，应如所请。其应给马匹、牛、羊、银两，差大臣前往料理”[①]，内蒙古五路驿路由此完备，这五路驿站有时候简称为蒙古台站，或者草地路。[②]

三 内蒙古五路驿路的具体位置

1. 喜峰口驿路

喜峰口驿路是由喜峰口通到哲里木盟扎赉特旗的驿路，由喜峰口管站司员管理，经过各时期的调整，“除喜峰口、宽城内地所设二站外，设蒙古站十六”。[③]

其各站为：由京城至喜峰口，共410里。出喜峰口（汉站，从此以下皆为蒙古站）70里至宽城站，100里至蒙古和齐·坦频·格尔站（今河北省平泉县南五十家子；满文作 Fe Susai Boo Giyamun，译为老五十家；蒙文站名应为 Qaghucin Tabin Ger，和齐·坦频·格尔即其音译），120里至堪斯呼站（今平泉县北五十家子；满文为 Keyisku Giyamun ），140里至托和图站（今内蒙古赤峰市宁城县老哈河右岸五十家子；满文为 Hara Tohotu Giyamun），140里至伯尔克站（今赤峰市敖汉旗西南蹦河两岸的南北两个五十家子；满文为 Berge Giyamun），150里至洪郭图站（敖汉旗东北孟克河右岸的五十家子；满文为 Honghotu Giyamun），116里至锡喇诺尔站（敖汉旗东北、孟克河西岸；满文为 Sjra Noor Giyamun），100里至库呼辙尔站（赤峰市西拉木伦与老哈河汇流处南岸之五十家子[④]；满文为 Kuhucel Giyamun），180里至三音哈克站（今通辽市开鲁县西北明白尔河右岸的五十家子；满文为 Sayin Hak Giyamun），90里至西讷郭特尔站（今通辽市扎鲁特旗至开鲁公路线上的爱里营子；满文为 Sine Gol Giyamun），160里至奎苏·（布）拉克站（今扎鲁特旗东北的他本庙；“他本”，蒙文 tabin 的音译，即五十之意，满文为 Kuyisu Bulak Giyamun），140里至博罗·额尔吉站（今兴安盟科右中旗白音胡硕与高力板之间的巴仁太本；满文为 Boro Ergi Giyamun），140里至诺木齐站［今吉林省洮安县西南的平源村（太本站）；“太本”，蒙文 tabin 的音译，即五十之意；满文为 Numuci Hak Giyamun］，

① 《清圣祖实录》卷155，“康熙三十一年四月甲申”条。

② 金峰：《清代内蒙古五路驿站》，第20页。

③ 《热河志》卷84。（嘉庆）《钦定大清会典事例》卷745，《理藩院边务驿站》

④ 袁森坡说此处“今属赤峰市奈曼旗”，不确。

180里至哈沙图站（今吉林省白城市西北的太本站；满文为Hashatu Giyamun），180里至哈拉·克勒苏特依站（今黑龙江省齐齐哈尔市泰来县西南25公里的乌雅站；满文为Hara Keresutei Giyamun），100里至珠克特依站（今内蒙古兴安盟扎赉特旗乌雅二站；满文为Juktei Giyamun），90里至哈达罕站（今齐齐哈尔市龙江县景星镇雅鲁河右岸的乌雅头站屯，亦说该镇罕达罕河南岸的罕达罕站；满文为Hadayihan），皆蒙古游牧地方。[①] 途经喀喇沁右翼旗、中旗、左翼旗，土默特右翼旗、左翼旗，喀尔喀左翼旗，敖汉旗，奈曼旗，扎鲁特左翼旗、右翼旗，科尔沁左翼后旗、左翼中旗、左翼前旗、右翼中旗，郭尔罗斯后旗、前旗，科尔沁右翼前旗、右翼后旗，札赉特旗，杜尔伯特旗，“凡二十旗”。[②]

2. 古北口驿路

如上所述，在康熙二十二年（1683）时，古北口外就增设了鞍匠屯等三处驿站。二十九年（1690），在乌兰布通之战前，康熙帝派人紧急赴古北口外跟随大军设立驿站。

古北口驿路，除古北口至坡赖村为“内地所设五站外，设蒙古站十”。[③]

自京城至古北口240里。出古北口后驿站分两路，由鞍匠屯站（今河北滦平县城）分道，90里至红旗营站（今滦平县红旗营满族乡），60里至十八里台站（今隆化县十八里汰村[④]），80里至坡赖村站（今隆化县偏坡营乡坡赖村[⑤]），120里至默尔沟站（今内蒙古赤峰市喀喇沁旗美林乡），100里至锡尔哈站［今赤峰市西南、西路嘎河左岸的五十家子；英金河支流希尔哈河（锡路戛河）右岸有Sirhai Susai Boo，即希尔哈·衣·苏塞包，为“锡尔哈的五十家子”之意］，60里至阿木沟站（今赤峰市以西、阴河南岸的五十家子），70里至卓索站［今赤峰市西北、卓苏河左岸的五十家子；英金河支流有卓逊必拉（Joson Bira，“河”的意思），即“卓索”意译；卓逊河上游左岸有卓逊苏塞包（Joson Sushi Boo），为“卓逊五十家子”之意］，80里至彻多布站［今赤峰市翁牛特旗伯尔克河北岸的彻多布；卓逊

① （嘉庆）《大清会典事例》卷559，《兵部邮政驿程一》。引文中今天的地点以及满文、蒙文名称，参考了韩儒林的《清代蒙古驿站》（《穹庐集》，第239～243页）以及袁森坡的《康雍乾经营与开发北疆》（第342～343页）等研究成果。

② （光绪）《钦定大清会典事例》卷982，《理藩院边务驿站》。

③ （嘉庆）《钦定大清会典事例》卷745，《理藩院边务驿站》

④ 袁森坡说隆化县十八里汰乡，不确。

⑤ 袁森坡说隆化县张三营镇坡赖村，不确。

河北有伯尔克必拉（Berke Bira），左岸支流陈德布必拉（Cendebu Bira），为伯尔克河的支流］，80 里至拉苏特克站（今赤峰市翁牛特旗毛山东乡来三站村），40 里至锡喇穆楞站（今赤峰市巴林右旗巴林桥北 10 余里处，满文为 Sira Muren Susai Boo Giyamun），100 里至噶察克站（今赤峰市林西县东招苏太河与黑河合流之五十家子庙），120 里至海拉扎克站（今巴林右旗白塔子西南 20 公里、黑河西岸之五十家子），60 里至阿鲁噶木尔站（今锡林郭勒盟西乌旗贺尔洪河西岸之太本庙）。[①]

一路经鞍匠屯站（今河北省滦平县城），70 里至王家营站（今滦平县王家营乡），30 里至喀拉河屯站，40 里至热河站（由热河 180 里至八沟站，180 里至塔子沟站）。[②]

古北口驿路，途经翁牛特右翼旗、左翼旗，扎鲁特左翼旗、右翼旗，巴林右翼旗、左翼旗，阿鲁科尔沁旗，乌珠穆沁右翼旗、左翼旗，“凡九旗”。[③]

3. 杀虎口驿路

杀虎口位于山西北端，自北京至此共 15 处驿站，930 里。出杀虎口后驿站分为两路，“设蒙古站十一”，具体如下。

北路 4 站：八十家站[④]，100 里至二十家子站（满文为 Orin Boo Giyamun，即“二十家站”之意，此即和林格尔），50 里至萨尔沁站（满文 wei Salcin Gashan Giyamun，今呼和浩特市土默特左旗沙儿沁乡），60 里至归化城。

西路 7 站：八十家站又西 100 里至杜尔根站（呼和浩特市南的大黑河，满文为 Durgen Bira；今呼和浩特市托克托县东 50 里处五十家子村），120 里至多素海站（今鄂尔多斯市准格尔旗十二连城乡西 40 里章盖营子），200 里至吉格苏特站（今达拉特旗柳沟河东塔宾召，满文 Jegesütei，“有菖蒲”之

---

① （嘉庆）《大清会典事例》卷 559，《兵部邮政驿程一》。引文中今天的地点以及满、蒙文名称，参考了韩儒林的《清代蒙古驿站》（《穹庐集》，第 244～247 页）以及袁森坡的《康雍乾经营与开发北疆》（第 343～344 页）等研究成果。

② （嘉庆）《大清会典事例》卷 559，《兵部邮政驿程一》。

③ （嘉庆）《钦定大清会典事例》卷 745，《理藩院边务驿站》。

④ 据韩儒林先生考证，“八十家子站”与杀虎口同在一个地点，“一个地方设立了两个驿站，因为在口外的八十家子是蒙古站，在口内的杀虎口是汉站”（见韩儒林《清代蒙古驿站》，《穹庐集》，第 254 页）。所以嘉庆朝《大清会典事例》所说的杀虎口驿路由萨尔沁站分道不确，因为由萨尔沁站 50 里至二十家站，实际上是返回了和林格尔，再 100 里至八十家站，实际上是返回了杀虎口。所以本文把八十家站（杀虎口）作为两个分道的开端。

意），200 里至巴颜布拉克站（今杭锦旗境内），20 里至阿鲁乌尔图站（今东胜市西北境塔并召南约 3 公里处掌盖沟），150 里至巴尔苏哈站（今东胜市西 53 公里三台庙西南之塔斌庙），150 里至察哈札达海站（蒙文 Caghan Jadayhai，为“白厂院子”之意；今鄂托克旗东塔并庙）。①

另外，由归化城经萨拉齐站可通乌喇特三公旗。

杀虎口驿路途经鄂尔多斯左翼前旗、左翼后旗、左翼中旗、右翼后旗、右翼前旗、右翼前末旗、右翼中旗，“凡七旗”。② 若加上乌喇特三公旗则为 10 旗。

4. 独石口驿路

独石口驿路共设 7 站，除独石口一站外，其余均为蒙古站。

自皇华驿至独石口，共 520 里。由独石口 120 里至蒙古魁屯布拉克站（今正蓝旗南界上都河西，满文为 Cilon Balgasun，“石城”之意），230 里至额楞站（正蓝旗境内，元上都古城以北 70 里，满文为 Erel），150 里至额墨根站（今正蓝旗境内阿坝垓，蒙文 emegen，译为“祖母”），160 里至卓索图站（又名魁屯站，满文为 Kuyitun Giyamun；今正蓝旗哈毕日嘎乡），150 里至西林果尔站（又名阿尔察图站，满文为 Arcatu Giyamun；今锡林浩特市东南锡林河左岸），180 里至呼鲁图站（或曰额罗都站，满文为 Orodu Giyamun；今锡林河与大吉林河之间，西乌珠穆沁旗境内）。皆蒙古游牧地方。③

独石口一道，第一站为奎屯布拉克，在察哈尔境内，其余驿站经克什克腾旗，阿巴噶右翼旗、左翼旗，阿巴哈纳尔右翼旗、左翼旗，浩齐特右翼旗、左翼旗，“凡七旗”。

5. 张家口驿路

张家口通达归化城之驿路，于康熙三十一年（1692）设，共 6 站，为蒐吉站（满文为 Seuji Giyamun，今河北省尚义县大苏计乡）、昭化站（Jooha Giyazmun，今内蒙古乌盟兴和县台基庙附近）、塔拉·布拉克站（满文为

---

① （嘉庆）《大清会典事例》卷 559，《兵部邮政驿程一》。引文中今天的地点以及满、蒙文名称，参考了韩儒林的《清代蒙古驿站》（《穹庐集》，第 253～258 页）以及袁森坡的《康雍乾经营与开发北疆》（第 346 页）等研究成果。

② （嘉庆）《钦定大清会典事例》卷 745，《理藩院边务驿站》。引文中今天的地点以及满、蒙文名称，参考了韩儒林的《清代蒙古驿站》（《穹庐集》，第 248～251 页）以及袁森坡的《康雍乾经营与开发北疆》（第 345 页）等研究成果。

③ （嘉庆）《大清会典事例》卷 559，《兵部邮政驿程一》。

Tala Bulak Giyazmun，蒙文为 tala bulagh，“平地泉”之意；今乌盟察右前旗平地泉乡）、穆海图站（满文为 Mohuyitu Giyamun，今集宁市西马盖图村）、和林格尔站（满文为 Orin Boo Giyamun，蒙文为 qorin ger，“二十家子”之意；今京包线陶卜齐站西南 12 公里二十家子村）、归化城（满文为 Kuku Hoton，今呼和浩特市）。①

雍正二年（1724），因“阿尔泰现在所设军台，俱系僻路，且瀚海辽阔，水草不佳。查张家口抵朱尔辉、翁机、推河甚近，水草亦佳，应遣大臣一员，将台站挪移安设，庶于驿站人员、牲畜，俱有裨益”②，后经理藩院调查后，拟订的方案是：“阿尔泰一路军台共四十七处，内除十二站照旧不移外，其自杀虎口至扎克拜达里克城，所设军台三十五站，水草不佳，道路迂远，请移在张家口外一路安设”③，于是由张家口至归化城的驿路在雍正六年（1728）被裁撤，张家口至阿尔泰军台，在察哈尔境内安设的第一台为察罕托罗海、第二台为布尔哈苏台、第三台为哈留台、第四台为鄂罗依琥图克、第五台为奎苏图、第六台为扎哈苏台、第七台为明垓、第八台为察察尔图、第九台为庆岱；在内蒙古境内设第十台为乌兰哈达、第十一台为奔巴图、第十二台为锡喇哈达、第十三台为布鲁图、第十四台为鄂伦琥图克、第十五台为察罕琥图克、第十六台为锡喇穆楞、第十七台为敖拉琥图克、第十八台为吉斯黄郭尔。④

“张家口一道，除张家口内地所设一站外，设蒙古站，是为阿尔泰军台。其第一站察汉托罗盖以及第九站沁岱，皆在察哈尔境内；至第十九站奇拉伊木呼尔以下，已接喀尔喀境内。在内蒙古境者九站……达四子部落旗、苏尼特右翼旗、左翼旗，喀尔喀右翼旗、茂明安旗，凡五旗。”⑤

四　内蒙古五路驿站的作用

由上文可知，内蒙古五路驿站大体通过的路线涵盖了内蒙古 49 个扎萨

① （嘉庆）《钦定大清会典事例》卷 745，《理藩院边务驿站》。引文中今天的地点以及满、蒙文名称，参考了韩儒林的《清代蒙古驿站》（《穹庐集》，第 251～253 页）以及袁森坡的《康雍乾经营与开发北疆》（第 346 页）等研究成果。

② 《清世宗实录》卷 16，“雍正二年二月戊午”条。

③ 《清世宗实录》卷 21，“雍正二年六月己卯”条。

④ 《内蒙古古代道路交通史》，第 190 页。

⑤ （嘉庆）《钦定大清会典事例》卷 745，《理藩院边务驿站》

克旗（其中，喜峰口驿路和古北口驿路都经过扎鲁特左翼旗、右翼旗）以及察哈尔、归化城土默特两部总管旗。具体情况如下表所示。

内蒙古五路驿站情况*

道路名称	起止地点	里程（里）	站数（个）	通达地区
喜峰口驿路	喜峰口至哈达罕	1600	16	卓索图、昭乌达、哲里木三盟二十旗并由哈达罕通往齐齐哈尔
杀虎口驿路	一路归化城至乌拉特三公旗	360	6	归化城土默特左右两翼旗、乌兰察布和伊克昭盟二盟十旗
	一路杀虎口至察罕札大海	1330	7	
古北口驿路	古北口至阿鲁葛尔木	923	16	昭乌达、锡林郭勒盟二盟九旗
独石口驿路	独石口至呼鲁图	685	7	察哈尔左翼旗和昭乌达、锡林郭勒二盟七旗
张家口驿路	一路张家口至归化城	600	7	察哈尔右翼和乌兰察布、锡林郭勒二盟五旗
	一路张家口至四子部落	550	不详	
漠南蒙古驿路总计	—	6048	59	内蒙古六盟、察哈尔左右旗、归化城土默特

*资料来源：《内蒙古古代道路交通史》，第190页；图表前后次序笔者有所调整。以处站数与前述，因材料不同因而有差异，但可并置观照。

内蒙古五路驿站所起的作用主要有以下三点。

1. 中央政府能够对内蒙古各旗进行有效控制

驿站因为是中央政府设立的，属于国家工程，其前提是统一，在蒙古地区正是如此，在对蒙古各部编旗设佐的基础上，才谈得到设立驿站的问题。而驿站的主要功能是传递皇帝的谕旨和封疆大吏的奏折；传送中央各部门和地方、军队要员间的机要快件公文；运送朝觐、赴任的重要官员、蒙藏贵族等。这些功能无一不是国家意志的体现。而尤为重要的是，内蒙古的五路驿站涵盖了内蒙古的几乎所有蒙旗，其中进行强有力控制的意图显而易见。

2. 促进了草原丝绸之路的形成

历史上，因为战争的原因，草原丝绸之路时断时续。到了清代，正是建立了大一统的王朝，国家稳定，才使得草原丝绸之路重新焕发勃勃生机。内蒙古的“各路驿站，均于水泉形势之处安设”①，即都是水草丰美之处。早

① （光绪）《大清会典事例》卷982，《理藩院边务驿站》。

在建立驿站前，这些地方就是内蒙古各旗王公入京朝觐的道路，也是商旅往来的主要道路，随着驿路的建立，更加促进了商旅贸易的发展。清代蒙古地区的官驿虽与商路有所区别，“其行经地区虽不都在同一路线上，有分有合，或平行路线，但都是以往日的古道包括行军道和商路为基础的”，而且清朝还特别规定，“官设驿站机构对民间路过的商队有保护的职责，路过的商队对官驿有协助的义务”①，所以在内蒙古五路驿站的基础上，形成了很多著名的贸易集镇和城市，如归化城、多伦等。

旅蒙商们在清廷官驿的基础上，以归化城等重点城市为依托，逐渐开拓出了归化城至外蒙古库伦、乌里雅苏台、新疆的商路，多伦诺尔至库伦、恰克图、呼伦贝尔的商路。在这些路线上，旅蒙商主要以绸缎、布匹、茶叶、大黄等商品交换游牧民的牛羊、毛皮等。在恰克图，与俄罗斯商人的交易亦以这些商品为大宗。同治七年（1868），归化城规模最大的旅蒙商号大盛魁，联合其他商号，呈报绥远城将军裕瑞假道俄罗斯前赴西洋各国通商，贩运茶叶；经清廷议准，“归化城商人贩茶至恰克图，假道俄边，前赴西洋各国通商，请领部照，比照张家口减半，令交银二十五两，每票不得过万二千斤”。②

草原丝绸之路促进了商品的交流，促进了蒙古地区社会经济的发展，也促进了城镇的兴起，也促使游牧民的生活方式的转变——由游牧转向定居。同时，草原丝绸之路也是旅蒙商的舞台，以大盛魁为代表的旅蒙商在这片土地上纵横捭阖，创造了巨额财富的神话，但草原丝绸之路也是旅蒙商最后表演的舞台，随着近代工业的发展，草原丝绸之路也逐渐退出了历史舞台。

3. 促进了各族群的交流、交往、交融，促进了边疆与内地一体化进程

内蒙古五路驿站的开辟，使得大量的内地民人得以循路外迁，甚至以驿站的五十家子的土地为据点，在当地垦种落户③，也促进了各蒙旗土地的开发。另外，内地民人还有以驿站为据点开店做生意的，如准格尔旗档案记载：“宁条梁、柳树涧堡、黄甫川等地均有驿站，民人等均有开店居住者。”④ 这是因为在地广人稀的各旗境内，驿站的五十户人家（加上官吏等人，实际不止五十户）本身就是一个很大的村落了，因为有内在的需求，

① 《内蒙古古代道路交通史》，第217页。

② 《清史稿》卷124，《食货五》。

③ 刘文鹏：《清代驿传及其与疆域形成关系之研究》，第314～319页。

④ 《尚书班第、总督根福奏为复议榆林附近民人口外耕地并定界加租恭折》，乾隆八年十二月初七日。《准格尔旗扎萨克衙门档案译编》第一辑，内蒙古人民出版社，2007，第12页。

所以开店才能赢利。

由于驿站的设立、中原人口压力的增加以及当地发展经济的内在需求，内地民人不断往内蒙古各旗迁移，即便清前期有封禁政策，但仍然无法挡住人们“闯关东”“走西口”的热潮，各旗也陆续开发。如喀喇沁右旗，距北京较近，在喜峰口东北350里。该旗在卓索图盟各旗中属于开垦较晚的，至乾隆四十三年（1778），清廷喀喇沁中旗境内的八沟地方设平泉州，管理喀喇沁三旗商民事务。清朝末年，随着入居旗境内的汉族人口的增多，耕地面积扩大，部分旗地又相继划入平泉县、建平县。喀喇沁左旗亦于乾隆四十三年把塔子沟地方划出，设建昌县，管理该旗垦地，“赋税、户籍之数，悉隶于知府”。[①]光绪二十九年（1903），改隶朝阳府。[②] 土默特左旗在卓索图盟各旗中开垦较早。乾隆三十九年（1774），清廷把该旗西南部和土默特右旗东南部、奈曼旗南部划出，设三座塔直隶厅。乾隆四十三年，改为朝阳县。[③] 光绪二十九年，又把该旗部分垦地和昭乌达盟喀尔喀左旗及奈曼旗部分垦地划出，设阜新县。另外其他各蒙旗也都逐渐增设府厅州县。由内地前往蒙古地区的汉人在蒙古地区建庙唱戏、建学校，与当地蒙古人、满人等族群通婚，促进了各族群的交流、交往、交融，为蒙古地区的稳定打下了基础，也有利于在清末时期，抵御列强的入侵。

总之，内蒙古五路驿站的设立是国家意志的体现，使中央对蒙古地区的控制更为有力，促进了草原丝绸之路的形成，促进了各族群交流、交往、交融，维护了国家的统一，有利于抵御列强的入侵。而蒙古地区与内地一体化的过程，更是最初设计盟旗制度的初衷，即旗本来就是为了高效的指挥而设计出来的，所以在设立蒙古八旗的同时，又根据蒙古地区的特殊情况，设计了有一定自主权的扎萨克旗制度，但是驿站的设立、法律的实施、军府制度的管理无不处处体现着其与内地一体化的进程，及至清后期逐渐设置府厅州县，则一体化的进程逐步加快。

---

① 《清高宗实录》卷1050，“乾隆四十三年二月丙午”条。

② 《清德宗实录》卷514，“光绪二十九年四月甲午”条。

③ 《清高宗实录》卷1050，“乾隆四十三年二月丙午”条。

边政研究

中国边疆学（第二辑）

北魏与西域的关系

——董琬出使西域前后

李　方

摘　要： 本文讨论了北魏遣董琬出使西域的背景和意义，董琬出使西域的经过和收获，董琬出使后西域形势的发展与北魏的对策，以及北魏撤出西域的原因和影响。文章指出，北魏通西域与西汉断匈奴右臂同，都是为了防范草原劲敌与西域联盟。北魏在西域鄯善、焉耆设置军镇，标志着鄯善、焉耆历史上第一次以郡县的地位隶属于中原王朝；也标志着北魏统治西域的手段，从第一阶段报使往来、称臣朝贡发展到第二阶段军事占领、直接管辖。

关键词： 北魏　柔然　北凉　军镇

作者简介： 李方，历史学博士，中国社会科学院中国边疆研究所研究员、博士生导师。地址：北京市东城区先晓胡同 10 号，邮编：100005。

西晋永嘉丧乱后，西域一直与中原王朝隔绝。太延二年（436），北魏派董琬等人出使西域，标志着中原王朝重新开通西域，具有划时代的意义，值得重视。

一　董琬出使西域的背景

北魏是公元 386 年鲜卑族拓跋氏建立的政权。其政权建立之初，正值中原分裂动荡的十六国时期。其第一代君主太祖道武帝拓跋珪和第二代君主太宗明元帝拓跋嗣忙于入主中原、消灭敌国、巩固政权，无暇顾及西域。《魏书·西域传》记载，拓跋珪时有司曾“奏依汉氏故事，请通西域”，以“振威德于荒外，又可致奇货于天府”，而“太祖曰：‘汉氏不保境安人，乃远开西域，使海内虚耗，何利之有？今若通之，前弊复加百姓矣。’遂不从。历太宗世，竟不招纳”。拓跋珪认为，远通西域将虚耗海内、加重百姓负担而无益于国家，拒绝开通西域，这种情况至拓跋嗣而不改。

北魏第三代君主世祖太武帝拓跋焘执政以后，情况才发生根本的变化。拓跋焘继位之初仍然实行不通西域的政策，当时他认为：“西域汉世虽通，有求则卑辞而来，无欲则骄慢王命，此其自知绝远，大兵不可至故也。若报使往来，终无所益。”① 他之所以如是说是因为其时北魏虽然已经强大，但仍然面临着众多劲敌：北方草原上有强悍的柔然汗国；西面有匈奴赫连氏建立的夏国和卢水胡沮渠氏建立的北凉政权；西南有鲜卑族建立的吐谷浑；东面有汉人冯跋建立的北燕；南面则有东晋。柔然、大夏、北凉、吐谷浑、北燕、南朝刘宋这几个政权联合起来共同对付北魏②，在这种分裂割据、反北魏政治联盟存在的情况下，与西域通使往来不仅不太现实，而且对于北魏来说益处不大。因此，拓跋焘首先致力于统一中原地区的事业。

始光元年（424），拓跋焘继位后第二年即开始主动对柔然发起进攻（在此之前，北魏基本上处于防御状态）。神䴥二年（429），拓跋焘亲率大军大败柔然，降服柔然三十多万家。从此，柔然主要势力退居漠北。柔然可汗大檀发疾死，继其位的大檀之子吴提（号敕连可汗）开始主动与北魏修好。神䴥四年（431）遣使朝献。北魏厚待之，延和三年（434）二月，拓跋焘将西海公主嫁于吴提，并娶吴提之妹为夫人（后进为左昭仪），双方结为姻亲关系，北魏北面的威胁暂时解除了。始光三年至神䴥元年（426～428），北魏又用三年时间打败夏国，占领其国都统万和南都长安等地。神䴥四年（431），再消灭夏国平凉的残余势力，占据关中广大地区。延和元年至太延二年（432～436），北魏再用五年时间消灭北燕，辽河流域的广大地区亦归北魏所有。至此，北方只有北凉政权还未消灭，而北凉主沮渠蒙逊为了自保，主动臣服于北魏，频繁遣使朝贡。神䴥三年（430），沮渠蒙逊遣

---

① 《魏书》卷102，《西域传》，中华书局，1974，第2260页；以下《魏书》各卷，出版时间皆同，省略。

② 据《宋书·索虏传》记载，元嘉二十七年（450）北魏太武帝拓跋焘曾指责宋文帝说：“往日北通芮芮，西结赫连、蒙逊、吐谷浑。”即是说南朝刘宋曾与西北地区的柔然、大夏、北凉和吐谷浑组成了一个反对北魏的政治联盟。《魏书·崔浩传》记载，崔浩对拓跋焘说：“义隆与赫连定同恶相招，连结冯跋，牵引蠕蠕，规肆逆心，虚相唱和。”据此说明这个联盟还包括北燕。

使朝贡上表称："臣历观符瑞，候察天时，未有过于皇魏，逾于陛下。"自称"冀终余年，凭倚皇极"[1]，极尽恭顺之能事；神䴥四年（431）又遣子安周入侍。拓跋焘于是遣兼太常李顺持节拜蒙逊为假节，加侍中，都督凉州、西域羌戎诸军事；封太傅、行征西大将军、凉州牧、凉王，纳北凉为臣属。

拓跋焘用十数年时间基本结束了北方分裂割据的局面。北魏在中原取得的胜利极大地吸引了西域诸国，"魏德益以远闻"（《魏书·西域传》），诸国纷纷主动遣使北魏。车师前国最早归附北魏。《魏书·车伊洛传》载，车伊洛"世为东境部落帅，恒修职贡。世祖录其诚款，延和中授伊洛平西将军，封前部王，赐绢一百匹，绵一百斤，绣衣一具，金带靴帽"。[2] 车师前国国王车伊洛主动入贡，"恒修职贡"，北魏君主拓跋焘在延和年间（432～434）授车伊洛为平西将军，又封前部王，赏赐并厚。太延元年（435），更多西域城郭国遣使北魏。据《魏书·世祖本纪》记载，其年二月，车师前国遣使北魏，此外，还有焉耆等国主动入贡北魏。同年六月，又有鄯善国遣使北魏。七月，还有粟特国朝贡北魏。

在北方基本统一的形势和西域诸国主动归附的情况下，北魏终于转变对西域的政策，开始积极经营西域。应该指出的是，北魏积极经营西域，除了客观条件成熟和西域诸国的主动要求外，还有更深层次的原因，那就是防范柔然和北凉的反叛，为北方的完全统一做好战略准备。

柔然其时虽然修好于北魏，但只不过是受到北魏的重挫，寻求喘息之机而已，只是一个暂时现象，一遇机会，柔然还会与北魏重开战端。柔然十分重视西域的经营，始终将西域视作与北魏较量的战略后方。柔然势力最初达于西域，大约是在大檀可汗在位期间（414～429）。西凉被北凉消灭后其王室后裔李宝及舅唐契兄弟逃到伊吾（今新疆哈密），北魏泰常六年（421），唐契被柔然立为伊吾王[3]，即说明其时柔然已经控制了西域东部。神䴥二年（429），柔然在北方草原上遭到北魏的重创之后，更将西域作为发展的重点。《通典·边防十二》记载，柔然辖境东达朝鲜，北渡沙漠，南临大碛，西抵焉耆之北，这说明天山以北准噶尔盆地已成为柔然的势力范围。《宋书·芮芮传》载，"芮芮一号大檀，又号檀檀……与中国亢礼，西域诸国焉

① 《魏书》卷99，《沮渠蒙逊传》，第2205、2204页。

② 《魏书》卷30，《车伊洛传》，第723页。

③ 《魏书》卷43《唐和传》记载：唐氏兄弟"招集民众二千余家，臣于蠕蠕。蠕蠕以契为伊吾王"。

耆、鄯善、龟兹、姑墨东道诸国并役属之”，说明天山以南诸城国也受柔然的控制。[①] 一旦柔然借助西域的力量卷土重来，将是北魏最大的威胁。北方草原上游牧民族势力与西域勾结是中原王朝的最大威胁，这一点在西汉时已昭然于世，汉武帝对这个问题有清醒的认识，因此才有“凿空西域”之举。时至北魏，情况依然如此，只不过西汉时北方草原上的强大游牧势力是匈奴，北魏时是柔然而已。事实上，北魏通西域，首先遇到的最大阻力便是柔然。

北凉政权地处河西走廊，扼丝绸之路中段的交通，其时北凉虽已臣服于北魏，但只是表面现象。北凉为了称霸河西和西域，实际上在暗中积极扩大自己的势力。泰常六年（421），北凉沮渠蒙逊灭李氏西凉政权之后，不但将河陇地区占为己有（吐谷浑所占据陇西部分地区除外），而且将西域的部分地方也占为己有。有必要说明的是，西域自西晋丧乱之后，基本上由前秦及河西“五凉政权”轮流控制。前凉设西域长史府管辖西域诸城郭国（龟兹、焉耆、于阗、疏勒、鄯善、高昌），并在高昌设郡县。376 年前凉灭亡后，前秦统治了西域的部分地方（高昌，鄯善、车师前部）。383 年前秦灭亡后，385 年建立的后凉在西域设西域大都护。397 年，北凉从后凉分裂出来后，又取代后凉对西域的统治，将势力扩展到高昌。400 年，西凉从北凉中分裂出来后，又“击玉门已西诸城，皆下之”，将西域纳入其统治之下。西凉王李暠义熙三年（407）上表东晋，自称“制御西域，管辖万里”，“西招城郭之兵”（《晋书·凉武昭王李玄盛传》），可以为证。421 年西凉灭亡，“于是西域诸国皆请（诣）口口（蒙逊）称臣朝贡”。[②] 北凉又接管了西凉在西域的统治。[③]

北凉与柔然的关系非同一般。柔然从 429 年左右开始遣使南朝建康（今南京），即借道北凉的酒泉、张掖。北魏拓跋焘指责柔然与北凉等组成了一个反对北魏的政治联盟，也反映了北凉与柔然之间的这种关系。北凉坐大或勾结柔然对付北魏，对北魏来说，也是很大的威胁。因此，北魏必须开通西域，一来可以切断柔然与西域“后院”的联系，二来可以从东西两方

① 这个情况虽然应指柔然在西域全盛时的状况，但也能说明神䴥二年（429）以后柔然重点经营西域的势头。

② 《资治通鉴》卷 119，“宋武帝永初二年”条。

③ 对于柔然和西凉或后来的北凉，西域城邦诸国很可能是“两属之”。这是夹在几大势力之间的西域诸城郭国常采取的办法。

面形成对北凉的夹攻之势。

由于以上种种原因，北魏太延年间（435～440）终于决定开通西域。

二　董琬等出使西域的经过及收获

太延元年（435）五月，北魏派遣行人王恩生、许纲等二十人出使西域，一方面回访遣使朝贡的车师前、焉耆、鄯善、粟特等国，一方面宣威招抚西域。不过，这一次北魏通使西域没有成功。王恩生等人刚渡流沙，就遭到柔然的拘禁，其使团几经斗争才回归中原。北魏未能实现通使西域的目的。但柔然的阻扰并不能阻挡北魏的决心，也不能阻挡西域小国与北魏交通的决心。

太延二年（436）八月，北魏再遣散骑侍郎董琬、高明等人出使西域。董琬一行携带了大量金银和丝绸，用以招引西域诸国。这次使团获得了极大成功。使团首先到达西域南道的鄯善。此后，董琬等“出鄯善，招抚九国，厚赐之”。[①] 此九国究竟指哪几国，不详。有可能指《魏书・西域传》所谓“太延中，魏德益以远闻，西域龟兹、疏勒、乌孙、悦般、渴盘陀、鄯善、焉耆、车师、粟特诸国王始遣使来献”的九国，也可能只是西域诸国的泛称。[②] 董琬等人出鄯善后又北行，到达伊犁河流域的乌孙国。乌孙国国王告诉使者：“传闻破洛那、者舌皆思魏德，欲称臣致贡，但患其路无由耳。今使君等既到此，可往二国，副其慕仰之诚。”[③] 破洛那在今费尔干那，者舌在今塔什干。此二国皆希望与北魏通商往来，称臣致贡。于是，董琬、高明等人分作两拨，分别由乌孙国的导译陪同，前往破洛那和者舌，招抚二国。董琬、高明等人成功地开通了西域。据记载，董琬等人东还时，西域诸国跟随使团朝贡的有十六国之多。

董琬等人出使西域的收获很大。一是建立了西域与北魏的朝贡宗藩关系。如前所述，董琬等人东还时，西域有十六个小国随团入朝北魏，“自后相继而来，不间于岁，国使亦数十辈矣”。[④] 如太延三年（437）三月，龟兹、悦般、焉耆、车师前、粟特、疏勒、乌孙、渴盘陀、鄯善诸国各遣使

① 《魏书》卷102，《西域传》，第2260页。
② 余太山：《嚈哒史研究》，齐鲁书社，1986。
③ 《北史》卷97，《西域传》，第3206页。
④ 《魏书》卷102，《西域传》，第2260页。

朝献。十月，破洛那、者舌国各遣使朝献，奉汗血马。太延四年（438）春三月，鄯善王弟素延耆来朝。太延五年（439）四月，鄯善、龟兹、疏勒、焉耆诸国遣使朝献。北魏也遣使西域。太延五年三月，北魏即遣使者四辈出使西域。有学者统计了魏太武帝太延元年至魏孝武帝永熙元年（435～532）期间西域诸国朝贡的次数：疏勒16次，哌哒15次，高昌14次，于阗、悉万斤各12次，波斯11次，粟特、渴盘陀各8次，鄯善、破洛那各6次，高车、悉居半各5次，焉耆4次。[①] 平均每年都有西域小国向北魏朝贡，有时一年数国来朝，有时一国一年数次来朝。这里面虽然包含了北魏退出西域后的朝献次数，但这个统计数字也能反映董琬通西域后，北魏在西域的影响。

董琬等人出使西域的另一收获，就是将沿途考察到的西域情报带回北魏。据董琬等报告，西域可分为四个区域。一是流沙（主要指今甘肃敦煌玉门至新疆罗布泊之间的沙漠地区）以西至帕米尔以东的地区，即今塔里木盆地及今新疆天山以北地区；这个区域大体属于北方游牧民族的势力范围。二是兴都库什山以西到地中海以东地区；这个地区主要属于波斯的势力范围。三是塔什干以南至月氏以北地区，包括索格底亚那、吐火罗斯坦和印度西北的部分地区；这个地区是介于波斯与北方游牧民族势力范围之间的缓冲地区。四是黑海以南，以意大利半岛为中心的地中海地区；这里属于罗马帝国及其势力范围。

据董琬报告，通往西域的道路有四条：出敦煌玉门，渡流沙，西行二千里至鄯善为一道；自玉门渡流沙，北行二千二百里至车师前为一道；从莎车西行一百里至葱岭，葱岭西行一千三百里至伽倍为一道；自莎车西南五百里至葱岭，西南行一千三百里至波路为一道。

董琬又报告，西域自汉武时五十国，后稍相并。至北魏太延中，为十六国。这十六国究竟指哪十六国，学者们的看法有歧义，但可以确认今新疆天山以南有鄯善、且末、于阗、疏勒、龟兹、焉耆、车师前等国，天山以北有乌孙、悦般等国。

董琬的报告增进了北魏对西域乃至世界的了解，有助于北魏制订全面的战略规划。而且，对于今天我们了解当时西域的情况也有裨益。

① 马国荣：《北魏与西域关系述略》，《喀什师范学院学报》1995年第4期。

三　董琬出使后西域形势的发展及北魏的对策

董琬出使后，西域形势有所发展变化，主要表现在柔然和北凉与北魏争夺西域的鄯善、焉耆、龟兹、悦般、车师前部、高昌、于阗等方面。北魏的政策是坚决打击背叛者，打击阻碍西域交通的政权，维护北魏在西域的统治。北魏在西域的统治方式可以分为两个阶段：第一阶段是与西域诸国通使往来，西域诸国称臣朝贡；第二阶段则是军事占领，直接管辖西域小国。不过，到了5世纪70年代以后，由于种种原因，北魏逐渐退出西域。

董琬通西域之后，首先阻碍北魏与西域往来的是柔然和北凉政权。柔然闻北魏通西域后，立即与北魏断绝了和好关系，于太延二年（436）“绝和犯塞”（《魏书·蠕蠕传》）。北魏遣使西域，由于流沙难行，常诏北凉沮渠牧犍遣使护送。牧犍开始尚奉诏送行，以后由于柔然的教唆和破坏，也发生了变化。柔然遣使对北凉说：“去岁魏天子自来伐我，士马疫死，大败而还，我禽其长弟乐平王丕。”（《北史·西域传》）意北魏大势已去，而柔然势盛，鼓动北凉叛叛北魏，依附自己；柔然又遣使遍告西域诸国，称：“魏已削弱，今天下唯我为强，若更有魏使，勿复恭奉。”北凉沮渠牧犍早有异心，闻之大喜，从此怠慢北魏，阻隔交通。西域诸国亦有贰于北魏者。为了维护北魏的统治，树威西域，太延五年（439），北魏决定讨伐北凉。拓跋焘诏书指责沮渠牧犍：“外从正朔，内不舍僭”，“既荷王爵，又受伪官（接受刘宋封号），取两端之荣，邀不二之宠”，“知朝廷志在怀远，固违圣略，切税商胡，以断行旅”，“北托叛虏（柔然），南引仇池，凭援谷（吐谷浑）军，提挈为奸”，“欣敌之全，幸我之败，侮慢王人，供不以礼”，“备防王人，候守关要，有如寇雠”等十二条罪状。[①] 谴责北凉外奉北魏正朔，内却勾结刘宋、柔然和吐谷浑，阻塞西域交通，背叛北魏。六月，拓跋焘亲自率军伐北凉。北凉求救于柔然。柔然出兵骚扰北魏京城，以期收“围魏救赵”之效。拓跋焘伐北凉前曾说：“蠕蠕吴提与牧犍连和，今闻朕征凉州，必来犯塞。”因此早有准备，柔然没有得逞。七月，北魏围姑臧，九月，沮渠牧犍投降，北凉政权灭亡。北魏扫清了河西走廊上阻塞西域交通的障碍，并完成了北方中原地区的统一。

① 《魏书》卷99，《沮渠蒙逊传》，第2207页。

鄯善国（今新疆若羌）也是北魏交通西域的障碍。鄯善处于西域南道的东端，北凉的灭亡，引起它极大的不安。其王认为，“唇亡齿寒，自然之道也，今武威为魏所灭，次及我也。若通其使人，知我国事，取亡必近，不如绝之，可以支久”。[①] 于是断绝了与北魏的交往，并且阻塞西域南道交通达数年之久。但鄯善背离北魏不仅未使之自立“支久”，反而加速了它的灭亡。不过，首先造成它灭亡的不是北魏，而是北凉流亡政权。北凉政权被北魏消灭后，沮渠牧犍之弟无讳欲以鄯善为根据地，东山再起，太平真君二年(441)，遣其弟安周击鄯善。鄯善王比龙计无所出，欲投降，适逢北魏使者自天竺、罽宾还，劝比龙积极抵抗。鄯善在北魏使者的支持下，击退沮渠安周的进攻，安周仅占鄯善东境若干地方。但一年以后即太平真君三年(442) 四月，沮渠无讳率万余人弃敦煌来投沮渠安周，比龙又惧，率众西奔且末，其世子投降安周，北凉流亡政权还是占领了鄯善。北凉流亡政权于同年九月又占领高昌，并将重心移至高昌，但仍控制鄯善。鄯善实行剽劫使者，阻隔北魏交通的政策。为了保卫董琬通使西域的成果，太平真君六年(445)，世祖拓跋焘诏散骑常侍、成周公万度归乘传发凉州兵讨鄯善。万度归以轻骑五千渡流沙，至鄯善境，令吏卒不得侵掠其人畜，鄯善人感动，边守主动投降，其王真达亦出降。万度归留军屯守鄯善，送真达至北魏都城平城。太平真君九年（448）五月，北魏委任韩拔为假节、征西将军、领护西戎校尉、鄯善王，镇守鄯善，赋役其人，比之郡县。

焉耆也阻隔北魏的交通。焉耆恃地多险，常剽劫朝贡北魏的使者。焉耆敢于公开与中原王朝为敌，也与柔然有关。如前所述，柔然曾策动西域诸国背叛北魏，焉耆应是被策动者之一。焉耆听信了柔然的传言，以为柔然可以为后盾，而北魏不足为惧，因此公开背叛北魏。北魏决定征伐之。拓跋焘令成周公万度归率军出征。北魏的这次军事行动，得到西域其他国的支持，车师前国王车伊洛和寄居在车师前国的西凉遗民唐和奉诏，率兵协助万度归讨焉耆。太平真君九年九月，万度归进入焉耆东界，拔其左回、尉犁二城，又破其都城员渠。焉耆王鸠尸卑那逃奔龟兹。

焉耆王是龟兹王的女婿，龟兹王厚待之。拓跋焘诏万度归率一千骑追至龟兹，龟兹王遣三千兵迎战，万度归大败之，获驼马而还。万度归留唐和镇焉耆，唐和斩谋反的柳驴戍主乙直伽。史称“由是诸胡咸服，

① 《魏书》卷102，《西域传》，第2260～2261页。

西域复平”。[①]

西域悦般国也配合北魏对柔然的斗争。太平真君九年（448）八月，悦般遣使北魏，建议与北魏联手，从东西两方合击柔然。拓跋焘欣然同意，遣淮南王拓跋他为先锋，与悦般共击柔然，取得胜利。

北魏三次出兵，分别消灭了与中原王朝为敌的北凉、鄯善和焉耆政权（龟兹未灭，仅受到惩罚）。为了巩固胜利的成果，北魏在鄯善和焉耆地区分别设置了军镇，直接管辖鄯善、且末和焉耆等地。军镇是北魏管理地方的一种军政机构。北魏有四种统治地方的制度：州郡县制、领民酋长制、护军制和军镇制。州郡县制承汉制而来，一般用于治汉民；领民酋长制为鲜卑族旧俗，用以治鲜卑族；护军制用于汉人以外的被征服民族；而军镇则是普遍推行于全国各地各民族的机构，是北魏地方统治中最重要的制度。北魏在鄯善、焉耆设军镇，就是这种地方统治制度推行到西域的体现。“镇之种类约有二别：或设于全不立州郡之地；或设于州郡治所，易言之，即州郡与镇并立于一地。前者镇将兼理军民政务；后者则镇将绾军而刺史治民，然多以镇将兼刺史之任。”[②] 这两种军镇，如果说后一种军镇与州郡并立，由于分工的关系，致使这种军镇更侧重于军事的话，那么前一种军镇军民兼治，由于合署的原因，致使这种军镇更具有郡县的性质。鄯善和焉耆镇皆属于前一种军镇，即该军镇属于兼理军民政务的类型。《魏书·西域传》载，鄯善镇“赋役其人，比之郡县”，即表明了此军镇类似于郡县的性质。当然，这种类型的军镇实际上军事防御的责任更大于民政的职责。北魏前期，“州镇并称，而论其实，镇之地位远在州上”。[③] 鄯善镇、焉耆镇的地位是很高的。军镇之下有戍，与县平级。就目前所知，焉耆镇下即有柳驴戍。镇戍的官员一般来说有上千人。镇有都大将、都将、大将、将、副都将、副将、监军、长史、司马、录事、仓曹中兵、参军事、铠曹行参军、市长、仓督、省事、户曹史、外兵史等职，戍有戍主、戍副、掾、队主等。西域军镇的设立，标志着鄯善和焉耆历史上第一次以郡县的地位隶属于中原王朝；也标志着北魏统治西域的手段，从报使往来、称臣朝贡的第一阶段，发展到军事占领、直接管辖的第二阶段。

---

① 《资治通鉴》卷125，“宋文帝元嘉二十五年”条。

② 周一良：《北魏镇戍制度考及续考》，《魏晋南北朝史论集》，北京大学出版社，1997。

③ 严耕望：《中国地方行政制度史乙部——魏晋南北朝地方行政制度下》，台北，学生书局，1997，第794页。

北魏在伊吾、高昌和车师前部也与柔然、北凉流亡政权展开了争夺斗争。这种斗争更为复杂和持久，北魏势力既有胜利，也有失败。

如前所述，西凉残余势力李宝、唐和、唐契率众避难到伊吾，得到柔然的庇护。北凉放弃敦煌，避难到鄯善后，敦煌空虚，李宝乘机返回敦煌，投诚北魏，寻求保护。太平真君三年（442），柔然为了惩罚背叛者，攻击留守在伊吾的唐契、唐和兄弟。唐氏兄弟拥众西趋高昌。自署高昌太守阚爽一面向柔然求救，一面向占据鄯善的北凉流亡政权沮渠无讳诈降求援。唐和攻克高昌横截城，斩安周兄子树，又克高宁、白芳二城，斩其戍主，并遣使向北魏表状。拓跋焘嘉其诚款。然而，柔然遣部帅阿若率骑讨唐氏兄弟，唐氏兄弟在柔然与阚爽的夹攻下终败，唐契战死，唐和率众向西逃奔到车师前国。无讳北上至高昌，战事已结束，阚爽拒绝无讳，无讳遂破高昌。阚爽逃难到柔然。这一轮斗争，代表北魏势力的唐和等人虽然取得局部胜利，但北凉流亡政权终究获胜，柔然也没有得手。

北凉流亡政权占据高昌以后，继续执行反对北魏、阻隔交通的政策。车师前国王车伊洛“规欲归阙，沮渠无讳断路”[①]，无法与北魏通好；唐和欲与少主李宝会合，也无路东归。因此，车伊洛、唐和联手攻沮渠安周，大破之，斩首三百。车伊洛分化瓦解北凉势力也获得成功：时无讳卒，其弟天周夺无讳子乾寿兵，伊洛前后遣使招喻，乾寿等率户五百余家来降，伊洛把他们都送到北魏京师平城。车伊洛又招谕流落在高昌的西凉李宝弟钦等五十余人，送诣敦煌。这一轮斗争，北魏势力取得了暂时的胜利。

太平真君九年（448）北魏伐焉耆，车伊洛与唐和都参加了北魏的讨伐行动。《魏书·车伊洛传》载，“（车伊洛）又率部众二千人伐高昌（实为焉耆之误），讨破焉耆东关七城，虏获男女二百人，驼千头，马千匹。以金一百斤奉献”，为北魏平焉耆立了大功。但是，北凉流亡政权乘其空虚，招引柔然围攻车师前国，车伊洛之子歇虽然进行了顽强的抵抗，并抵制了他们的诱惑（北凉与柔然遣使谓：“尔父已投大魏，尔速归首，当赐尔爵号。”[②]），但终因力量悬殊而失国。车伊洛收集遗散一千余家，归附焉耆镇。从此（即太平真君十一年，公元450年），车师前国被高昌兼并。车师前国自西汉中期建立，至此已有500多年的历史。车师前国的灭亡，对于北魏经

① 《魏书》卷30，《车伊洛传》，第723页。

② 《魏书》卷30，《车伊洛传》，第723页。

营西域来说，是一个重大的损失。车师前国是北魏势力在西域的代表，是最忠实于北魏的西域城郭国。车师前国失国后，遗民得到北魏的照顾。车伊洛在焉耆乏粮，遣使上书称“思归天阙，幸垂赈救”，拓跋焘“于是下诏抚慰之，开焉耆仓给之”。[①] 正平元年（451），北魏诏车伊洛子歇携弟波利等十余人赴北魏都城平城。正平二年（452），又诏车伊洛赴平城，赐妻妾、奴婢、田宅、牛羊，拜上将军，王如故。而北凉虽然兼并了车师前国，扩大了高昌的领土范围，但在北魏和平元年（460），却被柔然灭亡，沮渠安周被杀。柔然另立阚伯周为高昌王，开始了柔然控制高昌王国的时期。

北魏大约从5世纪70年代逐渐退出西域。皇兴四年（470），于阗遣使向北魏求救，称：“西方诸国，今皆已属蠕蠕。奴世奉大国，至今无异。今蠕蠕军马到城下，奴聚兵自固，故遣使奉献，遥望救援。”而北魏公卿皆认为：“于阗去京师几万里，蠕蠕之性，唯习野掠，不能攻城，若为害，当时已旋矣。虽欲遣师，势无所及。”献文帝拓跋弘因此以“去汝遐阻，政复遣援，不救当时之急”为由，不救于阗，仅仅空头许诺：“朕今练甲养卒，一二岁间当躬率猛将，为汝除患，汝其谨警候以待大举。”[②] 实际上再也未出兵西域。不仅如此，北魏还于延兴三年（473）左右废鄯善、焉耆二镇，将鄯善镇改置于今青海乐都。[③] 柔然在5世纪70年代势力已达于阗以西，北魏势力撤出西域后，柔然在西域的势力更达到了顶峰。

北魏之所以退出西域，大约有两个原因。一是因为北魏所处的环境。北魏虽然统一了中原，但未统一中国全部领土，北魏实际上仍处于南北夹击的处境中，北边仍有柔然的骚扰，南面则有南朝的对峙。北魏的军事力量不得不主要设在南北两边，以防御柔然和南朝，而西边的西域则退居次要地位。北魏在西域短时期用兵是可以的，但长时期维持军事统治则力不从心。中国历史上真正能长久有效统治西域的，都是统一的王朝，如汉朝、唐朝、元朝和清朝。《魏书·西域传》末“史臣曰”：“西域虽通魏氏，而中原始平，天子方以混一为心，未遑征伐。其信使往来，深得羁縻勿绝之道耳。”即指明北魏的主要任务是统一南北，“以混一为心”，北魏统治西域的手段主要是“信使往来”，“羁縻勿绝”。《魏书》的这种评价，应该说是对北魏西域政

① 《魏书》卷102，《西域传》，第2265页。
② 《北史》卷97，《西域传》，第3210页。
③ 周伟洲：《中国中世西北民族关系研究》，西北大学出版社，1992，第152页。

策的总体性概括，如前所述，北魏在拓跋焘时代还是运用了武力的。

另一个原因应是朝廷最高集团的斗争和统治者的更迭。5 世纪 70 年代，北魏最高统治集团的内部斗争加剧。和平六年（465）五月，拓跋弘即皇帝位，是为显祖献文帝，文成文明皇后尊为皇太后。时“丞相乙浑谋逆，显祖年十二，居于谅阍，太后密定大策，诛浑，遂临朝听政”。[①] 冯太后临朝听政的时间很短，因躬亲抚养太子拓跋宏（孝文帝），而还政于拓跋弘。拓跋弘虽然年少，却身手不凡，天安元年（466），亲自率兵争夺南朝控制的淮河以北、黄河以南广大地区，皇兴三年（469）大获全胜，将北魏的领土扩大到传统的南北分界线，彻底占领了中国传统意义上的北方地区，成为中国政治核心的领袖，而使南朝沦为地方性政权。拓跋弘的成就，使退位不久但仍野心勃勃的文明太后冯氏感到不满和失意，而拓跋弘诛杀文明太后冯氏的内宠李奕，更使这种矛盾冲突尖锐起来。皇兴五年（471），文明太后冯氏逼迫拓跋弘禅位于太子拓跋宏（孝文帝），其时拓跋宏年仅 5 岁，文明太后冯氏开始第二次临朝听政。[②] 这一系列的政权动荡，必然会对北魏的西域政策产生影响，致使当权者无暇顾及西域。文明太后冯氏主政以后，忙于培植自己的政治集团以及推行汉化，亦无意于武功。因此，西域也就拱手让给了柔然。不过，北魏在西域仍然具有影响力。太和十二年（487），伊吾戍主高羔子请降，北魏因而拥有西域东部伊吾之地。此后，高昌国后迫于高车和柔然的威胁，曾在马儒统治高昌时期和麴嘉统治高昌时期，分别请求内徙，北魏许之，但因各种原因没有成功。这些都是北魏在西域仍具有影响的表现。

① 《魏书》卷 13，《文成文明皇后冯氏传》，第 328 页。

② 《资治通鉴》卷 133 载：“魏显祖聪睿夙成，刚毅有断，而好黄老、浮屠之学，每引朝士及沙门共谈玄理，雅薄富贵，常有遗世之心。”似乎是献文帝拓跋弘不愿理世事，而自动禅位，但实际上这只是托词。且不谈其之前开疆拓土的功绩，即使禅位后，拓跋弘仍然是“国之大事咸以闻”，延兴二年（472）二月、十月，柔然两次侵魏，皆由之率兵讨击，直至承明元年（476）暴崩，被文明太后毒死。

南宋至明初的海防与海权论析

刘清涛

摘　要： 本文尝试采用对比分析，来梳理影响南宋至明初海防与海权的产生与发展过程的各项历史因素。中国历史上海防与海权的产生与演变，除了由海外贸易繁荣发展、航海技术进步与知识积累、海疆秩序维持、海外威胁挑战、王朝向陆向海的选择等各历史因素累积作用影响外，也离不开当时国际背景和与海外诸国关系的文化解释。受航海历史发展影响，中国与海外国家“距离拉近”，这一背景中，构建以中国为中心的传统国际秩序的意识形态，赋予了海权意识与实践的内涵。

关键词： 南宋　元　明　海防　海权

作者简介： 刘清涛，中国社会科学院中国边疆研究所编辑。地址：北京市东城区先晓胡同10号，邮编：100005。

近年来，海洋史或海域史研究受到越来越多的关注。[①] 一些学者将从东海经南海直至印度洋这一历史久远的贸易网络所连接的海域看作各个国家、

① 海域史或海洋史研究一直受到海外学者的青睐，近年来在国内也呈现蓬勃发展之势。如近年广东社会科学院推出了《海洋史研究》集刊（2010年开始由社会科学文献出版社出版第1辑，目前已经出版6辑），汇集了中外相关领域的学者，以汉、英语原文编发。此外，从一些论文集和相关著作翻译出版中也可见一斑，如《世界史中的东亚海域》（中华书局，2011）、《跨越海洋：海上丝绸之路与世界文明进程国际学术论坛文选》（浙江大学出版社，2012）等会议论集，日本学者滨下武志《中国、东亚与全球经济：区域和历史的视角》（社会科学文献出版社，2009）、松浦章《明清时代东亚海域的文化交流》（江苏人民出版社，2009），澳大利亚学者安东尼·瑞德《东南亚的贸易时代（1450~1680）》（上、下）（商务印书馆，2010），法国学者弗朗索瓦·吉鲁普《亚洲的地中海：13~21世纪中国、日本、东南亚商埠与贸易圈》（广东出版集团·新世纪出版集团，2014），等等。

地区的少部分人开展交通、贸易和冒险活动的共有的海疆（water frontier）①。在传统海上丝绸之路史地考证研究的基础上，此类海域或海洋史研究内容涵盖贸易网络、贸易群体、贸易时代兴衰，以及与之关联的周边国家、地区的城市、政治、经济、文化等互相联动的内容，更关注历史事件发展的整体性、关联性和规律性，多有模式和理论框架的构建。此类研究的这种海域史的视角不再局限于某一国家，而是超国家的区域史，强调了海域作为人类活动连接体的历史作用，以求在更广阔的视野内发现历史发展的过程与动力。

与此类研究蓬勃发展相比，以国家为中心的海疆史研究却相对冷落。在历史上，随着航海和海上经济贸易活动的繁荣，王朝出于安全和秩序的考虑也开始对沿海地区和周边海域产生新的认知和对策，这可以看作国家海疆史的视角。② 我国学者围绕海疆史研究已经有过一段时间的讨论，但对古代海疆内涵的认识并没有完全一致的看法。“在中国古代是否存在海疆，它在何时形成，其内涵、形态如何等一系列问题，在学术界或尚未展开充分研究，或存有分歧，其原因与人们对海疆（包括现代、古代）概念的认识不同有密切的关系。”③ 在围绕海疆史的探讨中，有学者指出，“中国古近代海疆史的‘海疆’概念应定位于中国的沿海地区，主要指海岸带，包括沿海的陆地、滩涂、港湾、岛屿……鉴于‘海疆’概念的古今差异，我们应从实际出发，在具体内容叙述上合理地照顾到沿海水域问题”。④ 也有学者提出以某时间点为限来定义海疆，认为明代中期以前，仅仅是沿海及岛屿，没有空间概念的海疆。⑤ 之所以有这些探讨，实际是在探究古代沿海地区及海域由

---

① 参见 Craig A. Lockard, “The Sea Common to All: Maritime Frontiers, Port Cities, and Chinese Traders in the Southeast Asian Age of Commerce, ca. 1400 - 1750,” *Journal of World History*, Volume 21, Number 2, June 2010, pp. 219 - 247。

② 海疆作为一国之疆，无疑是属于一国之史。有学者指出：“海疆首先是一个国家范畴的地理概念。”（张炜：《中国海疆史研究几个基本问题之我见》，《中国边疆史地研究》2001 年第 2 期）也有认为，海疆史研究具有封闭的特性，往往强调国家权力对海的控制，从而显得视野过于狭隘，而“东亚海域史研究”对扩展我国海疆史研究视野有着启示意义（参见陈波《元明时代的滨海民众与东亚海域交流》，（绪论）《一、关于“东亚海域史研究”的立场、理论与方法》，博士学位论文，南京大学，2009）。笔者想说的是，作为国家防控意义上的海疆史如果真的存在于前近代中国历史中，不管其是否具有封闭性，都是值得研究的；海域史研究是一种很好的视角，对海疆史研究大有裨益。

③ 李国强：《关于中国海疆史地学术研究的思考》，《中国边疆史地研究》2001 年第 2 期。

④ 张炜：《中国海疆史研究几个基本问题之我见》，《中国边疆史地研究》2001 年第 2 期。

⑤ 方堃在“首届边疆学论坛”发言，北京，2013 年 11 月 14 日。

地理形态向国家政权加以防卫控御的边疆空间逐渐演变的历史过程。

我国古代海疆形态逐渐浮现的历史过程，也是前近代海防和海权观念逐渐萌生的过程。有关中国海防史的探讨中，有学者主张中国海防起源很早，有学者认为起源于宋朝，有学者却认为真正的海防起源于明朝。[①] 因此，笔者不揣浅陋，在前人研究的基础上，试图进一步分析南宋至明初影响我国古代海防与海权产生的各项因素及发展演变的历史线索，力图基于历史事实和背景，对我国古代海疆史研究有所裨益，不当之处，还请方家指正。

一　南宋以前的海疆历史发展

历史上，沿海地区和近邻岛屿自从纳入滨海政权或统一王朝的版图后，海洋之于王朝政权就并非仅是一道天然屏障，既为王朝所利用展开军事等行动，有时候也对王朝构成一定的挑战，且与海外诸国贸易往来不断发展。

其一，我国古代的王朝政权很早就能够组建水军并从海上发起军事远征。如早在公元前485年，吴王夫差通过海上进攻齐国。[②] 秦汉统一后，王朝能够组织大规模的海上军事行动。如建元三年（公元前138），闽越发兵围东瓯，汉武帝遣严助“发会稽郡兵浮海救之”；元封二年（公元前109）秋，汉武帝又“募罪人击朝鲜”，“遣楼船将军杨仆从齐浮勃海兵五万”。[③] 之后历代发起海上军事征讨更是屡见不鲜，较重要的有东汉伏波将军马援海上征交趾，孙权海外征讨“夷洲”，隋炀帝征高句丽、“琉球”，唐初的白江口之战不仅显示了唐朝造船和水战技术的发展水平，还是第一次与海外国家发生大规模的海战。[④]

其二，利用海岛险远和海上交通的便利，历代依托于海上的“海贼”“海盗”乃至叛乱、起义也对社会秩序甚至王朝统治构成的挑战。西汉初年，就有田横亡入海的事件。[⑤] 两汉时期“海贼”频发，人数多时达到“万

---

① 参见高新生《海防的起源与海防概念研究述评》，《中国海洋大学学报》2010年第2期。

② 《史记》卷31《吴世家》载：“齐鲍氏弑齐悼公。吴王闻之，哭于军门外三日，乃从海上攻齐。齐人败吴，吴王乃引兵归。”

③ 《汉书》卷95，《西南夷两粤朝鲜传》。

④ 参见熊义民《唐初海军初探》，《史学月刊》2002年第1期。

⑤ 《汉书》卷1《高祖本纪》：“田横归彭越。项羽已灭，横惧诛，与宾客亡入海。上恐其久为乱，遣使者赦横，曰：‘横来，大者王，小者侯。不来，且发兵加诛。’横惧，乘传诣洛阳。”

数”的规模。[①] 之后历代“海贼”“海盗”的记载更是屡见不鲜。有时候也出现以海为依托的民众起义，如东晋末年孙恩、卢循海上起义，前后历经13年，规模一度达数十万人，楼船千艘。[②] 总之，海上威胁对王朝政权来说并不陌生，但此类以海为依托的武装反叛行动并没有促使王朝产生海疆与海防的观念。

其三，海外交通贸易逐渐发展，需要王朝加以管理。早在汉代，通过海路的海外交通就有了重要发展，《汉书·地理志》记载了从雷州半岛的徐闻、合浦出发到达印度的黄支国（一般认为是 Kancipura）的航线。从汉代开始，无论从东部海域的日本等地还是从南海及印度洋而来的交通与贸易逐渐发展起来，有关交通贸易的记载越来越多，海外世界也越来越明晰。随着整个海上丝绸之路的繁荣发展，到唐朝时，大量波斯、大食、东南亚商人也来到广州、扬州等沿海城市，使得历史上海外贸易达到一个新阶段，唐朝也因应设立了市舶司，进行管理。

除了以上三个维度事件的发展外，在南北政权割据时期，各政权面临着从海上相互攻防的问题。如三国时期，魏国也曾萌生过海上征伐吴国念头，如景元三年（262）冬，“又令唐咨作浮海大船，外为将伐吴者”。[③] “永安七年夏四月，魏将新附督王稚浮海入句章，略长吏资财及男女二百余口。将军孙越徼得一船，获三十人。”[④] 而占据东南的孙吴政权显然有着更强大的海上军事力量，然而更多时候是沿海向南到交广用兵，包括那次海外寻异俗的远征“夷洲”。唯有一次沿海向北的念头，就是在黄龙三年（231），“公孙渊降而复叛，权盛怒，欲自亲征”，经劝阻，事罢。[⑤] 之后的东晋和宋齐梁陈诸朝也面临同样的境况，虽然这些南方王朝都能建立起海上军事力量，但南北政权的对峙并未使其建立完备的海防建制。

---

① 王子今、李禹阶《汉代的“海贼”》（《中国史研究》2010 年第 1 期）一文指出：“东汉时期的文献记录明确出现‘海贼’称谓，然而反政府的海上武装集团在西汉时期已经形成历史影响。‘海贼’活动对‘缘海’地方行政秩序形成威胁。‘海贼’‘引兵入海’之众至于‘万数’，推想已经形成船只数量可观的舰队。”“乘船浮海，深入远岛”，汉王朝军队以为“攻之未易”。

② 参见郑广南《中国海盗史》，华东理工大学出版社，1993，第 71～80 页。郑书将这些反抗势力纳入海盗史进行叙述，笔者认为并不妥当，海盗尽管因不同地域不同时期各有特色，但不宜将对官府的民众反抗势力视为海盗。

③ 《三国志·魏书》卷 28，《钟会传》。

④ 《三国志·吴书》卷 48，《孙休传》。

⑤ 《三国志·吴书》卷 58，《陆逊传》。

以上四个维度的事件发展都属于王朝政权处置应对的范围，但长久以来历代王朝并没有出现整体上的海防意识，遑论产生海权意识。尽管历代王朝多次发起海上军事行动，往往是因征伐而起，战争结束，军事建制也解散，并没有整体的海防建置和常备的海军，有的也仅是局部的针对性海防。正如一些学者所言："沿海地区虽然客观上形成了疆域，但在人们的主观认识方面，还不能独立思考海疆的问题，也不可能摆脱'海界'的概念。"（笔者按：虽然此处所引论述是关于汉代的，但也可以用于南宋以前所有朝代）[①] 总之，秦汉统一之后的这一千年的历史时期，海疆在较大程度上是一种自然地理意义上的边缘地带，没有成为王朝政治军事意义上防卫、控御、管理的空间，没有产生海防与海权的意识。

唐朝在我国海疆史上是一个重要的过渡时期，此时的海外贸易逐渐繁荣起来，与海外诸国的关系也逐渐重要起来。但作为一个统一的王朝，其没有遇到什么海上威胁。在东北亚地区，唐初多次在海上用兵过程中，如白江口之战，展现了强大的海上军事实力，但或许是陆上国家的缘故，使其不注重海上力量的维持。在安史之乱后，淄青地方割据势力反而经营自己的海上力量，但唐朝在消除藩镇势力后，再度拱手让出海洋势力的经营。[②] 唐代在山东半岛有登州守捉、东牟守捉的海防官[③]，但设置背景、延续时间、建制规模和实际作用等并不清楚。在南方沿海地区，唐朝可能有过短暂的海军和海防建设，但是否成为长期建制也不清楚。广州日益繁荣的海外贸易，可能带来了海盗、走私等危及地方秩序的问题，因此岭南采访使刘巨麟于开元二十四年（736）奏设屯门镇，领兵两千人的防海口。在天宝三载（744）破海贼吴令光的过程中，这支海军可能沿海而上，发挥了重要作用。[④] 但之后这支海防军的情况并不见记载，存续了多久也不可知。因为就在十多年后的乾元元年（758）发生了大食、波斯兵众攻破广州城，焚掠、浮海而去的事件[⑤]，但未见这支海防军发挥什么作用的记载。可以说，唐朝作为统一的疆域辽阔的国家，内陆亚洲地区始终是事关其兴亡的核心利益所在，同时在海

① 张炜、方堃编《中国海疆通史》，中州古籍出版社，2003，第80页。

② 张晓东：《唐代后期的海上力量与东亚地缘博弈》，《史林》2003年第2期。

③ 参见杨金森、范中义《中国海防史》上册，海洋出版社，2005，第9页。

④ 参见广东海防史编委会《广东海防史》，中山大学出版社，2010，第77～85页。

⑤ 参见《旧唐书》卷10，《肃宗本纪》"乾元元年九月"条；《旧唐书》卷198，《西戎传·波斯国》。

上并没构成重大威胁、挑战的情况下，海防自然不会提上朝廷的意识。但唐朝是海上丝绸之路交通贸易快速发展的时期，交通贸易带来沿海经济繁荣的同时，使得打击海盗、维持海疆秩序逐渐成为必要，因此有了刘巨麟创设防海军的先例，预示了随着海疆地区海外交通与贸易的发展，维持海疆秩序将逐渐成为创设海防的一个重要因素。

在探讨南宋及以后我国历史上出现海防与海权意识的历史背景的时候，仅仅为了便于对比分析，所以胪列了以上关系海疆历史的几个方面的因素，为的是看哪些因素是之前一直存在的且此时出现从量变到质变的积累，哪些是之前没有过的新因素，以此来分析中国古代海防与海权意识发展的线索。

二　南宋海防建制的出现和海权意识的产生

经过五代十国的纷乱，北宋王朝统一之后，北方与辽朝作战的失利和退缩，反而使得其更加倚重南方经济的支撑，对海外贸易持有积极的开放政策。[①] 整个北宋时期，海外贸易前所未有的繁荣发展。有学者从连接西亚、印度、东南亚、中国的海上丝绸之路的更广背景中把 10 ~ 13 世纪看作一个亚洲早期海上贸易时代。宋朝融入这一大背景中，且其经济和海外贸易政策成为促使这一贸易时代产生的重要原动力之一。[②] 可以说，北宋时期随着中国东南沿海地区的繁荣发展，使得维持海疆秩序、开展海防建设显得越来越必要。同时，在北方的山东半岛[③]、西南的广西沿海有一定的海外政权从水上进攻的威胁。但北宋时期海防水军建设，仍是一种局部的，还缺少建设整体海防的直接动力，而这个动力在南宋时得到了满足。

海外华人学者罗荣邦（Lo Jung Pang）先生早在 20 世纪五六十年代就对中国历史上的海权和海军进行了卓有成效的研究，其撰写了三篇相关论文，

---

① 参见黄纯艳《宋代海外贸易》，社会科学文献出版社，2003，第 72 ~ 79 页。

② 参见 Geoff Wade，“An Early Age of Commerce in Southeast Asia, 900 - 1300 CE”, *Journal of Southeast Asian Studies*, 40（2）, June 2009, pp. 221 - 265。Geoff Wade, “An Asian Commercial Ecumene, 900 - 1300 CE”，余太山、李锦绣主编《丝瓷之路——古代中外关系史研究》（Ⅲ），商务印书馆，2013。

③ 北宋时期也是局部针对性海防，主要在山东半岛的登州。这里与辽朝的辽东半岛隔海相望，而太宗淳化五年（994），契丹曾泛海劫千乘县（今山东半岛北部广饶县附近），故北宋在这里常屯重兵、教习水战，烽火传警，每年四月至八月遣兵戍驼基岛，以备不虞。参见王青松《南宋的海军》，历史学硕士学位论文，河北大学，2004。

即《宋代后期和元代初期中国作为海上强国的出现》① 《海外贸易及其与宋朝海军的关系》②《明初海军的衰落》③。罗先生借用了马汉的海权理论，主要从中国内部经济、人口、环境、观念及与内陆边疆的关系等社会史角度，对南宋到明初这三百年间中国作为海权大国（向海发展）的出现和衰落的原因进行了论述。在论及南宋如何成为一个海权强国的时候，罗荣邦先生借鉴了马汉的海权理论，认为“仅仅拥有一支海军并不能成为海权大国（sea power），海权是马汉所言一套地理学和社会学条件累积的结果及物质的表达”。④ 在论及南宋成为海权大国的过程时，罗先生形象地比喻道，犹如一个倾斜桌面上的圆球不可避免地滑出桌面，而经济和人口向东南沿海地区聚集也将一部分人口挤向海上。这一过程发生在数个世纪前就已开始的经济重心南移的大背景下，包括了当时气候变化、政治动乱、北方民族入侵、人口迁移等因素所导致的社会条件各个方面的变化；巨大的财政负担使政府无法仅依靠传统的农业收入来维持，从而转向依赖商业及海外贸易，将注意力转移到海上，积极招徕海外商人进行贸易；在精神领域，官僚学者阶层积极支持科学探究、发明创造，民众展现拓殖冒险精神，积极参与海上贸易和海外拓殖，中国海商开始与阿拉伯商人竞争，成为东亚、东南亚海上贸易的主要力量；在技术层面上，加快了对地理、航海、造船、火器等领域知识与技术的积累与推进。这一系列变化累积的结果就是南宋中国呈现不同于人们对古代中国的一般化概括性特征，历代王朝从来没有这样依靠并积极寻求向海上发展。而这一切都是南宋海权的基础。⑤ 可以说，南宋很快建立起一支高效海防体系。

罗荣邦先生对宋代发展成一个海洋大国的社会基础做了很好的社会学分析和论述。然而，如果没有金朝从海上进攻的直接威胁，尽管有强大的海洋经济和航海基础，南宋政府是否可能会如罗荣邦先生所言，在我国历史上第

---

① Lo Jung Pang, "The Emergence of China as a Sea Power during the Late Sung and Early Yuan Periods," *The Far Eastern Quarterly*, Vol. 14., No. 4, (Agu., 1955), pp. 490 – 491.

② Lo Jung Pang, "Maritime Commerce and Its Relations with the Sung Navy," *Journal of the Economic and Social History of the Orient*, Volume 12, Issue 1, 1969, pp. 57 – 100.

③ 〔美〕罗荣邦：《明初海军的衰落》，陈希育译，《南洋资料译丛》1990 年第 3 期。原文载《远东》杂志第五卷（1958 年）。

④ Lo Jung Pang, "The Emergence of China as a Sea Power during the Late Sung and Early Yuan Periods," *The Far Eastern Quarterly*, p. 494.

⑤ Lo Jung Pang, "The Emergence of China as a Sea Power during the Late Sung and Early Yuan Periods," *The Far Eastern Quarterly*, pp. 489 – 503.

一次建立起一支作为独立兵种的专职国家常备海军，也不可知。[①] 南宋政府能够迅速建立起这样一支海军力量，并且能够维持下去，当然是基于罗荣邦先生所分析的南宋向海发展的整个社会与经济基础，如其能从航海人群中招募从祖辈那里继承航海技术的人作为水军，必要条件下能征集民船甚至民间参与海防等。[②] 南宋海军主力是隶属殿前司的许浦水军、澉浦水军、金山水军，以及隶属沿海制置司的定海水军等，另外还有福建、广东地方水军。整个南宋的海防体系还包括土兵、弓手和民间力量。[③] 在分布上，南宋海防从长江口到雷州半岛；在规模上，人数最多时候达到五万多人。[④] 南宋海军尽管中间也经历了衰退和复兴，但基本上可说出色地发挥了作用，不仅在胶西海战中给予金朝海军歼灭性打击，之后反过来对金朝及后来的蒙古形成了震慑，阻遏了他们从海上进攻南宋的企图。[⑤]

海防建制形成以后，海军除了驻防、巡海等常规军事职能外，更多时候在缉拿海盗、打击走私、维持秩序等方面发挥了重要作用。且到南宋后期，出现了各地海军受驻地使臣节制的趋势，这反映了地方治安形势的严重和维持地方秩序的重要性。[⑥] 南宋这种向海发展导致了沿海经济和海上贸易活动的空前繁荣，维持海疆这样一种开放、繁荣的状态，势必需要王朝维护秩序，对海疆加以控御。从史料中可以看出，南宋时期的“海贼”频发远远超出之前各朝历代。就地域言，东南沿海特别是福建沿海为多发地区。这或许是因为南宋以前沿海地区远离政治中心，一些“海贼”事件由于缺少政治影响而被忽略，也可能是因为首都南迁导致海上贸易路线的变化和沿海一些港口地区的繁荣有关。[⑦] 总之，虽然防御金朝是南宋海防建立的直接的主要的动因，但打击海盗、维持海疆秩序，也是南宋海防建制延续存在的原因之一。

① Lo Jung Pang, “The Emergence of China as a Sea Power during the Late Sung and Early Yuan Periods,” *the Far Eastern Quarterly*, p. 491.

② Lo Jung Pang, “The Emergence of China as a Sea Power during the Late Sung and Early Yuan Periods,” *The Far Eastern Quarterly*, p. 491.

③ 参见王青松《南宋海防初探》（《中国边疆史地研究》2004年第3期）和《南宋的海军》。

④ Lo Jung Pang, “The Emergence of China as a Sea Power during the Late Sung and Early Yuan Periods,” *The Far Eastern Quarterly*, p. 491.

⑤ 参见王青松《南宋的海军》。

⑥ 参见王青松《南宋的海军》。

⑦ 〔日〕松浦章：《中国的海贼》，谢跃译，商务印书馆，2011，第30页；丁辉：《南宋福建路的海盗与海防》，历史学硕士学位论文，上海师范大学，2008。

对拥有海上军事实力又将注意力放在海上的南宋王朝来说，海上空间便更加明晰，航海技术的进步和航海知识的积累拉近了与海外诸国的距离，随之也萌发了一种海权的意识。如罗荣邦先生所注意到的，曾有过海防筹备经验后来官拜右丞相兼枢密使的吴潜，在奏疏中论及定海水军时称："若海道之责，则西接许浦，南接福建，北接高丽，东接日本，广袤且逾万里，探望以舟师，巡棹以舟师，把守诸处隘口以舟师"；"今定海水军，虽得控扼之地，然于防制倭丽则有余，而于遮护京师则不足"。[①] 可见，伴随着海防军事力量的发展壮大，外向性的海权意识也开始萌生。这种海权意识在把海洋看作一个军事波及的空间的同时，也必须有指向海外国家的针对性目标。在南宋时期，高丽曾断绝与南宋的关系并拒绝南宋利用其作为进攻金朝的基地，日本商船也可能发生一些扰乱地方的事件；此外，蒙古占领高丽。这些是否使南宋感受到海上威胁，进而对南宋官员海权思想产生影响，不可知。但无论如何，南宋官员有了"防制"高丽和日本的意识。可见，守卫性的海防意识可由海上威胁触发，但外向性的海权意识是伴随着海上军事实力壮大而自然萌生的意识，应该说对其产生导向作用的除了现实威胁外，还有对国际秩序的认知及目标追求。

与之前中国历史上出现的南北王朝对峙所不同的是，由于航海技术和海上交通贸易已有了巨大的进步，金朝对南宋的海上威胁不仅停留在可能性上，不再是一些企图或零星侵扰事件，而是进入实际性的大规模的操作了。[②]"背海立国"的南宋在应对金朝海上入侵的直接促动下，以民间航海与海上贸易活动的社会力量为支撑，很快在沿海地区建立起系统的海防建制；与此同时，还在海上军事力量的基础上萌生了一种史无前例的前近代中国的海权意识。可以说，主要是航海贸易活动的繁荣和航海技术的进步等中国内部因素积累，宋金对峙出现了不同于之前南北王朝对峙的结果，金朝海上进攻的现实威胁使得南宋建立起完备的海防军事建制，并发展成一支强大的海上军事力量，并在此基础上出现了海权意识的萌生。同时，海外贸易繁荣和海疆的开放状态，也为王朝维护海疆秩序提出了要求，这也是海防军事建制能够长期存在下去的必不可少的一个因素。这都可以看作中国历史上内

① 吴潜：《条奏海道备御六事》，《许国公奏议》卷 4（丛书集成初编本），商务印书馆，1939。

② 参见王青松《南宋海防初探》，《中国边疆史地研究》2004 年第 3 期。

部因素积累的结果。然而，海外而来的侵扰因素很快就接续成为我国历史上海防意识产生的一个重要原因。

三　元代海权实践与海防中的日本因素

元朝作为陆上统一王朝，已经没有了来自北方割据政权海上威胁的问题，但自始至终元朝都重视和积极筹备海防。一方面元朝继承了积极开展海外贸易的开放的海疆状态，即元朝政权面临宋末元初改朝换代时期海疆秩序的整治，同时还积极准备征服海外各国。因此元朝一开始就不断加强沿海防御和海上军事力量的组建。另外，对日本用兵造成了敌对状态，因此开始，更加注重防范来自海外的威胁。从元朝开始，日本因素对元朝海防意识产生了重要影响，这可看作历史上首次由海外因素对我国海防意识和海防建制产生重要影响，而之前产生影响的都是中国王朝南北对峙下缘海而来的相互威胁。

伴随着对高丽和南宋的征服，元朝迅速获取了强大的海上军事实力，并用于继续其不休止的征服大业中。高荣盛先生认为，支撑忽必烈有计划、有目的且停不下来的征服姿态的是其"'混一'天下即所谓'薄海内外亲如一家'的观念，其中当然包括了他'学步'历代帝王、向往万国来朝的政治心态"。[①] 以至于这成为元朝处理对外关系的意识形态："朕惟祖宗立法，凡不庭之国，先遣使招谕，来则安堵如故，否则必致征讨。"[②] 所以，元初对日本两次征讨，随后又对占城、爪哇进行了海上军事远征。在元朝这种以征服者的高姿态下建立的中外关系体系中，对日本两次征讨未果，虽然没有"敌国关系"的宣称，但日本很快成为防范的对象。一些日本武装商船的贸易往来一直引起元朝的高度警惕。这些武装商船的现实威胁是存在的，如至大元年（1308）焚掠庆元事件，但在这种"敌对"关系背景中，也会有一定的放大效应，从而对元朝海防意识产生重要影响。

元朝第二次征日失败后，元日双方都加强了戒备。就在元朝第二次征日失败的当年即至元十八年（1281）十月，"高丽王并行省皆言，金州、合

① 高荣盛：《关于蒙古征服动因及其"天下观"的思考》，《元史浅识》，凤凰出版社，2010，第14页。

② 《元史》卷210，《外夷传》。

浦、固城、全罗州等处，沿海上下，与日本正当冲要，宜设立镇边万户府屯镇，从之。十一月，诏以征东留后军，分镇庆元、上海、澉浦三处上船海口”。[①] 可见，连高丽都产生了对日本的海防意识。至元二十九年（1292），“六月己巳，日本来互市，风坏三舟，惟一舟达庆元路。冬十月日本舟至四明，求互市，舟中甲仗皆具，恐有异图，诏立都元帅府，令哈剌带将之，以防海道”。[②] 在大德八年（1304）开始在定海设立千户所，“夏四月丙戌，置千户所，戍定海，以防岁至倭船”；“甲子，倭商有庆等抵庆元贸易，以金铠甲为献，命江浙行省平章阿老瓦丁等备之”。[③] 武宗至大元年（1308）日本武装商人焚掠庆元，“官军不能敌”，随之加强了防御。[④] 至大四年（1311）十月，江浙省奏言：“两浙沿海滨江隘口，地接诸蕃，海寇出没，兼收附江南之后，三十余年，承平日久，将娇卒惰，帅领不得其人，军马安置不当，乞斟酌冲要去处，迁调镇遏。”枢密院议：“庆元与日本相接，且为倭商焚毁，宜如所请，其余迁调军马，事关机务，别议行之。”[⑤]

可见，防御日本商船成为元朝不断加强海防的一个重要因素。除了这次正史中记载的焚掠庆元事件之外，日本的武装商人“出其重货，公然贸易，即不满所欲，燔城郭，抄掠居民”类似行为的直接或间接记录，也散见于一些元人笔记史料中。高荣盛先生从中检索出十二则“倭寇”史料，加以分析，并结合元朝后期出现专事抢掠的“倭寇”，认为元代延及中国东南沿海倭寇活动逐渐呈现严重势态。[⑥]

日本武装商船对中国海防意识的可能性影响或可以追溯到宋朝。淳熙二年（1175），发生了倭船火儿滕太明殴人致死的事件，南宋政府将其交给日方纲首还归日本，治以其国之法。[⑦] 日本历史学家井上清先生指出，“从十三世纪开始，九州和濑户内海沿岸富于冒险的武士和名主携带同伙，一面到中国和朝鲜（高丽）进行和平贸易，同时也伺机为海盗，掠夺沿岸居民，对方称此为倭寇（入侵的日本人），大为恐怖”。[⑧] 吴潜在《条奏海道备御

---

① 《元史》卷99，《兵二·镇戍》。
② 《元史》卷17，《世祖纪》。
③ 《元史》卷21，《成宗纪》。
④ 《元史》卷99，《兵二·镇戍》。
⑤ 《元史》卷99，《兵二·镇戍》。
⑥ 参见高荣盛《元代“倭寇”论》，《元史浅识》，凤凰出版社，2010。
⑦ 《宋史》卷491，《外国七·日本》。
⑧ 〔日〕井上清：《日本历史》上册，闫伯纬译，天津人民出版社，1975，第166页。

六事》[①] 中记载：淳祐九年（1249），定海水军“当年遂擒捕到积年大艅海寇数百人，赶逐倭船出境，捕获铜钱二万贯，实得全军在寨之力”。同卷还有《奏给遭风倭商钱米以广朝廷柔远之恩亦于海防密有关系》这样一道奏疏[②]，记载了当时有日本、高丽商船人员由于遭风难失舟不得不在沿海滞留并陷入困境的事情，可惜的是虽然标题说“于海防密有关系”，但奏疏中未展开述及与南宋海防有何具体关系。由此只能推测这些滞留流浪的外国商船人员可能会在沿海当地制造一些冲突扰乱。宝祐六年（1258）八月，南宋出现“诏申严倭船入界之禁”。[③] 这到底是因为日船违反宋朝规定，如走私铜钱等行为，还是有抢掠等扰乱沿海秩序的行为，不得而知。可以说，就这点零星事件，在宋金对峙和维护沿海秩序的大背景中，不足以对南宋海防与海权意识的出现产生根本性影响。然而，如前文所述，到元代时，历史背景不同了，日本的武装商船对沿海秩序的威胁与扰乱对元代海防意识有着重要的影响。

总之，元朝继承了南宋强大的海权力量，并用于其无休止的海外征讨扩张中，这在中国历史上算是史无前例的。对掌握强大海权的元朝来说，海权不仅仅是一种拥有海上军事力量的意识，而且还积极实践。然而，元朝海权的使用并不成功，并未达到其臣服或直接统治对方的目的，如征讨日本、爪哇以彻底失败告终，征讨占城仅以对方投降纳贡结束，占城行省的计划未能实现。当然，如果说元朝海权的使用起到了一定的震慑作用，促使海外诸国输诚纳贡，或有可能存在，如在征讨爪哇过程中，一些东南亚国家可能受此影响纷纷奉诏来朝。海权力量会随王朝兴衰而凝聚消散，但元朝维持海疆的贸易与开放状态，使得其终不能不重视海防。

元代来自大陆之外的海上威胁（日本武装商船及之后的倭寇）第一次成为中国历史上影响海防与海权意识的一个重要因素。元朝在继续推进海外贸易繁荣、保持海疆开放的状态下，维护海疆秩序、打击海贼等活动，也是海防建制存在的重要原因。这内外两方面因素到底在元朝海防建设中各占有多大的分量，难以评估，学界对元朝整个海防建制也缺少全面的研究。然而，且不说元日“敌对”关系，就是在前近代一般以中国为中心的天下秩序意识

① 吴潜：《许国公奏议》卷4，《条奏海道备御六事》。

② 吴潜：《许国公奏议》卷4，《奏给遭风倭商钱米以广朝廷柔远之恩亦于海防密有关系》。

③ 《宋史》卷44，《理宗纪》。

框架中，外来因素无疑都会有放大效应。客观上虽然外国的武装商船寇掠的破坏性不见得大过本土海寇，但其性质不同。如元人吴莱所言的“丧士气，亏国体，莫大于此”，“徒以中国之大而使见侮于小夷”。[①] 然而，元末专事抢掠的倭寇出现在中国沿海，成为影响明初海防与海禁政策的重要因素。[②]

四　倭寇、海禁与明初的海防、海权

根据田中健夫先生的研究，13 世纪初，对马岛等地的海盗团伙曾对高丽进行过寇掠，《高丽史》高宗十年（1223）五月条出现“倭寇金州”的记载。之后几十年不见倭寇的记载，直到 13 世纪中期又出现数起倭寇事件。但真正倭寇的兴起是在一个世纪以后的 1350 年。《高丽史》将忠定王二年（1350）发生的事件称为“倭寇之侵”“倭寇之兴”，又有“庚寅以来的倭寇”的说法，反映了 14～15 世纪朝鲜人自己对倭寇兴起的认识。[③]

而高荣盛先生认为，13 世纪前期的对马岛倭寇可以看作偶发事件，而 13 世纪中后期特别是以元宗四年（1263）倭寇掠夺熊神县勿岛高丽贡船及居民事件为标志，倭寇问题便于朝鲜半岛逐渐呈扩大趋势。高先生将 13 世纪中后期发生于朝鲜半岛的倭寇事件与日本国内社会状况的恶化结合分析，认为倭寇兴起应定于 13 世纪中后期（以寇掠贡船与居民的 1263 年为标志），而不是近一个世纪以后的 1350 年。这样便衔接起至大元年（1308）日商焚掠庆元事件及以后延及中国东南沿海逐渐呈现严重势态的倭寇活动，构成单线条的倭寇活动兴起过程。[④]

然而，武装商船可以看作广义的倭寇，但与专门从事抢掠的倭寇还是有所区别，因为前者毕竟有经商的目的和行为；1350 年之前不带经商活动目的的纯粹寇掠事件还显得零星，或可看作之后倭寇兴起的预演。不仅当时的高丽人自己认为倭寇自 1350 年始，在明朝也有类似认识。如明太祖洪武二年（1369）冬十月谕高丽国王：“况倭人出入海岛十有余年，必知王之虚

---

① 吴莱：《论倭》，《元代奏议集录》，浙江古籍出版社，1998。

② 《元史》卷 46《顺帝纪》载：“二十三年八月丁酉朔，倭人寇蓬州，守将刘暹击败之。自十八年以来，倭人连寇濒海郡县，至是海隅遂安”。

③ 〔日〕田中健夫：《倭寇：海上历史》，杨瀚球译，武汉大学出版社，1987，第 7～9 页。

④ 高荣盛：《元代“倭寇”论》，《元史浅识》，凤凰出版社，2010。

实。”[①] 这波专事抢掠的倭寇一兴起便很快遍及朝鲜和中国沿海。可见，明太祖也认为倭寇兴起于元末。

从洪武元年（1368）十二月开始出现“倭人入寇山东海滨郡县，掠民男女而去”[②] 的记载后，在洪武四年实施海禁之前，侵掠范围迅速遍及崇明、淮安、明州、福州各地。在平定海疆的过程中，发生过滨海民众反叛的兰秀山之乱，并有部分反叛民众窜逃高丽、耽罗。广东等地沿海也出现海盗反叛的事件。滨海反叛民众可能有勾连倭寇一同为乱之嫌。[③] 面对海疆的乱局，明太祖于洪武四年（1371）十二月丙戌终于采取了海禁的政策：“诏吴王左相靖海侯吴祯籍方国珍所部温台庆元三府军士及兰秀山无田粮之民尝充船户者凡十一万一千七百三十人，隶各卫为军，仍禁濒海民不得私出海。”[④] 同月乙未，明太祖又谕大都督府臣曰：“朕以海道可通外邦，故尝禁其往来。”[⑤] 这里并没有提到倭寇，也没有提到滨海民众与倭寇勾连入犯，却直说因为海道可通外邦，所以禁其往来。明太祖可能是鉴于兰秀山之乱后有反叛民众逃往高丽、耽罗的情况，不愿意面对滨海民众与高丽、日本等海外诸国私自航海往来所造成管理上的混乱挑战，而施行了海禁。然而，之后愈演愈烈的倭寇侵掠，却使得明朝在筑城置卫、籍民为军、海船配备、寨游巡海等方面不断完善海防体系的同时，也不断申严海禁，甚至施行了迁沿海岛屿民众到陆上的“洗海靖岛”的严厉政策，慢慢向民间全面关闭海疆。[⑥] 这样海疆数百年来民间航海贸易的开放繁荣状态被一举肃清，沿海民众被统一到编户齐民农业立国和卫所军籍的制度管理之中。外国私商的贸易也被禁止，

① 《明太祖实录》卷46，“洪武二年冬十月壬戌”条。

② 《明太祖实录》卷37，“洪武元年十二月”条。

③ 郑晓《吾学编·四夷考》称：“初，方国珍据温、台、处，张士诚据宁、绍、杭、嘉、苏、松、通、泰，诸军皆在海上。方、张既降灭，诸贼、豪强悉航海，纡岛倭入寇。”尽管明人有很多关于明初滨海民众与倭寇勾连的记述，但没有特别确凿的明初史料证实这方面的信息，因为明初在抗倭过程中多有胜利斩获，却没有反映滨海民众与倭寇勾连的记载。这与嘉靖大倭乱时期有明确记载的情况大不相同。然明初逐渐采取迁岛清野的海禁政策，或许有海岛民众引导倭寇或为倭寇提供便利的嫌疑。

④ 《明太祖实录》卷70，“洪武四年十二月丙戌”条。

⑤ 《明太祖实录》卷70，“洪武四年十二月乙未”条。

⑥ 《筹海图篇》卷5《浙江事宜》载：“国初，定海之外，秀、岱、兰、剑、金塘五山争利，内相仇杀，外连倭夷，岁为边患。信国公经略海上，起遣其民，尽入内地，不容得业。乃清野之策也。”“清野之策”并不仅限于浙江定海海外一隅，而遍及福建、山东等沿海各地。有关研究参见何孟兴《洗岛靖海——论明初福建的“墟地徙民”措施》；陈尚胜《怀夷与抑商——明代海洋力量兴衰研究》，山东人民出版社，1997，第28~29页。

只保留了有贡即有市的朝贡贸易的形式。而延续了数百年的民间航海所积淀的海权力量被整编入国家控制的卫所军事建制中去。

在对海疆的整治和海防建设过程中，明初凝聚了强大的海上力量，因为其以卫所为基础的海防建制非常系统完备，所整合起来的海军实力应该说超过了宋元。在平定海疆的过程中，明朝收编了相当的海上力量。如吴元年（1367）十二月辛亥，“方国珍及其弟国王民率所部谒见汤和于军门，得其步卒九千二百人，水军一万四千三百人，官吏六百五十人，马一百九十匹，海舟四百二十艘，粮一十五万一千九百石……继而元昌国州达鲁花赤阔里吉思亦来降得粮六万九千石，马五十匹，船四百八十二艘……”① 同月庚午，“征南将军汤和率师克福州……获马六百三十九匹，海舟一百五艘，粮一十九万九千五百余石，金一千四百五两，胡椒六千三百余斤”。② 洪武元年三月戊申，“征南将军廖永忠师至广州之龙潭，元将卢左丞遣镇抚卢诚纳款，得其海舟五百余艘，军士二千九百六十五人，马三百匹，粮五千余石，命指挥胡通守之”。③ 所以，明初很快就能组织起海运配合北征。之后，在海防建设的过程中，明朝又不断在各地造船备倭。明初海防体系完全建立起来后，共有 54 个卫，127 个千户所，保守估计有 2700 艘战船，如算上长江口和海运的船只，总数达 3500 艘。④ 虽然沿海卫所体制中军力分散，但集中调动起来，颇具实力。其中明初海运的存在，也可视为对海军的重要操练。⑤ 例如，洪武二十九年（1396）三月庚申，“命中军都督府都督佥事朱信、前军都督府都督佥事宣信，总神策、横海、苏州、太仓等四十卫将士八万余人，由海道运粮至辽东，以给军饷。凡赐钞二十九万九千九百二十锭”。⑥ 仅海运就可以调动起这样强大的军力，由此可见一斑。

在对民间实行封闭管理的同时，明太祖并非闭关锁国、断绝海外交往，相反积极开展与海外国家的交往。明太祖不断遣使诏谕各国，目的在向诸国

① 《明太祖实录》卷 28（上），“吴元年十二月辛亥”条。

② 《明太祖实录》卷 28（下），“吴元年十二月庚午”条。

③ 《明太祖实录》卷 31，“洪武元年三月戊申”条。

④ 〔美〕罗荣邦：《明初海军的衰落》，陈希育译，《南洋资料译丛》1990 年第 3 期。关于卫所数量的统计，另见邸富生《试论明朝初年的海防》，《中国边疆史地研究》1995 年第 1 期。

⑤ 陈波：《试论明初海运之“运军”》，《中国边疆史地研究》2009 年第 3 期。

⑥ 《明太祖实录》卷 245，“洪武二十九年三月庚申”条。

宣告驱走蒙古、成立大明的同时，也使海外各国能来奉表称臣，建立以中国为中心的国际秩序，用海外国家来烘托起其君主华夷[①]、天下共主的地位。在此过程中，明太祖放弃了动用海上军事征讨来达到使外国来臣的目的，但对于握有强大海权实力的明太祖来说，并非没有海权意识。在与海外诸国建立朝贡关系过程中出现矛盾和龃龉的时候，明太祖多次以其海上军事实力夸耀，流露他的海权意识。如洪武九年（1376）四月，诏谕日本“国王良怀”中有：“今吾与日本止隔沧溟，顺风扬帆止五日夜耳，王其务修仁政以格天心，以免国中之内祸，实为大宝，惟王察之。”[②]

在高丽王王颛被弑后，明朝与高丽关系开始变得紧张，在多次诏谕高丽的文书中，明太祖表达出他的海权意识，如“遣高丽使还，以敕谕之曰：汝承奸臣之诈，不得已而来诳我，今命尔归，当以朕意言于首祸之人曰：尔杀中国无罪之使，其罪深矣，非尔国执政大臣来朝及岁贡如约则不能免问罪之师。尔之所恃者沧海耳，不知沧海与吾共之尔。如不信，朕命舳舻千里，精兵数十万，扬帆东指，特问使者安在，虽不尽灭尔类，岂不俘囚其大半，尔果敢轻视乎？”[③] 另一处，其又认为其水军优势使得其更胜过汉唐：“尔国入贡，复以空纸圈数十杂于表函中，以小事大之诚果如是乎？尔之所恃者以沧海之大、重山之险，谓我朝之兵亦如汉唐耳。汉唐之兵长于骑射，短于舟楫，用兵浮海或以为难。朕起南服江淮之间，混一六合，攘除胡虏。骑射、舟师，水陆毕备，岂若汉唐之比哉？”[④] 相较于元朝征日，明太祖自认为其现有海军力量更胜一筹。如“谓元之艨艟漂于蛇海，将谓天下无敌。吾不知以天欤以人事欤？若以人事较之，元生紫塞，不假舟梁，蹄轮长驱，经年不阻，而为有疆，盖长于骑射短于舟楫耳”。[⑤]

洪武三十年（1397）八月，礼部奏诸番国使臣客旅不通，明太祖就三佛齐给明朝使臣之事让暹罗传话给爪哇。礼部咨暹罗国王曰：“自有天地以来即有君臣上下之分，且有中国四夷之礼，自古皆然。我朝混一之初，海外诸番莫不来庭。岂意胡惟庸造乱三佛齐乃生间谍，给我信使，肆行巧诈。彼

---

① 《明太祖实录》卷134，“洪武十三年冬十月丁丑”条载，太祖诏谕爪哇国王国王曰：“圣人之治天下，四海内外皆为赤子，所以广一视同仁之心，朕君主华夷，抚御之道远迩无间。”

② 《明太祖实录》卷105，“洪武九年三月”条。

③ 《明太祖实录》卷121，“洪武十一年十一月”条。

④ 《明太祖实录》卷228，“洪武二十六年六月”条。

⑤ 《明太祖实录》卷138，“洪武十四年秋七月”条。

岂不知大琉球王与其宰臣皆遣子弟入我中国受学，皇上锡寒暑之衣，有疾则命医诊之。皇上之心仁义兼尽矣。皇上一以仁义待诸番国，何三佛齐诸国背大恩而失君臣之礼？据有一蕞之土欲与中国抗衡？倘皇上震怒，使一偏将将十万众越海问罪如覆手耳，何不思之甚乎？”① 由此可见明廷对自身海权实力的认识。

因为明太祖要以和平交往的方式，做到让海外诸国奉表称臣，他利用朝贡贸易等经济手段，但不使用武力，并为防止子孙后代贪一时战功，列出了十五个不征之国，定下了和平外交的基调。② 但明初握有那么强大的海权，所以明太祖和明廷会不时夸耀海权实力。但始终没有动用这支强大的海权工具。然而，明太祖时期没做的，明成祖通过郑和下西洋的壮举在一定程度上做到了。郑和下西洋基调是和平友好的，促进了中国与东南亚和印度洋国家的往来与贸易，没有扩张侵占或殖民的目的。但这也是海权的展示。因为这毕竟是两万七千人左右组成的庞大舰队。在下西洋过程中，除了“赍币往赍之”“宣德化柔远人”这些促进与海外诸国贸易、往来的功能外，也有使用武力对“番王之不恭者生擒之”“蛮寇之侵略者剿灭之”。③ 这些武力的使用并不是用于征讨、扩张、侵占、掠夺的目的，而是符合以中国为中心的天下秩序下中国传统文化赋予的道义的。④ 郑和七下西洋虽然是海权的彰显，但目的包含通过和平交往建立以明朝为中心的国际秩序的一面，并非向海外征讨扩张。

然而随着宣德年间最后一次下西洋活动的结束和海运的终结，明初的海上军力失去了操练的机会。分散在卫所里面的海军力量，随着卫所制度逐渐颓坏而凋萎，使得明初的海权也迅速衰落。罗荣邦先生指出，明初海权的衰落，除了水寨内撤、防卫政策保守、船舰维护更新困难、海防人员的凋零、官吏的腐败等制度运作实效涣散等原因外，也有深层次的社会原因，如王朝

① 《明太祖实录》卷254，“洪武三十年八月丙午”条。这咨文前面内容是引述明太祖自己的话，后面“使一偏将将十万众越海问罪如覆手耳”，也可以看作明廷对自己海权实力的认识和夸耀。

② 有学者认为不征基调的奠定，是古代中外关系史上的重大转折，参见万明《明代初年中国与东南亚各国关系的重新审视》，《明代中外关系史论稿》，中国社会科学出版社，2011。

③ 郑和在第七次下西洋前于长乐候风时立《长乐南山寺天妃之神灵应记》碑文，向达校注《西洋番国志、郑和航海图、两种海道针经》，中华书局，2000，第53～55页。

④ 有些国外学者用现代的殖民、霸权、军事投放等概念看待郑和下西洋这样的武力使用，完全是不公平的，对此必须回到当时的历史时代背景和文化背景中去解释。

注意力重新转向内陆，因为蒙古造成的威胁是事关王朝存亡，倭寇的侵掠不能与之相提并论；人口相反地出现从沿海转向内陆的迁移。[①] 向海与向陆的两面兼顾对古代王朝来说或许难以做到，经过明初的一系列政策的抉择，至此，明朝逐渐与这三百年来中国历史的向海经营分道扬镳。

总之，明初海权的凝聚一时和迅速失落，都与明初向民间封闭海疆的政策抉择有着重要关系。自南宋开始，沿海地区都面临较为严重的海盗、海寇团伙的侵扰，有时海上掠夺商船，有时陆地上掠夺市镇居民，有时可能是一两只船几十人的小团伙，有时会凝聚成上百只船数千人的规模，王朝对此没有有效的一劳永逸的方法来应对，要么招抚，要么打击，很难说有海疆完全肃清、没有海寇的时候，但总体上看这样一种开放的海疆并没有失控，成为摧毁王朝的威胁。元明鼎革之际，在传统海疆背景中，增添了倭寇侵掠的新因素，对此明太祖做出了向民间关闭海疆的政策选择。一些学者在研究明初海禁的时候，也探讨了海禁政策与明太祖要建立内向性集权专制的王朝性格有关，并非全然因为倭寇对沿海的侵扰。但明初愈演愈烈的倭寇侵扰确实是促使明朝不断申严海禁和对海防体系加以完善的主要推动因素。可以说，没有倭寇，是否有这么严厉的海禁不好说，但肯定不会建立起这么完备的海防体系。海禁和海防成了一体两面，正是倭寇的侵扰，才导致不断严厉海禁，乃至通过迁岛“清野”的方式，将沿海岛屿的民众迁入内地，纳入了以卫所为基础的海防体系中。正是因为不断的御倭，使得海防体系建设逐渐完善，并一时整编凝聚起强大的海权。然而，与此同时海禁的政策选择也使得明朝的海权失去了根基和活水源头，因为其仅靠容易腐坏的卫所军事制度从长期看维持不了海权力量。一个内向性大陆王朝会选择以农为本、便于控制的社会制度，但很难长期闭塞几百年来形成的沿海地区海外贸易经济发展的趋势。所以沿海地区民间走私贸易活动悄悄地开展，这种违法的状态，政府可以视之不见，但当嘉靖中期重新收紧海禁政策后，终于爆发了嘉靖大倭乱。这次真是滨海民众与倭寇的勾连，其对沿海地区寇掠毁坏的严重性远远超过了宋元时期的那些海寇，使得中国历史上出现“北虏南倭”的局面。明朝后期，在沿海官员的艰难呼吁下，有了隆庆开海的局部开放，但重心在北方和祖宗之法的坚守，使得明朝不可能重新面向海洋，全面向民间开放海

① 〔美〕罗荣邦：《明初海军的衰落》，陈希育译，《南洋资料译丛》1990 年第 3 期。关于正统之后海防的废弛，另参见范中义《明代海防述略》，《历史研究》1990 年第 3 期。

疆并积极纳入管理，并以此重建明朝的海上力量。明朝中后期只能靠有限的海防力量维持海疆秩序，可以说以与海禁一体两面的保守海防没有根本改观，后期甚至出现将海疆贸易与秩序空间让渡给一些海商集团的情况。在西方开启的大航海时代到来后的关键历史时期，明朝不再是一个面向海洋的海权大国。

结语：中国古代海权的历史背景与文化解释

在南宋至明初这段时期，中国历史上出现了海防建制与海权意识乃至海权的实践，甚至也可以如罗荣邦先生所说成为一个海权大国，中国历史不再仅仅给人一种陆向型国家的印象。跟三国与南北朝时期相比，同样的南北对峙格局下，南宋却很快建起海防体系，并成为海权大国。这里包括了很多因素的积累作用，最主要的还是航海进步，与海外诸国贸易往来的繁荣发展所带来的航海技术进步和知识积累等结果，使得体系性的海防既成为必需，又得以可能。而这一切与宋朝向海开放的性格特征有关。从一个更大的区域史角度看，宋朝参与并推动了一个早期亚洲海上贸易时代的出现。海上交通贸易的发展，航海技术的进步和知识的积累，又拉近了国家之间的距离。对中国王朝来说，海外世界变得更清晰，对海外国家的认识相对而言越来越具体，虽然在今天看来充满了偏见、误解、模糊；海外诸国虽然仍被视为远夷，但其不再是遥远的蛮荒。再对比之前的朝代，孙权时代还在派水军海上搜寻“檀洲”“夷洲”这些传说之地，隋炀帝寻讨琉球被史书记载为“入海求访异俗”①，“故师出于流求，兵加于林邑，威振殊俗”②，这样的远征显然缺少理性目的和意义，具有偶发性。元朝远征日本、占城、爪哇，郑和七下西洋显然不能再这样被看作纯粹好奇寻异俗、随性动用武力了，其追求的是相对更理性的目的，更明确的意义。此时的海外诸国成为中国王朝主动要往来的对象，中国王朝积极不断诏谕诸国，让其来奉表称臣，背后或以武力相逼迫，或以经济为诱饵，企图建立中国皇帝君主华夷的天下秩序。正是在这种国际背景下，海权才有了指涉对象和意义。在这样的背景下，日本的武装商船和之后倭寇对中国沿海的威胁成为影响这一时期中国王朝海防和海权

① 《隋书》卷81，《东夷》。

② 《隋书》卷82，《南蛮》。

的一个重要海外因素。就海权来说，在南宋以后王朝更替中，海权往往在王朝建立之初会凝聚一时，之后会散存在海防建制中，但其主要根基于海疆的开放和民间航海贸易的开展。明初之后海权的衰落，与明朝向民间关闭海疆的海禁政策有重要的关系。明代倭寇的出现，特别是嘉靖大倭乱对沿海地区的破坏，使得明中后期海防著作和海防研讨勃兴，反映了民间海防意识的发展，但对于明廷来说，海权实际上失落了。由于重心在北疆和坚守祖宗之法，使得明朝无法重新面向海洋，完全开放海疆并加以管理，以重振海防或复兴海权。

海防意识可以看作内向防御性的，而海权意识是外向伸张、指涉性的。当我们探讨前近代中国的海防与海权意识的时候，不宜与现代清晰的海权战略相比。我们最好在当时的历史和时代背景中看当时的海权，可以把其看作前近代中国萌生的朴素的海权意识。罗荣邦先生用马汉的理论来论述中国古代的海权，笔者认为也只能是在解释南宋海权产生的社会、经济和航海基础等方面有借鉴意义。罗荣邦先生忽视了更大的区域背景的分析，亦即除了中国社会内生的原因外，中国古代海权产生也需要一个借航海交通拉近了的国家间体系背景，王朝要将以中国为中心的天下秩序由纯粹的自我认知尝试变成实践，没有这样的国际体系，海权将失去了指涉的目标和意义。由此，也可以看到，探讨中国古代海权不能离开它的时代背景和文化束缚，因为这些决定了它的内涵，这正是在研究中国古代海权特别是海权实践方面需要做出解释的。当然文化中的意识形态也是有变化的，元初直接武力征服和明初的武力威慑，所反映的王朝策略和达到的效果是不同的。无论如何，马汉海权理论是西方强权为殖民地和商业利益相互竞争的世界背景中产生的，前近代中国海权是在与海外国家构建以中国为中心的国际体系过程中产生的，性质和内涵相差很大。总之，当我们把海权的产生定格在这个时段时，势必要回答为什么之前王朝有类似形式的海上军事征讨而不被视为海权的产生，除了强调海上军事力量的持久性建制以外，还应注意导致海权指涉对象和赋予其意义的国际背景变化以及文化意识形态的作用。企图从不变的历史中看到变化，因此不揣浅陋，略作分析，以期待抛砖引玉。

清朝前期政治联姻的多种形态及影响浅析

孙宏年

摘　要：清朝建立前，满族统治者就与蒙古王公进行政治联姻，入关后又与降清的吴三桂、尚可喜等汉族上层人物建立政治联姻的关系。这些联姻都为清朝灭亡反清力量、统一全国、稳固边疆产生过明显的积极作用，但是“三藩之乱”之后，清朝皇室与汉族上层人物的联姻渐渐退出历史舞台。与此同时，蒙古各部控制着当时中国西北、西藏、青海地区，王公之间也通过联姻形成了微妙的多边关系网络，该网络又在清朝稳固西北、西藏的战争中被打碎。本文以相关文献为依据，重点论述从顺治时期至乾隆初期“满汉联姻”“蒙蒙联姻”等的演变，比较清王朝统治者对这些联姻态度的异同和变化，浅析这些联姻对清前期皇权稳固、边疆治理、国家统一的影响，讨论“满蒙联姻”具有持久性的外在原因。

关键词：政治联姻　异同　影响

作者简介：孙宏年，历史学博士，中国社会科学院中国边疆研究所研究员。地址：北京市东城区先晓胡同10号，邮编：100005。

清朝建立前后，满族统治者就与蒙古王公之间开始了政治联姻，入关以后清朝统治者又与降清的吴三桂、尚可喜等汉族上层人物建立政治联姻的关系，这与“满蒙联姻”一样，在清朝灭亡反清力量、统一全国、稳固边疆过程中产生明显的积极作用，但“三藩之乱”后这种类型的联姻基本终结。与此同时，蒙古各部控制着当时中国西北、西藏、青海地区，王公之间也通过联姻形成了微妙的多边关系网络，由于蒙、藏贵族间的纷争，在清朝稳固西北、西藏的战争中被打碎。本文根据联姻的对象称它们为“满蒙联姻”“满汉联姻”“蒙蒙联姻”“汉汉联姻”，以《清实录》等文献为依据，阐述从顺治时期到乾隆初期“满汉联姻”“蒙蒙联姻”等的演变、影响，比较清王朝统治者对“满汉联姻”“蒙蒙联姻”“满蒙联姻”态度的异同和变化，并浅析这些联姻对清前期边疆治理、国家统一的影响，并讨论“满蒙联姻”具有持久性的外在原因。

一　康熙十二年前：多种政治联姻形态并存

从努尔哈赤建立后金到顺治元年（1644），满蒙联姻就已经开始，这促使漠南蒙古归附清朝、尽快消灭明朝起到了积极作用。[①] 清军入关后，在满蒙联姻继续大规模展开的同时，清朝统治者还同归降清朝的汉族上层人物联姻，吴应熊、耿精忠、耿昭忠、尚之隆等都曾经娶了公主或宗室之女。而且，直至在康熙十二年（1673）之前，降清汉族上层人物之间也有联姻关系，而蒙古各部控制着当时中国西北、西藏、青海地区，王公之间也有联姻关系，因此当时中国上层统治集团之间“满蒙联姻”“满汉联姻”“汉汉联姻”“蒙蒙联姻”多种政治联姻形态并存，形成了一张微妙而复杂的多边关系网络，并对当时的政局变化、边疆稳固产生了很大的影响。这一阶段，清朝统治者对此采取了重视“满蒙联姻”“满汉联姻”和默认“汉汉联姻”“蒙蒙联姻”的态度，并与其他政策有机结合，从而有效地利用了各种政治力量，对消灭南方反清势力、控制内地和边疆、巩固在全国的统治起到了积极作用。

1. 清朝统治者对“满汉联姻”“满蒙联姻”同样重视，相辅相成，为统一全国起到积极作用

从清军入关至康熙十一年（1672）间，清廷忙于消灭南明政权、农民起义军余部和其他各种反清力量，并陆续把蒙古各部控制的西北、青海和西藏等地区纳入版图之内，逐步稳定了全国局势。在这一过程中，清王朝采取了一系列政策，继续与蒙古各部联姻，并与归降的汉族上层人物联姻，而且

---

① 许多论著对“满蒙联姻”的演变、制度及影响都有所涉及，请参见马大正主编《中国边疆经略史》，中州古籍出版社，2000；杜家骥著《清朝满蒙联姻研究》，人民出版社，2003；崔明德著《中国古代和亲通史》，人民出版社，2007，等等。

是对“满汉联姻”“满蒙联姻”同等重视。根据《清实录》《清宗室四谱》等文献的记载和今天学者的统计，从顺治元年至康熙十一年，清朝皇室、宗室与蒙古王公的联姻至少有25次。[①] 与此同时，明清之际投降清朝的汉族文武官员中也有不少得以“尚主”，主要是平西王吴三桂之子吴应熊，靖南王耿继茂之子精忠、昭忠，平南王尚可喜之子尚之隆。这些“满汉联姻”又有不同的情况。

一是清朝统治者主动把公主下嫁汉族大员，并且以谕令的形式明确强调其用意。比如，清廷为平定各地反清力量，对吴三桂一直很重视，顺治八年九月就赐其平西王金册金印，“子孙世袭罔替”。十年八月，清廷又以皇太极第十四女和硕公主下嫁平西王吴三桂之子吴应熊，同时谕令四川尚未平定，特命吴三桂入川征剿，“投诚者抚之，抗拒者诛之。若武官有功、核实题叙有临阵退缩、迟误兵机、不遵号令、应处分者、听王便宜从事”，而且“地方既定之后。凡军机事务悉听王调度，其一应民事钱粮仍归地方文官照旧管理”，文武官员“有事见王俱照王礼谒见”[②]。

二是清廷把宗室之女下嫁汉族大员。其中，靖南王耿继茂之子是求婚后得以“尚主”的，他曾奏称其子精忠、昭忠“年已长成，应请缔结婚姻，不敢擅便，惟候上裁”，有求婚清之意。礼部为此议奏，耿继茂之父耿仲明“有携众航海投诚功，且继茂身任岩疆”，他“以二子结姻不敢专擅，求请仰承皇上报功恤劳仁德至意，宜以亲王等女下嫁”。因此，顺治十二年（1655）六月，清廷将和硕显亲王之姊，赐“和硕格格”名号，下嫁耿精忠；固山贝子苏布图之女，赐“固山格格”名号，下嫁耿昭忠。[③] 到康熙二年（1663），清廷又将安郡王岳乐第二女和硕柔嘉公主下嫁耿继茂第三子耿聚忠。[④] 当然，顺治十七年（1660）六月，承泽亲王硕塞第二女和硕公主下嫁尚可喜之子尚之隆。[⑤] 事前未见尚家求婚的记述，估计是清廷平衡各方关

① 崔明德：《中国古代和亲通史》，人民出版社，2007，第580～583页；《清史稿·公主表》，中华书局，1977，第18册，第5272～5280页。

② 《清世祖实录》卷60“顺治八年九月壬午”条；卷77“顺治十年八月壬午”条。本文所引《清实录》，均据中华书局1987年版影印本，影印本页码不再注明。

③ 《清世祖实录》卷92“顺治十二年六月乙卯”条。

④ 《清史稿·公主表》、卷234《耿仲明传附昭忠、聚忠》，中华书局，1977，第18册，第5280页；第31册，第9404～9408页。

⑤ 《清史稿·公主表》、卷234《尚可喜传附之孝、之隆》，中华书局，1977，第18册，第5280～5281页；第31册，第9408～9416页。

系安排这次联姻的。

这一阶段，不管是“满汉联姻”还是“满蒙联姻”，不管是主动赐婚还是求婚后再下嫁，清廷都给予了同等的重视，不断通过加爵、晋级和赏赐物品，表明朝廷对这些公主、格格和额附及其家族的“殊恩”：顺治十一年（1654）二月，和硕额驸吴应熊被封为三等精奇尼哈番；十三年（1656）二月，授和硕额驸耿精忠为一等阿思哈尼哈番；十四年八月，赐少保兼太子太保和硕额驸吴应熊等马三十匹；十五年（1658）四月，授和硕额驸尚之隆、耿聚忠三等精奇尼哈番；[①] 十六年（1659），吴应熊所娶的和硕公主被封为建宁长公主，不久又改封为恪纯长公主。[②] 而且，批准这些家族派人“入侍”也是皇帝的“殊恩”之一，如康熙七年（1668），平南王尚可喜请求派遣其子尚之信入侍，获得清廷“恩准”。吴应熊娶公主后长期在京城居住，康熙九年被派往云南“省视”其父吴三桂，而后又命他“仍遣吴应熊自滇赴京”[③]。

在加封、赏赐额附们及其家族的同时，清朝统治者很注意两个方面的问题。一是向汉族的额附及其家族强调这是“殊恩”，如顺治十六年二月，顺治帝就传谕尚之信、和硕额驸耿精忠：“以格格下嫁汝等，优加廪禄，原欲汝等生产丰裕，以示殊恩”，你们“进献礼物，只应照常制办”，今皆“精造五爪龙样，款式隆贵”，这“过为糜费，更劳营造，朕心殊不安”[④]。这就表示，他们家族得以“尚主”，又得到各种赏赐和“优加廪禄”，都是皇帝的“殊恩”，你们进献礼物太贵重、精致，皇帝也心中不安，你们要体会皇帝的用心，忠于清王朝。

二是在重大事件后进行加封、赏赐时往往进行集体封赏，表明皇帝对于下嫁蒙古、汉族的公主、格格和额附们及其家族都同等看重。如顺治十六年（1659），吴三桂等统军陆续攻占贵州、云南地区等不少地方，消灭反清力量的战争取得重大胜利。这年十二月，顺治帝下令就同时加封各位下嫁给蒙、汉上层人物的公主们，其中包括：封下嫁察哈尔固伦公主为永宁长公

① 《清世祖实录》卷 81“顺治十一年二月甲子”条；卷 98“顺治十三年二月丙辰”条；卷 111“顺治十四年八月己丑”条；卷 106“顺治十五年四月丁卯”条。

② 《清世祖实录》卷 130“顺治十六年十二月庚戌”条；《清史稿·公主表》，中华书局，1977，第 18 册，第 5276 页。

③ 《清圣祖实录》卷 26“康熙七年五月戊子”条；卷 34“康熙九年十月丙戌”条。

④ 《清世祖实录》卷 123“顺治十六年二月丁亥”条。

主，额尔德尼郡王母固伦公主为延庆长公主，额驸弼尔塔噶尔所尚固伦公主为兴平长公主，额驸塞布腾所尚固伦公主为和顺长公主，额驸巴雅思护朗所尚固伦公主为昌乐长公主，额驸吴应熊所尚和硕公主为建宁长公主。[①] 康熙初年，这一政策仍在延续，如康熙七年“以世祖章皇帝配天覃恩”，加封鳌拜、遏必隆为太师，吴应熊为少傅兼太子太傅，耿聚忠、尚之隆、耿昭忠、白文选均为太子少师。[②]

2. 在清朝尚未完全稳固地统治全国的大背景下，只要汉族、蒙古上层人士拥护清王朝，就默认他们内部的政治联姻，并在特殊情况下安排一些上层人士之间进行联姻

1644 年以后，投降清朝的汉族文武官员之间相互联姻是比较正常的现象，甚至是一些割据一方的藩王之间也有联姻，比如康熙十一年前后平南王尚可喜的孙女嫁给耿精忠的儿子。[③] 不仅如此，只要这些降清的汉族上层人士拥戴清朝皇帝，清朝统治者就表示认同，有时还会安排一些特殊人物进行联姻，孝庄皇太后养女孔四贞下嫁给孙延龄就是典型的例证。孔四贞（约 1645—?），一作孔思贞、孔似贞，本是明末降清的定南王孔有德的女儿。顺治九年（1652），孔有德在桂林被围自杀，她就被接到了北京，孝庄皇后把她收为养女。十七年（1660），食和硕格格俸，掌定南王事。康熙元年（1662），下嫁给孔有德部将孙龙的儿子孙延龄，五年随孙延龄出镇广西。这一事件在当时有着非同寻常的意义：孝庄皇太后收养孔四贞，又准许她食和硕格格俸，都是当时清廷对忠于清王朝的汉族降将的特殊待遇；把她下嫁给孙延龄，目的仍然是通过联姻表明对孙延龄等孔有德旧部的信任；让她随同前往广西，意在通过孔四贞密切清王朝与孙延龄及孔有德旧部的关系，强化在广西的统治。

当时，蒙古各部控制着西北、青海和西藏地区。由于血缘、地缘、历史、文化等方面的因素影响，各部王公之间的通婚早在清朝建立前就形成了某些传统，清朝建立前后这些联姻还为他们增强相互联系、巩固各自的地位起到重要的作用。比如，17 世纪上半叶，顾实汗（又译为固始汗）与巴图尔洪台吉结成联盟，先后消灭了原来控制青海的朝克图台吉、西藏的藏巴汗，从而取得对青海、西藏的控制权。在联合的过程中，政治联姻就是他们

① 《清世祖实录》卷 130“顺治十六年十二月庚戌”条。
② 《清圣祖实录》卷 25“康熙七年正月戊午”条。
③ 《清圣祖实录》卷 50“康熙十三年十一月庚辰”条。

之间很好的“黏合剂”，有文献记载称，顾实汗在控制青海后，就把自己的女儿阿明达（一译为阿敏达）嫁给巴图尔洪台吉（一说为他的儿子），并赠送了大批财物，让他返回准噶尔部。而后，他又与西藏的格鲁派联合，击败白利土司、藏巴汗等，在西藏建立蒙藏贵族联合的甘丹颇章地方政权。[①] 甘丹颇章政权建立后，顾实汗和五世达赖喇嘛就遣使往盛京，朝觐皇太极。顺治十年（1653），清廷册封顾实汗、五世达赖喇嘛，命他们分掌政、教，准许甘丹颇章政权管理西藏。由于顾实汗归附清朝，对于他与巴图尔洪台吉的联姻，清廷自然不作干预。

二　康熙十二年至乾隆初年：“满汉联姻”渐渐淡出，“蒙蒙联姻”受到抑制

康熙十二年十一月，吴三桂在云南发动叛乱，耿精忠、尚之信和孙延龄也相继响应，一度控制了云南、贵州、广西、广东、福建等省，是为“三藩之乱”。此后，经过近八年征讨，康熙二十年清军攻占昆明，三藩之乱才平定。这一过程中，清朝在派军平乱的同时，在政治上进行分化瓦解，那些与清朝统治者有着政治联姻关系的汉族上层人士表现各有不同，清廷也给予了不同的待遇。一方面，吴三桂、耿精忠、尚之信等举兵反清，即使是耿精忠、尚之信一度反正归清，在平定叛乱后也都遭到毁灭性打击；另一方面，尚可喜、孔四贞等仍效忠清王朝，并参与了政治上的劝降和军事上的叛乱。尚可喜得知云南、福建有变后，立即呈奏康熙帝，表示“臣与耿精忠本系姻娅，不能不踧踖于中”，但他年已七十有余，虽“至愚极陋”，也不会“向逆贼求功名富贵”，表示要“捐躯矢志，竭力保固岭南”，康熙帝赞扬他忠诚可嘉，“两广一应军机调遣及固守地方事宜”，让他与总督金光祖共同处置。[②] 康熙十五年，尚之信附和吴三桂反清，尚可喜忧惧而死。尚可喜之子尚之孝在广东、江西参加了对吴三桂叛军的战斗，“三藩之乱”平定后康熙帝谕令让之孝“毋连坐，以内大臣入直如故”；额附尚之隆也未参加叛乱，后批准之隆请求，归还海州的尚氏田宅，设置两个佐领，为可喜守墓。[③] 孔四贞，

① 王辅仁、陈庆英编著《蒙藏民族关系史略》，中国社会科学出版社，1985，第107～121页；樊保良：《蒙藏关系史研究》，青海人民出版社，1992，第171～187页。

② 《清圣祖实录》卷47“康熙十三年四月甲辰”条。

③ 《清史稿》卷234《尚可喜传，附之孝、之隆》，第31册，第9408～9416。

因孙延龄附吴三桂，遂屡劝延龄反正归清，后三桂之孙吴世琮袭杀延龄，遂被拘入滇，云南平定后她才回到京师。

“三藩之乱”前，清王朝对事态的严重性没有充分的估计，也准备不足，在康熙十二年三月尚可喜主动请求撤藩前后，甚至仍然试图用赏赐等手段稳定东南、西南的局势。这年二月，清廷还派人到云南，把“御用貂帽、团龙貂裘、青蟒狐腋袍各一袭，束带一围”，赐给平西王吴三桂；到广东，把“御用貂帽、团龙天马裘、蓝蟒狐腋袍各一袭，束带一围”，赐给平南王尚可喜。[①] 十二月，得知吴三桂“伪称天下都招讨兵马大元帅”率部反清后，下令削夺吴三桂爵位，派兵围堵。同时，对于居住在京城的吴应熊及其随从官员，不管知情与否，都“暂行拘禁”。[②] 康熙十三年（1674）四月，“三藩之乱”仍在西南、东南各省蔓延，针对诸王大臣会议将“反逆子孙理应诛戮，以彰国法”的奏报，康熙帝表示吴三桂“怙恶不悛，其子孙即宜弃市，义难宽缓”，“本当照廷议，将吴应熊、吴世霖并其余子俱行凌迟处死，但以吴应熊久在近侍，朕心不忍”，因此只把吴应熊及其子吴世霖“处绞，其余幼子俱免死入官”。至于耿昭忠、耿聚忠，由于耿精忠“背恩反叛”，他们“虽与吴应熊不同，但系彼亲弟，国法亦难宽纵”，批准将他们“并禁于一室，其属下官员，俱著闲住”。[③] 之所以对耿氏兄弟有所宽容，主要是康熙帝希望耿精忠能反正归清，六月他就表示：耿精忠祖父耿仲明“于太宗文皇帝时航海归诚，优锡王爵”，而耿精忠“自幼曾为近侍”，认为他“必能绍祖父遗训，殚竭忠猷、无忝先烈”，附和吴三桂叛乱，“必系一时无知，堕人狡计，与吴三桂不同”，因此“将吴三桂子孙正法，耿精忠在京诸弟照旧宽容，所属官兵并未加罪”，希望他“追念累朝恩德，及伊父忠荩遗言，革心悔祸，投诚自归”，如能“悔祸乞降，赦免前罪，仍恩遇如初”[④]。这一招最初并未奏效，到康熙十五年十月清军进逼福建，耿精忠才反正投降并“请随大兵立功赎罪”。康熙帝命耿精忠“仍留靖南王爵”，率所部“随大兵征剿海逆，图功赎罪”[⑤]。

康熙十六年（1677）以后，吴三桂反清叛乱因耿精忠、韩大任等人反正

① 《清圣祖实录》卷41“康熙十二年二月甲辰”条。
② 《清圣祖实录》卷44“康熙十二年十二月丙辰、丁巳、戊午、己未、壬戌”条。
③ 《清圣祖实录》卷47“康熙十三年四月丁未、庚戌”条。
④ 《清圣祖实录》卷48“康熙十三年六月甲午”条。
⑤ 《清圣祖实录》卷63“康熙十五年十月庚午”条。

而受到孤立，尽管在康熙十七年（1678）三月他在衡阳称帝，但难以挽回败局。到康熙十九年，清军陆续收复湖南、广西、贵州、四川等大片地方，吴三桂之孙吴世璠败走云南，败局已定。在这种背景下，康熙帝一度关注过与叛乱有牵连的额附和下嫁给他们的公主的命运。这年六月，康熙到太皇太后宫中问安，而后谕令恪纯长公主曾下嫁给吴应熊，“被反叛所累，屡年困顿。朕每念及，未尝不为恻然”，没想到她又“不意深染时症”，派遣“乳媪暨亲近侍卫往视”，又听说“病势危笃”，即命有关方面“将服饰执事等项星夜制办，今公主体中大愈，将此各项尽送公主处，以示朕惓惓注念之意”。[①] 九月，和硕额驸尚之隆呈奏，尚可喜曾请求在“盖州地方安插并带佐领二员，及佐领下兵丁，防守彼处地方”，他希望“搬取臣父骸骨，并臣母及家口前来”，请求“恩赐闲散佐领二员，以便统辖家口”。康熙帝批准户部的意见，即“海州向有平南王尚可喜庄地”，可“酌量拨给，并赐闲散佐领二员管辖家口”[②]。

“三藩之乱”平定以后，清王朝只是暂时稳定了西南、东南地区的形势，到1683年统一台湾，在东南地区的统治才日益稳固。与此同时，东北、西北边疆和西藏地区多次出现危急局势，主要是因为沙俄的入侵，准噶尔部的几度反叛，西藏、青海的“内乱外扰”。因此，从康熙至乾隆时期，清廷多次用兵东北、西北边疆。这近百年的时间内，“满蒙联姻”持续进行，而蒙古各部王公之间的联姻遭到变相的抑制，“满汉联姻”则因雍亲王（后为雍正帝）与年遐龄、年羹尧家族的“联姻—反目”再次遭遇重创。

先看蒙古各部王公之间的“蒙蒙联姻”，这一时期各部王公之间的联姻依然很多，其中一些又带有特殊的用意。噶尔丹与顾实汗、策妄阿喇布坦与拉藏汗的联姻都是其中的典型。噶尔丹出生于顺治元年，是巴图尔洪台吉的第六子，早年先到西藏做喇嘛，对西藏、青海有所了解，并与五世达赖喇嘛等西藏僧俗上层人士建立起了关系。顺治十年（1653），巴图尔洪台吉去世，噶尔丹的兄长僧格接掌准噶尔部大权，康熙九年僧格为车臣台吉、卓特巴巴图尔所杀。噶尔丹得知消息后，第二年初他在西藏僧俗上层人士支持下，打着为僧格复仇的旗号，返回准噶尔部，击败车臣台吉、卓特巴巴图尔，掌握了该部的大权。在稳定了准噶尔部的地位后，他对邻近部族发动兼并战争，在武力进攻的同时，他也想运用政治联姻的手段达到统治目的。他很想控制青

① 《清圣祖实录》卷90“康熙十九年六月甲子”条。
② 《清圣祖实录》卷92“康熙十九年九月丙寅”条。

海一带，又因路途遥远、内部“人心不一”，他秘密派遣使者，准备把女儿嫁给青海的博硕克图济农之子根特尔，博硕克图济农就是顾实汗第五子伊勒都齐之子。为了实现这次联姻的可靠，增加青海方面的信任度，他告诉了五世达赖喇嘛，还让一位西藏喇嘛代他议婚。[①] 在这次噶尔丹议婚40多年后，他的侄子、僧格的儿子策妄阿喇布坦也有近似的想法，他先和拉藏汗联姻，把女儿博托洛克嫁给拉藏汗之子噶尔丹丹衷，想以此迷惑拉藏汗。拉藏汗最初颇为警惕，但噶尔丹丹衷结婚心切，甚至以自杀相威胁。拉藏汗只好让他前往成婚，策妄阿喇布坦因此既获得了拉藏汗的信任，又得到了一批财物，为他以后进攻西藏提供了有利条件。康熙五十五年（1716），他又以派军护送噶尔丹丹衷及其女儿回西藏为名，侵入拉萨，拉藏汗战败身亡，使西北边疆和青海、西藏形势危急。[②] 对于策妄阿喇布坦的此次联姻，康熙帝认为是一个应当警惕的教训，得知西藏受到侵扰后，康熙五十六年七月谕令：“拉藏之子娶策妄阿喇布坦之女三年，已经生子。达赖喇嘛、班禅及拉藏之使俱在策妄阿喇布坦处……以此思之，策妄阿喇布坦之奸狡，甚不可信。”[③] 当然，不管这些联姻对当时准噶尔部控制青海、西藏产生多少影响，噶尔丹、策妄阿喇布坦最终走上了“反清—覆灭”之路，清朝统治者则因此记住教训，对特殊背景下的“蒙蒙联姻”有所警觉了。

再看“满汉联姻”，直至清末，皇室与汉族上层人士联姻的事件明显减少，有案可查的就是康熙帝第十四女下嫁孙承运，年遐龄之女为雍正帝贵妃，年遐龄之子年羹尧娶了宗室之女。[④] 孙承运所娶康熙帝第十四女为贵人

① 张植华：《略论噶尔丹与西藏僧俗统治者的关系》，载《蒙古族历史人物论集》，中国社会科学出版社，1981，第205~212页；《准噶尔史略》，人民出版社，1985，第87~120页。

② 《准噶尔史略》，人民出版社，1985，第162~179页。

③ 《清圣祖实录》卷273“康熙五十六年七月壬申”条。

④ 根据曲阜本地的民间传说，乾隆帝把所宠爱的一个女儿秘密地转由汉族大臣抚养，并下嫁给孔子后裔衍圣公家，原因是有人为此女算命，称只有下嫁到比帝王还显赫的家族才可长命。而且，乾隆帝多次南巡，前往曲阜祭孔，又兼顾看望女儿。《清高宗实录》中有关衍圣公的记述的确明显地多于顺治、雍正、康熙三朝，高宗本人从乾隆十三年至五十五年间八次“御临”曲阜，亲奠孔子，且卷922“乾隆三十七年十二月庚午”条内称“于敏中之妾张氏。于例原不应封。但于敏中现无正室。张氏本系伊家得力之人。且其所生次女。已适衍圣公孔昭焕长子孔宪培。系应承袭公爵之人。将来伊女亦可并受荣封。张氏著加恩赏给三品淑人”；卷960“乾隆三十九年六月丁亥”条内载乾隆帝谈及一事时又强调“孔昭焕为大学士于敏中儿女姻亲”。因此，有人认为此事并非捕风捉影，但也有学者依据档案进行批驳。鉴于衍圣公的特殊身份，此事又未见官方记述，《清史稿·公主表》等史籍也未作记述，本文仅存此说，并请方家考证其真伪。

袁氏生，被封为和硕悫靖公主，康熙二十八年十二月生，乾隆元年十一月薨。康熙四十五年，她下嫁孙承运。承运的父亲孙思克是清汉军正白旗，顺治年间任参领，康熙二年晋升甘肃总兵，后升为凉州提督，二十三年改为甘肃提督。孙思克被封为一等阿思哈尼哈番，承运后来承袭爵位，授散秩大臣。[①] 现有史料表明，承运于康熙五十八年去世，此前他和他的家族并未因为娶了公主发生值得关注的重大事件。

与孙承运家族尚公主后的平淡相比，年遐龄、年羹尧一家则经历从因功崛起、联姻获益再到惨遭严惩的风波。年遐龄（1643—1727）为汉军镶黄旗人，初由笔帖式授兵部主事，康熙三十年（1691）才官至工部右侍郎，次年出任湖广巡抚，四十三年因病休致。年遐龄之女（或作义女），在雍正帝还雍亲王时侧福晋，雍正元年（1723）封为贵妃，三年进封为皇贵妃，不久病卒。由于年贵妃的特殊身份，康熙雍正之际年遐龄之子年希尧、年羹尧的升迁受到一定的影响，其中，年希尧由笔帖式定点授景东同知，后累官升至广东巡抚、工部右侍郎，看似没有大的波折，而年羹尧则是让年家在政治联姻的特殊背景下经历大起大落，《清实录》中就有大量的材料反映他和年家在康熙、雍正两朝的变动，大致可分为三个阶段。

1. 康熙三十九年（1700）至六十年（1721）：年羹尧因办事明敏、战功赫赫而不断晋职加爵，年家声望日隆

康熙三十九年五月，翰林院“选拔庶常”、培养人才，年羹尧作为庚辰科进士，与张廷玉、王景曾、戴宽等共 43 员，均授为庶吉士。四十二年（1703）四月，因庶吉士张尚瑗等“教习已久”，经过考试，分别授职，年羹尧与张廷玉等人都被任命为检讨。[②] 此后五年间，年羹尧由检讨升任侍讲学士，四十四年五月被派往四川担任乡试正考官，四十七年五月又被派往广东担任广东乡试正考官。[③] 四十八年（1709）二月，他由侍讲学士晋升为内阁学士兼礼部侍郎，九月又以内阁学士升任四川巡抚。[④]

从中进士、入翰林院，到出任乡试考官、四川巡抚，年羹尧虽然成为封疆大吏，但基本上是按照当时许多人的从政轨迹循序晋升，在担任巡抚最初几年内也并未受到太多重视。康熙五十二年（1713）九月康熙帝询问尚书

① 《清史稿·公主表》，中华书局，1977，第 18 册，第 5285 页。

② 《清圣祖实录》卷 199“康熙三十九年五月癸卯”条；卷 212“康熙四十二年四月乙未”条。

③ 《清圣祖实录》卷 221“康熙四十四年五月庚辰”条；卷 233“康熙四十七年五月乙未”条。

④ 《清圣祖实录》卷 236“康熙四十八年二月己酉”条；卷 239“康熙四十八年九月甲申”条。

张鹏翮四川巡抚年羹尧"居官如何"，张鹏翮仅回奏称"闻年羹尧在地方实心理事"，又问"操守如何"，张则回答说："臣于本籍来京之人概不接见，知之不确。"康熙帝也认为，当时"天下督抚内"湖广总督额伦特、江苏巡抚张伯行"操守最优"，贵州巡抚刘荫枢"亦佳"。[①] 张鹏翮不回答年羹尧操守如何，一方面可能是怕康熙责备他交接地方督抚，因为年羹尧当时的确并不十分突出，康熙帝没把他列入"最优"的名单，也都说明他仅仅被看做能"实心理事"的循吏。四年后，他还因孟光祖诈骗受到惩处，这个人自称"架鹰牵犬侍卫太监"到各省"肆行诈骗"，几年之内不少地方大官不但"隐匿不奏"，反而"接受物件、答拜馈送礼物"，年羹尧也"曾馈送过马匹银两"，江西巡抚佟国勷"馈送过银两缎匹"。康熙帝为此下令，将佟国勷革职，年羹尧"从宽革职留任效力"[②]。而且，这一阶段他的家庭也较为正常，年遐龄照常因病休致，年希尧也正常升迁，与皇子联姻并未给他的仕途产生太多的影响。

康熙五十六年（1717）以后，年羹尧的地位迅速上升，由循吏成为了西部封疆大吏中颇受器重的干练大员。这一年，准噶尔部策妄阿喇布坦派军侵扰西藏，拉藏汗战败身亡，西北边疆和青海、西藏形势危急。康熙五十七年（1718），康熙帝派军平定叛乱，额伦特、色楞所率清军在喀喇乌苏（今西藏那曲）全军覆灭，十月又命皇十四子、固山贝子允禵为抚远大将军，统率大军，从青海、四川、云南三路进军。在平定准噶尔的战事中，年羹尧奉命支援定西将军噶尔弼从打箭炉（今四川康定）进藏，他多次在练兵、进军过程中表现出色，受到嘉奖和提升。康熙五十七年十月，康熙帝谕令议政大臣等，四川巡抚年羹尧"自军兴以来办事明敏"，会同青海公方面运输军粮，接"殊属可嘉，从前四川地方亦曾设总督"，而年羹尧现在是巡抚，只能管理民事，"无督兵责任"，现在"军机紧要"，将年羹尧授为四川总督，仍管理四川巡抚事务，原陕西四川总督鄂海改为陕西总督。[③] 康熙五十九年（1720），噶尔弼、延信率军入藏，康熙帝又称赞年羹尧"自军兴以来尽心效力，训练川兵，甚是整齐"，命他率军进藏，并授为将军。[④] 这一年，清军入藏，驱逐准噶尔部，西藏之乱平定。康熙六十年，年羹尧派军平定郭

---

① 《清圣祖实录》卷256"康熙五十二年九月丁卯"条。

② 《清圣祖实录》卷272"康熙五十六年四月癸卯"条；卷273"康熙五十六年丁酉秋七月"条。

③ 《清圣祖实录》卷281"康熙五十七年十月丙辰、甲子、丁卯"条。

④ 《清圣祖实录》卷287"康熙五十九年二月癸丑"条。

罗克（今果洛）部落，奉命“兼理四川陕西总督事务”授为川陕总督，还获准进京陛见，康熙帝赏赐“弓矢等物”。[①]

2. 康熙六十一年十一月至雍正二年：年羹尧因平定青海罗卜藏丹津之乱，又镇守西北，战功赫赫，雄霸一方，权势熏天，年家也盛极一时

康熙六十一年（1722）十一月，康熙帝驾崩，雍正帝即位。此前，诸皇子在争夺皇位过程中就形成复杂的关系，为确保皇位稳固，雍正帝即位之初一边忙着筹备大殓，一边调派亲信控制军队。为了解除远在青海的允禵的兵权，又要保证西北边疆安定，与雍正帝有着联姻关系的年羹尧成为倚重的可靠大员。在即位的第一天，雍正帝就以十四阿哥允禵必须来京参加“皇考大事”为由，命他“驰驿来京”，又考虑到“军前事务甚属紧要”，命延信赶赴甘州，管理大将军印务；又让年羹尧“或驻肃州，或至甘州办理军务，或至西安办理总督事务”，与延信一起管理“西路军务粮饷及地方诸事”[②]。

雍正元年，由于年贵妃的特殊关系，年羹尧又是藩邸旧人，他的地位更加重要，年家也恩宠不断：二月，年羹尧加封为二等阿达哈哈番世职，其父原任巡抚年遐龄加尚书衔。三月，年羹尧加太保衔，封为三等公。[③] 这一年，年遐龄之女被封为贵妃。对于雍正帝的倚重和恩宠，年羹尧也给予出色的回应，这年十月罗卜藏丹津在青海发动叛乱，他被加封为抚远大将军，奉命“统领满洲蒙古绿旗大兵”前往进剿。[④] 翌年三月，他率军平定了青海罗卜藏丹津之乱，又规划青海善后事宜，雍正帝为此加封年羹尧为一等公，其父年遐龄为一等公，加太傅衔，赐缎九十匹；十一月又“议叙平定青海及擒获桌子山、棋子山番贼功”，加封年羹尧为一等阿思哈尼哈番世职。[⑤] 不仅如此，年羹尧之妻是宗室普照兄长之女，雍正帝因为年羹尧平定青海有功，又“念普照原系承袭公爵之人”，特授为辅国公。[⑥]

3. 雍正三年：年羹尧被革去一切职衔并自裁，年家权势尽失，又株连不少文武官员

雍正初年，年羹尧的确战功赫赫，为稳固西南、西北边疆做出了贡献，

---

① 《清圣祖实录》卷 291“康熙六十年二月己酉”条、卷 292“康熙六十年五月乙酉”条、卷 293“康熙六十年六月辛卯朔”条。

② 《清世宗实录》卷 1“康熙六十一年十一月乙未”条。

③ 《清世宗实录》卷 4“雍正元年二月辛未”条、卷 5“雍正元年三月甲申、戊子”条。

④ 《清世宗实录》卷 12“雍正元年十月戊申”条。

⑤ 《清世宗实录》卷 17“雍正二年甲辰三月癸未、甲申”条；卷 26“雍正二年十一月乙丑”条。

⑥ 《清世宗实录》卷 36“雍正三年九月己酉”条。

但拥有皇亲国戚、拥有重兵的特殊地位本来就容易被君主猜忌，他却又不知韬光养晦，反而骄横揽权，屡次干涉朝中和地方事务，军中及川陕用人自专，称为“年选”，一如当年吴三桂要“西选”。而且，他还让督抚跪道迎送，更引起雍正帝猜忌。雍正三年，在皇位已经较为稳固、青海又已平定的情况下，雍正帝开始下令追究年羹尧的各种过失，包括年羹尧将参奏驿传道金南瑛、四川巡抚蔡珽等七名官员，责斥年羹尧是“臣下”想操纵“朝廷威福之柄”；因“日月合璧、五星联珠”，具本奏贺时“奏本内字画潦草，且将‘朝乾夕惕’写作‘夕阳朝乾’”，认为年羹尧“自恃己功，显露不敬之意，其谬误之处断非无心”；将朝廷所派前侍卫不用于公务，反而以侍卫“摆对、前引后随”，为他坠镫，还让总督李维钧、巡抚范时捷等跪接，还下令让“并无罪犯”的蒙古王公及扎萨克郡王、额附阿宝等下跪，责其有心“僭越”。五月，有关官员参奏年羹尧侵蚀脚价银四十余万两、贪污捐纳驼米三十万两、“保举题补各官悉多营私受贿”，及谎报陕西郃阳有盐枭而领兵围堡、逼死无辜百姓等诸多罪行。①

雍正三年（1725）四月，年羹尧被调授杭州将军，而后被革职，“所有太保并世职一并革去，从前恩赏团龙补服、黄带、双眼孔雀翎、紫扯手等物，悉行追缴”，并将年羹尧锁拿进京，严审正法。十二月，又正式公布年羹尧“反逆不道、欺罔贪残”，共九十二大罪，令其自裁。年遐龄、年希尧，都被革职，“宽免其罪”，收回所有“赏赉御笔衣服等物”；年羹尧子女很多，年富“居心行事与年羹尧相类”，下令“立斩”，其余十五岁以上发配广西云贵“极边烟瘴之地充军”；他妻子是宗室之女，“遣还母家”；年羹尧及其子所有财产一律查抄没收，其父兄族人皆免其抄没，但家族中有现任、候补文武官员的一并革职。年羹尧其嫡亲子孙将来长到十五岁的也陆续“照例发遣，永不许赦回”，也不许做官，如有匿养年羹尧子孙者，以“党附叛逆例”治罪；他亲弟兄的子侄，“佥妻发往黑龙江、给与披甲之人为奴”，其余皆从宽免。② 正是这一年，年贵妃病逝，年希尧被革职。尽管后来年希尧也担任过内务府总管，但也只是管理淮安关税务、景德镇御厂窑务等闲职。不仅如此，他妻子家族的普照因年羹尧青海之功特授为辅国公，也

① 《清世宗实录》卷28“雍正三年正月癸亥、辛酉”条；卷30“雍正三年三月辛酉、癸亥”条；卷31“雍正三年四月己丑”条；卷32“雍正三年五月己酉、辛亥”条。

② 《清世宗实录》卷39“雍正三年十二月甲戌”条。《清史稿》卷295《年羹尧传》，中华书局，1977，第34册，第10355～10364页。

因为年羹尧牵连，其公爵不准承袭。[①] 他从前参革、降调的文武官员，如有冤抑，准许平反、复职；保荐的西藏青海等地因“军功议叙”的文武官员，无论已升未升、已授未授，都要“据实自首”，如隐匿不报，一经发觉，严加治罪。[②] 钱名世因“作诗投赠”年羹尧，雍正帝下令把钱名世革去职衔，发回原籍，并书写“名教罪人”四个字，让地方官做成匾额，挂在他住处。[③] 至此，这一“满汉联姻”两次以汉族高官的权势尽失宣告结束。

余　论

清朝前期，为了建立和巩固强大的统一王朝，清朝的满族统治者与蒙古族、汉族等上层人物的政治联姻具有其主动性，但从这种联姻的持久性、互信程度等方面来看，与蒙古族王公、汉族上层人士的联姻又呈现出不同的情况。与此同时，清朝统治者对于各民族上层人士之间的通婚，特别是蒙古各部王公之间的联姻也有着复杂的心态。

（1）“满蒙联姻”与清代相始终，规模大，层次多，双方始终保持着高度的相互信任，而且始终为清王朝的建立、稳固发挥着积极作用。清军入关前后，蒙古族王公、官员，如策凌、松筠等都直接参加了清朝平定各种反清力量、维护国家统一的战争，或者是边疆开发的各项政策的实施，为加快民族融合、加快边疆开发、强化中央对边疆民族地区的治理、建立统一的多民族国家都产生了积极作用。

（2）“满汉联姻”，主要是1644年后清朝统治者与归降清朝的汉族上层人物及其亲属联姻，如吴应熊、耿精忠、耿昭忠、尚之隆、孙承运、年羹尧等都曾经娶了公主或者宗室之女。这些联姻对清朝统一国家、稳固边疆一度产生过积极作用，特别是耿、吴、尚等家族率军消灭了南方反清势力，长期控制着江南半壁山河；年羹尧在康熙、雍正时期参与平定西藏、青海的变乱，一度坐镇西北边疆。清朝统治与他们的联姻的目的是非常明确的，无非是稳定清初的统治，安定南部和西部的边疆地区。但是，这一目标并没有能够实现，一方面是双方都缺乏持久的信任，如尚可喜虽然有儿子尚之隆娶了

① 《清世宗实录》卷36“雍正三年九月己酉、丙辰”条。

② 《清世宗实录》卷33“雍正三年六月庚午、癸酉”条；卷34“雍正三年七月丙申、丁未”条。

③ 《清世宗实录》卷42“雍正四年三月壬戌”条。

公主，但在“三藩之乱”发生后，主动向康熙帝说明，他“与耿精忠本系姻娅”，不会因此“向逆贼求功名富贵”，一定会“捐躯矢志，竭力保固岭南”，以消除清廷的顾虑；另一方面，一些汉族上层在权势熏天时的确做出了清朝统治者担忧的“大逆”行动，无论是“三藩之乱”，还是年羹尧后来的“僭越”言行，都让康熙帝、雍正帝寝食不安，因此清朝皇室与汉族上层人物的联姻在雍正以后就基本终结了。

（3）对于满族以外的边疆地区各民族上层人物之间的政治联姻，尤其是蒙古王公之间的联姻，清朝统治者一直都有所警惕。由于血缘、地缘、历史、文化等方面的因素影响，这些家族之间的通婚早在清朝建立前就形成了某些传统，清朝建立后满族统治者也不可能有足够多的公主下嫁到蒙古各部，因此各部王公之间通婚本身无可厚非。但是，当这种联姻发生在某些特殊的背景之下，双方有着特殊利益的结合点，或者一方有某种倾向时，清朝统治者就会有所警惕，甚至会变成一种高度的防范，比如在顺治、康熙、雍正时期蒙古族准噶尔部希望通过联姻控制西藏、青海等地，就引起了清朝统治者的警觉，康熙帝得知拉藏汗“之子娶策妄阿喇布坦之女三年，已经生子”的消息后，就意识到这是一个值得反思的教训。

那么，如何化解“蒙蒙联姻”及其可能的“威胁”呢？清朝统治者的法宝仍然是“满蒙联姻”：一方面，努尔哈赤时期与漠南蒙古的联姻，在顺治、康熙时期扩大到漠北、漠西各部，即使是一贯反清的噶尔丹家族的王公照样如此，他儿子色布腾巴尔珠尔在1706年娶阿达哈哈番觉罗长泰之女，封他为镇国公婿；他侄孙丹津阿拉布坦1702年率部降清，他的儿子策凌旺布、色布腾扎布相继娶了皇室的女儿，被封为和硕额附；另一方面，制定确定等级和俸禄和俸缎、备指额附、生子予衔制度及定期朝觐及省亲等制度，以“满蒙联姻”制度化，即维护满、蒙上层的特殊姻亲关系，保障公主、格格及其子孙的优越地位，他们就会对清朝有更多的亲近感，有助于在蒙古各部培养忠于清朝的上层人物。这样，在不可能完全阻拦蒙古王公通婚的前提下，“满蒙联姻”即使不能覆盖到蒙古地区每一个王公及其家族，但也变相地抑制了“蒙蒙联姻”，又与政治、经济等其他方面的政策相结合，达到有效地维护在蒙古地区的统治的效果。

综上所述，在清前期，无论是清朝统治集团和边疆地方上层的“满汉联姻”“汉汉联姻”，还是“蒙蒙联姻”“满蒙联姻”，都在一定时期内为清朝统一全国、稳固边疆产生过积极作用。与此同时，由于顺治至雍正时期

“满汉联姻”多以“联姻—反目”模式出现，清朝统治者对“汉汉联姻”和“蒙蒙联姻”颇为警觉。因此，清王朝在运用联姻方式时越来越重视“满蒙联姻”，并健全其制度、强化其效能，从而使其具有持久的生命力，而雍正朝之后“满汉联姻”一度淡出历史舞台，“汉汉联姻”“蒙蒙联姻”处于不受信任、变相抑制的地位，从而一定程度上达到了稳固皇权、巩固边陲的目的，有利于清王朝强化在边疆地区的治理。

张格尔之乱始末

周卫平

摘　要： 文章对嘉庆时期爆发的张格尔之乱进行了探讨，认为清代新疆地区由于特有的政治、历史和宗教环境，民族关系和宗教问题交织，外国势力也时时觊觎新疆，这一切都成为影响新疆稳定和发展的主要因素。中央政府的治边政策和吏治建设也是影响新疆稳定的重要因素。官制的不健全、地方官员的腐败以及封建伯克对各族人民的剥削与压迫，给新疆的政局带来不稳定因素，也给动乱组织者以可乘之机。有清一代，新疆发生的叛乱事件断断续续长达100多年。南疆地区几次比较大的叛乱活动无不与清代新疆的边吏素质有密切的关系。驻疆官员素质的好坏，直接关系到国家对新疆治理的好坏。

关键词： 清代　新疆　张格尔之乱　吏治

作者简介： 周卫平，历史学博士，中国社会科学院中国边疆研究所助理研究员。地址：北京市东城区先晓胡同10号，邮编：100005。

乌什事变后，新疆基本保持了稳定发展的局面。随着清朝国势开始衰落，对新疆的治理也日渐松弛。清嘉庆二十五年（1820）张格尔之乱爆发，张格尔之乱，一度使清朝丧失了阿克苏以外的全部塔里木盆地南缘地区，以致天山南路处于危急之中，各族人民饱受巨大战乱之苦。为了平定张格尔叛乱，清朝耗资1100多万两白银，仅在“道光六年（1826），清政府调了伊犁、乌鲁木齐、陕甘、宁夏、四川、西宁、吉林、黑龙江等处兵勇三万六千余人”①，征集军马二万余匹，驼一万余

① 《那文毅公办理善后奏议》跋，引自马大正、吴丰培主编《清代新疆稀见奏牍汇编》（道光朝卷），新疆人民出版社，1996，第47页。

峰，才将叛乱平定下去。这次叛乱历时八年之久，给新疆各族人民带来了深重的灾难。

一　张格尔之乱的先声

乾隆末嘉庆初，清朝统治阶级的骄奢淫逸日益严重，整个朝政风气开始败坏，财政亏损，军备废弛，清朝的国势由盛转衰。而这一时期，英、俄等国国力大为增长，并开始不断对外侵略扩张。他们在中亚展开角逐，其侵略势力已渗入新疆，时时威胁着我国新疆地区的安全。同时，在清朝强盛时藩属于清朝的中亚浩罕国势力也逐步增强。大量浩罕商人在新疆从事商业贸易活动，并滞留于喀什噶尔、英吉沙尔、和田等地，在当地形成了一股颇具影响的势力。清朝平定大小和卓之乱后，浩罕又收留和卓后裔，认为“奇货可居”，直到19世纪初，浩罕庇护的和卓后裔已达上百人，他们在浩罕统治者的策动和操纵下，随时准备窜入新疆作乱。

1. 玉努斯案

玉努斯，喀什噶尔阿奇木伯克，郡王伊斯堪达尔之子、额敏和卓之孙，嘉庆十六年（1811）年袭郡王爵，任喀什噶尔阿奇木伯克之职。他上任不久，查出沙朵斯、乌舒尔、爱玛尔等人与境外和卓势力相勾结。奏报清廷后，将四犯全行正法。为此受到嘉庆帝的嘉奖。

玉努斯为查缉和卓后裔的下落，派遣使臣到浩罕与爱玛尔交好，甚至为擒获在浩罕的张格尔而不惜向浩罕价购，“从前玉努斯向浩罕购求张格尔”。[①] 嘉庆十八年，松筠任伊犁将军后，上奏说玉努斯“媚事浩罕伯克”，“多取其辱”，并有“营利取利、苦累回民”，并妄称：“喀什噶尔回子郡王阿奇木伯克玉努斯捏造萨木萨克尚有子嗣，授意通事，蒙蔽参赞大臣铁保、协办大臣哈丰阿，刑逼毛拉素皮等，以致枉杀四命……又私自遣人，与霍罕伯克爱玛尔送礼，致令爱玛尔禀请，欲在喀什噶尔添设哈资伯克，抽收安集延回众贸易银两。”[②]

---

① 曹振镛：《平定回疆剿擒逆裔方略》卷31“道光六年十月庚申”，北京图书馆出版社，2006。

② 松筠：《新疆识略》卷3，清道光元年刻本。

清廷相信松筠的奏报，将玉努斯押赴伊犁监禁。其妻色其纳被处死。同时下令："阿奇木伯克假称访查事件率与霍罕伯克致书送礼切宜严禁也。"[①]

2. 孜牙墩事件

孜牙墩是塔什密里克回庄的阿訇，其祖先为巴达克山人，孜牙墩的祖父密齐特在塔什密里克回庄居住，"立有田产，称为阿浑"。因与小和卓霍集占抗衡，同其长子均被霍集占杀害。孜牙墩及其祖父、父亲都是与大、小和卓白山宗相对立的黑山宗阿訇。孜牙墩乐善好施，经常帮助附近的穷苦回人和布鲁特人，在当地享有较高的声望。

孜牙墩于嘉庆十九年（1814）娶白山宗原任公爵喀伸和卓之女为次房妻室，此女居住在喀什噶尔回城外和卓坟旁。喀伸和卓之女属于看守和卓坟的白山宗和卓的后代。据喀什噶尔阿奇木伯克玉素普说："孜牙墩所娶妻室，名牌哈里呢萨，系前在京城当差之原任公爵喀伸和卓之女，相传为回子派罕巴尔（波斯语，伊斯兰教圣人之意）后裔，理宜居住和卓坟，不可远离。如准其撤回本庄，恐致藉端惑众。"[②] 孜牙墩娶喀伸和卓之女后，数次禀请玉素普准许他将妻室搬至塔什密里克回庄居住。可是玉素普却屡次回绝。由于阿奇木玉素普的压迫，激起了他的反抗。

孜牙墩事件中，布鲁特头人图尔第迈莫特被牵连入案。图尔第迈莫特是在清边境卡伦以内游牧的布鲁特人首领，译称为布鲁特比，即布鲁特伯克。他"素与阿浑孜牙墩相好"[③]，但当孜牙墩起事时，图尔第迈莫特并未参与。孜牙墩起事后，图尔第迈莫特还表示"愿率本部人众助剿"[④]。

孜牙墩被抓获后，松筠以颁赏恩赐之物为名传图尔第迈莫特前来，密令阿奇木伊萨克宴请他。在酒席宴上，伊萨克诱使图尔第迈莫特说出与孜牙墩交往情事，随即扣押了图尔第迈莫特。经审讯确认了孜牙墩与图尔第迈莫特上年结为兄弟，抱经发誓等情况，松筠据此判定图尔第迈莫特共谋叛乱，按律斩决枭示，并且不等嘉庆帝谕旨下达，就自行将图尔第迈莫特与孜牙墩一同凌迟处死。

其实，图尔第迈莫特谋叛情形疑点甚多，就连嘉庆帝也觉很难相信。他下旨质问：

---

① 松筠：《新疆识略》卷3，道光元年刻本。

② 吴丰培编《松筠新疆奏稿》，第5页，中央民族大学图书馆编，1980。

③ 吴丰培编《松筠新疆奏稿》，第19页，中央民族大学图书馆编，1980。

④ 吴丰培编《松筠新疆奏稿》，第9页，中央民族大学图书馆编，1980。

如该比果有助逆情事，当民人高建洛向其查问时，该庄距城一百五十里，图尔第迈莫特即系同谋，何难立时将高建洛杀害，或就近缚送孜牙墩处，一面带人与孜牙墩同来抢城，乃从令高建洛连夜来城禀报，使官兵得以先发？逮成宁等遣笔帖式霍隆武以花翎荷包等物前往奖赏，霍隆武仅止一人，彼时该比业已乘马执械，既欲抗拒官兵，又何畏霍隆武一人而不加戕害？至松筠令伊萨克密行询问，伊萨克仅设席相邀一饭，该比何遽将谋逆真情向其吐露？且该比如与孜牙墩同谋在先，后又帮助官兵协拿逆党，孜牙墩必怀愤恨，何以两月以来总未供扳，直至十月二十以后松筠派人诘讯，始行供出？种种疑窦，殊难凭信。①

接到图尔第迈莫特与孜牙墩一同凌迟处死的奏报后，嘉庆帝认为“松筠办理此事实属错谬，著革去太子太保，仍交部议处”②。令长龄前往喀什噶尔查办。长龄到喀什噶尔后，会同办事大臣等，再度调查，得知图尔第迈莫特曾允助孜牙墩，但为妻、子等劝止，谋而未行。因此，图尔第迈莫特被杀显然是一桩冤案。

3. 斌静案

19世纪初，国内外不利于国家安定的因素，严重地影响新疆的局势。这一时期，清廷在新疆任用的将军和诸大臣多有不当，敛财纳贿，贪污滥权，习以为常。“凡动用什物，如绒毡、花毡、铜、锡、木磁等器具，无不周备无遗。计其所值，为费不资，而皆摊派于所属回庄，实属扰累。”这些官员更是作威作福，“官之不肖者，狎玩其民，辄以犬羊视之”，生活糜烂，“以致奸宿回妇，罔顾廉耻”③，他们“广蓄回女”，强迫各族年轻妇女“服女役”，让她们“更番入值”④。

嘉庆二十四年（1819），“有安集延回子萨赖占之女，斌静先曾奸宿，后反复传唤，萨赖占忿极自戕”。⑤ 萨赖占与其父“两代都是呼岱达（商人

① 《清仁宗实录》卷312“嘉庆二十年十一月戊申”条，中华书局，1986。

② 《清仁宗实录》卷313“嘉庆二十年十二月辛酉”条，中华书局，1986。

③ 《那文毅公办理善后奏议》，引自马大正、吴丰培主编《清代新疆稀见奏牍汇编》（道光朝卷），新疆人民出版社，1996，第24页。

④ 袁大化修，王树枏、王学曾等纂《新疆图志》卷115《兵事一》，上海古籍出版社，1992。

⑤ 曹振镛：《平定回疆剿擒逆裔方略》卷36。

的头目)，在当地很有声望”[①]。在喀什噶尔等地，浩罕商人留居者甚多，有一定的势力。斌静强占浩罕商人萨赖占之女等种种劣行，激起了众怒，加之当地百姓深受吏治腐败之苦，“南疆参赞大臣斌静，荒淫失回众心”[②]，此事发生后，民愤到达极点，浩罕统治者认为时机已到，迅速支持张格尔窜入新疆作乱。

嘉庆二十五年（1820）九月庚申，斌静奏报“图舒克塔什卡伦之冲巴噶什爱曼布鲁特比苏兰奇，串通萨木萨克之子张格尔滋事”，道光帝接到奏报后，谕令伊犁将军庆祥星夜兼程，赴喀什噶尔“讯明谋叛情由，按律严办”[③]，清廷之所以派庆祥星夜前往调查，是因为道光帝产生了疑问：“斌静原奏内称系苏兰奇串通张格尔滋事。苏兰奇系阿瓦勒之孙，博硕辉之子，阿瓦勒在乾隆三十年平定乌什叛回时，曾经出力，博硕辉并曾赏给二品翎顶，苏兰奇袭职受封，安居已久，何以此次忽萌异志？且仅有众三百人，遽思抢掠城池，谋为不轨，亦觉太不自量，恐斌静前奏尚多不实不尽。庆祥须详加察并讯获供词，如内地官兵有激变事或别有起衅之由，即行据实参奏，不可稍有隐饰。”[④]

然而斌静还未接到道光帝的指示，就将人犯全部正法。接到斌静奏报将拿获的人犯全部正法后，道光帝对斌静的报告发出质问：“其所获活贼自应先将其衅缘由讯问明确，并查明孰为起意、孰为胁从，分别办理，乃色普征额将卡外所获之贼全行正法，但云俱系情罪重大，并无切实犯供，恐系斌静等因事激变，此时转妄行杀戮，希图灭口。”随后道光帝要求庆祥迅速带兵前往喀什噶尔，“访察真确，如实有激变妄杀情事，即行据实参奏，不可瞻徇讳饰”。[⑤]

庆祥到喀什噶尔后调查的结果却是“张格尔纠同苏兰奇谋逆”是“久蓄逆谋”，斌静“尚无激变枉杀情事”。只字未提1819年斌静强占萨赖占女儿招致回众怒之事，仅查出“斌静行止不端，绥善、贾炳与斌静家人张德福结拜弟兄，饮酒取乐，该家人倚势凌辱伯克、婪索多赃等款。伏

① 〔日〕佐口透：《18～19世纪新疆社会史研究》，凌志纯译，新疆人民出版社，1983，第543页。

② 魏源：《圣武记》卷4，中华书局，1978，第183页。

③ 《清宣宗实录》卷4“嘉庆二十五年九月庚申”条，中华书局，1986。

④ 《清宣宗实录》卷4“嘉庆二十五年九月丙寅”条，中华书局，1986。

⑤ 《清宣宗实录》卷5“嘉庆二十五年九月乙亥”条，中华书局，1986。

思斌静身任参赞大臣不知自爱，又不能约束家人，而司员等卑鄙无耻，肆意妄行”。[①] 显然，庆祥是在有意袒护斌静。

道光帝接到庆祥的奏报后，仍表示怀疑，张格尔等人“何以遽敢图为不轨？恐另有激变情事”[②]。道光元年二月，庆祥仍然奏报清廷：“张格尔纠同苏兰奇等滋事，实因穷苦起意抢掠，并非由斌静激变，现据众伯克出具甘结。”于是清廷以斌静为“参赞大臣镇守边疆，年老昏聩，行止乖方，于家人废员等通同婪索伯克财物，并恐吓凌辱伯克，以致众心不服，毫无察觉，实属辜恩负职”，将其“发往黑龙江效力赎罪”[③]。

二　张格尔之乱的经过

嘉庆二十五年八月十二日，张格尔初次入卡作乱，布鲁特头人苏兰奇首先将此消息向喀什噶尔参赞大臣衙门报告，却被人以耸人听闻而叱逐。“八月，张格尔始纠布鲁特数百寇边，有头目苏兰奇入报为章京叱逐，苏兰奇愤走出塞从贼。”几日后，果然张格尔在图舒克塔什、喀浪圭卡伦烧掠后欲入侵喀什噶尔，却遭到领队大臣色普征额伏击，“张格尔仅余二三十贼，舍骑步逃，次日官兵追及塞外，炊尚燃，竟回军喀城与斌静宴中秋节”[④]。这次色普征额“杀贼三十余名，擒获活贼二十余名，讯供后俱已正法”，然后“斌静将前此拿获逆八十余名，均于取供后即行正法”[⑤]。

张格尔第一次入卡作乱之时，并未引起斌静的高度重视，清政府于嘉庆二十五年九月，“调叶尔羌官兵300，乌什官兵300名，伊犁豫派兵2000名”，协助斌静，而斌静却将先调至的300名叶尔羌官兵“令一半出击，一半留守城池”[⑥]。

道光四年（1824）八月，张格尔又纠集六七十人“由图木舒克、乌鲁克卡伦来抢喀什噶尔”。[⑦] 被清军击退后，向费尔干纳南方山地的喀拉提锦地方或喀什噶尔西面移动，道光五年（1825），帮办大臣巴彦巴图率军追捕

---

① 曹振镛：《平定回疆剿擒逆裔方略》卷1。

② 《清宣宗实录》卷10“条嘉庆二十五年十二月壬辰”条，中华书局，1986。

③ 曹振镛：《平定回疆剿擒逆裔方略》卷2。

④ 魏源：《圣武记》卷4，中华书局，1978，第183页。

⑤ 《清宣宗实录》卷5“嘉庆二十五年九月乙亥”条，中华书局，1986。

⑥ 《清宣宗实录》卷4“嘉庆二十五年九月甲子”条，中华书局，1986。

⑦ 曹振镛：《平定回疆剿擒逆裔方略》卷5“道光四年十月壬戌”条。

张格尔未果，他“带兵二百名，以查卡伦为名，行至都尔伯津地方，将汰劣克及伊属下人等之家口男女大小百余名，全行杀害”[①]。巴彦巴图在回程中遇到了恨他入骨的汰列克及所率的2000余人，“其酋汰列克恨甚，率所部二千，追覆官兵于山谷，贼遂猖獗”[②]。

道光六年（1826）六月，张格尔一方面得到浩罕迈玛达里汗的怂恿支持，一方面又援用布鲁特人的帮助，再次发动了大规模的入侵。七月，喀什噶尔城告急，10日内，回疆西四城分别被围，并与外界隔绝。八月，喀什噶尔汉城被攻破，喀什噶尔参赞大臣庆祥自缢身死[③]。

在两个多月的时间里，包括喀什噶尔、和田、英吉沙尔和叶尔羌在内的西四城全部落入叛军的手中。张格尔在侵占喀什噶尔之后，“自称赛亦德张格尔苏丹，宣布为当地的统治者”。[④]

道光六年八月，清朝从内地各省调集36000人的大军进剿张格尔的叛乱，并分别在九月的浑巴什河战役和十一月的柯坪战役中击溃来犯之敌，首先稳定了东四城的局势，遏制了叛军的势头。道光七年（1827）三月三日，清军从阿克苏出发，开始了收复西四城的军事行动，经过一系列艰苦的战斗，相继于三月二十六日攻克喀什噶尔，三月三十一日进占英吉沙尔，四月十一日收复叶尔羌，四月二十四日进驻和田。张格尔此次入侵西四城，大肆掠夺，奴役百姓，“其暴虐甚于从前和卓千倍万倍”，使南疆各族人民充分认清了其反动、残忍的本质。他们在清军进军的时候纷纷起兵响应，有力地配合了清军的进剿行动。但是，清朝的此次进剿活动不彻底，还是让张格尔逃脱了。加之清朝没有进一步着手解决好与布鲁特人的关系，致使张格尔又一次窜入布鲁特人的领地积蓄力量。

道光八年（1828）年初，张格尔趁清军在春节年关疏于防范之际，再次纠集500余人卷土重来，袭扰边界。长龄接报后，派杨遇春、杨芳带兵追捕。由于浩罕遣谍诱清军入伏，清军经过凄战始得脱险。七月七日，清军在塔里克达坂附近又和叛军相遇，张格尔又逃脱。十一月，长龄探明，张格尔窜赴库苏、阿坦台等处，纠合叛军再抢喀什噶尔，并派人向爱曼借兵借粮，准备卷土重来，再次扰掠。十二月二十七日，张格尔纠约布鲁特多人，欲乘

① 《清宣宗实录》卷92“道光五年十二月乙丑”条，中华书局，1986。

② 魏源：《圣武记》卷4，中华书局，1978，第183页。

③ 《清宣宗实录》卷107“道光六年十月庚申”条，中华书局，1986。

④ 〔英〕包罗杰：《阿古柏伯克传》，商务印书馆，1976，第65页。

岁除潜入卡伦，被清军探知。当张格尔率众向阿图什回庄窜犯时，又“被黑帽回子四百余人持械拦阻”，张即折窜出卡。杨芳连夜带领清军追到卡外喀尔铁盖山内，毙敌二百余名。张格尔急于逃脱，亲率马队在前冲突，清军施放排枪阻击，并派马队包抄断路，阿勒罕保等又分路带领清军冲击，毙敌三百余人。此时，叛军只剩三十余骑，围拥张格尔上山，清军总兵胡超飞骑直前追捕，毙敌五名。余敌下山逃窜，清兵穷追不放，张格尔见已无法逃脱，正拔刀要自刎时，胡超等急速赶上，将其生擒，并俘获叛军头目八人，余众全歼。① 道光九年（1829）六月，张格尔被押赴京城处决，此次叛乱活动最终以失败告终。②

三　张格尔之乱的善后

鉴于引发张格尔入侵的边政弊端，清政府根据派赴南疆的钦差大臣那彦成的建议，采取了一些改革措施。③

（1）建立边疆各级官员的年度考核与相互监督机制，试图借此革除地方官员的腐败问题。清朝政府根据那彦成的提议，发布上谕规定：“新疆西、南路分设大臣驻扎，皆受伊犁将军节制，自应分隶考察。……嗣后哈密办事大臣与吐鲁番、巴里坤、古城、库尔喀喇乌苏归乌鲁木齐都统专辖；喀喇沙尔、库车、阿克苏、乌什、叶尔羌、和阗、英吉沙尔等七城归喀什噶尔参赞大臣专辖，均属伊犁将军统辖，每届年终，该将军、都统、参赞大臣等，将各城大臣出具切实考语，密行陈奏，如有人地不宜及才不胜任者，随时奏明更换。尚有失察拘隐，一经发觉，即将该将军、都统、参赞大臣等交部分别议处。其将军、都统、参赞大臣内有不正己秉公者，亦准各城大臣据实参奏，以资维制。各城章京、粮员，责成该城大臣认真考察，务期人地相宜。新疆驻防人员，非实系守洁才优者，不准保奏，尚有所保之员或犯赃私，即将原保大臣一并议处，其操守才具平常者，亦即

① 《清史稿》卷154《长龄传》，中华书局，1977。

② 《户部为扬威将军长等奏移会》，台湾中研院历史语言研究所编《明清史料庚编》，第十册，1960，第2041～2042页。

③ 有关那彦成的善后，参见厉声《那彦成新疆善后制外浅析》，《新疆大学学报》1987年第3期；齐清顺《那彦成的南疆之行和清朝统治新疆政策的调整》，《喀什师范学院学报》1988年第5期；潘志平《长龄、那彦成与南疆之乱》，《中国边疆史地研究》1991年第2期。

随时奏咨更换。”[①]

（2）增加驻防兵丁，在西四城实行屯田，在边境附近增设卡伦、土堡。由于清廷在平定张格之乱中首先遇到的困难是西部四城军事布防和军队集结的问题。1826 年 9 月，仅月余，喀什噶尔、英吉沙尔、叶尔羌、和阗等西四城全部陷落。由浩罕、英国支持的叛军之所以能很快攻破西四城，其原因在于西四城边防力量过于薄弱。通常清廷在天山南北驻防约两万人，但只有四分之一驻守天山南部，且大部分是守屯的绿营兵。新疆是中国的西北门户，理应设重兵把守。但天山南路驻防的兵力仅五千余人，官兵还担负着屯田与巡检的任务。西四城向来只有换防而无驻防之兵，这使官兵对周边环境极不熟悉。面对张格尔用宗教煽动起来的民众，清廷守军根本无力迅速集结。清朝兵力的严重缺乏和军事部署的失误，是张格尔叛乱能够持续八年之久的主要原因之一。

张格尔之乱后，清廷对天山南部的军事部署进行了重新安排。首先，移参赞大臣于叶尔羌，以此为中心，面向西部建立环形防线。其次，加大驻防兵力，以供调遣。“前因回疆甫经平定，暂添防兵八千名，合之旧设防兵共计一万有余名，分布各城，以资守御。”[②]

（3）提高边疆官员的薪俸，允许他们携带家眷，试图借此防止地方官吏盘剥和鱼肉各族人民。道光八年（1828）平定张格尔之乱后，“各城大臣及司员、笔帖式等原设养廉，不敷办公”，清朝政府对新疆官吏养廉银又有所增加。其中伊犁将军增加 1000 两；阿克苏办事大臣增加 600 两（原仅有 400 两）；乌鲁木齐都统，喀什噶尔参赞大臣增加 500 两；库尔喀喇乌苏领队大臣增加 400 两；喀什噶尔帮办大臣增加 300 两（原为 700 两）；伊犁领队大臣、哈密办事大臣（原 700 两），叶尔羌帮办大臣（原 700 两），乌什办事大臣（原 700 两），库车、喀喇沙尔办事大臣（原皆 600 两），和闻、英吉沙尔领队大臣（原皆 600 两），均增加 200 两；另外章京、笔帖式等的养廉银也均有所增加。[③]

（4）改革伯克制度，严格实行回避制度；禁止贿买伯克，革除各种苛捐杂税，防止少数民族上层欺压和盘剥人民。规定：“嗣后升补各城阿奇

① 那彦成：《那文毅公办理善后奏议》第 4 页。

② 那彦成：《那文毅公办理善后奏议》第 13 页。

③ 《清宣宗实录》卷 132，中华书局，1986。

木、伊什罕、都官伯克回避本城，五、六、七品伯克回避本庄，如有蒙混错误补放者，理藩院查出，照例请旨交部议处。”①

（5）禁止宗教干涉政治，不许宗教上层人士同时兼任伯克，规定阿訇本人或者其子弟如果充当伯克或者地方政府任职，则必须免去阿訇之职，以此防止和卓后裔们借助宗教扰乱社会。

小　结

张格尔之乱的爆发不是偶然的，是清廷驻疆官员出现一系列失误后造成的恶果。

玉努斯案中，松筠坚称萨木萨克无子，玉努斯查访和卓后裔系邀功捏报。由此清政府禁止伯克与浩罕来往，这造成清政府于浩罕的信息近乎陷于隔绝。以致嘉庆二十五年，清朝在毫无预警的情况下，张格尔第一次入卡作乱。

直到张格尔进犯时，清政府才清醒过来，认识到玉努斯案是一件冤案，最终为玉努斯平反。而玉努斯后来在抗击张格尔之乱的战役中牺牲。“已革回子郡王阿奇木伯克玉努斯，随同庆祥在喀什噶尔办事，为国捐躯。”②

孜牙墩事件中，孜牙墩是黑山宗阿訇，而黑山宗是清统治依靠的宗教力量，对孜牙墩及其追随者的血腥屠杀，削弱了黑山宗的力量。事实证明，在张格尔叛乱期间，黑山宗贵族和平民始终站在清朝一边反对张格尔，甚至暗中准备行刺张格尔。③ 因此，在孜牙墩事件中大肆屠杀黑山宗教徒是极不明智的。

而在此事件中由于冤杀图尔第迈莫特，造成了边境内外的布鲁特人对清廷的怀疑和怨恨，张格尔利用这一点，使布鲁特人充当了他入侵叛乱的急先锋。嘉庆二十五年，布鲁特比苏兰奇和张格尔共同入侵喀什噶尔地区。苏兰奇是当年与图尔第迈莫特共同协同截剿孜牙墩而受到清廷奖赏的布鲁特头领，他帮助张格尔除了宗教上的原因外，看到与他同为清廷卖力的同族首领的悲惨下场因而心寒背叛清廷，也是不容忽视的。原本倾向清朝的势力成了

① 那彦成：《那文毅公办理善后奏议》，第15页。

② 台北故宫军机档案，道光朝，档卷号：61935。

③ 曹振镛：《平定回疆剿擒逆裔方略》卷60“道光八年二月癸巳”条。

叛乱主力，教训深刻。而图尔第迈莫特的堂弟岳哈西第，儿子更是毫不犹豫地站到张格尔一边，参加了嘉庆二十五年张格尔发动的入侵南疆的行动。张格尔“纠同苏兰奇，并图尔第迈莫特之子，会集三百人前来滋事，将图舒克塔什卡伦城池烧毁，戕害副护军参领音德布并满兵十三名、余丁一名。玉努斯阿尔图什六品阿奇木伯克阿布都尔满亦被戕害”①。一件冤案将众多布鲁特人推向了张格尔一方，成为张格尔叛乱的依靠力量之一。

玉努斯案和孜牙墩事件使清廷大失人心，给清政府在新疆的统治带来了负面效应。

随之而来的斌静案更是雪上加霜，作为喀什噶尔参赞大臣的斌静，荒淫无度却未受到应有的处罚，造成了极恶劣的影响。张格尔首次入卡作乱时，纠众数百寇边。领队大臣色普征额率兵败之，张格尔仅余二三十人，舍骑步逃。本可以将之擒获的色普征额却因想与斌静宴中秋，并未趁胜穷追，使张格尔得以逃脱。道光五年九月，张格尔再次作乱时，领队大臣色彦图，以兵二百出塞四百里，没遇到张格尔，竟纵杀无辜之游牧布鲁特部妻子百余而还。部落头目汰列克愤恨之极，遂率所部二千，追覆官兵于山谷。此后，汰列克率部帮助张格尔叛乱，使叛乱势力益发昌炽。

这一系列事件说明这一时期回疆地区的官员素质非常低劣。事实上，素质欠佳、应变能力差的清朝在疆官吏，对这次变乱的发生、发展负有重要责任。西方历史学家也认为：“如果不是一位清朝官员的愚蠢，张格尔的圣战也许已成泡影。”②

疆吏应变失当，有的是能力素质问题，更多的缘由是其品质恶劣。清朝统治新疆初期，还是比较注意整肃吏治的。但自乾隆后期吏治已不清明。嘉庆、道光年间更是每况愈下。当时新疆的大臣一律由满员充任，随着八旗的腐化，这此满员的腐败已到了极严重的程度，如那颜成指出的：“文武荒嬉，复犬羊其民而虐用之”，“大臣又伪手阿奇木伯克厚敛于民”③。官吏如此腐败，民众当然“睊睊仇视”，政局也难保稳定。这是清政府对官员管理不严、选拔不慎、监督不力造成的严重后果。

此外，清政府对官员的处置也是导致动乱发生发展的重要因素。如前所

① 《清宣宗实录》卷4“嘉庆二十五年九月甲子”条，中华书局，1986。

② 费正清等编《剑桥中国晚清史》上册，中国社会科学出版社，1985，第394页。

③ 袁大化修，王树枏、王学曾等纂《新疆图志》卷22，上海古籍出版社，1992。

述，“斌静案”是张格尔入侵的导火索。虽然道光帝在案发伊始就怀疑张格尔等入卡作乱必有缘由，应当是“激变”所致，多次谕令伊犁将军庆祥严查。但在这个过程中，庆祥对斌静所作所为极力掩饰，欺骗朝廷，袒护斌静。正是由于斌静的恶劣行为，庆祥的护短，其他官员的严重失职，清政府没有做出正确、有效的处理，民众在失望之余对清朝的这种好坏不分，赏罚不明的做法更加怨忿难平，在民愤汹涌的情况下，这次动乱由小变大，由轻变重，愈演愈烈。

清代新疆地区由于特有的政治、历史和宗教环境，往往是民族关系和宗教问题交织，外国势力也时时觊觎新疆，这一切都成为影响新疆稳定和发展的主要因素。但就内在因素而言，中央政府的治边政策和吏治建设也是影响新疆稳定的重要因素。官制的不健全，地方官员的腐败以及封建伯克对各族人民的剥削与压迫，给新疆的政局造成了不稳定因素，也给动乱组织者以可乘之机。有清一代，新疆发生的叛乱事件断断续续长达100多年。南疆地区几次比较大的叛乱事件活动无不与清代新疆的边吏素质有密切的关系。驻疆官员素质的好坏，都直接关系到国家对新疆治理的好坏。

总之，清代新疆吏治问题是一个比较复杂的问题，既与全国的吏治状况紧密相连，又与新疆的具体条件有关，同时也与当时全国以及新疆的政治、经济形势分不开。事实上，在封建专制统治下，在经济发展还比较落后的情况下，在整个社会文明程度还没有高度发达之前，吏治问题始终是社会的大问题，也是值得关注和研究的而却又不可能根本解决的重要问题。

国民政府经略西藏述要

许建英

摘　要： 该文对民国政府经略西藏做了系统阐述，认为民国时期中央政府与西藏关系长期陷入不正常状态，特别是在民国早期，由于英帝国主义干涉，西藏地方政府疏离中央，后经过中央政府的反对和斗争，西藏地方与中央政府关系出现转机。南京国民政府成立后，经过多方面艰苦的努力，逐步使西藏地方与中央政府关系恢复正常。

关键词： 民国政府　西藏　治理政策

作者简介： 许建英，历史学博士，中国社会科学院中国边疆研究所研究员。地址：北京市东城区先晓胡同10号，邮编：100005。

1927年北伐战争取得成功，以蒋介石为首的国民党在南京宣布成立国民政府，取代北洋军阀的统治。国民政府克服重重困难，维护西藏内部稳定，有效行使对达赖及班禅系统的管理，建立西藏办事处等，确保国家统一与完整。本文试就这些方面加以梳理，简要综述国民政府对西藏的经略。

一　恢复与维护中央与西藏正常关系

南京国民政府成立后，重申过去历届中央政府对西藏地位的立场，即西藏是中国的领土，是中国不可分割的组成部分；同时，将原蒙藏院改为蒙藏委员会，隶属于行政院，并在其中设立藏事处，加强西藏工作，在维护国家主权、领土完整和西藏稳定上付出了艰苦努力。

（一）恢复中央政府与西藏地方的正常关系

1929 年 1 月阎锡山就任蒙藏委员会委员长，立即敕令蒙、藏地区，告知蒙藏委员会成立，今后蒙、藏地方政治兴革及行政事宜，均由该委员会处理。蒙藏委员会还拟订《开发建设康藏交通计划》，专门服务于康藏地区管理。

蒙藏委员会积极疏通中央与西藏地方关系。就西藏方面而言，中央政权变化后，西藏内部也非常关注。早在 1928 年冬季西藏就与成立不久的南京国民政府疏通了关系。当时五台山堪布罗桑巴桑就奉达赖喇嘛之命，赴南京觐见蒋介石面陈藏事，实则是了解南京国民政府对西藏的态度。蒋介石特地带函给达赖喇嘛，说明内地结束军阀混战，要致力于国家建设；西藏作为中华民族组成部分，国民政府正在就其建设加以筹划。而在内地的九世班禅大师，更是在南京国民政府成立之时就派代表专程前往祝贺，联络相关事宜。同时，班禅系统在内地行辕特地致呈国民政府，请求在南京成立办公处，以加强与中央联系。国民政府批准其要求，办公处遂于 1929 年 2 月 20 日成立；班禅委派罗桑坚赞为处长、朱福南为副处长。班禅还专门为南京办公处成立发表宣言，表明西藏为中国组成部分，并诚恳地强调中央政府不要只关注内地事务，要关注边疆地区建设，关注西藏事务，国家才能长治久安。[①]

达赖喇嘛接蒋介石信函后，命西藏堪布雍和宫主持扎萨克贡觉仲尼、西藏特派驻京代表洛藏娃楚称丹增面见阎锡山，就西藏与英国人关系、与中央政府关系以及班禅到内地等三个问题，首次直接表态，其中说明并无亲英之事，主张与中央和睦。[②] 1929 年 9 月 2 日，贡觉仲尼、楚称丹增和巫怀清从北平抵南京，先是受蒙藏委员会接见和商谈有关事项；10 日受到国民政府主席蒋介石接见，贡觉仲尼向蒋介石声明："达赖不亲英人，不背中央，愿迎班禅回藏。"随后蒙藏委员会与贡觉仲尼一行多次会谈，双方方案接近，例如达赖确是输诚中央，欢迎班禅回藏，行政、军政和外交交中央，派遣驻

---

① 中国藏学研究中心等编《元以来西藏地方与中央政府关系档案史料汇编》（以下简称"《汇编》"），第 7 册，第 3088～3090 页，班禅驻京办公处成立宣言；中国藏学出版社，1994。

② 《汇编》，第 6 册，第 2473～2474 页，民国十八年八月十五日阎锡山为达赖令贡觉仲尼等声明无联英仇华等三事致国民政府行政院电。

藏长官，西藏享有自治，达赖可声明由中央解决“西姆拉草约”等。[1] 9月13日，蒋介石设宴招待贡觉仲尼，对西藏地方与蒙藏委员会所商讨的解决西藏问题办法表示认可。这次贡觉仲尼一行赴南京国民政府，是民国成立后西藏代表首次直接与中央政府商议，是民国建立后西藏与中央恢复正常关系的转折点。

（二）慰问专员贡觉仲尼西藏之行

贡觉仲尼等赴南京与国民政府多次接触，使西藏和中央政府关系疏通，国民政府遂决定委派贡觉仲尼为“赴藏慰问专员”，前往西藏进行慰问，加强和西藏达赖喇嘛等政教上层建立联系，解决存在的诸多问题。1929年12月，贡觉仲尼受蒙藏委员会委派，以“赴藏慰问专员”身份执行国民政府公务，取海路赴藏。贡觉仲尼携带国民政府特派状、蒋介石致达赖书信及其照片、国府密电码本、非正式手札、赠送达赖喇嘛礼品、阎锡山给达赖喇嘛书信以及蒋介石和阎锡山给察绒的书信。12月21日贡觉仲尼抵达印度噶伦堡，接到达赖喇嘛电报要其尽速进藏。1930年1月16日，贡觉仲尼一行抵达拉萨，达赖喇嘛以接待中央大员规格隆重迎接。19日贡觉仲尼谒见达赖喇嘛，向其转交蒋介石等人的礼物和中央的意旨，并与达赖喇嘛长谈数小时之久。贡觉仲尼又于22日和23日先后会见噶厦行政官员和各噶伦，拉萨政教官员和民众欢迎贡觉仲尼以中央特派员身份回藏执行公务，对其所传达的中央解决西藏问题的意见也持欢迎态度，可见贡觉仲尼以中央慰问专使返藏达到了直接沟通中央政府与西藏地方政府的目的。

贡觉仲尼顺利完成中央使命后，受达赖喇嘛之命，又以全权代表身份返回南京，随身携带噶厦对中央政府诸多问题的具体答复文件及礼物。1937年7月21日，贡觉仲尼抵达印度，由前驻藏办事长官陆兴祺派人护送，于7月30日返回南京。从贡觉仲尼所带回的噶厦公文可知，西藏地方政府对国民政府的八个方面问题均予以回答，达赖喇嘛坚持拥护中央、坚持和中央政府改善关系等，只是与九世班禅积怨过深，因此对班禅大师返藏问题仍有异议。

---

① 《汇编》，第6册，第2475～2476页，第2480页，民国十八年九月十日赵戴文为贡觉仲尼会见蒋介石声明达赖不背中央不亲英人等意致阎锡山电，以及民国十八年九月十八日赵戴文为巫清远密谈达赖拥护中央等事致阎锡山电、十二日赵戴文为拟条呈蒋介石解决西藏办法九条事致阎锡山电。

贡觉仲尼这次西藏之行后，根据西藏方面请求，国民政府先后在南京、北平和西康设立西藏地方政府驻内地办公处，经费由中央拨付。1931 年 2 月，三个办事处正式由中央政府核准成立，其职能是秉承达赖大师意旨受蒙藏委员会监督，指导办理西藏在南京、北平和西康的接洽事宜；每个办事处设处长、副处长各一名，由达赖喇嘛选任，蒙藏委员会核转备案。1932 年 3 月 21 日，达赖喇嘛对三个办事处人事调整，贡觉仲尼和阿旺坚赞分别任西藏驻京办事处处长、副处长，降巴曲旺和降巴扎希分别任北平办事处处长、副处长，阿汪扎巴和曲批图丹分别任西康办事处处长、副处长。西藏地方政府在内地办事处的建立，既是贡觉仲尼西藏之行的成果之一，也表明西藏与中央政府的关系大致恢复正常。

（三）刘曼卿西藏之行

刘曼卿西藏之行对中央政府与西藏关系的改善也做出了贡献。刘曼卿是位杰出的女性，藏名为雍金，出生于拉萨，父亲是汉族，母亲是藏族，汉藏语言流畅，在国民政府文官处任书吏。1929 年刘曼卿请假赴西藏考察得到国民政府文官长古应芬批准，派员随行考察，并致引荐信给达赖喇嘛。1929 年 7 月 25 日刘曼卿启程，取陆路进藏，于 1930 年 3 月 1 日抵达拉萨。刘曼卿在拉萨停留 3 个月，于是年 6 月 1 日离开，7 月 24 日返回南京。

在拉萨期间，刘曼卿利用其身份和语言的有利条件，积极在西藏政教上层广泛活动，到三大寺念经祈祷，以诚相待，广交朋友，建立不少人脉关系。刘曼卿的活动得到人们的认可，对其宣传的五族共和以及国民政府西藏政策也有所理解。3 月 28 日，刘曼卿在罗布林卡受到达赖喇嘛的接见，向达赖喇嘛呈送孙中山遗像以及蒋介石近影；并恳切希望达赖喇嘛能够晓明西藏地方与中央政府关系。达赖喇嘛答复说以后会详细告知。[①] 5 月 25 日，达赖喇嘛在罗布林卡再次接见刘曼卿，就其所提问题加以回复；并且还就当时奉命赴藏的慰问专使贡觉仲尼所提诸问题也一并答复。达赖喇嘛说："吾不敢背中央，前已言之"，"今吾书牍已具，凡楮墨所不能尽者，将口头告君，俾得私达于蒋主席，望归寓记之于书册，以免遗忘"。关于中央政府和西藏关系，达赖喇嘛说："过去中央均漠视西藏，弃之如天石。今新政府初立，即派汝致意，予实钦佩蒋主席与各执政之精明，能顾全大局，尚望始终如

① 刘曼卿：《康藏轺征》，上海商务印书馆，1938，第 96 页。

一，继续不断，更进而为实际之互助。吾所最希求者即中国之真正和平统一。”关于康藏问题，达赖喇嘛说：“至于康藏事件，望转告政府，勿遣暴力军人，可派一清廉文官接收。吾随时可以撤回防军，都是中国领土，何分尔我。倘武力相持，藏军素彪悍，吾决无法制止其冲突，兄弟阋墙，甚为不值。”关于和班禅关系问题，达赖喇嘛说：“吾与班禅原有师弟之谊，决无若何意见，闻渠近日旅居蒙古，想亦有不适之苦，吾至以为念。”关于西藏和英国人关系，达赖喇嘛说：“英国对吾确有诱惑之念，但吾知主权不可失，性质习惯不两容，故彼来均虚与周旋，未尝与以分厘权利。中国只需内部巩固，康藏问题不难定于樽俎。”除了上述三项最为关注的问题外，达赖喇嘛还与刘曼卿谈及一系列问题，如西藏派驻内地代表、参加中央政府会议及中央派遣各种技术工人赴藏，等等。6 月 1 日，刘曼卿取海路返回，7 月 24 日抵达南京。刘曼卿返回后向政府文官处长官汇报了西藏之行情况，呈交了达赖喇嘛的信函和礼物。①

刘曼卿的西藏之行，与贡觉仲尼一行慰问西藏时间相近，对加强国民政府和西藏地方政府关系起到积极作用。特别是从达赖喇嘛会见刘曼卿谈话来看，达赖喇嘛态度诚恳，谈话内容广泛，交流充分；在重要问题上，其基本精神与贡觉仲尼所转述中央政府的一致，反映出达赖喇嘛的政治立场和态度，充分说明其维护国家主权、维护国家统一，欢迎班禅返藏，乐于参加中央政府活动，共谋国是。

二　国民政府维护西藏稳定的努力

国民政府积极采取多种措施，协调解决西藏地方与青海及西康的纠纷，调解十三世达赖与九世班禅之间的矛盾，极力维护西藏内部政治与社会稳定。

（一）国民政府调停康藏及青藏纠纷

在中央政府与西藏地方政府致力于疏通和恢复关系的时候，西藏与西康、青海又起纠纷，发生战争，为趋于正常的中央与西藏地方关系带来诸多复杂问题。中央政府不得不调停康藏及青藏关系，廓清中央与西藏关系恢复

① 刘曼卿：《康藏轺征》，第 118～120 页。

的外围障碍。

1. 国民政府调停康藏纠纷

所谓康藏纠纷是“大、白事件”引起的川边康地方军事势力集团之间的战争。1930年，西康甘孜的白利土司家庙雅拉寺一世活佛圆寂，转世的智古活佛与大金寺关系密切，将属于白利土司的寺产和15户差民转送给大金寺，并投靠实力强大的大金寺，导致白利土司与大金寺之间的纠纷。白利土司实力较弱，索要无果，遂请求甘孜县政府主持公道。甘孜知县韩又奇处置不力，草率增派康军赴甘孜做后盾，引起大金寺紧张，于是“派人撵金入藏，藉口护佛为词，运动达赖左右”。[①] 大金寺和白利土司均为西康管辖，本与达赖喇嘛没有关系，但是由于1918年康藏战争时大金寺曾帮助西藏，于是大金寺获得达赖喇嘛枪支及征兵的支持。大金寺遂于1930年6月18日突袭白利土司地界，占为己有。西康驻军调解无效，进驻甘孜。西藏地方政府也派藏军越界进入大金寺，并和前去阻止械斗的刘文辉川康军发生冲突。“大、白事件”恶化，酿成康藏第二次战争。

“大、白事件”发生后，白利村寺僧和百姓就接连呈报国民政府蒙藏委员会，请求中央出面解决纠纷。蒙藏委员会一再致电西藏噶厦及达赖喇嘛，希望西藏撤回藏军，由川康边防军总指挥刘文辉设法调解。但是康藏军队各执一词，形成对峙，拒不撤兵，而且双方打打停停，均向中央政府谎报军情，对中央命令阳奉阴违。鉴于此，国民政府决定派人到战区调查真相，调解争端。

1931年3月23人，蒙藏委员会派遣会员唐柯三、专门委员刘赞廷和康藏视察委员唐绍皋，赴西藏调解纠纷；与此同时蒙藏委员会还电请刘文辉予以协助，电请达赖喇嘛派专员前往大金寺地方会同中央代表处理。中央代表团于6月11日抵达康定；达赖喇嘛派遣琼让代本赴甘孜谈判。不久，国民政府对康藏纠纷抱定和平解决的政策，压制西康地方军阀欲联合青康滇。而西藏方面则受英国鼓动，了解中央政策后，态度转强硬，欲乘此机会深入康区。唐柯三与琼让曾议定八项协议，蒙藏委员会及行政院均同意，但是遭到以白利村为代表的地方百姓坚决反对，其原因是不愿服从大金寺统治；后修改协约，却又遭到达赖喇嘛的反对。这样，唐柯三与琼让所商议协约因遭地

① 中国第二历史档案馆、中国藏学中心：《藏纠纷历史档案选编》，中国藏学出版社，2000，第492页。

方势力集团的反对而未能签字。“九一八”事变后，国民政府人事变动，蒋介石辞去国民政府主席职务，蒙藏委员会委员长也由石青阳取代马福祥，康藏纠纷转由刘文辉全权处理。

刘文辉受权处理康藏纠纷后，采取强硬措施应对西藏方面。刘文辉加强前方力量，使战事转向有利于康军。1932 年 8 月，康军攻占甘孜、瞻化、大金、白利等地，青海方面马步芳也取得进展，迫使藏军从德格、邓柯、石渠、白玉等地退却，退防金沙江以西，形成对峙局面。国民政府仍希望以和平解决纠纷，至此藏军遭受重创之际，蒙藏委员会和参谋本部再次联络各方，要以和平手段解决康藏问题。蒙藏委员会委员长石青阳致函西藏驻京办事处贡觉仲尼、阿旺坚赞等人，指出康藏用兵都源于西藏地方，中央希望和平，并望其到蒙藏委员会商量解决办法；石青阳还致电达赖喇嘛希望开诚相见，解决问题，“可否详示贵代表负责磋商或另派大员来京，抑由政府派员赴藏详商”。同时，石青阳请行政院电告川军维持和恢复康藏边界原状。[①] 而参谋本部在得知藏军溃败至金沙江以西时候，更是急电前方，要求其停止前进，配合中央和平解决的决心。

1932 年 9 月 18 日，蒋介石特别召集川、滇、青、陕和甘五省代表以及蒙藏委员会、外交部和军政部各机关代表，在南京举行会议，重点解决康藏纠纷问题。为准备此次会议，政府有关部门、达赖驻京代表和班禅驻京代表均提出解决建议。由于国民政府坚持和平解决康藏纠纷，达赖喇嘛也主张化干戈为玉帛。最终西藏地方派出琼让代本为首的交涉人员，和川康边防总指挥派出的代表邓骧和姜郁文谈判，进展顺利，于 1932 年 10 月 8 日双方代表在金沙江西岸的岗妥渡口签订停战协议六条，即“岗妥协议”。僵持两年的康藏纠纷，在国民政府的和平方针指导下，坚持协调各方，终于获得解决，恢复和平。

2. 国民政府调解青藏纠纷

康藏纠纷尚未解决，1932 年 1 月，驻守川边藏军奉噶厦之命令，集结于昌都一线，以调解玉树地方囊谦噶丹和朗杰拉孜两座寺庙财产纠纷为名，出兵干预，青藏纠纷爆发。

青藏纠纷源于噶丹寺和朗杰拉孜寺之争。噶丹寺位于青海玉树地区囊谦

---

① 《汇编》，第 6 册，第 2575 ~ 2576 页，民国二十一年七月三十日蒙藏委员会为和平调解康藏纠纷办法事致行政院呈。

县，属于格鲁派，寺内驻有达赖喇嘛派去的一名堪布；朗杰拉孜寺则为噶举派。噶丹寺周围的麦子本属于朗杰拉孜寺，但是秋季总是被噶尔丹寺抢收。1931 年玉树军防司令部及玉树理事署将田产及庄稼判归朗杰拉孜寺。噶丹寺遂向达赖喇嘛申诉，昌都总管噶伦阿沛巴受命查办。当时军事上藏军咄咄逼人，在青海也持强硬态度，向玉树军防地发起进攻，挑起战争。[①] 1932 年 3 月，青海马步芳军队准备不足，起初节节败退，直到结古镇。马步芳一面下令坚守结古镇，一面急电中央政府请求予以财政和军械支援。同时，马步芳率领骑兵驰援结古镇，8 月 20 日结古镇解围。在西康地区刘文辉策应下，青海军乘机继续攻击藏军，陆续收复囊谦、苏莽，10 月 5 日攻取金沙江西岸的当头寺和春科寺。藏军溃败，退守昌都。

1932 年 10 月 8 日，康藏和平协议签订，对青藏纠纷解决也有积极影响。就在青海军队攻克当头寺后，国民政府就下令马步芳停止前进，筹划和平解决停战方案事宜。国民政府从解决康藏纠纷中已经深知英国插手，因此在外交上与英国周旋，排除其干涉中国内政。与此同时，国民政府十分注意争取达赖喇嘛，希望他能够真诚与中央政府合作，和平解决争端。蒋介石多次致电达赖喇嘛，指出汉藏问题纯属内政，中央政府决不允许外人干涉；希望达赖喇嘛一如既往，坚持爱国原则，合力解决纠纷；提出可派代表赴藏向达赖喇嘛请安，商议解决纠纷问题。经过协商，国民政府命令青海地方代表和西藏地方代表谈判，和平解决青藏冲突。双方代表协商近半年，最终于 1933 年 4 月 10 日达成协议，签订停战和约八条，持续一年多的青藏冲突解决。

（二）国民政府调解达赖喇嘛和班禅的矛盾

达赖和班禅代表西藏两大政教集团，自明末清初后分掌前、后藏政教大权。清代雍正年间，统归于钦差驻藏大臣领导，与噶厦处于平行地位。在西藏长期的政教事务中，历代达赖、班禅互尊长幼师徒。但是，到十三世达赖喇嘛时候，彼此渐起龃龉，尤其是 1913 年达赖喇嘛从印度回藏，班禅亲往迎接却受到达赖喇嘛冷落。后来，达赖喇嘛和班禅在“亲英”和“内向”问题上分歧严重，矛盾激化。1914 年达赖喇嘛不顾历史定制，在日喀则增设基宗（即后藏总管），强行管理后藏 16 个宗，接管扎什伦布寺，干预扎

① 高长柱：《边疆问题论文集》，正中书局，1941，第 349 页。

什伦布寺的宗教事务，班禅的经济利益和政治利益受到严重干扰。1921 年噶厦成立军粮局，强行要扎什伦布寺负担四分之一的军费和约 15 万两白银；1923 年扎什伦布寺主要官员到拉萨找噶厦交涉，却被投入监狱；噶厦随后制定“增勘赋税粮办法”，致使扎什伦布寺每年增缴粮食约 25 万公斤，加上其他差役，使得班禅辖区僧众不堪重负。九世班禅被迫于 1923 年 11 月 15 日逃亡内地。班禅出走内地后，达赖喇嘛乘机收回扎什伦布寺政教权力，接管扎什伦布寺的财产，严令任何人不得追随班禅出走。达赖喇嘛这些做法进一步造成黄教两大活佛的对立，加剧西藏内部分裂。

国民政府成立后，达赖喇嘛与中央政府关系疏通，达赖与班禅两大系统均在南京设立办事处，西藏与中央政府关系趋于正常化，但是他们的矛盾并没有解决，相反却扩展到内地。一方面，达赖与班禅为确保广大僧俗百姓拥护，争相表白自己爱国抗英；另一方面国民政府要使班禅早日返藏和解决西藏问题，稳定大西南。国民政府效仿清代惯例，借新政府执政敕封蒙藏地区政教首领，蒋介石受康藏与青藏纠纷所烦扰，则批示先行敕封班禅名号，达赖封号暂缓敕封。1931 年 6 月 24 日，国民政府下令敕封班禅为“护国宣化广慧大师”，7 月 1 日举行隆重册授班禅名号典礼。为解决班禅返藏问题，蒙藏委员会提出拟请中央特派班禅额尔德尼为西陲宣化使，设立宣化使行署。国民政府此举是为班禅安置在较为固定的地方，便于其适当时候返藏。1932 年 2 月 24 日，蒙藏委员会又给班禅颁发“护国宣化广慧大师班禅之印”；4 月 14 日，国民政府主席林森下达特派状，“特派班禅额尔德尼为西陲宣化使”。国民政府对班禅的敕封和委以重任，却没有册封达赖，引起噶厦的不满。噶厦联合西藏驻京办事处质疑册封班禅，并对其进行抨击，要求国民政府撤销对班禅的支持；班禅驻京办事处则予以反击，历数达赖十大“罪状”。可见双方矛盾十分尖锐，中央政府居间调和并非易事。

在解决达赖与班禅矛盾上，国民政府着眼于班禅返藏。就国民政府而言，册封班禅为“护国宣化广慧大师”，特别是委派其为“西陲宣化使”，其实质是要班禅承担起沟通中央与西藏的关系，担负起宣传“三民主义”和国民政府建国纲领和对西藏政策的重任，当然这些使命的解决也意味着班禅和达赖关系的正常化。从这个角度看，国民政府是要以此来调解达赖和班禅的关系。所以，当康藏协议签订、青藏战场胜负基本明了之时，国民政府认为护送班禅到青海向日德（系清朝封给班禅的游牧地），筹建西陲宣化使公署条件成熟。1932 年 11 月 4 日国民政府行政院、蒙藏委员会和班禅驻京办事处共同派员赴北平迎接班禅到南京正式就职西陲宣化使。西陲宣化使职责是宣传国民政府政令和“三民主义”，抚慰青海、西康等地的僧俗民众，并没有行政权，进入西藏后即自行取消。国民政府借任命班禅为宣化使之机会，可使班禅行辕迁驻青海藏区，创造返回西藏的机会。

实际上，在班禅大师就任宣化使典礼之时，国民政府就令班禅派人赴拉萨向达赖喇嘛解释。班禅大师在国民政府重金资助下特命其心腹安钦活佛丹增鸠昧旺秋及秘书长罗桑坚赞（王乐阶）等人，携带其致达赖亲笔信，取海路赴拉萨。1933 年 4 月抵达拉萨后，安钦一行拜谒达赖喇嘛，表达班禅返回西藏以及赐还后藏固有权力的愿望。达赖喇嘛对安多一行施以优待，称过去与班禅误会系下属相互猜忌引起，希望班禅早日返藏，共同实现西藏和平。随后，达赖与班禅双方代表进行实质性谈判，商议班禅返回西藏问题。噶厦同意把原属于扎什伦布寺的四个宗（拉孜、昂仁、彭措林和康巴）以及若干豁卡发还给班禅；班禅返回西藏前，暂由双方各出一人共同管理；班禅返回西藏后噶厦即撤走扎萨喇嘛和宗本，将权力归还给班禅，不过扎什伦布寺要依照规定承担噶厦的乌拉差粮等赋税徭役。安钦随后将交涉结果电告班禅，班禅甚为欣慰，筹划早日返回西藏。1933 年 5 月 27 日，国民政府行政院公布《西陲宣化使公署组织条例》，条例规定西陲宣化使公署直接隶属于行政院，负责西陲宣化事宜。国民政府通过册封班禅树立其权威，加强其与中央政府的关系；通过任命班禅为西陲宣化使以及成立西陲宣化使公署，明确其任务和职责，影响西藏；同时从人力、物力和财力上予以辅助，帮助疏通与达赖关系，为其返回西藏创造环境。最后，虽然班禅突然因病圆寂，但是经过国民政府的协调，班禅大师灵柩终回西藏故土。

三　促使西藏参加国民政府会议

国民政府时期，西藏地方代表参加中央主要全国会议，体现出国民政府对西藏治理的重视，其情况简要梳理如下。

（一）1930 年的蒙藏会议

1929 年 6 月 17 日，国民党召开三届二中全会，做出关于蒙藏之决议案，共计六条。其主要内容为：（1）举行蒙藏会议，西藏由达赖喇嘛、班禅及西藏人民各推代表若干人，共同参加中央会议；（2）派员分赴蒙古、西藏，宣告中央扶植蒙藏民族之政策与决心，慰问并调查蒙藏人民之疾苦；（3）在首都设立蒙藏学校，由蒙藏各地选送优秀青年应试入学；（4）关于蒙古、西藏经济与文化之振兴，应以实行发展教育为入手办法；（5）蒙藏委员会根据施政纲领及实施程序积极筹划实施；（6）加紧对于蒙藏之宣传，阐明蒙藏民族为整个中华之一部，说明蒙藏地方军事、外交及行政必须统一于中央，教育、经济与交通建设由中央政府协助地方政府进行。

根据该决议案，1930 年召开蒙藏会议。驻藏办事长官陆兴祺奉命致函达赖喇嘛和噶厦派员参加会议。噶厦表示：汉藏历来一家，西藏为我五族之一，唇齿相依，荣辱相与，断无离异之理。达赖复函表示遵办，特派雍和宫扎萨克及驻京堪布卓尼罗藏娃，并加派噶厦卓尔阿旺坚赞、纳仔营官仔仲曲批图丹二人由西藏前往会同办理。

（二）1931 年国民会议

1931 年，国民政府召开国民会议，西藏派遣代表出席会议。前藏代表有贡觉仲尼、曲批图丹等六人；后藏代表有罗桑楚臣、罗桑坚赞等四人。此外，楚臣尼玛等八人也出席会议。九世班禅则亲自参加会议，并向大会致颂词。这次会议制定了类似宪法的《中华民国训政时期约法》，同样规定了中华民国的领土范围，即各省加上蒙古和西藏。

（三）1931 年中国国民党第四、第五次全国代表大会

1931 年 11 月，国民党在南京召开第四次全国代表大会，西藏地方的罗桑坚赞、贡觉仲尼、刘曼卿、阿旺坚赞和格桑次仁出席会议。其中，贡觉仲尼和罗桑坚赞当选为中央执行委员。同年，中国国民党召开的第五次全国代表大会，西藏代表也派人参加。

（四）1932 年行政院国难会议

1932 年 4 月 7 日，行政院召开国难会议，西藏地方有四名代表出席会议，分别是贡觉仲尼、罗桑坚赞、刘家驹和刘曼卿。西藏代表提出改善蒙藏地区军事、政务、宗教和教育等，抵御外侮。

（五）1938 年第一届国民参政会议

1938 年 7 月 6 日，国民政府召开第一届国民参政会议，西藏地方代表喜饶嘉措、丁杰当选为参政员。会议通过了拥护国民政府实施抗战建国纲领案。在此次会议上，喜饶嘉措等向一届二次大会递交《关于团结边民意志以增强抗日力量》提案。

（六）1946 年国民政府制宪国民大会

1946 年 11 月 15 日，国民政府召开制宪大会，西藏地方政府和班禅堪布厅均派代表出席会议。其中西藏地方政府共派 10 名代表，分别是图丹桑批、索朗旺堆、土丹桑布、策旺顿珠、土丹参烈、土丹策丹、图登生格、绛巴阿旺、益西达吉、多吉欧珠；图丹桑批是主席团成员。班禅堪布厅派出的代表为滇增坚赞、计晋美、拉敏益西楚臣、蔡仁团柱、何巴顿、宋之枢。根据大会议程，西藏代表团参加各审查委员会工作。此次大会制定《中华民国宪法》第 120 条规定保障西藏的自治制度。会议期间，蒋介石夫妇在官邸宴请全体西藏代表，当时在京的达赖喇嘛之兄嘉乐顿珠、姐姐祁吉惠和姐夫多吉尼玛也都出席宴会。

（七）1948 年立宪国民大会

1948 年 3 月 29 日，国民政府召开立宪国民大会，西藏地方代表 13 人出席会议，班禅堪布厅 11 名代表与会；其中西藏地方代表土丹桑布当选为大会主席团成员。此次大会上产生西藏地方立法委员三名，即土丹桑布、绛巴阿旺和丹增当却；产生检查委员三名，分别是土丹策丹、绛巴扎喜、丹巴彭措。班禅堪布厅产生五名立法委员，即计晋美、蔡仁团柱、土丹尼玛、罗桑坚赞、纳汪金巴；产生检查委员五名，即拉敏益西楚臣、计宇结、何巴顿；此外，罗桑坚赞还被总统府聘为国策顾问委员会委员。

四　国民政府对达赖系统的政策

国民政府对达赖系统的政策是其经略西藏的重要组成部分，特别是通过对十三世达赖圆寂后的致祭和对十四世达赖的寻访、认定、册封及坐床制度仪式，反映出国民政府西藏僧俗上层的管理。

（一）黄慕松入藏致祭十三世达赖

1933 年 12 月 17 日（藏历水鸡年十月三十日），十三世达赖喇嘛土登嘉措因病在拉萨圆寂，享年 57 岁。

十三世达赖圆寂后，西藏噶厦根据清代以来定制，立即上报中央政府。1933 年 12 月 20 日，噶厦致电西藏驻京办事处转报国民政府，办事处代表贡觉仲尼呈报蒙藏委员会。报告称："案奉西藏司伦、噶厦电开，达赖佛座于藏历亥月三十日（即国历十二月十七日）下午七时半圆寂，藏中事务暂由司伦及噶厦负责处理，希安心供职，并呈报中央。详情容后另电知照。等因。肃电陈报，并乞转呈行政院察照。"[①] 蒙藏委员会立即上报行政院，行政院对如何处理十三世达赖喇嘛圆寂事非常重视。

十三世达赖喇嘛土登嘉措一生饱经忧患。他生于 1876 年 5 月 5 日，1895 年亲政，主持西藏政教事务长达 38 年，经历坎坷复杂。在评价十三世达赖喇嘛时，不应脱离其历史背景，应该实事求是地看待。在其早年，十三世达赖喇嘛率领西藏僧俗民众抗击英国殖民主义的侵略，维护国家的领土完整和主权统一。当时清政府昏庸腐败，将英国入侵西藏责任归咎于达赖喇嘛，致使他与驻藏大臣关系恶化。十三世达赖喇嘛曾寄希望于倚帝俄抗英帝，出走西藏至外蒙，非但未能获得俄国支持，反铸成大错。而清政府一味偏信驻藏大臣，两度褫夺达赖喇嘛封号，无异于逼其走向绝路。英国殖民主义乘机使其出走英属印度，不但严重影响西藏内部团结，而且也严重损坏西藏地方与中央关系。在中央政府坚持不懈的努力以及西藏广大民众的反英斗争下，十三世达赖喇嘛对英帝国的侵略实质有所认识，对英帝国的态度明显转变。尤其是晚年，十三世达赖喇嘛一再向中央申明亲英非其本意，致力于改善与中央关系。在其主持下，中央与西藏往来恢复正常，建立西藏驻京办事处，多次派官员赴中央商谈有关西藏事宜，维护国家统一。此外，十三世达赖喇嘛佛学造诣高深，撰写过多部经典著作，在广大藏胞中享有很高威望。正是鉴于上述原因，国民政府对十三世达赖喇嘛圆寂高度重视，蒙藏委员会委员长石青阳于第二天即发唁电；国民政府在南京隆重举办追悼十三世达赖喇嘛大会，班禅大师率藏籍僧人诵经追荐。

---

① 《汇编》第 6 册，第 2651 页，民国二十二年十二月西藏驻京代表为转报十三世达赖喇嘛圆寂事致蒙藏委员会电。

同时，国民政府决定派员入藏册封和致祭十三世达赖喇嘛。达赖喇嘛圆寂后，国民政府提出派人入藏事宜后，很快就得到噶厦的同意。1934 年 1 月 8 日，西藏驻京办事处总代表贡觉仲尼以及其他代表阿旺坚赞、阿旺扎巴、曲批图丹等呈文蒙藏委员会，请求速派大员入藏吊唁；并陈述西藏司伦、噶伦和伊仓复电同意中央代表入藏，以便同时解决其他西藏问题。“为此具文呈恳钧会鉴察，转请速派大员入藏，早日出发，以慰远人而利边局。”[①] 1 月 12 日，国民政府下令“特派黄慕松为致祭护国弘化普慈圆觉大师达赖喇嘛专使”；1 月 17 日蒙藏委员会将此任命电告西藏地方政府，并训令西藏驻京办事处知照。国民政府决定派遣小部分人员取道海路经印度入藏，先和噶厦妥善商议有关事项；专使本人及大队人马则走陆路经四川入藏。8 月 28 日，黄慕松专使一行抵达拉萨。在此期间，国民政府应西藏司伦、噶厦要求，批准热振呼图克图任摄政，并于 5 月 29 日册封其为“辅国普化禅师”。

作为中华民国成立后首位以中央政府名义派遣入藏的大员，黄慕松受到西藏地方政府热烈欢迎。噶厦按照清朝驻藏大臣的规格接待，噶伦率各级官员在拉萨东郊墨竹工卡迎接，随后在拉萨东郊蔡贡塘举行盛大欢迎仪式，五品以上官员都穿礼服恭候，藏军列队奏乐，向黄慕松专使行军礼；拉萨市民几乎倾城出动欢迎。

黄慕松按照例规、礼节拜访了摄政热振、司伦、噶伦等政教上层人士，还遵循清代驻藏大臣的俗例，到大昭寺、小昭寺朝佛，朝拜三大寺和达赖喇嘛驻地布达拉宫，并向各僧众熬茶布施。西藏四噶伦则于黄慕松抵达后的第二天前往其下榻处拜访。黄慕松通过这些礼节性活动，与各界沟通感情，消除隔阂；向上层宗教人士解释中央对西藏政治和宗教政策，强调西藏与内地的历史渊源和隶属关系。经过双方协商，确定了册封和致祭顺序。9 月 23 日上午 9 时，拉萨各界在布达拉宫举行国民政府追封十三世达赖为“护国弘化普慈圆觉大师”典礼，黄慕松率领全体专使行署参加；向达赖喇嘛遗像献玉册、玉印，礼成后，玉册和玉印由总堪布代领。选定吉日和确定国民政府的仪式后，10 月 1 日祭案设于五世达赖喇嘛金塔前的大殿中，黄慕松率领行辕人员出席，西藏地方的司伦、噶伦等率僧俗官员和三大寺活佛、堪

① 《达赖档案》第 12～13 页，民国二十三年一月八日，西藏代表为催请大员入藏事致蒙藏委员会呈。

布等参加。国民政府及黄慕松、林森、蒋介石、汪精卫、刘湘和刘文辉等人所赠礼物均陈布于殿中。

完成册封和致祭的主要任务后，黄慕松集中和西藏地方政府会商解决中央与西藏地方政治上的诸问题。黄慕松坚持基本原则可概括如下：一是西藏是中华民国领土之一部分；二是西藏服从中央；三是维持西藏原有政治制度，许可西藏自治；自治范围权限内之行政，中央可不干预；四是尊崇、保护和发扬佛法；五是对外须保持一致，凡是全国一致性的国家行政须由中央长官，诸如外交应归中央主持，国防应由中央筹划，交通应由中央统筹，西藏自治政府官员选定后须呈请中央任命。① 黄慕松多方交涉后，西藏噶厦态度有较大改变和进步，诸如，“对外西藏为中国领土”“西藏之内外大小权力暨法规者，可依从中国政府之谕”“西藏与外国立约而洽商之重大事宜，则由汉藏共同办理”、同意中央政府在西藏派驻代表。而对中央驻军、中央认定达赖喇嘛制度、对康藏交界处理设置等则持反对意见。② 西藏噶厦的要求与国民政府的基本立场仍有较大距离，难以短时间内解决，黄慕松遂请示中央政府批准后经海路返回内地。不过，黄慕松征得噶厦同意，留下随员刘朴忱、蒋致余以及五名卫士和电台一部，以传达信息和联络感情。他们是中华民国成立后中央政府派驻西藏地方的第一批担负重任的官员。不久刘朴忱因病在拉萨去世，蒋致余担负起沟通重任，在后来中央与西藏关系的改善上发挥了重要作用。

黄慕松率领的中央代表团取得较大成功。一是中华民国成立后中央代表团首次赴藏，其本身就说明中央与西藏关系开始走出清末民初的低谷；二是较圆满地完成了对达赖喇嘛的册封和致祭活动；三是扩大了中央政府对康藏地区的影响，加深了对藏区了解。

（二）主持十四世达赖喇嘛寻访、认定、册封和坐床

十三世达赖喇嘛圆寂后，依照藏传佛教传统，寻访和认定转世灵童成为重要事项。国民政府在依照传统规定，主持了十四世达赖喇嘛的寻访、认定、册封和坐床。

（1）国民政府颁布《喇嘛转世办法》。寻访十三世达赖喇嘛转世灵童是

① 《奉使办理藏事报告书》，第 41 ~ 44 页。

② 《奉使办理藏事报告书》，第 41 ~ 44 页。

大事情，热振摄政依据藏传佛教向例，从1935年就组织寻访十三世达赖喇嘛的转世灵童。达赖喇嘛大活佛在西藏和蒙古地区享有崇高地位，国民政府十分重视。因此，国民政府一方面指示有关地区政府予以支持，另一方面完善达赖喇嘛转世办法。

1935年10月，黄慕松电函热振，指出应遵守清代乾隆五十七年后所形成的金瓶掣签制度，慎重寻访转世灵童，并要求将寻访进展随时报告中央。1937年纪仓活佛抵达青海后，蒙藏委员会通知青海省政府予以关照和保护，特许使用青海省电台，以便于和拉萨联系，交通部还特地免除其电报费。

就颁布新的《喇嘛转世办法》而言，为解决好十三世达赖喇嘛转世问题，国民政府特决定完善达赖喇嘛等活佛转世办法。1936年和1938年国民政府两次修订喇嘛转世办法，随后予以公布。新修订的《喇嘛转世办法》如下。一是规定喇嘛转世范围，达赖喇嘛、班禅额尔德尼、哲布尊丹巴呼图克图，暨各处向来转世之呼图克图、诺们汗、班第达、堪布、卓尔济、呼毕勒罕喇嘛等圆寂后，均准予寻呼毕勒罕。其向不转世之寻常喇嘛圆寂后，均不准寻认呼毕勒罕。二是达赖喇嘛、班禅额尔德尼等活佛圆寂后，应报申该管地方最高行政机关，转报蒙藏委员会备案。三是关于灵童寻找及掣签，由其高级徒众寻找具有灵异之同龄幼童二人，以为该喇嘛之呼毕勒罕候补人，报由该管地方最高行政机关，转报蒙藏委员会查核，分别掣签。凡参加掣签的呼毕勒罕候补人，其在西藏境内者，由蒙藏委员会咨行驻藏办事长官，会同达赖喇嘛缮写名签，入于拉萨大昭供奉之金奔巴瓶内，共同掣定。如达赖喇嘛未经转世，应由达赖喇嘛印务人员行之。关于掣签之仪注，依照向来惯例办理。四是关于坐床一事，达赖喇嘛等大活佛之呼毕勒罕掣定后，由该地方最高行政机关呈请中央特派大员前往照料坐床，即于坐床之日，将其呼毕勒罕字样裁撤。其印信，在达赖喇嘛等大活佛圆寂时，即由该地方长官咨报蒙藏委员会呈请派员护理，俟由中央特派大员会同该管地方长官照料坐床之日，呈明移授等。① 新修订的《喇嘛转世办法》依清代惯例，根据当时实际情况，参照民国初年的规定加以修改而成。关于十三世达赖喇嘛的转世灵童有关事宜，基本按照新修订的规定

① 《汇编》第7册，第2754～2757页，民国二十七年八月十八日蒙藏委员会为达赖喇嘛灵童应依法掣签手续事致行政院呈。

办理的。

（2）十三世达赖喇嘛转世灵童之寻访和初步认定。1936 年底前往安多寻访的纪仓活佛一行抵达玉树，按惯例拜访驻锡该地的九世班禅大师，并请示达赖转世灵通事宜。班禅大师指示达赖转世地点和灵童姓名以及遵循清代寻访达赖转世灵童的定制，并致信掌握青海地方实权的马步芳，给予纪仓活佛便利。[①] 与此同时，噶厦也致函南京，请求中央政府晓谕青海马步芳，为纪仓活佛寻访灵童人员予以保护和帮助；[②] 国民政府满足了噶厦的请求。

在班禅大师加派的策觉林活佛陪同下，纪仓活佛一行抵达西宁并接洽青海省有关部门，随后在西宁、温中、化隆、门源、互助、大通、循化、湟源和湟中等地寻访。经过严格遴选，确定西宁附近湟中县祁家川（藏名当采）农民楚臣才仁的儿子拉木登珠为灵童候选人。与此同时，其他寻访队在西藏也寻访得两名灵童。

热振摄政和噶厦得到纪仓活佛报告后，希望尽快将拉木登珠送到拉萨。1938 年 9 月 22 日，噶厦按规定电告西藏驻重庆办事处，要求向国民政府通告。翌日办事处代表阿旺桑丹、格顿恪典和图丹桑结等人奉命就有关情况电告蒙藏委员会，希望中央政府允许将青海灵童送到拉萨，掣签认定真正达赖转世。[③]

（3）国民政府对十三世达赖转世灵童的确认。1938 年 9 月 23 日，收到西藏驻重庆办事处电函后，蒙藏委员会委员长吴忠信十分重视，复电噶厦表示“至为庆慰”，协助办理青海灵童入藏事宜。在此期间西藏摄政热振和噶厦多次急电，请求迅速将青海灵童护送入藏，其原因与西藏内部局势有关，认为青海灵童年内至拉萨祥瑞，加上热振倾向于青海灵童为十三世达赖喇嘛的转世真身，灵童及早到达拉萨对其有利。在此情况下，吴忠信要求西藏地方政府按照清代惯例，由中央派员参加掣签。摄政热振接受吴忠信意见，于 12 月 12 日致电称：“所有中央派员参加办法一则，业经与司伦、噶厦商议，三灵儿迎到后，举行掣签典礼之际，为昭大信、悦遐迩计，中央应当派员参加。但目前中央驻藏长官张威白在此，可以参加，抑或另行派员入藏，二者

① 刘家驹编《班禅大师全集》，1943，第 60 页。

② 《蒙藏月刊》第七卷第一期。

③ 《汇编》第 7 册，第 2757～2759 页，民国二十七年十月八日蒙藏委员会为拟定达赖喇嘛专使掣签征认办法事致行政院呈。

孰适，可于届时当再行呈报相商。”[①] 同时驻京办代表阿旺桑丹等三人再次向蒙藏委员会转达噶厦意见，表示同意“前定达赖喇嘛转世掣签办法中之第三条内所载，由蒙藏委员会委员长指派张谘议威白代表就近办理”[②]。可见，经过西藏地方和蒙藏委员会多次协商，就中央派员参加十三世达赖喇嘛转世灵通的认定基本达成一致。

12 月 20 日蒙藏委员会研究后提出方案。其要点一是由国民政府明令特派遣蒙藏委员会委员长吴忠信会同热振呼图克图主持第十四世达赖喇嘛转世事宜；二是吴忠信可指派代表在拉萨就近参加掣签征认典礼，以昭慎重；三是电令青海省政府派员护送纪仓活佛及青海灵童至西藏境，并由中央特给纪仓活佛赴藏旅费 5000 元，以示优待。[③] 24 日行政院召开第 394 次会议，同意蒙藏委员会报告，决议“特派蒙藏委员会委员长吴忠信会同热振呼图克图主持十四辈达赖喇嘛转世事宜”[④]。28 日国民政府正式同意行政院决议，以国民政府名义下令执行。噶厦研究国民政府命令后，1939 年 1 月 13 日由热振致电吴忠信，“业经与司伦、噶厦商定，敬谨接受”[⑤]。至此关于十四世达赖喇嘛转世灵寻访、护送青海灵童入藏以及中央派员参加确认灵童确认等事项，初步达成共识。在十四世达赖喇嘛转世事宜安排上，蒋介石也极为重视，认为事关抗日大后方安全，事关中央对西藏的权威，要求中央派员赴藏主持掣签。最后国民政府决定派遣吴忠信入藏，会同热振摄政主持达赖喇嘛转世典礼。1939 年 3 月 29 日，蒙藏委员会通知西藏驻京办事处，告知吴忠信赴西藏任务，即一是会同热振摄政主持十四世达赖喇嘛坐床典礼，二是代表中央册封热振和授予司伦、噶伦等勋章。西藏噶厦对吴忠信亲赴拉萨之举十分重视，连续召开会议讨论，4 月 23 日通过驻京代表阿旺桑丹致函吴忠信，对其拟亲赴拉萨“极表欢迎”。同时，蒋介石责成青海马步芳确保灵童护送顺利，令西藏地方甚为感谢。1939 年 7 月 15 日，马步芳派遣其师长马

---

① 《班禅返藏受阻档选》，第 158 页～159 页，民国二十七年十二月十二日热振为中央应当派员参加掣签典礼事致吴忠信电。

② 《班禅返藏受阻档选》，第 160 页，民国二十七年十二月十八日西藏驻京办事处为噶厦接受中央所定达赖喇嘛转世掣签办法致蒙藏委员会代电。

③ 《班禅返藏受阻档选》，第 160～162 页，民国二十七年十二月二十日蒙藏委员会为请国民政府明令特派员吴忠信会同热振主持十四世达赖转世事致行政院呈。

④ 《班禅返藏受阻档选》，第 162 页，民国二十七年十二月二十四日行政院为呈请国民政府派员主持十四世达赖喇嘛转世并电请青海省护送灵童赴藏事给蒙藏委员会指令。

⑤ 《汇编》第 7 册，第 2762～2763 页，民国二十八年一月二十七日蒙藏委员会为复热振派员参加典礼俟掣签定期再办事致行政院呈。

元海护送纪仓活佛及灵童离开青海赴藏。

入藏人员分两路，一路是派遣蒙藏委员会藏事处处长孔庆宗率领10人，携带茶叶礼品，由陆路经西康兼程赴拉萨，希望能和青海灵童同时到达。另一路则是吴忠信率领的大队人马由海路赴藏，于1940年1月15日抵达拉萨。不过，1939年10月青海灵童就先于孔庆宗抵达拉萨。在青海灵童抵达拉萨后，10月20日噶厦电告蒙藏委员会并转呈蒋介石，称迎迓灵童典礼已毕，将诹吉剃发、赐名号、受沙弥戒和坐床等各项典礼。这意味着噶厦打破旧制，打破会同在其他地方找到的灵童举行金瓶掣签、由中央政府监督确认达赖喇嘛真身的承诺，表明青海灵童实际上早被噶厦认同。国民政府始料不及，蒋介石虽然亲自致电噶厦，但是并没能阻止噶厦征认十四世达赖喇嘛的安排。11月21日，热振致电蒙藏委员会和民国政府主席，告知选定于11月23日进行灵童照例薙发事，来年2月22日为坐床日子。11月22日，热振活佛在大昭寺为青海灵童薙发，赐法号“杰尊绛白阿旺洛桑益西丹增嘉措色松旺久从巴麦贝德白桑布”，简称丹增嘉措。12月8日，噶厦就上述活动情况致电蒋介石。蒋介石复电噶厦，重申达赖喇嘛坐床典礼必须等吴忠信抵达后，会同热振活佛共同主持。

西藏噶厦所以违背旧制和承诺，与当时西藏内部及中国内地形势分不开。就西藏内部而言，亲英派仍具有潜在实力，“自立派”也握有相当大权力，摄政热振权力实际上有限，各派政治势力利用十三世达赖喇嘛圆寂后的政治空间角逐激烈。而与此同时，内地适值抗日战争的困难阶段，民国政府迁都重庆后，西藏实为中国政治的大后方，关系非常重大。国民政府在西藏方面的政策以稳定为目标，对外力避与英国发生摩擦，对内从政治上支持热振摄政，也联络亲英派和“自立派”，意图笼络；在中央对西藏机构建设上，尽力健全驻拉萨办事机关；在宗教上，以熬茶和布施等联络三大寺院以及其他寺院。此外，国民政府尽力施惠于西藏民众，加强政策解释，稳定民心。[①] 国民政府的困境使得西藏内部的亲英派和所谓“自立派”具有较大活动空间，也使西藏地方对待中央态度表现得矛盾重重，因此十四世达赖喇嘛转世征认中的上述情况并不足为怪。

（4）吴忠信主持十四世达赖喇嘛转世坐床典礼。1940年1月15日，吴

---

① 祝启源著、赵秀英整理《中华民国时期西藏地方与中央政府关系研究》，中国藏学出版社，2010，第247页。

忠信抵达拉萨，噶厦和西藏各界都甚为重视。在迎接吴忠信的礼仪规格上，噶厦议定按照前清惯例和迎接黄慕松的情况办理。吴忠信按照既定计划开展活动。首先，吴忠信拜会政教界上层人士，诸如拜会热振摄政、礼佛，前往三大寺发放布施，密集会见地方政府官员，以便营造良好的氛围，沟通中央政府与西藏地方关系。其次，商讨十三世达赖喇嘛的转世灵童事宜。由于青海灵童拉木登珠已经雉发、受戒、赐法号，并迎入罗布林卡接受僧俗大众参拜，已不存在金瓶掣签的认定。吴忠信只能在承认现实基础上，寻求合乎体例，符合中央制定的“会同主持”方针。吴忠信和噶厦、热振活佛会商，就按照惯例确认达赖喇嘛转世灵童真身、坐床等达成共识。关于确认达赖喇嘛转世灵通真身，一是吴忠信本人察看灵童是否灵异，以符旧例；二是要由热振摄政正式具文呈请中央免除掣签，维持中央权威和确保程序合规。

在达成上述共识后，吴忠信拜见热振，向其面交了国民政府特派热振主持典礼仪式的特派状、蒋介石的亲笔信、中央册封热振的册文和金印、中央颁发给热振的彩玉勋章等。吴忠信察看灵童后，1 月 26 日热振摄政向吴忠信呈交长篇报告，详述寻访第十三世达赖喇嘛转世灵童拉木登珠经过和确认其为十三世达赖喇嘛转世真身的依据。报告最后请求中央予以免于掣签，称：“因群众情投意合，不需掣签，照例剃发受戒，业已呈报中央在案。兹遵乃仲大神所示，庚辰年坐床为吉，谨诹定于正月十四日举行坐床典礼。其应如何转中央之处，即请代达为荷。特此，尚希鉴核。”① 28 日吴忠信急电重庆，综述热振报告后表示：“忠信复查所述灵异各节，均属确实，拟请转呈国府颁布命令，准以该灵童拉木登珠为继任第十四辈达赖，俾得及时筹备坐床典礼，以昭郑重。”② 1 月 31 日，行政院举行第 450 次会议，审核和批准了吴忠信报告。2 月 5 日，国民政府颁布“府字第 898 号”令，确认拉木登珠“系第十三辈达赖喇嘛转世，应即免于抽签，特准继任为第十四辈达赖喇嘛”；并由财政部拨发 40 万元用于坐床大典。国民政府的批准令历时四年的十三世达赖喇嘛转世灵童的寻访和确认工作完成，拉木登珠成为十三

① 《十三世达赖喇嘛圆寂致祭和十四世达赖喇嘛转世坐床档案选编》，第 282 ~ 287 页，1940 年 1 月 26 日（藏历土兔年十二月十七日）热振为访得拉木登珠灵异情形并请转报中央政府免于掣签事致吴忠信函呈。

② 《十三世达赖喇嘛圆寂致祭和十四世达赖喇嘛转世坐床档案选编》，第 287 ~ 288 页，民国二十九年一月二十八日吴忠信为请准拉木登珠免于掣签颁发坐床经费事致赵丕廉电。

世达赖喇嘛的合法继承者，可以举办坐床大典。

1940年2月22日，在布达拉宫隆重举行达赖喇嘛转世真身坐床典礼。中央及西藏地方官员共计500多人出席，按照清朝驻藏大臣旧例设座次，吴忠信在与达赖平行的左方设面南之座位，“与达赖面南并坐”；其他中央官员坐东面西；热振率众僧坐西面东；三噶伦和众俗官则坐南面北。典礼在隆重的氛围中开始，首先由朗杰扎仓的侍读们诵吉祥祝福，向灵童献八瑞相、八宝和七珍。接着热振活佛向灵童行礼，诵念经典，讲解曼札，奉献各种当地礼物；并由堪布把一顶格鲁派僧人的小黄帽递给热振，热振则奉帽诵经，然后交给总堪布，敬戴于灵童头上。这意味着转世灵童正式继承前任达赖喇嘛的地位，“灵童”之名即予以撤销。热振活佛率领各大活佛向新达赖喇嘛敬献哈达和五贡；中央政府特使吴忠信率行辕全体人员向正式登位的达赖喇嘛献哈达祝贺；再随后是司伦、噶厦以及参加典礼的僧俗官员依次敬献哈达和五贡等物品。经过一系列庆典活动后，噶厦僧俗官员向新达赖喇嘛敬献象征宗教和世俗权力的金轮与白海螺，随之在两名僧人祝新达赖喇嘛健康长寿的颂词中结束严肃而欢庆的坐床大典。最后，僧俗官员将前世达赖喇嘛执掌的印玺呈献给新达赖喇嘛，举行象征新达赖喇嘛行使权力的仪式，并且在新达赖喇嘛向寺院下达的文件上加盖印章。通过这种所谓的代启用前代印信的形式，表明新达赖喇嘛继承前代达赖喇嘛的地位与权力。整个活动历经四个小时，吴忠信代表中央政府主持的十四世达赖喇嘛坐床典礼和权力继承仪式至此全部告成，整个典礼和仪式极为整肃、隆重和圆满。

典礼结束后，吴忠信当天就典礼情况电告国民政府，十四世达赖喇嘛、热振摄政和噶厦均循例电呈国民政府。十四世达赖喇嘛坐床典礼是信奉藏传佛教信徒宗教生活中的大事，拉萨市民、各寺院和政府部门例行庆祝三天，国民政府也下令全国悬旗庆祝。

（5）吴忠信主持册封热振和为司伦及噶伦授勋典礼。代表中央政府册封热振和授勋及向司伦与噶伦授勋，也是吴忠信此行的重要使命。国民政府批准册封和褒奖拥护中央及维护地方稳定的西藏官员，授予热振活佛、司伦朗敦贡噶汪秋二等彩玉勋章，授予噶伦朗琼白马敦朱、彭休泽登寺吉、彭康扎喜夺吉与锵清土登霞嘉等人三等彩玉勋章。2月15日，吴忠信率领行辕人员前往锡德寺，举行典礼仪式，给上述人员册封和授勋。至此，吴忠信较圆满地完成了西藏之行的使命。

五 国民政府对班禅系统的政策

国民政府对班禅系统的政策也是其经略西藏的重要组成部分。九世班禅额尔德尼自1923年后长期在内地居住活动，1934年1月在国民党中央第四届执行委员会召开的第四次会议上被选为国民政府委员。1937年12月1日，在返回西藏途中因病圆寂于玉树大寺甲拉颇章，享年55岁。九世班禅一向拥护中央，宣扬佛法，主张五族共和建国；在其遗嘱中希望处理好西藏与中央的关系，处理好后藏遗留问题。九世班禅圆寂后，国民政府对其册封、致祭以及对十世班禅的寻访、认定、册封及坐床制度仪式，也反映出国民政府对西藏僧俗上层管理的重视。

（一）国民政府对九世班禅的册封与致祭

国民政府得知九世班禅圆寂后，十分重视善后事宜处理。鉴于九世班禅爱国爱教的伟绩，国民政府特于1937年12月23日追赠其为“护国宣化广慧圆觉大师”称号，拨付治丧费1万元，专派考试院院长戴传贤赴康定致祭并处理行辕和行署善后事宜。因康定炎热，遂在甘孜按照藏传佛教习惯对班禅遗体做防腐处理，并暂留甘孜。后经多方缜密协商，由蒙藏委员会拟具班禅善后办法八条，报经行政院核准，此外中央还拨给3万元犒慰班禅随侍人员。

1938年4月19日，致祭专使戴传贤受命赴甘孜致祭九世班禅大师。专使率领组织机构为考试院院长行辕，下设总参赞一人，参赞若干；设秘书处，分总务、文书、交际、警卫、卫生五组，并置无线电台。戴传贤一行于8月5日抵达甘孜，受到当地僧俗大众以及班禅行辕大小官员、前藏驻昌都札萨索康奉噶厦之命所派致祭大师代表觉巴代本、柯子仲等的热情欢迎。戴传贤率领行辕官员前往班禅法体所在的香根寺参拜，于8月8日在甘孜寺大殿举行致祭九世班禅大师大典，代表国民政府致祭，宣读祭文，行三鞠躬礼，并以礼佛布施，完成致祭大典。此后戴传贤广泛接触当地政教人士和前藏代表，了解藏族问题，商议解决当地政治、经济等问题。戴传贤致祭九世班禅，维护了中央政府与西藏班禅系统的传统关系，对特殊时期稳定西藏特别是对班禅系统富有意义，弘扬了九世班禅大师爱国爱教精神，也在一定程度上沟通了中央与藏区，宣传了国民政府对西藏的政策。

经过诸多波折，1941 年九世班禅法体运抵扎什伦布寺，专建灵塔祀殿供奉。

（二）九世班禅转世灵童寻访、认定和批准

九世班禅圆寂后，寻找其转世灵童事宜提上日程。国民政府指定九世班禅的主要官员罗桑坚赞主持寻访灵童工作，并制定《征认班禅呼毕勒罕办法》。

关于《征认班禅呼毕勒罕办法》的制定。鉴于寻访九世班禅转世灵童的需要，蒙藏委员会根据《喇嘛转世办法》，制定班禅转世灵童征认办法，即《征认班禅呼毕勒罕办法》，呈报行政院，1942 年 3 月 26 日行政院第 555 次会议决议通过并下达。该办法主要是：第一，班禅转世灵童由班禅徒属寻访；第二，班禅呼毕勒罕候选人，准由西藏宗教首领就班禅徒属所报灵童中负责认定三名；第三，呼毕勒罕候选人三名决定后，由西藏政府呈报中央派员在拉萨大昭寺举行掣签，掣定一名为呼毕勒罕。该办法规范了寻访和认定班禅转世灵童的活动。

但是，班禅转世灵童寻找出现了复杂局面。经过寻访，先后在青海、西康等藏区发现多名灵异幼童，寻访团造册上报蒙藏委员会的灵童共达 16 名。罗桑坚赞依照国民政府的决定以及出于对噶厦的尊重，特派代表团进藏，向噶厦报告班禅转世灵童寻访情况。但是，噶厦与班禅堪布厅并没有就灵童寻访达成共识，而蒙藏委员会则忙于弥合其分歧。至 1943 年底，噶厦试图按宗教形式来确定班禅转世灵通正身，使得班禅堪布厅加快班禅灵童确定。班禅堪布厅一致同意按照宗教例规确定，在塔尔寺请阿嘉呼图克图、赛多诺木汗、嘉木祥等佛登坐法台，虔诚诵经，悉认为灵童官保慈丹慧性昭著，尤为灵异，确为班禅转世正身。随后按照拉古大佛指示，将三个灵童官保慈丹、索南旺堆和噶桑列出，于 1943 年 12 月 29 日在塔尔寺宝贝佛前举行抽签，抽出官保慈丹名签。1944 年 1 月 31 日，班禅堪布厅的堪布偕同塔尔寺各大活佛赴札塘迎接班禅转世灵童正身官保慈丹，并供养于塔尔寺中。由此班禅堪布厅选定九世班禅转世灵童正身。罗桑坚赞遂将上述择定九世班禅转世灵童的整个过程具文，上报蒙藏委员会，并特别强调青海各大活佛均承认官保慈丹为班禅正身，僧俗大众拥戴；请求中央选派大员赴青海，正式举行典礼仪式；同时，堪布厅也将青海择定班禅转世灵童的结果电告拉萨。随后罗桑坚赞举行灵童正身庆典，青海省政府代表、青海各大活佛以及蒙藏首领和僧

俗群众出席庆典会。会后，罗桑坚赞和马步芳均致电蒙藏委员会，请求中央政府予以鉴核和批准。

与此同时，噶厦遴选出三名灵童，即循化的官保慈丹、塔尔寺附近的切穹札喜和西康的宿拉玛，要求将灵童送抵拉萨，抽签确定正身。1944 年 6 月 14 日，西藏驻京代表将此情况上报蒙藏委员会委员长吴忠信，吴忠信对西藏噶厦和青海班禅堪布厅的巨大分歧甚感棘手，反复协调长达五年，仍无结果。1949 年 4 月，国内政局发生巨大变化，解放军攻克南京，国民政府迁至广州。噶厦利用内地混乱之际，派人前往西康迎请宿拉玛灵童至拉萨，这令青海蒙藏僧俗甚为不满。

青海方面也采取相应对策，要求中央政府明令公布官保慈丹为班禅转世灵童正身。1949 年 4 月 1 日、18 日青海塔尔寺法吉觉佛等 27 位高僧和蒙古各盟旗联合驻京办事处，分别电呈蒙藏委员会委员长白云梯，请求中央政府命令公布官保慈丹为班禅转世灵童正身；同时援引第七世达赖喇嘛在塔尔寺坐床的先例，由中央政府派遣大员赴塔尔寺主持。塔尔寺高僧电文称："第以年来，中央对班佛转世犹豫不决，迄未公布，蒙藏同胞，忧心如焚。兹为尊重国家主权，并达到僧俗愿望起见，仰恳钧座盱衡时局，采纳舆情，准将官保慈丹即日明令公布为第十世班禅正身，并请隆重护送入藏，以慰众生。倘因其他关系，一时不能护送，仍恳援例循清康熙五十三年第七辈达赖在青海塔尔寺坐床决定之成例，派遣大员莅临塔尔寺主持坐床典礼，以顺民意，而重佛事，不胜迫切待命之至。"[①] 蒙古各盟旗及驻京办事处电文称："第十世班禅亦已转世，聪明睿智，早为我蒙藏、青海僧俗民众所崇敬。乃留青待命，已近十年，而政府对其正身册封问题迟迟不决，似无足重轻者，蒙藏人民咸表失望。迩因大局动荡，边圉人心不安，国家若仍对班禅册封问题淡漠置之，则有失蒙藏人心。"并且请求循第七世达赖喇嘛旧例，在塔尔寺册封，然后徐图进藏。[②] 此后，又有青海佛教界、政界人士不断致电蒙藏委员会，请求政府宣布班禅转世正身。

蒙藏委员会接到这两份电报后，也深感压力，担心再不解决班禅转世正

① 《九世班禅圆寂致祭和十世班禅转世坐床档案选编》，第 346 ~ 347 页，民国三十八年四月十一日班禅驻京办事处为转法吉觉佛等请公布官保慈丹为第十世班禅正身电报事致蒙藏委员会公函。

② 《九世班禅圆寂致祭和十世班禅转世坐床档案选编》，第 347 ~ 348 页，民国三十八年四月十八日蒙古各盟旗联合驻京办事处为请速定第十世班禅正身事致蒙藏委员会代电。

身问题将会十分不利。遂于5月5日拟定认定办法，上报行政院，建议命令公布官保慈丹为第十世班禅额尔德尼呼毕勒罕，准予在青海塔尔寺先行坐床，由中央派员主持办理；等时局平静后，再行护送第十世班禅返藏。[①] 5月18日，国民政府行政院第六十次会议做出决议，呈请总统命令公布官保慈丹为第十世班禅额尔德尼呼毕勒罕，在青海塔尔寺先行坐床，中央派员前往主持。6月3日，国民政府代总统李宗仁签署命令，确认青海灵童官保慈丹为第九世班禅额尔德尼转世，并免于掣签，特准继任为第十世班禅额尔德尼。

1949年7月16日，国民政府行政院核准蒙藏委员会委员长关吉玉和西北军政长官公署代长官马步芳为正、副专使，主持班禅坐床大典，8月10日上午11点，第十世班禅额尔德尼坐床大典在塔尔寺普观文殊殿前大讲经院隆重举行。参加大典人员共计5000多人，有中央专使团、青海省政府官员、蒙藏各大活佛、青康甘省的千百户及头人。大典由中央特派专使蒙藏委员会委员长关吉玉会同副使马步芳的代表马继融和罗桑坚赞主持，大典隆重庄严，既有专使致辞、鸣炮、奏乐、向国旗和国父遗像行致敬礼、合影，更有藏式宗教礼仪，诸如向班禅额尔德尼致敬礼、献哈达，向各大僧俗代表、地方官员、各大寺院活佛行贺礼以及诵经及茶会等。

坐床大典顺利结束后，第十世班禅额尔德尼依据前例，向国民政府代总统李宗仁致电感谢，并表示要继承历代班禅的一贯意志，拥护中央庇护众生。李宗仁代总统复电表示欣慰，并希望努力弘扬佛法，以教辅政。至此青海循化灵童官保慈丹继承九世班禅的法统，成为格鲁派班禅系统的合法继承者，是为第十世班禅额尔德尼·确吉坚赞。

六　国民政府成立驻西藏办事处

1940年3月，办理完十四世达赖喇嘛坐床典礼和册封及授勋热振等西藏政教领袖的事宜后，吴忠信着手处理中央与西藏尚未解决的问题，诸如班禅灵柩返藏、恢复内地与西藏交通、完善中央驻西藏办事处，派遣西藏青年到内地学习军事、政治和经济，其中完善驻西藏办事处是首要问题。吴忠信

① 《九世班禅圆寂致祭和十世班禅转世坐床档案选编》，第348～352页，民国三十八年五月五日蒙藏委员会为班禅征认经过并拟具办法事致行政院呈。

及其所率领的行辕人员广泛接触西藏政教上层人士，走访和布施寺院，宣传中央对西藏政策，在一些问题上达成共识，其中关于蒙藏委员会在拉萨设立办事处的问题尤为如此。

1940 年 4 月 1 日，蒙藏委员会驻西藏办事处正式成立。在准备设立办事处之际，国民政府本拟设立驻藏办事长官，但是热振认为当时西藏内部情况仍非常复杂，英国虎视眈眈，骤然难以设立高级别机构；不过热振承诺慢慢运作，以达到中央的期望。最后，吴忠信认为设立级别适中的驻藏办事处较为合适。国民政府任命蒙藏委员会咨议孔庆宗为处长、交通部无线电台台长张威白为副处长；同时，撤销以前留藏人员等组织。关于驻藏办事处工作职责等方面，规定驻藏办事处综理藏务，处长和副处长均为简任；办事处下设两科，分别设科长 1 人、科员 4 人、办事员 4 人，还可酌情雇用若干人员；设汉文、藏文秘书各 1 人，会计 1 人，医师 1 人；另外还设立卫队。一科掌理文书、印信、出纳、庶务和人事等项；二科掌理政治、宗教、教育、建设、调查和宣传等项。办事处成立之初的人员主要由吴忠信行辕和黄慕松留藏人员组成，其组成为第一科科长华寄天、第二科科长孔庆宗兼，藏文秘书李国霖，翻译张旺，科员有吴三立、刘桂楠、苏大成，办事员为高师原和李耀南等。办事处设于拉萨，需要时可派员驻扎于扎什伦布、江孜、昌都及其他重要地方。

蒙藏委员会驻藏办事处的成立，使中央政府和西藏地方联系回归正常，具有重要的历史与现实意义。同时，办事处做了大量沟通和联络中央政府与西藏地方的工作，有力地维护了国家统一。

小　结

民国时期中央政府与西藏关系长期陷入不正常状态，特别是在民国早期，由于英帝国主义干涉，西藏地方政府疏离中央，后经过中央政府的反对和斗争，西藏地方与中央政府关系出现转机。南京国民政府成立后，经过多方面艰苦的努力，逐步使西藏地方与中央政府关系恢复正常。

综合看来，国民政府对西藏经略首要是积极恢复中央政府与西藏地方的关系，采取各种措施维护和改善关系。在藏区与青海、西康等接壤地区，国民政府竭力发挥中央的权威，协调和平衡地方势力，减少军事摩擦，消弭宗教事务引起的矛盾，调解达赖与班禅关系，确保西藏内部社会与宗教的稳定，确保西藏与内地关系的安定。国民政府高度重视西藏僧俗上层人士，无论是达赖系统还是班禅系统，中央政府平等对待，维护其传统权力和利益，坚持对其管理制度和仪规，与时俱进地完善管理政策，成功地维持了两大系统与中央政府的关系，较好地维护了西藏政治和社会的安定，确保国家主权与领土的完整。国民政府促使西藏地方参加中央政府有关会议，保障和体现西藏地方参与国家管理的权力。同时，国民政府也注重治藏机构的建设，在民国前期蒙藏院的基础上，成立蒙藏委员会，并专设藏事处，有效地处理西藏日常事务；特别是中央政府设立驻西藏办事处，进一步加强了中央政府对西藏地方的管理，是国民政府对西藏经略强化的表现。

虽然国民政府在西藏经略上远称不上完美，但是考虑到历史与现实因素，国民政府能够克服重重困难，恢复中央政府与西藏地方的关系，基本维持了西藏的稳定，维护了国家主权与领土完整，这是值得肯定的。

略论近代云南的边防建设及政区设置

翟国强

摘　要： 鸦片战争后，作为仍在独立行使国家主权的中央政府，针对英法的入侵和省内土司势力强大且易发生事端的地区，积极加强军事力量和边境管控，采取了诸如加强少数民族土兵建设、设置特别政区等措施，对稳定边疆，维护国家主权，具有十分重要的意义。

关键词： 近代　云南　边防　土兵　政区

作者简介： 翟国强，历史学博士，中国社会科学院中国边疆研究所研究员。地址：北京市东城区先晓胡同10号，邮编：100005。

从鸦片战争开始，中国民族的发展历史发生了巨大的变化，欧美列强大规模入侵中国，中国开始沦为半殖民地半封建社会，在上述重大变化的背景下，云南各民族生存与发展的客观外部环境亦开始发生变化，表现为国家主权独立行使受到干预，领土不再完整。但作为仍然在独立行使国家主权的中央政府，针对英法的入侵和省内土司势力强大易发生事端的地区，仍积极进行边防建设和加强控制。清政府和民国政府在云南有了许多积极的作为：加强边防建设和边境的控制与布防。此外，改土归流后，在少数民族分布的沿边地区和重要的军事重镇加强了军事力量，而众多的军队则由少数民族土兵组成。这些措施对稳定边疆，加强边防，维护国家主权与完整，有十分重要的意义。

一　英法的入侵与清政府对云南边防的重视

清朝继承了明朝末年云南边疆的疆域范围，然后在此基础之上，又先后与邻国之间有过局部的边界调整。清朝先后在云南边疆设置了广南府、开化府、临安府、普洱府、顺宁府、永昌府、腾越直隶厅等地方行政机构，而这些行政机构所管辖的很多地方，就是和越南、老挝、缅甸相毗连的边境。例如康熙六年（1667）设立了开化府，并取消了一部分土司，使清政府的力量直接深入到了边地文山，取得了巩固云南东南部边防的作用；雍正七年（1729），设置了普洱府，把车里宣慰司所管辖的澜沧江以东之地改流，隶于普洱，派兵驻守，加强了对南部边境的控制。

在英法两国占领越南、老挝、缅甸之前，这三个国家与中国相连地区，或为中国政府直接统治，或以藩国的身份接受清王朝的统治。康熙五年（1666），清政府正式赐安南封印，再次肯定了双方的宗藩关系，这种关系一直维持到公元1884年安南成为法国的保护国。在缅甸，乾隆五十三年（1788）缅甸请求臣属，清政府于乾隆五十五年（1790）赐缅甸国王印，到公元1858年英国占领缅甸，缅甸与中国的宗藩关系结束。从此，中国与东南亚各国的模糊边界已经不能维持，经过复杂的勘察与谈判，中越、中缅有了较为明确的规定，模糊边界逐渐发展为具有现代国家意义的边界。有了边界自然也有了边界问题和边防建设问题。

1885年，英军占领缅甸后，开始向滇西南边境扩张，于1894年中英签订了《中英续议滇缅界务条款》，1897年又签订了《中缅条约附款暨专条》。条约规定：尖高山以北边界留待后议；八关地区按英军实际控制划界①，铁壁、虎踞、天马、汉龙四关被割出，猛卯三角地（今瑞丽县南）永久租给英国；麻栗坡（科干）划归中国，但后来换文时又划归英国；南汀河（今南定河）以南，以怒江和澜沧江的分水岭为界，过公明山接南卡江。② 此后，英军不断向北推进，又占领了一些地方。③

清代老挝独立，孟艮府被划出，十三版纳的猛乌、乌得（今老挝丰沙里北部）及猛腊县南的磨丁、磨别、磨杏三盐井地，在中法划界时划归法国，后归老挝，形成今界。

今绿春、金平县以南，黑水河以北的猛梭、猛赖、猛蚌，在中法战争以

① 八关为神护关、巨石关、万仞关、铜壁关、铁壁关、虎踞关、天马关、汉龙关等八关。

② 李寿、苏培明：《云南历史人文地理》，云南大学出版社，1996，第83页。以下内容亦引自本页。

③ 抗日战争期间，英国逼国民党政府划出一条“1941年界”。1960年中缅签订边界条约，双方本着“照顾历史，承认现状”的原则，对边界作适当的调整，形成今界。

后勘定滇、越边界时划归法属越南，形成今界。

今文山州南部边界原以赌咒河（又名黑河，今越南境内的斋河）为界。清雍正年间（1723～1736）越南黎朝暗中向北推进，又请求清朝“赐地”，一度把边界订到马白关（今马关县城）外的小赌咒河。中法战争后，中国提收回旧土，经多次交涉，退回都龙一带，到光绪二十一年（1895），最后确定本段中越边界线。

对云南所有的边界线，清政府曾着力经营，派重兵把守。清初至道光、咸同年间，清政府的主要力量用在西南边防线上，防范英国人。当时清政府认为：“云南沿边，环接外夷，南境之蒙自，当越南国，西南境之腾越，当缅甸国，尤为南维锁钥。”其具体的边防情况是：“腾越界连野番，旧设八关九隘，以土练驻防。缅甸国入贡之道，向由虎踞关入，经孟卯、陇川等处，以达南甸，设南营都司以备之。”①

清代中后期，对所有边防线的防守以滇西南的关隘关注度最高。这是因为滇西南的关隘“最险要者，莫如腾越诸关。马面关在云喧山顶，控制茶山、里麻一带要害；滇滩关外接野人界；神护关在盏西邦中山，控制茶山、古勇、威缅等路；万仞关在猛弄山，控制港得、港勒等路；巨石关的刁马山，控制户冈要路；铜壁关在布岭山，控制蛮哈、海黑、蛮莫等路；铁壁关在等练山，控制蛮莫等路；虎踞关在邦杭山，控制蛮棍、遮鳌、光脑、猛密等路；天马关在邦欠山，控制猛广、猛密、猛曲等路；汉龙关在龚回，控制猛尾、猛广、猛密、猛育、垒弄、锡波等路”。这样一来，暂时有效地控制住了腾越诸关。对这些地方，从道光三年（1823）开始就修筑边防工事，共计建有“碉楼五十三，堡二十四，或以木，或以石，或以土，或以石和土，皆相度其险要之区而以练兵屯焉。华夷之介，固防必设重门也”。②

因为滇西是通缅要道，清政府亦投入大量兵力防范，定期还有总督等大员巡视，乾隆三十二年（1767），“以木邦为通缅甸要路，并九龙江、陇川、黑山门各隘，咸以兵驻守。四十三年，李侍尧因永昌、普洱等府，向以镇、协标千五百人，在三台山、龙江一带驻营防缅，冬去春回，颇形烦累。云南省控制全边，重在腾越。其南甸之东南衫木笼，距虎踞关百余里，当腾越左臂。南甸之西南为千崖，距铜壁、万仞、神护、巨石诸关，均一二百里，实

① 《清史稿·兵志八》，中华书局，1977，第4070页。

② 《道光云南志钞》，云南社会科学院文献所1995年内部版，第31～32页。

为各路咽喉。乃于衫木笼、千崖二处各增将弁营汛。龙陵地方，道通木邦，原驻兵千五百人，其南三台山尤为扼要，亦增设弁兵。以顺宁一路旧有之额兵，分驻缅宁，与永顺右营协同防守。总督、提、镇大员，每年酌赴腾越边外巡阅一周，以期严密”。①

光绪十一年（1885），岑毓英加强了蒙自的兵力，重点防范蒙自、马关。岑毓英认为法国通商之路“以蒙自为冲，沿边千里，处处错壤，留防之兵一万六千人，编为三十营，以白马关隶开化镇总兵，蒙自隶临元镇总兵，每年瘴消之际，亲赴边陲，简阅营伍”。② 由于个旧锡矿开采需要大量人力，其中不乏少数民族成员，岑毓英亦认为应该重点加以控制和设防，即“个旧锡厂，规模宏大，厂丁数万人，汉夷杂处，且通三猛、蛮耗各路，乃增设同知一员，移临元之都司营兵驻防个旧，调原驻开化游击移守白马关，以右营都司分驻古林，移右营守备驻长冈岭，以临元游击驻蒙自，右营都司分防水田，右营守备分防嵩田，为因地制宜之计”。③

道光十一年（1831），英国陆军大尉斯普赖由印度、缅甸到云南游历后，不止一次地建议英国政府修筑从仰光到云南的铁路，并建议修通暹罗和安南的环线，而对于帝国主义者修铁路之事，中国中央政府和地方政府都十分警惕，作了相应的防范。故光绪二十二年（1896），对相关地区的汛防作了相应的调整，而且协调滇川两省共同协力防边。《清史稿·兵志八》载：“二十二年，鹿传霖以维西协所属阿墩子汛地，界接川边之巴塘，左临澜沧江，右挹金沙江，地势至要，英缅铁路所经，相距渐近，仅四五日程。乃协商四川疆臣，酌设重镇，并于川、滇交界处，两省各设文武员弁，协力防边。”④

滇西南与缅甸接壤，为了有效地进行防备，也增加了兵力。“自云南入缅甸，共有六途，以蛮允一途为捷径，沿边由西而南而东，皆野人山寨，布列于九隘之外，兵团守望，时虞不足。乃调关外劲旅二千余人，与原有防军及乡团、土司，协力警备。”⑤

虽然清政府尽力守卫边防，但到了清朝末年，随着清王朝的衰落和英法

① 《清史稿·兵志八》，中华书局，1977，第4072页。
② 《清史稿·兵志八》，中华书局，1977，第4073页。
③ 《清史稿·兵志八》，中华书局，1977，第4073页。
④ 《清史稿·兵志八》，中华书局，1977，第4074页。
⑤ 《清史稿·兵志八》，中华书局，1977，第4073页。

在云南的快速扩张，边防也就形同虚设了。《清史稿·兵志八》载："云南自英据缅甸，法夺越南，防守两难。光绪之季，西南腾越、临安两路，创设团练，稍资捍卫。而饷绌兵单，边防渐弛矣。"①

二　清朝中期在云南边疆民族地区的控制与布防

雍正年间（1723～1735），清政府为了加强对云南边疆各少数民族聚居区和一些重要地区的有效控制与管理，广设汛防，派兵驻守，从《清史稿·兵志八》所载来看，有下列重要举措：②

雍正二年（1724），在平定青海之后，于雅砻江等处设置了一些关卡，其原因为这些地方是通往云南的重要通道。

雍正三年（1725），在苗族、彝族分布较多的威远大山之中，在普茶山各处，设参将等官，驻扎士兵一千二百人，并在九龙江口设立防汛。

雍正四年（1726），因为当时四川的阿敦子作为中甸的门户，便将防汛划归云南省管辖，与四川的巴塘、打箭炉形成犄角之势。

雍正五年（1727），清朝政府考虑到广大的中甸地方是云南的西北重镇，维西是通往西藏的战略要地，于是在中甸增设了参将营，在维西增设了守备营。

雍正六年（1728），清政府加大了对滇东北少数民族聚居区的控制，设官多人，兵员亦增加一千五百人。具体为：因乌蒙、镇雄地方辽阔，在乌蒙设总兵等官，镇雄设参将等官，分隘驻防。所有旧设之贵州威宁营、云南镇雄营、东川营咸隶乌蒙镇总兵调遣，建筑城垣。旋增兵千五百人，设寻甸州参将等官。

雍正七年（1729），为了加强对云南南部地区的控制，设立了普洱府及普洱镇将，标兵三千二百人，分防各路。

到了道光年间（1821～1850），林则徐到云南为官，对迤西的军队驻防、兵力数量作了调整布置，目的仍是为了有效地控制地方。他的布防具体是："其扼要之处为永平县、永昌府龙街汛、永定汛、漾濞汛、姚关汛等，凡二十一汛，咸增兵驻防，而澜沧江桥尤为险扼。顺宁府毗连夷地，以龙陵

① 《清史稿·兵志八》，中华书局，1977，第4074页。

② 《清史稿·兵志八》，中华书局，1977，第4071页。

协与顺宁参将对调。缅宁厅、锡腊、右甸、阿鲁、史塘等处防军，或分汛多而存城少，或分汛少而存城多，地之夷险与兵之多少不均，咸酌量增调。大理府原驻提督，而上下二关及太和县城、弥渡、红岩、赵州等处，尚属空虚，均增兵填防。姚州、蒙化二处，亦改汛增兵。”① 同治年间（1862 ~ 1874），岑毓英针对那些设防空虚、重视不够的地方又增设了布防，其重心主要在滇西北的丽江府。岑毓英认为：“因迤丽江府城地处极边，界连西藏，丽江、剑川交界之喇鸡鸣地方，系江边要隘，江外即野人境，向未设兵。乃以丽鹤镇都司移驻丽江府，剑川营都司移驻喇鸡鸣。……十三年，以昭通标兵之半，赴金沙江外驻守。”② 此外，对于楚雄府中地方广大的八哨，派楚雄协副将设汛驻兵，因为这一地区是滇中与滇西的交通孔道，少数民族分布较多，对清政府来说是设防重点。

到了光绪年间，在少数民族地区的控制与布防仍然没有停止。光绪七年（1881），刘长佑认为剑川是从大理向滇西北去的交通要道，具有极高的战略意义，故把喇井营移驻剑川。而喇井也是澜沧江的重要之地，所以又以吉尾汛移驻。但整个光绪时期，云南最高长官岑毓英的重心还是放在滇东南及滇西南边境一线。

光绪十四年（1888），滇南一线边境的少数民族倮黑频频反抗，岑毓英认识到这一地区在边防上的重要性，采取了一系列措施：增设镇边抚夷厅，修筑城垣，增加驻军。《清史稿・兵志八》载：“（光绪）十四年，岑毓英以边境倮黑夷匪，频年滋事，分别剿抚。倮黑所屯踞之地，分上下改心，在澜沧江畔，界接土司，其东西大路，与缅甸通处，为顺宁、普洱两府屏蔽，其下改心地方，尤为扼要。乃增设镇边抚夷厅，择地建筑城垣，并设参将等官，驻防兵丁一千一百五十八人。”③

上述军队的调动与部署的第一个目的是为了保证改土归流能在强大的军事压力下得以进行，因为从雍正元年（1723）丽江府改设流官开始，到雍正十三年（1735）在普洱府宁洱县（今思茅市普洱县）设流官为止，是改土归流最重要的时期，清政府将乌蒙土府和镇雄土府由四川改隶云南，废除这两地的土司统治，接着又进行了一系列的行政区划调整，如改乌蒙府为昭

① 《清史稿・兵志八》，中华书局，1977，第4072、4073页。

② 《清史稿・兵志八》，中华书局，1977，第4073页。

③ 《清史稿・兵志八》，中华书局，1977，第4074页。

通统辖镇雄州、恩安县、永善县，又把隶四川的东川划归云南，下设会泽县等。第二个目的是为了保证改土归流后不再出现反复，政府能有力地控制改流地区。

三　边防建设中的云南土兵

土兵之制始于明代。当时明王朝为了集中主要兵力对付北方强大的蒙古，便在南方征调少数民族武装力量组建土兵队伍，使之成为政府的武装力量之补充，其作用是维护地方社会治安，参加正规军队的军事行动或驻防到重要的地区。其之所以叫作土兵，就因为土兵不属于经制兵。清代，仍沿用土兵制度，以地方少数民族上层所统辖的军队为主，在中央统辖下负责执行守卫边防，和八旗兵、绿兵营一起参加一些重大的军事行动，为清政府守疆防变做出了巨大的贡献。《清史稿·兵志五》载："土兵惟川、甘、湖广、云、贵有之，调征西南，常得其用。康熙间，莽依图战马宝于韶岭，瑶兵为后援。傅弘烈平广西，亦借土兵义勇之力。乾隆征廓尔喀，调金川土兵五千，讨安南，以土兵随征。"① 清政府之所以在云南广泛调用土兵，主要是因为土兵熟悉地形，适宜在恶劣环境中作战，而且英勇善战，是经制兵的一种补充。故《清史稿·兵志八》载："腾越界连野番，旧设八关九隘，以土练驻防。……缅宁、腾越各隘，皆瘴疠之地，难驻官兵，复设土练兵一千六百人，以八百人驻守缅宁之丙野山梁等处，八百人驻守腾越之蛮章山等处，省官兵征调之劳。"②

西南地区，特别是云南自古就是多民族地区，所以清政府多征用土兵参加征战。《清史稿·兵志五》载："古西南夷多槃瓠遗种，曰僚、曰伶、曰僮、曰僮、曰瑶、曰苗。其后蕃衍，有西番、僰人、摆夷、么些、倮㑩、咱哩、倮罗、佷、瑶等目。苗蛮种类尤多，如花苗、红苗、花仡佬、红仡佬、白倮㑩、黑倮㑩皆是。土兵多出其中，故骁强可用。"③

对土兵的管理制度，不同地区稍有不同，即所谓"土兵之制，甘肃、四川、两广、湖南、云贵或隶土司，或属土弁，或归营讯。甘肃土兵附番

---

① 《清史稿·兵志八》，中华书局，1977，第 3963 页。

② 《清史稿·兵志八》，中华书局，1977，第 4070～4072 页。

③ 《清史稿·兵志五》，中华书局，1977，第 3963～3964 页。

部，四川土兵附屯弁、屯蕃。湖南土兵附练兵、屯兵。别有番民七十九族，分隶西宁、西藏”。①

具体到云南，土兵由土都司、土守备、土千总、土把总、土外委、土巡捕、抚夷管辖，驻防在云南的边疆要隘。据《清史稿·兵志五》所载，云南的土兵主要驻防在以下各地：

镇远厅，大雅口土都司各一。

丽江府，大山茨竹寨土守备各一。

中甸迭巴土守备二。

镇边厅黄草岭，衫木笼隘，六库，阿敦子，猛遮，普宁县普藤，维西厅奔子栏，元江州，云龙州老窝，威远厅猛戛，永北厅羊坪，保山县登梗，鲁掌，丽江府，新平县斗门磨沙，大中甸神翁，小中甸神翁，中甸江边神翁，中甸格沙神翁，中甸泥西神翁，镇边厅猛董，圈糯千总各一。

临安府稿吾卡，漕涧，奔子栏，阿敦子，澜沧江，临城，其宗喇普，思茅厅倚邦，易武，猛猎，六顺，猛笼，橄榄坝，猛旺，整董，他郎厅儒林里，定南里，威远厅猛戛，猛班，腾越厅大塘隘、明光隘、古勇隘、卯照、下猛引，贤官寨，募乃寨，东河，元江州永丰里、茄革里、喇博、他旦，老是达，岩旺，乌猛，乌得土把总各一。

迭宾土把总五。

中甸江边，小中甸迭宾，中甸格咱，中甸泥西土把总各三。

镇边厅大山分防，猛弄掌寨，猛喇掌寨，水塘掌寨，五亩掌寨，五邦掌寨，者米掌寨，茨桶坝掌寨，马龙掌寨，瓦遮，宗哈正掌寨，瓦遮副掌寨，宗哈副掌寨，斗岩掌寨，阿土掌寨，土外委各一。

宾川州赤谷里，保山县练地，武定州勒品甸土巡捕各一。

止那隘，猛豹隘，坝竹隘，黄草岭隘抚夷各一。

八关抚夷：铜壁关、万仞关、神护关、巨石关、铁壁关正副抚夷，各有努练土兵，自二十五六户至百五十余户。虎踞关、天马关、汉龙关正副抚夷。②

① 《清史稿·兵志五》，中华书局，1977，第3964页。

② 《清史稿·兵志五》，中华书局，1977，第3975页~3976页。

由上所见，这些土兵在土司的统辖下，分别守护着云南的西北、西南、南部、东南边境，而西南、南部、东南同时也是当时中国的边境，特别是1840年以后，面对英法列强的入侵，土兵为守卫边疆是做出过贡献的。

四　民国时期云南边疆设置的特别行政区

行政区划是一个国家在本国的领土上，根据行使国家权力和执行国家任务的重要，并兼顾地理条件、历史传统、风俗习惯、经济联系、民族分布等实际状况，实行行政管理区域的划分和调整。因此，到了民国时期，针对云南边疆地广人稀，少数民族众多，社会发展极不平衡，还保留着许多土司，政治经济与内地还不能完全统一的情况，云南省政府有目的地设立了一些特殊的行政区划。

民国二年（1913），云南省根据中央政府规定，废除了府、厅、州制，设滇中道、蒙自道、普洱道、腾越道。清朝末年云南省改置的县级行政建制共92个，民国时期又新增了21个。各县区内距县城较远的地方，为了便于治理，又分设县佐，直辖于县知事。沿边区域则设置弹压委员（后改为行政委员），为以后设县做了准备。思普沿边地区为国防要地，1913年设置思普沿边行政总局于景德（即景洪），下辖8个行政分局，管理云南南部边疆事务。

1929年为加强边区行政组织，取消了思普沿边行政总局，在原有区域设了车里等6县及宁江行政委员会。1930年中华民国中央政府又批准成立腾冲、宁洱督办区。经过不断调整，到1940年，云南省的县级行政建制增加到131个（其中含设治局16个，督办区2个）。[①] 在云南省当时的131个县级行政建制中较有特色的是设治局和对汛督办。民国初年，云南省政府根据云南自身的实际情况，在今云南南部的思茅、普洱设行政总局，受普洱道的管制；在云南西部和西南部设了弹压委员，受腾越道管制；对于县域太大、地广有稀、交通不便的地区，光靠县知事难以治理，便设县佐，县佐为知县属官，代表知县对某一特殊地区进行管辖，到1932年全省共有县佐10个。在上述行政建制的基础上，产生了设治局，它是一个在少数民族地区建立的过渡性县级机构，是中华民国中央政府统一地方行政建制的产物，可以

① 《云南省志·地理志》，云南人民出版社，1998，第106页。

认为是民国时期的改土归流。

民国时期的设治局共有 16 个，最早设于 1932 年，最晚设于 1940 年。[①]

潞西设治局，清属龙陵厅，为芒市、遮放、勐板三土司地。1912 年设弹压委员，1915 年设芒遮板行政委员，1932 年改为设治局。

泸水设治局，1913 年设泸水行政委，1932 年改为设治局。

梁河设治局，清为腾冲南甸土司地，后设八撮县佐，1932 年改为设治局。

莲山设治局，清为腾越厅盏达土司地，1920 年设弹压委员，后为行政委员，1932 年改为设治局，因在莲花山下，故名莲山。

陇川设治局，清为腾越厅土司地，1912 年设陇川弹压委员，1917 年设行政委员，1932 年改为设治局。

盈江设治局，清为腾越厅干崖、户撒两土司地，1912 年设干崖弹压委员，1919 年改为行政委员，1932 年改为设治局，因境内大盈江得名。

瑞丽设治局，由勐卯、腊撒两土司地构成，1912 年改弹压委员，1915 年设猛陇行政委员。1932 年设瑞丽设治局，因境内瑞丽江得名。

碧江设治局，1912 年设边务副委员长于知子罗，1916 年设知子罗行政委员，1932 年改为设治局，因境内有碧罗雪山和怒江，故名碧江。

福贡设治局，清属丽江府，原名上帕，1912 年设殖边队于上帕村，1916 年设上帕行政委员，1932 年改为康乐设治局，1935 年改名福贡设治局。

德钦设治局，原名阿敦子，属维西县，光绪二十一年（1895）设弹压委员，民国初年曾一度改县，后改为行政委员，1932 年改为德钦设治局。

宁江设治局，初名勐往，为沿边十二版纳之一，为六顺土司地，1932 年设临江设治局，1935 年改为宁江设治局。

贡山设治局，原名菖蒲桶，属维西厅，1912 年设殖边队驻守，1916 年改设菖蒲桶行政委员，旋为县佐，属丽江县，1932 年设贡山设治局，因所在高黎贡山之间，因名贡山。

耿马设治局，原为顺宁县耿马土司地，1937 年设耿马设治专员，1940 年改为设治局。

沧源设治局，原为澜沧县勐角董土司地，1934 年改为设治局。

① 《云南省志·地理志》，云南人民出版社，1998，第 108、109 页。

龙武设治局，原为石屏县属的龙朋县佐，1932 年划新平、峨山、河西等县地合并成立设治局。

宁蒗设治局，原为永胜县宁蒗县佐，1935 年改为设治局。

清光绪二十二年（1896），清政府在中法边界的河口、麻栗坡两个特别的地区设置了相当于县级建制的河口对汛督办和麻栗坡对汛督办，其职权是保护国界，查禁走私，办理沿边国防、外交、军事等务。初名副督办，隶属临开广道，由道尹兼任正督办。1917 年规定，河口、麻栗坡两督办在所管区内得受理民刑诉讼，其职权与县佐同。1933 年规定，河口、麻栗坡各设对汛督办署，直隶省府。河口对汛督办下辖坝洒对汛、附龙膊对汛、那发对汛、老卡对汛、新店对汛；麻栗坡对汛督办下辖董幹对汛、田蓬对汛、攀枝花对汛、天保对汛、茅坪对汛、玉皇阁对汛。①

这些特殊行政区的设置，因地制宜，加强了政府的控制力，有效地行使了国家权力，为国家任务的顺利执行发挥了重要作用。

综上所述，近代中央政府在云南沿边地区和重要的军事重镇所采取的诸如加强少数民族土兵建设、设置特别政区等措施，对稳定边疆，加强边防，维护国家主权与完整，有着十分重要的意义。

---

① 《云南省志·地理志》，云南人民出版社，1998，第 109 页。

乾隆二十八年恰克图撤回商民事件

乌兰巴根

摘　要：清廷与沙俄在恰克图及布喇河畔签订十一条①后，恰克图地方成为双方进行贸易的经贸口岸。双方邮驿在此衔接，使节由此出入，双方边境官员在此汇聚会同办理互涉案件。之后的一百多年间，在恰克图地方演绎了东西方两大帝国间的一次次贸易、外交、军事、司法博弈。清俄恰克图条约及贸易，是清代对外贸易研究及清俄关系研究中重要的研究命题，相关研究成果颇多。然而，恰克图贸易也并非一帆风顺，由于种种原因，乾隆年间曾经三次停止，其中最有名的当属乾隆二十八年停市。笔者在此无意对停市进行详述，只是利用蒙古国档案馆藏满蒙档案，对清方撤回商民这一细节进行简述。

关键词：恰克图　撤回商民　满文档案　蒙文档案

作者简介：乌兰巴根，博士，中国社会科学院中国边疆研究所助理研究员。地址：北京市东城区先晓胡同10号，邮编：100005。

乾隆年间三次停闭恰克图贸易，分别为乾隆二十七年至三十三年

① 今天学界一贯使用的“恰克图条约”这一说法，盖自西方学术用语翻译过来。清代档案史料中，不见“恰克图条约”这一说法。清朝前期，俄罗斯事务中一般使用满文，恰克图地区则使用蒙文居多。不管满文档案，还是蒙文档案，不管朝廷文书，还是边境官员文书，通用一个说法，即满文的话：Toktobuha Juwan Emu Hacin；蒙文的话：Toγtaγaγsan Arban Nigen Jüil；汉译则“所订十一条”。因为雍正七年（1729）清俄之间签订的共有十一条内容。

(1762~1768)[①]，四十三年至四十五年（1778~1780）及五十年至五十七年(1785~1792)。[②] 其中第一次停市最为著名。

乾隆二十七年，新任钦差驻库伦办事大臣诺木珲在恰克图会同俄方负责边务长官色楞格城司令雅库夫，就会办、界栅及收税等事进行交涉，由于双方各执己见，互不相让，最终未果而散。钦差驻库伦办事大臣诺木珲与蒙古亲王桑斋多尔济上奏乾隆皇帝，汇报会同未果情形，备陈俄方抵赖推诿情形，进而提出禁闭恰克图买卖城，暂停互市，以压制俄罗斯。

乾隆皇帝立即将库伦奏折批给军机处议奏，经过军机处议复，暂停恰克图贸易成为清朝压制俄罗斯的最高政策。乾隆二十七年开始停市，二十八年完全停市。停市造成的后果之一便是撤回商民事件。

一　撤回商民相关记述

清代官私史籍，很少提到这次官方掀起的撤回商民事件。例如，《清高宗纯皇帝实录》相关部分，竟然只字不提此次撤回商民情形，只有一处提到撤回商民后在恰克图派兵驻防事宜。《高宗纯皇帝实录》卷六百九十四乾隆二十八年癸未九月丁卯（十三日）条载：

> 又谕：据福德奏称，明年彻回恰克图贸易之人，请将彼处闲房，令喀尔喀兵丁居住，并密谕与俄罗斯之布里雅特、奈玛尔、乌梁海人等，令其招徕特古斯恳。至依琫地方闲房，由乌里雅苏台运米一万石，前往存贮等语。俄罗斯生性卑鄙，兼怀谲诈。彻回贸易，令喀尔喀的兵丁居住。福德所办，尚属留心。但今年既已令伯德尔格回子前往，莫若俟其贸易完毕，回去之后，将彼处留看房屋商民，尽行彻回，派喀尔喀兵丁四五百名，酌令居住。如此办理之后，奈玛尔、乌梁海如有前来归附者，收纳亦无不可。今且不必示意于众。再依琫地方，既有现成闲

① 前人对此次停市已有论述，其中日本学者柳泽明利用俄方、中方及蒙古国档案，对此次停市经过、恢复等相关问题进行考述尤为详明。参见柳泽明《1768年の「キャフタ條約追加條項」をめぐる清とロシアの交渉について》，《东洋史研究》，第62卷第3号（2003），第1~33页。

② 郦永庆、宿丰林：《乾隆年间恰克图贸易三次闭关辨析》，《历史档案》1987年第3期。

房，将米运往收贮，颇为近便。且贸易一开之后，卖给商民，亦属便益。着交成衮扎布、福德等，于乌里雅苏台，现有米内，用现成牛驼，运往一二万石。伊等办理此事，往返札商，务须不动声色，亦不必忽遽赶办。

其他私史，如松筠《绥服纪略》、何秋涛《朔方备乘》，即使提到，也仅寥寥数字，文义隐晦，相关细节无从得窥。

国内保存下来的清代档案中，也很少有相关史料。查阅《清代边疆满文档案目录》[1] 一书，在中国第一历史档案馆保存的有关此次撤回商民事件的档案就有二件，即福德等奏闻撤回商民情形折。

库伦办事大臣福德奏安置恰克图商人回口内过冬折（乾隆二十八年八月二十三日）2048－013　008－1613（第349页）

库伦办事大臣福德奏报恰克图停止贸易后商人编队回新疆片[2]（乾隆二十八年十一月初七日）2058－001　069－0289（第351页）

国内外学界，有关恰克图中俄贸易的文章尽管很多，但是限于史籍阙载，档案乏藏，几乎没有人提及此次商民撤回。

二　蒙古国藏满蒙档案

撤回商民是官方行为，所以以库伦办事大臣、驻恰克图办事部员为中心，在库伦办事大臣、驻恰克图部员、驻库伦管理商民事务部员、乾隆皇帝、商民原籍各省巡抚、沿途驿站官吏、张家口都统等各个衙门与个人之间产生了体裁多样数量可观的往来文件。例如，福德奏报撤回商民的奏折（朱批）；移行张家口都统、各该省府官员的咨文；行付驻恰克图办事员外郎、主事的札文；饬行驿站官吏的札文等。中国收藏的只是库伦奏折，然而，地方官员之间，尤其是库伦办事大臣札付辖内各地官吏行文，朝廷并不收录，所以第一历史档案馆没有相应收藏。最近，本人查阅蒙古国国家档案馆收藏的清代库伦办事大臣衙门档案，发现了不少有关此次撤回商民事件的

① 《清代边疆满文档案目录》（四），广西师范大学出版社，1999。

② 新疆，误译。所谓新疆可能误译满文“Jase”一词，该词意谓“边、塞”，这里本指长城的张家口。恰克图的商民多为张家口、山西及北京的商人，撤回他们自然要撤到张家口等边口。

满蒙档案：

1. 福德奏议撤回商民折［朱批］；
2. 福德札付驻恰克图办事员外郎萨领嘎、主事额勒景额等文；
3. 萨领嘎、额勒景额等呈库伦办事大臣福德文；
4. 福德为令经办接送协助撤回商民等事札付各驿站官吏文；
5. 各驿站官吏为报受遣各队商民经过该站情形事呈库伦办事大臣文；等等。

蒙古收藏的满蒙档案，正好弥补了相关史料的缺失，可以帮助我们更好地了解恰克图停市后的商民撤回情形。根据蒙古收藏的档案资料，我们比较清晰地看到了当时撤回商民的相关细节。

三　商民撤回详情

清朝撤回商民，实因无奈。停市本是压制俄方的政治策略，原以为俄方迫于压力，将会叩关请市。然而，俄方并未示弱，迟迟不来请市，清朝反而陷入尴尬。

恰克图是个纯粹的草原边贸小镇，除了商民就是商民，没有农业没有居民，所以一旦停止贸易，立刻陷入寂静与无助。停市日久，恰克图就要出问题，小本商贩和雇工、伙计这一类人群的生存状况愈显艰难。当时，清廷生怕恰克图无业小民，出边肇事，为俄方所嗤笑；也怕商民四处奔散，扰乱蒙古社会。鉴于此情，新调钦差库伦办事大臣福德果断采取撤回商民的举措。至此，鲜为人知的撤回商民事件拉开帷幕。

撤回商民事宜皆由当时新任钦差驻库伦办事大臣署理理藩院侍郎事务副都统福德一手操办。同驻库伦与福德一道办事的蒙古亲王桑斋多尔济，当时恰好起赴多伦诺尔，准备迎请三世哲布尊丹巴呼图克图，因此，没有参与此次商民撤回事件。

福德在乾隆二十八年八月亲赴恰克图会同俄方司令，办理汉商刘晓生（音）购买俄国马匹一案。八月二十三日，他从恰克图启程返回库伦。出来之前，他从恰克图传递奏折，奏议撤回商民，并且行文各该省府官员，照知撤回商民事情。同时，他命令驻恰克图办事员外郎萨领嘎等，立即召集商界头目，查清遴选撤回人员，编队陆续遣发。

撤回商民从八月末开始，到十月末结束，历时两个多月。

撤回商民时，清朝上下达成一致，绝不让俄方获悉撤回商民情形。清朝在恰克图跟俄罗斯贸易，一贯坚持不让俄方知道贸易的官办性质，表面上都假装任何商贩和贸易都由商民自愿行事，官方绝无指使。因为，清朝对俄话语里面，强调边境贸易对天朝无益，开市只是天朝的恩赐。在这种意识与虚荣心的驱动下，清朝官方对俄罗斯尽量装出恰克图互市可有可无的样子，以图俄罗斯人产生仰赖清朝的心理。所以，清廷尽量隐蔽官方撤回商民的行径，以免“贻笑俄方”。

当时，恰克图商民当中，资产较厚者尚可苟延时日，尤其那些大商号的当家的，由于拥有大宗商品在恰克图，需人看管，所以不能立时撤回。故而，恰克图员外郎先选出小商贩和雇工一百七十个人，作为首先撤回的对象。当时，商贩和雇工基本上都没有足够的盘费以穿越蒙古大草原返回原籍，所以很多人不太愿意启程南撤。然而，库伦办事大臣福德严令恰克图员外郎，选出商贩和雇工，短短几天内即催促上路。萨领嘎和额勒景额将他们先后编成七队，陆续打发南撤。从档案上看，福德对此次撤回，极其严厉，饬令额勒景额尽数催遣，日夜兼程。额勒景额从恰克图带领一队南撤，途中旧病复发，在于乌兰和硕地方仅驻一夜，收到福德的责备公函，拖着病体折回恰克图，重新召集散往蒙旗催债的少数商贩，催逼恰克图员外郎筹集衣物牛车以载没有骑乘的人员。中间还有几个商民逃回恰克图，福德严令驻恰克图员外郎就地缉捕，押回严惩。

撤回走的是驿路，为了加快促成此事，福德通告沿途各站，动用官家驿马牛车运载商民，甚至从邻近牧民家里征调马牛车具供其使用。

撤回人群撤到库伦时，发现很多人没有御寒衣物，福德饬令库伦管理商民事务员外郎，敦促库伦商界头领立即筹集衣物散给穷困人等。撤回人群立即从库伦往南进发，走的也是驿道，沿途各站也是奉命提供马匹牛车及衣食。最后到达张家口，交给总管察哈尔八旗张家口官兵都统，由该都统衙门照知各该省府官员，派员遣送原籍。

从档案记载我们能够清楚地看出当时撤回商民的紧急与突然。正因为突如其来，官方为此投入了不少费用。

小商贩和雇工撤回后，大商也陆续撤回。最后，恰克图在几年间变成了空城。库伦办事大臣奏准皇帝，征调喀尔喀兵丁二百名，由一扎萨克管领，驻扎恰克图附近，看守恰克图房屋建筑。

附录：

蒙古国藏乾隆二十八年恰克图撤回商民相关档案目录

01. 驻恰克图管理商民事务员外郎萨领嘎为报奉命汇总遣回内地商贩雇工名数及将首拨十三人遣往库伦等事呈钦差侍郎副都统文［乾隆二十八年九月一日呈递］［九月六日递到］［М－1. Д－1. Хн－213. P. 116－119］（满文）

02. 额勒景额为报抽调驿员牛只更换前遣商民雇工牛只速达库伦事呈大臣文［九月十二日三更呈递］［九月十五日递到］［М－1. Д－1. Хн－213. P. 121－125］（满文）

03. 萨领嘎为明白禀报令商民等四五为伍陆续遣发准许沿路讨债取食以达库伦等事呈大臣文［九月十五日呈递］［九月十八日递到］［М－1. Д－1. Хн－213. P. 132－134］（满文）

04. 额勒景额为报派员召集散去商民雇工并已给牛编车起运等事呈大臣文［乾隆二十八年九月十五日呈递］［九月十八日递到］［М－1. Д－1. Хн－213. P. 135－137］（满文）

05. 额勒景额为报奉命催促商民雇工去往库伦自身沿路催赶进发事呈大臣文［九月十九日呈递］［九月二十日递到］［М－1. Д－1. Хн－213. P. 138－140］（满文）

06. 员外郎萨领嘎、主事额勒景额为报恰克图遣回商民尽数启程已造名册呈递事呈侍郎大臣文［九月二十日呈递］［九月二十二日递到］［М－1. Д－1. Хн－213. P. 141－142］（满文）

07. 额勒景额为报病重中宿及遣发恰克图商民情形呈大臣文［九月二十三日夜里呈递］［九月二十六日递到］［М－1. Д－1. Хн－213. P. 151－154］（满文）

08. 额勒景额为报于乌兰和硕地方编商民为五队遣发自身折回恰克图召集外出讨债回来商民以便编入末队率往库伦等事呈大臣文［九月二十三日夜里呈递］［九月二十六日递到］［М－1. Д－1. Хн－213. P. 155－156］（满文）

09. 额勒景额为报先后遣往库伦之汉商人数及救济与否等事呈大臣文

[九月二十六日呈递] [M-1. Д-1. Хн-213. P. 158-159] (满文)

10. 额勒景额为报折回恰克图为无力穷民征取衣食等事呈大臣文 [十月一日递到] [M-1. Д-1. Хн-213. P. 160-164] (满文)

11. 驻恰克图办事员外郎萨领嘎为禀奉命查出所缺应遣商民二十三名并已派员遣往库伦事呈钦差侍郎副都统大臣文 [十月十日呈递] [十五日递到] [M-1. Д-1. Хн-213. P. 188] (满文)

12. 驻恰克图管理商民事务员外郎萨领嘎为请示可否将于恰克图惩处逃归商民三人事呈钦差侍郎副都统大臣文 [十月三十日] [M-1. Д-1. Хн-213. P. 215] (满文)

13. 奉将军王额驸命管库伦至恰克图驿站协理台吉古鲁扎布为报喀尔喀哈比日嘎驿站经办放出带领恰克图汉民第六队甲喇阿玉希等事呈钦差侍郎文 [十月二十四日呈递] [M-1. Д-1. Хн-213. P. 216] (蒙文)

14. 带领第一队民梅勒章京巴雅尔等为报带领二十三名汉民已到喀喇沁第八驿站达姆查干呼杜格站事呈驻库伦办事侍郎文 [十一月六日呈递] [M-1. Д-1. Хн-213. P. 217] (蒙文)

15. 奉将军王额驸命管库伦至恰克图驿站协理台吉古鲁扎布为报喀尔喀哈比日嘎驿站经办放出梅勒章京德木楚克等及其所带恰克图汉民第七队事呈钦差侍郎大臣文 [十月二十九日呈递] [M-1. Д-1. Хн-213. P. 218] (蒙文)

16. 钦差署侍郎为催遣发恰克图商民事札付驻恰克图办事员外郎文 [九月十日] [M-1. Д-1. Хн-214. P. 116-118 (满文)

17. 钦差署侍郎为抄送所奏撤回恰克图商民事折得朱批并令遵办等事札付驻恰克图办事员外郎文 [九月十四日] [M-1. Д-1. Хн-214. P. 119-121] (满文)

18. 钦差署侍郎为令经办接送协助撤回各队商民事札付各库伦至恰克图驿站人等文 [九月十六日] [M-1. Д-1. Хн-214. P. 127] (蒙文)

19. 福为敦促遣发商民事札付二老爷文 [九月十六日] [M-1. Д-1. Хн-214. P. 128-129] (满文)

20. 钦差署侍郎为令派员召集散去商民官偿蒙古欠债等事札付驻恰克图管理商民事务员外郎、主事文 [九月十八日] [M-1. Д-1. Хн-214. P. 130-132] (满文)

21. 钦差署侍郎为驰递公函饬行各驿站人等文 [九月十八日酉时]

［M－1. Д－1. Хн－214. P. 133］（蒙文）

22. 钦差署侍郎为令密查遣发商民情形统计人数救济衣食等情事札付赴恰克图主事密文［九月二十日］［M－1. Д－1. Хн－214. P. 134－136］（满文）

23. 钦差署侍郎为驰递公函饬行各驿站人等文［九月二十日酉时］［M－1. Д－1. Хн－214. P. 137］（蒙文）

24. 钦差署侍郎为谕商民进出卡伦务须给照验照不得随意放行等事札付札萨克额林亲多尔济文［九月二十二日］［M－1. Д－1. Хн－214. P. 138－139］（蒙文）

边疆民族与政权研究

中国边疆学（第二辑）

试论游牧行国与王朝藩属

——多民族国家构建视角下游牧和农耕族群互动研究

李大龙

摘　要：本文是作者在民族国家视角下探讨游牧族群与农耕族群互动关系的系列论文之一。作者认为"游牧行国"和"王朝藩属"一定程度上能够概括分别以游牧和农耕为主要生业的两大族群。因此在概述游牧行国体制、王朝藩属内涵及其特点的基础上，对游牧行国体制与王朝藩属碰撞和重组的阶段及其特点做了探讨，认为按照依据游牧行国的兴衰历程、游牧族群的聚散转变，以及其与王朝藩属、农耕族群互动的轨迹，可以将游牧行国与王朝藩属的互动过程分为五个阶段。(1) 先秦至秦汉时期（公元1世纪之前），匈奴游牧行国的出现及与汉王朝藩属体系的碰撞、对峙和交融。(2) 从"匈奴遁逃"到北魏灭亡，是游牧行国发展的第二个时期，时间大致从永元三年（91）到永熙三年（534）。(3) 从北魏分裂至唐朝灭亡，是游牧行国发展的第三个时期，时间大致从东魏太平元年（534）到后梁开平元年（907）。(4) 从后梁开平元年（907）到明朝建立（1368），是游牧行国发展的第四个时期。(5) 从明朝建立到清朝的"大一统"，是游牧行国发展的第五个时期，时间是洪武元年（1368）至1911年。

关键词：游牧行国　王朝藩属　族群互动　阶段划分

作者简介：李大龙，中国社会科学院中国边疆研究所《中国边疆史地研究》主编、编辑部主任、编审。地址：北京市东城区先晓胡同10号，邮编：100005。

"游牧行国"和"王朝藩属"一定程度上能够概括分别以游牧和农耕为

主要生业的两大族群。司马迁在其《史记》中用“行国”和“城国”来区分两种具有不同生产生活方式的族群，“行国”一词用于指称草原帝国相对形象准确，指出了草原游牧政权的构成特点，但“城国”的指称范围相对狭小了些，并没有包括中原地区。中原地区政权的构成特点不仅有“城国”，在其外围还有“藩属”，共同构成了一个“政治体”，古人称为“藩属”。“藩属”一词虽然晚在清代才开始出现，但“藩”和“属”却一直是用来指称中原王朝的边疆统治体制。由此，笔者认为用“游牧行国体制”和“王朝藩属”可以概括推动多民族国家形成的以游牧和农耕为主要生业的两大族群“政治体”的特点。

贾敬颜先生是国内学术界第一个将“行国”列为研究对象的学者。贾敬颜先生在其所著《释“行国”——游牧国家的一些特征》中认为用“行国随畜”可以“概括了他们的一切”，并进而对“行国”的主要经济方式、结构特点等做了概要的探讨，最后归结为六点：“第一，行国与城国对立，它是经济上完全不同于农业生产的游牧民族建立的国家。第二，行国由于生活上、生产上特殊原因所造成的行政上、军事上的独特风格和方式，必然为城国所不具备，或者根本无法办到；有它进步的一面和成功的一面，有它独到的优越性。第三，行国政治上不稳定，往往是经济上不稳定的反映。游牧民族骤兴骤衰，暴起基落，很大程度上受到自然条件的限制和生产力的影响，有它本身难以克服的弱点。第四，行国的民族融化以及它政治、经济、文化的历史继承性，不像城国农业民族那样显著，那样持续，那样原委分明。因为‘人’和‘地’不那么结合，不那么固定，不那么深远。第五，行国与城国相结合，不但长治久安，而且互相补充，变不足为有余。牧业和农业、手工业、商业，一方面有矛盾，一方面又互相依赖，互相补充，彼此之间是一个完全的不可分割的整体。第六，一点多余的题外话。以古鉴今，以今律古。必须注意农牧业结合，农、牧、林业互相补充，必须把饲养业与种植业并重起来。坚决克服‘牧业落后论’，反对滥开荒，须知牧区是无所谓荒地的。”① 由此看，贾先生对“行国”的探讨也是将其置于游牧和农耕两大族群互动背景下进行的，虽然着眼点和本文从多民族国家构建的视角看两大族群的互动略有差异，而且笔者也并未完全认同其上述所有观点，但其研究从某种程度上说还是为本文奠定了一定的

① 贾敬颜：《释“行国”——游牧国家的一些特征》，《历史教学》1980 年第 1 期。

理论基础。

以下，笔者将从分析游牧行国和王朝藩属体制的内涵入手，对二者的互动关系及其在多民族国家建构中的作用进行系统阐述。

一 游牧行国体制的内涵及其特点

"行国"一词，如前所述最早出现在司马迁的《史记》中，在进行具体论述之前对"行国"、"行国体制"等概念的内涵做必要的交代自然是需要的。

（一）"行国"概念的出现

"行国"一词最早出现在司马迁的《史记》中，对此贾敬颜先生已经指出。司马迁在《史记·大宛列传》中有多处使用到"行国"一词：

> 乌孙在大宛东北可二千里，行国，随畜，与匈奴同俗。控弦者数万，敢战。故服匈奴，及盛，取其羁属，不肯往朝会焉。
>
> 康居在大宛西北可二千里，行国，与月氏大同俗。控弦者八九万人。与大宛邻国。国小，南羁事月氏，东羁事匈奴。
>
> 奄蔡在康居西北可二千里，行国，与康居大同俗。控弦者十余万。临大泽，无崖，盖乃北海云。
>
> 大月氏在大宛西可二三千里，居妫水北。其南则大夏，西则安息，北则康居。行国也，随畜移徙，与匈奴同俗。控弦者可一二十万。故时强，轻匈奴，及冒顿立，攻破月氏，至匈奴老上单于，杀月氏王，以其头为饮器。始月氏居敦煌、祁连间，及为匈奴所败，乃远去，过宛，西击大夏而臣之，遂都妫水北，为王庭。其余小众不能去者，保南山羌，号小月氏。①

对于司马迁所用"行国"一词的具体含义，《史记集解》曰："徐广曰：'不土著。'"贾敬颜先生据此认为"'不土著'的行国与'土著耕田'、'有城屋'、'有市民商贾'的安息、条支、大夏、身毒这些城国绝对不相同，

---

① 《史记》卷123《大宛列传》，中华书局，1959，第3161～3162页。

即是说，他们都是以畜牧业为经济基础的国家”。[1] 贾先生的这一认识十分准确，从《史记》的具体使用也可以看出，司马迁的所谓“行国”是相对于“城国”而提出的。司马迁的着眼点是西域众多族群或政权在生产、生活方面的明显差异，不过从上述记载中有“乌孙在大宛东北可二千里，行国，随畜，与匈奴同俗”的表述，可知司马迁虽然没有明确说匈奴也属于“行国”，但其确定是否是“行国”的标准则是依据匈奴的“风俗”而确定的，即所谓“同俗”。

对于匈奴的习俗，《史记·匈奴列传》有如下概要记载：

> 匈奴，其先祖夏后氏之苗裔也，曰淳维。唐虞以上有山戎、猃狁、荤粥，居于北蛮，随畜牧而转移。其畜之所多则马、牛、羊，其奇畜则橐驼、驴、骡、駃騠、騊駼、驒騱。逐水草迁徙，毋城郭常处耕田之业，然亦各有分地。毋文书，以言语为约束。儿能骑羊，引弓射鸟鼠；少长则射狐兔；用为食。士力能毌弓，尽为甲骑。其俗，宽则随畜，因射猎禽兽为生业，急则人习战攻以侵伐，其天性也。其长兵则弓矢，短兵则刀鋋。利则进，不利则退，不羞遁走。苟利所在，不知礼义。自君王以下，咸食畜肉，衣其皮革，被旃裘。壮者食肥美，老者食其余。贵壮健，贱老弱。父死，妻其后母；兄弟死，皆取其妻妻之。其俗有名不讳，而无姓字。[2]

从这一记载分析，所谓“行”应该是指“随畜牧而转移”，“逐水草迁徙，毋城郭常处耕田之业”，而之所以称其为“行国”，则因为匈奴虽然“逐水草迁徙”，但却是以“政治体”的形式存在于草原之上的。由上述记述，我们大体上可以将司马迁认定“行国”的要素做如下归纳。

首先“国”应该是有一定规模的拥有“君王”的“政治体”。“行国”最典型的特征是“政治体”也即政权，这是毫无疑问的，为了放牧的需要几“落”乃至十几“落”游牧民聚居在一起似乎构不成“行国”。从《史记》中司马迁对“行国”的使用看，乌孙、大月氏、康居、奄蔡等规模从“控弦者数万”到“一二十万”差别很大，但都属于“行国”。而从《汉书》对

① 贾敬颜：《释“行国”——游牧国家的一些特征》，《历史教学》1980年第1期。

② 《史记》卷110《匈奴列传》，中华书局，1959，第2879页。

“行国”的使用看，其《西域传》有：“西夜国，王号子合王，治呼犍谷，去长安万二百五十里。户三百五十，口四千，胜兵千人。东北到都护治所五千四十六里，东与皮山、西南与乌秅、北与莎车、西与蒲犁接。蒲犁及依耐、无雷国皆西夜类也。西夜与胡异，其种类羌氐行国，随畜逐水草往来。”① 仅仅三百五十户、人口四千、胜兵千人的西夜国也被称为“行国”，主要原因应该是其已经是一个“政治体”，有“王”为首的管理体系。

其次是以“行”为生存特征，即以游牧为生业，“逐水草迁徙”。司马迁《史记》中所指出的几个“行国”都是或“随畜”或“随畜迁徙”，而对匈奴习俗的解释中更加突出了这一点，并特别强调“毋城郭常处耕田之业，然亦各有分地”，以示与农耕族群之间的差别，不过从“然亦各有分地”以及结合有“王治”来分析，其“行”也有一定的范围，而且内部包括游牧民、草场似乎明确划分。

再次是拥有军队，即“控弦者”，或称为“甲骑”、“胜兵”。上引《史记》的记载已经清晰地表明了“行国”的这一要素，不过“控弦者”或“甲骑”似乎更能显示其军队的特征，即“儿能骑羊，引弓射鸟鼠；少长则射狐兔；用为食。士力能毌弓，尽为甲骑”，这是一支游牧生活培养出来的军队，弓箭、马匹、甲是其主要的装备。

最后是有独特的风俗和价值体系。由于生产生活方式不同，“行国”也有着与农耕族群不同的习俗和文化价值体系。司马迁虽然没有明确描述乌孙、康居等“行国”的习俗，但指出其与匈奴同俗，而对匈奴习俗和价值体系的记述则如上引，不仅包括了语言文字、衣着等生活习俗，而更重要的是归纳了其社会价值体系，即所谓“宽则随畜，因射猎禽兽为生业，急则人习战攻以侵伐，其天性也”；“利则进，不利则退，不羞遁走。苟利所在，不知礼义”；“贵壮健，贱老弱”；“父死，妻其后母；兄弟死，皆取其妻妻之”。这些构成了“行国”社会价值体系的鲜明特征，尤其值得特别指出的是这些特征的归纳是通过和农耕族群社会的对比得出的结论，一定程度上可以说是农耕族群处理与游牧族群关系的思想基础。也就是说，它也体现了农耕族群对游牧族群价值体系的一般认识，从其后史书的大量记载看，这些认识不仅成为了农耕族群观的重要内容，而且也由此影响到了农耕“政治体”的对外政策制定和实施。

---

① 《汉书》卷96上《西域传》，中华书局，1962，第3882～3883页。

（二）游牧行国体制的内涵及其特点

司马迁对“行国”一词的使用，从草原地区众多游牧行国的兴废历史看，只是揭示了游牧行国建立初期，也即行国形成初期凝聚核心（或称之为“行国内核”）形成后的一些特征，而对于强盛起来的行国，则做出如此简单的概述是难以让人了解其全貌的。实际上，随着行国凝聚内核的完成，为了保护其利益，它会将更多的其他“行国”或“半行国”纳入自己的体系之中，进而构建起更大规模的游牧行国。以匈奴为例，“匈奴”之称虽然早已出现，而且司马迁在其《史记》中也将其形成历史追溯到夏代，但其核心族群的凝聚则由史书记载看一直到秦汉时期才完成，头曼单于向冒顿单于过渡应该是其标志。核心族群凝聚完成后，匈奴游牧行国开始了对草原地区其他族群的整合，在冒顿时期就已经构建起了以单于为中心、以匈奴族群为核心，南起河套，东至兴安岭，西包括西域在内的庞大游牧行国。对于匈奴构建起来的以匈奴族群为核心的“政治体”，我国史书多以“匈奴”称之，而勒内·格鲁塞和狄宇宙都称之为“匈奴帝国”[①]，美国学者托马斯·巴费尔德则称之为“匈奴帝国联盟”[②]。笔者认为不管是“匈奴”，还是“帝国”、“帝国联盟”，似乎都没有充分反映出其特点。从草原地区族群发展的历史来看，匈奴“政治体”不是第一个，也不是最后一个，但草原地区出现的这些“政治体”虽然具有明显差异，共同点也很多，冠以核心族群的名称、用“游牧行国”称呼这些“政治体”似乎更为恰当，更能反映其主要特征。

勒内·格鲁塞在《草原帝国》中将斯基泰人、匈奴、鲜卑、突厥、回纥、契丹、女真、喀喇契丹、花剌子模以及蒙古各部建立的众多“政治体”列为阐述的对象，称为“草原帝国”。应该说，这些“政治体”从史书的记载看多有“游牧行国”的特征，但由于笔者考察的主旨是“游牧行国”与“王朝藩属”之间的互动关系，而上述这些“政治体”有些和“王朝藩属”之间并没有发生密切的互动关系，或是作为一些大的“政治体”的组成部分而和“王朝藩属”发生互动关系，因而笔者只将在北部草原地区建立过

---

① 〔法〕勒内·格鲁塞：《草原帝国》，蓝琪译，商务印书馆，1998，第43～68页；〔美〕狄宇宙：《古代中国与其强邻》，贺严、高书文译，中国社会科学出版社，2010，第195页。

② 〔美〕托马斯·巴费尔德：《匈奴帝国联盟：其社会组织与对外交往》，邱克摘译，《西北民族学院学报》1984年第4期。

相对完善的“行国体制”的匈奴、鲜卑、突厥、回鹘、契丹、女真以及蒙古列为重点考察的对象。从秦汉时期始至元王朝，我国北方草原地区众多族群的蒙古化，以游牧族群为核心构筑起相对完善的“游牧行国”体制的“政治体”从史书的记载看，大致呈现以下主要特征。

（1）都有一个以游牧为生业的族群作为行国的核心凝聚力量

匈奴虽然不是第一个在北方草原地区出现的游牧行国，但从史书的记载看它却是第一个实现草原较大范围统一的游牧行国，由此开创了游牧行国辉煌的历史。从匈奴到蒙古汗国，虽然每个游牧行国存续的时间不同，但都有一个构成游牧行国核心力量的游牧族群。核心族群的出现是游牧行国得以形成的基础，同时在游牧行国存续期间不断凝聚着其他游牧族群，随着游牧行国力量的膨胀而壮大。诸如匈奴游牧行国因为匈奴族群的形成而出现，司马迁的《史记·匈奴列传》载“匈奴，其先祖夏后氏之苗裔也，曰淳维。唐虞以上有山戎、猃狁、荤粥，居于北蛮，随畜牧而转移”，为我们勾画出了构成匈奴游牧行国核心族群的发展脉络。《隋书·突厥传》对构成突厥游牧行国核心族群的形成则是如下描述的：“突厥之先，平凉杂胡也，姓阿史那氏。后魏太武灭沮渠氏，阿史那以五百家奔茹茹，世居金山，工于铁作。金山状如兜鍪，俗呼兜鍪为‘突厥’，因以为号。或云，其先国于西海之上，为邻国所灭，男女无少长尽杀之。至一儿，不忍杀，刖足断臂，弃于大泽中。有一牝狼，每衔肉至其所，此儿因食之，得以不死。其后遂与狼交，狼有孕焉。彼邻国者，复令人杀此儿，而狼在其侧。使者将杀之，其狼若为神所凭，欻然至于海东，止于山上。其山在高昌西北，下有洞穴，狼入其中，遇得平壤茂草，地方二百余里。其后狼生十男，其一姓阿史那氏，最贤，遂为君长，故牙门建狼头纛，示不忘本也。”① 记述中虽然有传说的成分，且真实性有待考证，但也为我们勾勒出了一个形成轨迹。如匈奴、突厥游牧行国一样，构成其他游牧行国的核心族群也大致都有一个凝聚形成的过程。核心族群的形成为匈奴、突厥等游牧行国的出现提供了基础，同时也为族群的发展壮大创造了有利条件，这就是游牧行国的形成和发展。游牧行国的出现和长期存在，一方面将草原地区众多的游牧族群纳入游牧行国体制之下，构建起一个庞大的“政治体”，另一方面，游牧行国的长期存在又为族群之间的融合提供了稳定的政治环境。和中原地区族群融合为汉族的过程大体一

① 《隋书》卷84《突厥传》，中华书局，1973，第1863页。

样，在经过匈奴、北魏、突厥、回鹘、辽、金对草原地区众多族群的分离、融合之后，最终大蒙古国的出现实现了草原地区众多族群的蒙古化，今天的蒙古民族就是蒙古国（包括元王朝）在草原地区长期存在下众多游牧族群不断凝聚的结果。

（2）都拥有一个被称为“单于”或“可汗”，类似于中原农耕王朝皇帝的行国权力核心

游牧行国和中原地区出现的“政治体”一样，无论大小，都有一个权力核心，最早见于汉文史书记载且用自己的语言称呼的权力核心是匈奴的“单于”。《汉书·匈奴传》有对“单于”的解释：“单于姓挛鞮氏，其国称之曰‘撑犁孤涂单于’。匈奴谓天为‘撑犁’，谓子为‘孤涂’，单于者，广大之貌也，言其象天单于然也。”[①] 这一记载从具体表述分析存在一定矛盾。因为按照“撑犁孤涂”是“天子”的解释，“单于”是“广大之貌”，加在一起并不能得出“象天单于然”的含义，如果其意是“象天子然”相对更容易理解。由此笔者认为《汉书》对“撑犁孤涂单于”的解释明显有附会汉语“天子”的嫌疑，这很大程度上可能是和农耕族群接触后受到了汉语“天子”的影响。不过，上述记载尽管存在一些疑问，但它传递给我们的信息是明确的：匈奴游牧行国权力的核心与中原“王朝藩属”的权力核心称呼不同，一称为“单于”，一称为“天子”。虽然称呼不同，辖众不同，但在游牧族群的心目中“单于”和“天子”一样并没有差别。

游牧行国的权力核心在经过了匈奴游牧行国对草原地区的长期统治之后，被“可汗”的称呼所取代。《旧唐书·音乐志》有“北虏之俗，呼主为可汗”的记载，但是对于“可汗”出现于何时？含义是什么？学界历来有鲜卑、柔然两种不同的解释。《通典·北狄》载：“蠕蠕自拓跋初徙云中，即有种落，后魏太武神䴥中强盛，又尽有匈奴故地。其主社仑始号可汗，犹言皇帝，以后常与后魏为敌国。”[②] 而《晋书·乞伏国仁载记》则有：“四部服其雄武，推为统主，号之曰乞伏可汗托铎莫何。”[③] 似乎乞伏国仁称可汗在前。对此，薛宗正认为：“鲜卑、柔然皆乃兴起于公元三、四世纪之交的漠北民族，何以不约而同地采用此一尊号呢？迄今仍无令人满意的解释，

① 《汉书》卷94《匈奴传上》，中华书局，第3751页。

② 《通典》，中华书局，1988，第5378页。

③ 《晋书》卷125《乞伏国仁载记》，中华书局，1974，第3113页。

可见二说皆非学术定论。我以为'可汗'……大贤王之意也。突厥又为柔然属部，布民放弃土门（万人长）旧称，同柔然主一样上建可汗尊号，自称伊利可汗，意味着正式宣布同柔然脱离传统的宗藩关系，并进一步取而代之。"[①] 罗新则认为："吐谷浑时期的慕答鲜卑和力微以前的拓跋鲜卑，其政治体（polities）都处于较低级别的发展阶段，尚未进人原始国家，甚至还只是处于酋邦的初始阶段。而柔然社仑称可汗，是与北魏天子相对抗的一种政治形态，其政治体已经具备早期国家的基本特征。因此，依据现存史料，认为可汗作为原始国家或酋邦这一级政治体（supratribal polities）的首脑（supremeuler）的称谓最早见于柔然，也是可以成立的。……无论可汗一词最早出现于哪一部族、哪一语言，在柔然之后，经哌哒、吐谷浑，特别是突厥等民族的传布，作为高级政治体首脑、取代匈奴单于的可汗称谓，遂广泛流行于内亚各语系、各人种的民族中。"[②]

笔者则认为于游牧行国的形成和发展而言，是称"单于"还是称"可汗"并不重要，重要的是这种类似于农耕族群"天子"一样的核心权力的出现。草原地区游牧行国的历史已经表明，核心权力的出现不仅标志着游牧行国已经形成，而且也是游牧族群实现局部或更大范围统一的开始，这一点与中原农耕族群历史的发展轨迹是相同的。对于这一点，我们从汉文史书的记述中可以清晰地看出来。从司马迁的《史记》开始，汉文史书基本上都是以核心权力的出现为开端来记述游牧行国的发展轨迹。《史记·匈奴列传》虽然将匈奴游牧行国发展史追溯到传说中的夏，但游牧行国的历史是从单于的出现开始的："当是之时，东胡强而月氏盛。匈奴单曰头曼，头曼不胜秦，北徙。"[③]《旧唐书·突厥传》开头言："突厥之始，启民之前，《隋书》载之备矣。"[④] 然《隋书·突厥传》如上所引也是以记述可汗家族的兴起为开端的。《新唐书·突厥传》则载："突厥阿史那氏，盖古匈奴北部也。居金山之阳，臣于蠕蠕，种裔繁衍。至吐门，遂强大，更号可汗，犹单于也，妻曰可敦。其地三垂薄海，南抵大漠。"[⑤]《旧唐书·回纥传》对回纥游牧行国

① 薛宗正：《突厥史》，中国社会科学出版社，1992，第87页。

② 罗新：《可汗号研究——兼论中国古代"生称谥"问题》，《中国社会科学》2005年第2期。

③ 《史记》卷110《匈奴列传》，中华书局，1959，第2886页。

④ 《旧唐书》卷194《突厥传》，中华书局，1975，第5153页。

⑤ 《新唐书》卷215《突厥传》，中华书局，1975，第6028页。

形成和发展的记述相对比较典型："回纥，其先匈奴之裔也，在后魏时，号铁勒部落。其众微小，其俗骁强，依托高车，臣属突厥，近谓之特勒。无君长，居无恒所，随水草流移，人性凶忍，善骑射，贪婪尤甚，以寇抄为生。自突厥有国，东西征讨，皆资其用，以制北荒。隋开皇末，晋王广北征突厥，大破步迦可汗，特勒于是分散。大业元年，突厥处罗可汗击特勒诸部，厚敛其物，又猜忌薛延陀，恐为变，遂集其渠帅数百人尽诛之，特勒由是叛。特勒始有仆骨、同罗、回纥、拔野古、覆罗，并号俟斤，后称回纥焉。在薛延陀北境，居娑陵水侧，去长安六千九百里，随逐水草，胜兵五万，人口十万人。初，有特健俟斤死，有子曰菩萨，部落以为贤而立之。贞观初，菩萨与薛延陀侵突厥北边，突厥颉利可汗遣子欲谷设率十万骑讨之，菩萨领骑五千与战，破之于马鬣山，因逐北至于天山，又进击，大破之，俘其部众，回纥由是大振。因率其众附于薛延陀，号菩萨为'活颉利发'，仍遣使朝贡。菩萨劲勇，有胆气，善筹策，每对敌临阵，必身先士卒，以少制众，常以战阵射猎为务。其母乌罗浑主知争讼之事，平反严明，部内齐肃。回纥之盛，由菩萨之兴焉。"① 从中我们很容易看出权力核心的出现对游牧行国形成和壮大的主要作用。应该说，从史书的记载看，草原地区游牧行国的形成和发展都遵循着这一规律，有着大体类似的发展轨迹。

（3）都拥有一支以骑兵为主体的军队，维持和发展着行国体制的运转

以游牧为生业构成了游牧行国的最大特征，而由此也导致了游牧行国的军队构成也是以骑兵为主，甲骑、"长兵则弓矢，短兵则刀铤"是其最显著的基本特征。在冷兵器时代，游牧行国的骑兵和"弓矢"的结合给农耕族群带来了很大威胁，以至于我们在汉文史书中见到的记载，不仅如上所引司马迁《史记》对西域各国的记载大多以"控弦"的多少来记述游牧行国的军事力量，在农耕族群有识之士议论军事力量尤其是游牧行国强弱的时候也经常见到用同样的例子。如《后汉书·班超传》载：班超"以乌孙兵强，宜因其力，乃上言：'乌孙大国，控弦十万，故武帝妻以公主，至孝宣皇帝，卒得其用。今可遣使招慰，与共合力。'帝纳之。"② 这种状况一直延续到明清时期。按照上述《史记·匈奴列传》对匈奴习惯的记载，骑马和射箭是游牧族群必备的技能，即"儿能骑羊，引弓射鸟鼠；少长则射狐兔；

① 《旧唐书》卷195《回纥传》，中华书局，1975，第5195~5196页。

② 《后汉书》卷47《班超传》，中华书局，1965，第1577页。

用为食。士力能毌弓，尽为甲骑”。也正因为如此，骑兵不仅成为游牧行国维持内部稳定的主要力量，也是对外战争的保障。赵武灵王引入“胡服骑射”虽然带给农耕族群的多是惊讶，但游牧行国的“甲骑”真正带给中原农耕族群的震撼的似乎应该是史家笔下对匈奴甲骑兵围白登的描述：“是时，汉初定，徙韩王信于代，都马邑。匈奴大攻围马邑，韩信降匈奴。匈奴得信，因引兵南踰句注，攻太原，至晋阳下。高帝自将兵往击之。会冬大寒雨雪，卒之堕指者十二三，于是冒顿阳败走，诱汉兵。汉兵逐击冒顿，冒顿匿其精兵，见其羸弱，于是汉悉兵，多步兵，三十二万，北逐之。高帝先至平城，步兵未尽到，冒顿纵精兵三十余万骑围高帝于白登，七日，汉兵中外不得相救饷。匈奴骑，其西方尽白，东方尽駹，北方尽骊，南方尽骍马。高帝乃使使间厚遗阏氏，阏氏乃谓冒顿曰：‘两主不相困。今得汉地，单于终非能居之。且汉主有神，单于察之。’冒顿与韩信将王黄、赵利期，而兵久不来，疑其与汉有谋，亦取阏氏之言，乃开围一角。于是高皇帝令士皆持满傅矢外乡，从解角直出，得与大军合，而冒顿遂引兵去。汉亦引兵罢，使刘敬结和亲之约。”[①] “三十余万骑”且分为白、駹（青色）、骊（深黑）、骍（红）四种不同的颜色，这是《史记》和《汉书》作者笔下对汉初匈奴游牧行国军力的记述，而这支强大的“甲骑”也是匈奴构筑起东起大兴安岭，西到中亚，将众多草原游牧族群囊括其中的庞大游牧行国，并维持其正常运转的重要力量。

从史书的记载看，能够构建起涵盖整个草原地区，或实现草原大部分地区统一的游牧行国基本都有一支和匈奴一样规模强大的“甲骑”。《隋书·突厥传》载：“佗钵以摄图为尔伏可汗，统其东面，又以其弟褥但可汗子为步离可汗，居西方。时佗钵控弦数十万，中国惮之，周、齐争结姻好，倾府藏以事之。”[②] 至隋文帝立国时，沙钵略为汗，“控弦之士四十万”，沙钵略上书隋朝皇帝，自言“突厥自天置以来，五十余载，保有沙漠，自王蕃隅。地过万里，士马亿数，恒力兼戎夷，抗礼华夏，在于北狄，莫与为大”。[③] 回纥汗国的形成和发展从《旧唐书·回纥传》的记载看也是依赖于强大的“甲骑”。据该传记载：“贞观初，菩萨与薛延陀侵突厥北边，突厥颉利可汗

① 《汉书》卷94《匈奴传》，中华书局，1962，第3753~3754页。

② 《隋书》卷84《突厥传》，中华书局，1973，第1864~1865页。

③ 《隋书》卷84《突厥传》，中华书局，1973，第1869页。

遣子欲谷设率十万骑讨之，菩萨领骑五千与战，破之于马鬣山，因逐北至于天山，又进击，大破之，俘其部众，回纥由是大振。……回纥之盛，由菩萨之兴焉。”① 其后的契丹建立辽、女真建立金，乃至成吉思汗建立蒙古汗国等，也都是依靠游牧族群强大的“甲骑”。也就是说，保持一支强大的骑兵队伍不仅是维持游牧行国存在的基本条件，同时也是游牧行国实现草原“一统”的牢固基础。

（4）都拥有一套维持行国体制运转的以数量为单位设置的管理体系

“不土著”、“毋城郭”、“随水草迁徙”是草原游牧族群和中原农耕族群具有明显不同的居住特点，因而在内部管理体系的构成上游牧行国也形成了独特的以数量为单位的管理体制。《史记·匈奴列传》是如此记述匈奴游牧行国管理体制的：“自淳维以至头曼千有余岁，时大时小，别散分离，尚矣，其世传不可得而次云。然至冒顿而匈奴最强大，尽服从北夷，而南与中国为敌国，其世传国官号乃可得而记云。置左右贤王，左右谷蠡王，左右大将，左右大都尉，左右大当户，左右骨都侯。匈奴谓贤曰‘屠耆’，故常以太子为左屠耆王。自如左右贤王以下至当户，大者万骑，小者数千，凡二十四长，立号曰‘万骑’。诸大臣皆世官。呼衍氏，兰氏，其后有须卜氏，此三姓其贵种也。诸左方王将居东方，直上谷以往者，东接秽貉、朝鲜；右方王将居西方，直上郡以西，接月氏、氐、羌；而单于之庭直代、云中：各有分地，逐水草移徙。而左右贤王、左右谷蠡王最为大，左右骨都侯辅政。诸二十四长亦各自置千长、百长、什长、裨小王、相、封都尉、当户、且渠之属。”② 随水草迁徙、不定居，导致游牧行国难以像农耕政权那样形成以村寨为基础单位的管理体系，但也出现了以什长、百长、千长，乃至“万骑”以数量为特点的政权体系。

游牧行国的这一独特的内部结构，是适应游牧行国的发展需要而出现的，其形成的时间是在匈奴时期，与中原地区秦汉大一统王朝同时，甚至略早。这一结构在经过鲜卑、突厥、薛延陀、回纥、契丹、女真等游牧行国的不断实践之后，至辽金后期被成吉思汗的大蒙古国发挥到了极致。《元史·百官志》载：“元太祖起自朔土，统有其众，部落野处，非有城郭之制，国俗淳厚，非有庶事之繁，惟以万户统军旅，以断事官治政刑，任用者不过一

① 《旧唐书》卷195《回纥传》，中华书局，1975，第5195～5196页。

② 《史记》卷10《匈奴列传》，中华书局，1959，第2890～2891页。

二亲贵重臣耳。”似乎《元史》的作者对蒙古汗国的内部结构并没有做出太高的评价，但是其记载的视角是从农耕族群的角度出发的，和农耕王朝的官职相比游牧行国的管理体系虽然简单，但确实适应游牧行国的需要而发展起来的。实际上，在继承和发展游牧行国组织体制的基础上，蒙古汗国建立了更加完备的千户体制，《蒙古秘史》第191节载面对乃蛮的威胁，成吉思汗停止了围猎，“点数自己的人马。每一千人，组成一个千户（千人队），委派了千户长、百户长、十户长”。[①] 成吉思汗打乱了草原原有的部落组织，按照地域划分为左右两个万户，万户之下以十进制分设千户、百户、十户，功臣为千户长，“人们只能留在指定的百户、千户或十户内，不得转移到另一单位去，也不得到别的地方寻求庇护。违反此令，迁移者要当着军士的面被处死，收容者也要受到惩罚”。[②] 千户制将分布在草原地区的众多游牧族群凝聚到了一起，不仅为蒙古汗国的形成和发展提供基础，也为蒙古构建融游牧和农耕族群为一体的大一统的元王朝提供了重要保障，更为草原游牧族群的蒙古化创造了极为有利的政治环境。

（5）拥有具有以一定继承关系的价值体系为核心的游牧文化

游牧族群不仅有着独特的生产和生活习惯，形成了和农耕族群不同的组织和政治结构，也有着维持其社会稳定的价值体系，进而形成了独特的游牧文化。

对于游牧族群的价值体系，以司马迁的《史记》为开端，汉文史书从文化差异的角度多有记述并大加诟病，其关注点从《史记·匈奴列传》的记载看主要集中在以下几个方面。

一是“宽则随畜，因射猎禽兽为生业，急则人习战攻以侵伐，其大性也”，且“利则进，不利则退，不羞遁走。苟利所在，不知礼义”。所谓“宽”，一般理解为平常时期，但似乎更应该是指生活稳定，能够维持生计，而“急”虽然可以理解为紧急，但更多则应该指生活处于窘迫的状态，故有“随畜”、“侵伐”两种截然不同的行为。如此理解这一记述，和“利则进，不利则退，不羞遁走”的评价也能够形成呼应，因为“侵伐”的目的是解决生活遇到的困难，是为“利”而去，自然“不利则退”。至于“苟利所在，不知礼义”的评价，则完全是站在农耕族群的视角做出的，丝毫没

① 余大钧译注《蒙古秘史》，河北人民出版社，2001，第292页。

② 〔伊朗〕志费尼：《世界征服者史》上册，何高济译，内蒙古人民出版社，1980，第34页。

有考虑到游牧族群的文化特点。

二是“自君王以下，咸食畜肉，衣其皮革，被旃裘。壮者食肥美，老者食其余。贵壮健，贱老弱”。作为游牧族群，“咸食畜肉，衣其皮革，被旃裘”是由牧业这一生产方式决定的，只是“君王以下”似乎是试图说明“君王”和一般百姓不同，但不同不可能是表现在“食畜肉”上，而应该是指穿着。也就是说，君王的穿着已经不限于畜皮等畜产品，也有了与农耕族群交换来的衣服，这也是等级观念出现的表现之一。而更能显示游牧族群价值观念的则是“贵壮健，贱老弱”一语，这一观念和农耕族群的“尊老爱幼”形成巨大反差，因而也是被农耕族群强烈否定的观念之一。

三是“父死，妻其后母；兄弟死，皆取其妻妻之”。父亲和兄弟死后纳后母和兄弟的妻子为妻，是游牧族群与农耕族群在婚俗方面最显著的不同，尤其是“妻其后母”的习俗显示了不同经济形态所导致的巨大的文化差异，而这种差异随着农耕王朝边疆政策中和亲政策的实施遭到了广泛质疑。

《史记·匈奴列传》记载的上述这些习俗虽然在游牧族群中不同时期具有不同的表现，但“宽则随畜，因射猎禽兽为生业，急则人习战攻以侵伐”大体上反映出了游牧行国存在的基本特征。《汉书·匈奴传》记载了一例西汉降匈奴者中行说和西汉使臣辩论的大段对话，从中很容易就看出游牧行国的文化特点：

> 初，单于好汉缯絮食物，中行说曰：“匈奴人众不能当汉之一郡，然所以强之者，以衣食异，无卬于汉。今单于变俗好汉物，汉物不过什二，则匈奴尽归于汉矣。其得汉絮缯，以驰草棘中，衣袴皆裂弊，以视不如旃裘坚善也；得汉食物皆去之，以视不如重酪之便美也。”于是说教单于左右疏记，以计识其人众畜牧。汉遗单于书，以尺一牍，辞曰“皇帝敬问匈奴大单于无恙”，所以遗物及言语云云。中行说令单于以尺二寸牍，及印封皆令广长大，倨骜其辞曰“天地所生日月所置匈奴大单于敬问汉皇帝无恙”，所以遗物言语亦云云。汉使或言匈奴俗贱老，中行说穷汉使曰：“而汉俗屯戍从军当发者，其亲岂不自夺温厚肥美赍送饮食行者乎？”汉使曰：“然。”说曰：“匈奴明以攻战为事，老弱不能斗，故以其肥美饮食壮健以自卫，如此父子各得相保，何以言匈奴轻老也？”汉使曰：“匈奴父子同穹庐卧。父死，妻其后母；兄弟死，

> 尽妻其妻。无冠带之节，阙庭之礼。”中行说曰：“匈奴之俗，食畜肉，饮其汁，衣其皮；畜食草饮水，随时转移。故其急则人习骑射，宽则人乐无事。约束径，易行；君臣简，可久。一国之政犹一体也。父兄死，则妻其妻，恶种姓之失也。故匈奴虽乱，必立宗种。今中国虽阳不取其父兄之妻，亲属益疏则相杀，至到易姓，皆从此类也。且礼义之敝，上下交怨，而室屋之极，生力屈焉。夫力耕桑以求衣食，筑城郭以自备，故其民急则不习战攻，缓则罢于作业。嗟土室之人，顾无喋喋占占，冠固何当！”自是之后，汉使欲辩论者，中行说辄曰：“汉使毋多言，顾汉所输匈奴缯絮米糵，令其量中，必善美而已，何以言为乎？且所给备善则已，不备善而苦恶，则候秋孰，以骑驰蹂乃稼穑也。”日夜教单于候利害处。①

以往的学者很少有人关注上述记载，但仔细分析中行说的言行，实际上早在汉代中原地区的人们已经充分认识到了游牧和农耕给族群文化带来的差异，并利用这些差异制定出了相关政策，来维系相互之间的关系。也就是说，草原地区自然环境恶劣，游牧族群赖以生存的生产生活资料是牛羊等牲畜，而牲畜及游牧的生产方式很难抵御各种自然灾害，其生产、生活保障远不如农耕族群那么稳定，因而在生产、生活难以为继的情况下进行狩猎或“侵伐”是维持其存在的唯一出路，具有普遍性。游牧生产方式的这一特性也决定了游牧文化的其他特征，而这种差异也早已为农耕族群所认识，并成为其族群同化政策的主要目标。但恰如中行说所言，如果游牧行国改变习俗，那么游牧行国的立国基础就会被削弱，没有了立国的基础，其归宿就只剩下了被农耕族群融合一途，两汉时期的南匈奴、南北朝时期的鲜卑，以及建立辽金的契丹、女真等最终融合为“汉人”都是例证，或多或少都起始于游牧习俗的改变。

总之，从东亚以蒙古高原为中心的草原地区游牧行国的发展历史看，游牧行国或称为政治体的聚合大体上和中原地区一样，遵循着以下发展轨迹：最初分布着星罗棋布小的族群，之后不断凝聚、壮大，发展成为一些规模不等的，以某一族群为核心的游牧行国。在不同时期，草原上的游牧行国数量取决于实力的对比，一般的状态是势力较大的游牧行国和周围的实力相对较

① 《汉书》卷94《匈奴传上》，中华书局，1962，第3759～3761页。

小的游牧行国构成某种依附关系，但这种依附关系取决于双方势力的对比，一旦势力对比发生变化，旧有的依附关系就会为新的依附关系所取代，所以草原地区游牧行国的数量和规模是在不断变动中的，变化是其常态。和农耕地区政治体的运行轨迹一样，在经过长期的凝聚后，有一定规模的游牧行国会出现在草原地区，不仅会带动更大范围内游牧族群的凝聚，也会改变游牧行国之间的依附关系，进而使游牧行国涵盖的范围更大，所体现出的政治格局演变即是实现局部乃至整个草原地区统一的游牧行国的形成，游牧行国和农耕王朝藩属一样，由之达到了最大化，其形态即是如法国学者勒内·格鲁塞所称之的“草原帝国”。但是，和农耕王朝藩属不同的是，支撑游牧行国如果单纯的是游牧经济，往往难以抵御持续的天灾和人祸，盛极一时的游牧行国持续的时间不如农耕王朝藩属那样持久，最后分裂为几个行国，甚至瓦解，使草原地区游牧行国呈现的状态又是一个个涵盖某一区域的政治体。在不断聚散的过程中，游牧族群的凝聚却是一直在进行着，经过数次聚散，至成吉思汗构建起庞大的蒙古汗国，游牧行国的发展步入了一个新的阶段，蒙古汗国及其后继者元王朝的长期存在，使草原地区的游牧族群终于如中原地区农耕族群的汉化一样，也实现了蒙古化。

二　王朝藩属的内涵及其特点

如前所述，在司马迁的《史记》中，虽然以“城国”、“行国”来区分两种不同的政治体，但着眼点是四夷居住的边疆地区，并没有将中原地区出现的王朝归入“城国”行列，而实际上用“城国”来形容中原地区出现的“政治体”似乎也并不恰当，因为为了城国的安全，城国往往在其周围构建具有篱笆性质的藩属体系，所以笔者用“王朝藩属”来指称中原地区出现的“政治体”。关于王朝藩属体系，笔者曾经在《汉唐藩属体制研究》[1] 中对汉唐两朝构建的藩属体系有较详细地阐述，但为了说明问题，在此概括阐述如下。

（一）“藩属”观念的出现

“聚落遗址所占的面积，约 50000 平方米左右，略呈南北较长、东西较

① 李大龙：《汉唐藩属体制研究》，中国社会科学出版社，2006。

窄的不规则的圆形。房屋和大部分经济建染，如储藏东西的窖穴、饲养家畜的圈栏等，集中分布在聚落的中心，形成一群密集的建筑物，约占30000平方米。围绕着居住区，有一条深、宽各约5~6米的大围沟。在大围沟以外，遗址的北部，主要是氏族的公共墓地，也有少量的窖穴，陶窑则在东边。"[①]这是考古工作者对1954年开始发掘的位于关中地区的半坡新石器时期人类聚落遗址的描述。房屋的形制以及大量陶器、石镰、石斧等工具的出现，无疑表明半坡人是属于农耕的族群。从整个遗址的情况看，尽管我们尚无法搞清楚作为农耕族群的半坡人形成的"政治体"规模有多大，但有一点是可以肯定的，即他们聚族而居，不仅形成了有一定规模的聚落，而且为了保卫整个聚落的安全构筑了防御体系："深、宽各约5~6米的大围沟"。"大围沟"的出现有着非同一般的意义，因为它是农耕族群防御观念出现的很好体现，而这种防御形式和防御意识经过长期的发展，最迟在西周时期已经形成了有别于游牧行国的王朝藩属观念。

"藩属"是在属于农耕汉文化的土壤中形成的一个概念，其含义是指"奉朔朝贡之国"。[②]尽管"藩属"作为一个完整的概念在清代才最终出现，但作为一种处理中央与地方尤其是边疆民族政权关系的方式却早已在先秦时期就已经出现并逐渐完善，并对其后的历朝各代影响重大。

藩，又写作蕃、番，是一个在先秦时期就已经出现的概念，其本意是指篱笆，但被赋予政治含义后则有了众多的变化。如果仅从政治层面上看，藩的含义大致可以归纳为三个方面：属于一个政权尤其是中原王朝因分封而形成的诸侯和王；分立的政权之间弱者对强者的自称；称臣的边疆民族或政权。也就是说，"藩"一般是用于表明相对强大的王朝——尤其是中原王朝和其所分封的诸侯王、其他弱小政权、边疆民族政权，甚至边疆民族政权等称臣纳贡的政权之间的关系。之所以称其为"藩"，应该是取屏障、保卫之意，一如颜师古注《汉书·陈胜项籍传》"长城"时曰："以长城扞蔽胡寇，如人家之有藩篱"[③]，只是对象不同而已。换句话说，作为中原王朝的统治者希望其所分封的诸侯王、其他弱小政权、边疆民族政权，乃至邻近的其他政权成为自己的屏障和保卫者，故有"藩卫"、"藩屏"等称呼，而边疆民

① 中国科学院考古研究所、陕西省西安半坡博物馆：《西安半坡——原始氏族公社聚落遗址》，文物出版社，1963，第9页。

② 《钦定四库全书总目》卷68《史部·地理类一》，四库全书本。

③ 《汉书》卷31《陈胜项籍传》，中华书局，1962，第1823页。

族政权，乃至邻近政权臣服中央王朝也被称之为“藩臣”、“外臣”、“藩附”等。

“属”用于指称地方乃至边疆政权则明确于汉代，其用法即是见诸史书记载的“属国”。关于“属国”的含义，现代人一般认为它是指“封建时代作为宗主国的藩属的国家”[①]，但实际上最初的含义并不是指这些“藩属国”，而是有其特殊的指称。据《汉书·武帝纪》载：元狩二年（前121）“秋，匈奴昆邪王杀休屠王，并将其众合四万余人来降，置五属国以处之。以其地为武威、酒泉郡”。颜师古在其下注曰：“凡言属国者，存其国号而属汉朝，故曰属国。”[②] 也就是说，属国最初用于指称中原王朝为安置内迁边疆民族而设置的行政建制，这些边疆民族脱离了本民族主体，而内迁到了中原王朝正式的行政建制区域内，其名称往往依然在属国前冠以原有的民族名称，如匈奴属国、龟兹属国等。这些属国从史书的记载看，已经不是独立的政权，尽管其内部保留了原有的管理体制，但中央王朝也直接委派称为“属国都尉”的官员参与属国内部管理，从而使其成为中央王朝政权建制中的一个组成部分。

“藩属”用于指称边疆民族是在“中国”、“四夷”二元结构“天下”观念形成的基础上出现的。先秦时期，中央和地方统治关系的构建是以“五服制”为主要内容的，《国语·周语上》所谓“夫先王之制，邦内甸服，邦外侯服，侯卫宾服，蛮夷要服，戎狄荒服。甸服者祭，侯服者祀，宾服者享，要服者贡，荒服者王。日祭、月祀、时享、岁贡、终王，先王之训也”[③]，尽管也包含了边疆民族政权，但作为权力中心王畿“藩屏”的是受封的同姓或异姓诸侯。公元前221年，秦王朝实现的“大一统”极大地丰富和发展了先秦时期的天下观，皇权的确立、郡县制取代分封制以及文化制度的统一，一方面极大地缩短了先秦时期天下观和现实的距离，另一方面结束了中原地区在政治、文化、交通等诸多领域的分立状态，实现了多方面的高度统一，称之为“九州”的中原地区已经逐渐牢固地凝结为一体，天下真正成为了由“夏”和“夷”两个行政区域构成的二元结构，这为处理“夏”和“夷”关系的藩属观念的形成和实施奠定了坚

① 《现代汉语词典》，商务印书馆，1992，第1068页。

② 《汉书》卷6《武帝纪》，中华书局，1962，第176～177页。

③ 徐知诰：《国语集解》，中华书局，2002，第6～7页。

实的基础。

就中原地区而言，早在夏、商、周三朝时期，为了卫护政治或权力中心的安全，就已经有了被称之为“五服制”或“九服制”的藩属体系并形成了相对完善的藩属理论。但是，夏、商、周三朝时期的五服制体系并不是完善的藩属体制，最主要的原因是五服制体系的构建目的是保卫权力中心“王畿”的安全，此时的中原地区还没有形成一个整体；在统治结构上说也存在着王畿和诸侯区的明确划分，尚未形成统一集权的皇权；在民族构成上，华夏族还处于凝聚的过程；在经济、文化上，中原地区也没有达到统一。但是，这一时期的五服制已经将边疆民族纳入了统治序列，所谓“蛮夷要服，戎狄荒服”即是说的这个问题，而且这一时期也已经形成了完善的服事制观念和理论，这一理论对之后的历代王朝藩属体制的构建和维系起到了重要的指导作用。所以，可以将夏商周三朝的五服制体系视为中原王朝藩属体制的萌芽。

公元前 221 年，秦国完成了统一六国的重任，结束了中原地区分裂的局面，继其后的西汉王朝不仅继承了秦王朝的疆域，也继承和完善了萌芽于先秦时期的藩属观念，并将其应用于对边疆地区的管理，进而形成了独具东方特点的藩属体制，由此也确立了古代中国统一王朝“二元三层”的疆域观念和疆域结构。汉代人的观念中，在《诗经·小雅·北山》所记载的“溥天之下，莫非王土。率土之滨，莫非王臣”的影响下人们确立了皇帝的绝对权力，而皇帝主宰的“天下”是由“夏”和“夷”两种不同的人群组成的，统治区域则分为了“九州”、“海内”、“海外”三个不同的层次。九州”是指在秦王朝疆域基础上形成的郡县统治区，也即《汉书·地理志》所载“十三部刺史”的管辖范围，这是“夏”的居住区域，也是皇帝直接管辖的地区，并被誉为皇帝的“家”。“九州”向外扩展被称之为“海内”，其外则称为“海外”。所谓“陛下以四海为境，九州为家”[①] 清楚地道出了“九州”和“四海”、“海内”的这种内外关系。也正是因为有了“九州为家”的观念，为保护其安全，汉王朝在其外围开始构筑藩属体系。一是在“九州”之外、“四海”之内分布的和汉王朝保持“臣属”关系的众多边疆民族，被称之为“外臣”或“藩臣”、“藩附”；二是和汉王朝没有臣属关系或联系不密切的一些民族政权。对于前者，由于他们处于“九州”的外

① 《汉书》卷 64 下《严助传》，中华书局，1962，第 2784 页。

围，直接毗连郡县区域，一方面是汉王朝重要的防范对象，另一方面汉王朝又希望他们成为郡县区域的外层防线，担负起保卫郡县区域不受外来侵扰的重任，因“九州”被喻为“家”，这些民族政权所处的区域恰好形似卫护“家”的藩篱，自然就被称之为了“藩”或“藩臣”、“藩附”。而对于后者，由于他们处于“海外”，是防范的对象，汉王朝一方面希望被称之为“藩”或“藩臣”、“藩附”的边疆民族政权起到牵制、防范他们的目的，同时也希望“德”及“海外”，从而达到“海外殊俗，重译款塞”[①]，天下太平的目的。

藩属观念的形成，尤其是夏、夷二元结构天下观的出现，虽然导致了以中原为核心的王朝藩属体系的构建，但从东亚乃至世界政权分布的趋势看，为保护权力中心的安全而在周边地区构筑藩属体系实际上是一个普遍的现象，政权分布也由此围绕相对强大的政权而形成了在政治上有一定统属关系的一个个不同的藩属体系，犹如不同的星系构成的宇宙一样。每一个藩属体系都有一个维持其运转的核心政权，一如太阳是太阳系的核心、地球吸引着月亮等卫星运转一样，不同的是，由不同政权凝聚成的众多藩属体系不像宇宙中的众多星系那样保持较长时期的稳定，不同藩属体系之间碰撞、重组，进而形成新的藩属体系分布格局是频繁发生的现象，王朝疆域的构成和变动就是在这种不同藩属体系之间碰撞、重组的过程中形成的。

（二）王朝藩属体制的内涵及其特点

和游牧行国体制相比较，王朝藩属体制具有鲜明的农耕文化特征，其内涵及其特点从历代王朝的实践看，主要包括以下三方面。

（1）有一个被称为“中国”的核心区域

被称为“中国”的核心区域，构成了王朝藩属的核心。“中国”一词最早出现在1963年陕西宝鸡贾村出土的何尊之上，何尊上的铭文中有“惟武王既克大邑商，则廷告于天曰，余其宅兹中国，自之辟民”。这一表述也得到了文献的印证，《尚书·梓材》：“皇天既付中国民越厥疆土于先王”。对于“中国”的含义，《毛诗注疏》卷24有：“惠此中国，以绥四方。中国，京师也；四方，诸夏也。”以往学者们多认为这里的“中国”是指称以洛阳为中心的地区，如陈连开先生即认为：“（后者）即指皇天将‘中国’的土

① 《汉书》卷62《司马迁传》，中华书局，1962，第2719页。

地与人民付与周武王治理。这变可与上述铭文互相印证，‘中国’显然是指以洛阳为中心的地区。”① 但是这并非唯一的解释，仔细分析，认为所谓“宅兹中国”、“皇天既付中国”中的“中国”是指周王直接施政的范围似乎更为恰当，此与《诗·大雅》中的“惠此中国，以绥四方”等记载中“中国”的含义应该是一样的。关于周朝的疆域范围，《左传》昭公九年有：“及武王克商，蒲姑、商、奄，吾东土也；巴、濮、楚、邓，吾南土也；肃慎、燕亳，吾北土也。”学界一般以此说明周朝的疆域，不过这或许是周王政令能够有效实施的区域。《国语·周语上》有“夫先王之制，邦内甸服，邦外侯服，侯卫宾服，蛮夷要服，戎狄荒服。甸服者祭，侯服者祀，宾服者享，要服者贡，荒服者王”的记载，这是先秦时期王权和政治格局在人们观念中的反映，其中王权是核心，而“甸服”的区域也称为“王畿”，是京师所在地，故而也称为“中国”，而围绕“中国”构筑起来的。也就是说，“中国”是先秦时期用于指称农耕地区政治体的核心区域。其后“中国”的含义开始出现了一些变化，不仅用来指称周朝的施政范围，也用于区分不同的人群以及华夏各政权。《礼记·王制》载：“中国、戎、夷五方之民，皆有性也，不可推移。东方曰夷，被发文身，有不火食者矣。南方曰蛮，雕题交趾，有不火食者矣。西方曰戎，被发衣皮，有不粒食者矣。北方曰狄，衣羽毛穴居，有不粒食者矣。中国、夷、蛮、戎、狄，皆有安居、和味、宜服、利用、备器。”② 此处的“中国”很显然已经用于指称华夏人，而且这种含义虽然没有近现代意义上“国家”的性质，但在春秋战国时期也引申为指称华夏各诸侯。如在《春秋》《左传》《国语》中齐、鲁、晋、陈、蔡等都以“中国”、“华夏”、“诸华”等称之，秦、楚则初并不在“中国”之内，战国时期才被纳入“中国”之中。

公元前221年，秦灭六国，实现了对中原农耕地区的统一，“分天下以为三十六郡，郡置守、尉、监”，对中原地区实施直接管理，之后又将郡增加到了四十余个，结束了中原地区诸侯分立的局面，实现了政令的统一，“地东至海暨朝鲜，西至临洮、羌中，南至北向户，北据河为塞，并阴山至辽东”的辽阔地区，“一法度衡石丈尺，车同轨，书同文字”（《史记·秦始皇本纪》），于是“中国”更多地具有了指称中原的含义。西汉代秦之后，

① 费孝通主编《中华民族多元一体格局》，中央民族学院出版社，1999，第217页。

② （清）孙希旦：《礼记集解》卷13，中华书局，1989，第359页。

尤其是西汉武帝时期，持续用兵边疆，郡县区域不断向外拓展，《汉书·地理志》载："汉兴，因秦制度，崇恩德，行简易，以抚海内。至武帝攘却胡、越，开地斥境，南置交阯，北置朔方之州，兼徐、梁、幽、并夏、周之制，改雍曰凉，改梁曰益，凡十三部，置刺史。先王之迹既远，地名又数改易，是以采获旧闻，考迹《诗》《书》，推表山川，以缀《禹贡》《周官》《春秋》，下及战国、秦、汉焉。"[①] 西汉时期在"九州"、秦朝郡县基础上确立的郡县统治区域在汉代之后不仅成为历代王朝的"天下"的核心，而且也成为历代史书夸耀疆域是否辽阔的基准。

《旧唐书·李大亮传》载："时颉利可汗败亡，北荒诸部相率内属。有大度设、拓设、泥熟特勤及七姓种落等，尚散在伊吾，以大亮为西北道安抚大使以绥集之，多所降附。朝廷愍其部众冻馁，遣于碛口贮粮，特加赈给。大亮以为于事无益，上疏曰：'臣闻欲绥远者，必先安近。中国百姓，天下本根；四夷之人，犹于枝叶。扰于根本，以厚枝附，而求久安，未之有也。自古明王，化中国以信，驭夷狄以权，故《春秋》云："戎狄豺狼，不可厌也；诸夏亲昵，不可弃也。"自陛下君临区宇，深根固本，人逸兵强，九州殷盛，四夷自服。今者招致突厥，虽入提封，臣愚稍觉劳费，未悟其有益也。然河西氓庶，积御蕃夷，州县萧条，户口鲜少，加因隋乱，减耗尤多。突厥未平之前，尚不安业；匈奴微弱已来，始就农亩。若即劳役，恐致妨损。以臣愚惑，请停招慰……'太宗纳其奏。"[②] 李大亮所言先是"中国"和"四夷"对应，称之为"中国百姓，天下本根；四夷之人，犹于枝叶"；后是"九州"和"四夷"对应，称之为"九州殷盛，四夷自服"，则"九州"的含义应该和"中国"相同，是指汉代以来的郡县区域。如果说李大亮所言尚不明确，那么唐太宗李世民的认识应该是代表了王朝藩属体制权力核心的看法。据《册府元龟·帝王部·亲征》载："（贞观十九年）三月丁丑，幸定州。太宗谓侍臣曰：'辽东，旧中国之有，自魏涉周，置之度外，隋氏出师者四，丧律而还，杀中国良善不可胜数。今彼弑其主，恃险骄盈，朕长夜思之而辍寝，将为中国复子弟之仇，为高丽讨弑君之贼。今九瀛大定，唯此一隅，用将士之余力，平荡妖寇耳。然恐于后子孙，或因士马强盛，必有奇决之士，劝其伐辽，兴师遐征，或起丧乱。及朕未老，欲自取

① 《汉书》卷28《地理志》，中华书局，1962，第1543页。

② 《旧唐书》卷62《李大亮传》，中华书局，1975，第2388～2389页。

之，亦不遗后人也。所以发自洛阳，唯噉肉饭，春蔬不进，虑有劳烦，庶同艰苦，一劳永逸。’是后，将士每到者，遣于定州北门过，太宗御城门楼抚慰之，皆踊跃歌呼，其人心齐一，自古出师命将未之有也。”[①] 由此我们不难看出，在唐太宗来说，“九瀛”或称之为“九州”[②] 是指西汉王朝强盛时期所奠定的郡县区域。这一区域大致东包括汉代在朝鲜半岛北部建立的乐浪郡辖地，治所在今天的平壤；西至敦煌郡，辖今河西走廊西部，治所在敦煌；北达河套及其以北地区；南至日南郡，辖今越南中部偏南地区，治所在今越南广治。

唐代以后，这一区域在人们的认识及王朝藩属体制中的地位依然是核心区域，即便是书写元王朝和清朝历史的《元史》和《清史稿》也不例外。《元史·地理志》载：“自封建变为郡县，有天下者，汉、隋、唐、宋为盛，然幅员之广，咸不逮元。汉梗于北狄，隋不能服东夷，唐患在西戎，宋患常在西北。若元，则起朔漠，并西域，平西夏，灭女真，臣高丽，定南诏，遂下江南，而天下为一。故其地北踰阴山，西极流沙，东尽辽左，南越海表。盖汉东西九千三百二里，南北一万三千三百六十八里，唐东西九千五百一十一里，南北一万六千九百一十八里，元东南所至不下汉、唐，而西北则过之，有难以里数限者矣。”[③] 不仅郡县是核心，而且汉、唐两朝的疆域也是作者比照的对象。《清史稿·地理志》载清朝疆域，其中也有“有清崛起东方，历世五六。太祖、太宗力征经营，奄有东土，首定哈达、辉发、乌拉、叶赫及宁古塔诸地，于是旧藩札萨克二十五部五十一旗悉入版图。世祖入关翦寇，定鼎燕都，悉有中国一十八省之地，统御九有，以定一尊”。[④] 由此看来，清朝的由郡县发展而来的“中国一十八省之地”在清代人的心目中也依然是王朝藩属或称为“天下”的核心。

（2）由“王”发展而来的“天子”（皇帝）是王朝藩属体制的权力核心，并拥有一套维持王朝藩属体制运转的以户为单位设置的管理体系

“中国”在古人天下观中位居中央，是“王”或“天子”施政的核心

① 《册府元龟》，中华书局，1960，第1400页。

② 关于“九瀛”，《论衡·谈天篇》有：“方今天下九州也。在东南隅，名曰赤县神州，复更有八州，每一州者四海环之，名曰裨海。九州之外，更有瀛海。”则“九瀛”应该和“九州”具有大致相同的含义。

③ 《元史》卷58《地理志》，中华书局，1976，第1345页。

④ 《清史稿》卷54《地理志》，中华书局，1977，第1891页。

区域，据有此地是“正朔”的重要表现，这是农耕族群“天下观”也即疆域观的核心内容。为了维护，《诗·小雅·北山》中有“溥天之下，莫非王土；率土之滨，莫非王臣”对权力核心的经典表述。这也既是对农耕族群“天下观”中王权为“天下”权力中心的经典表述，也是先秦乃至中国古代“天下”观的重要内容，最迟在西周时期周王已经成为“溥天之下”的“王”，也即“天下”的权力核心，其所在地或成为直接统治区域“王畿”（京师）则被称为“中国”，如前所述，“天下”也被分为了以“中国”为中心的“五方之民”。对于由中国、夷夏“五方之民”构成的“天下”，西周按照《国语·周语上》在记载的服事制理论构建起来相对完善的王朝藩属统治秩序：“夫先王之制，邦内甸服，邦外侯服，侯卫宾服，蛮夷要服，戎狄荒服。甸服者祭，侯服者祀，宾服者享，要服者贡，荒服者王。日祭、月祀、时享、岁贡、终王，先王之训也。有不祭则修意，有不祀则修言，有不享则修文，有不贡则修名，有不王则修德，序成而有不至则修刑。于是乎有刑不祭，伐不祀，征不享，让不贡，告不王；于是乎有刑罚之辟，有攻伐之兵，有征讨之备，有威让之令，有文告之辞。布令陈辞而又不至，则增修于德而无勤民于远，是以近无不听，远无不服。”所谓“邦内”是指周天子的“王畿”，是这一统治系统的核心，也是“中国”含义出现的最直接的缘由，而“中国”之含义由“京师”向指称“华夏”族群乃至中原地区的泛化，实际上也是“天下”权力中心和王朝政治格局演变在人们观念中的反映，但其基本的指称权力核心的含义则没有发生根本性的变化。

历史进入春秋战国时期，作为“天下”核心的周室衰微，地方诸侯林立，一方面战乱带来的困苦导致人们希望华夏诸侯能够抵御夷狄的侵扰实现维持华夏的统一安定，另一方面众多诸侯为在争战中取得优势地位，代表王权的“中国”由之成为了一个可以利用的旗号，于是在《春秋公羊传》中出于华夏的诸侯都被纳入“中国诸侯”的范围。晋国抵抗属于夷狄的楚国的进攻被称为“桓公救中国”即是例子。不过，历史的发展并没有遵从时人的意愿，出于夷狄的楚、秦取得了优势地位，成为华夏统一的希望，由此“中国”的涵盖范围也包含了楚、秦二国。公元前221年，秦王嬴政实现了对中原地区的统一，中华大地的政治格局出现了两个明显的变化。一是皇权成为“天下”的权力核心。嬴政对中原地区的统一由于迎合了人们希望华夏统一的愿望而在人们的心目中被认为是“兴义兵，诛残贼，平定天下，海内为郡县，法令由一统，自上古以来未尝有，五帝所不及”①，于是嬴政有了“皇帝”的称呼。“皇帝”也由此成为了“天下”的权力核心和主宰，而且此时的“天下”已经由中原地区向边疆地区拓展。二是中原地区无论是政治、经济、文化日渐凝聚为一个整体，并以“中国”称之。秦结束了中原地区诸侯分立的局面，“分天下以为三十六郡，郡置守、尉、监”，对中原地区实施直接管理，之后又将郡增加到了四十余个，实现了政令的统一，“地东至海暨朝鲜，西至临洮、羌中，南至北向户，北据河为塞，并阴山至辽东”的广阔区域，则是“一法度衡石丈尺，车同轨，书同文字”②，“中国”一词由此更多地具有了指称中原地区的含义，成为“天下”的核心区域。秦朝“大一统”带来的这些变化也影响了古人的“天下”观，皇权和中原（中国）的紧密结合即是其中的一个重要内容，并且这种结合随着汉朝多民族统一王朝的持续存在而得到了空前强化，“以四海为境，九州为家”即是对这种思想的精确表述。随着秦汉的长期统一，被称为“天下的中心地带”的“中国”已经由“京师”、“王畿”发展为秦汉时期的郡县范围，据有“中国”才能成为“天下共主”、正朔王朝的观念也由此更加深入人心，影响深远。

（3）不断凝聚的华夏（汉）族群是推动王朝藩属体制运转的主要动力和稳定力量之一

对于农耕族群的凝聚，以往学者给予了很多关注，而其中翁独健先生主编的《中国民族关系史纲要》③ 和费孝通先生主编的《中华多元一体格局》④ 代表了学界的一般认识。而实际上，王朝藩属的形成，一方面是华夏农耕族群凝聚的结果，另一方面工朝藩属的发展又促成了华夏农耕族群的进一步凝聚，而不断壮大的华夏农耕族群则成为推动王朝藩属运转和维持其稳定的主要动力之一。

农耕族群的凝聚在新石器时期就已经显现，如前所述，发现在河北省的磁山文化和裴李岗文化已经具有了明显的农耕族群文化的主要特征，而继其后出现的仰韶文化、龙山文化不仅为我们认识农耕族群的发展轨迹提供了线索，而且也和流传于中原地区的农耕族群凝聚的传说相互印证，由此揭示出

① 《史记》卷6《秦始皇本纪》，中华书局，1959，第236页。

② 《史记》卷6《秦始皇本纪》，中华书局，1959，第239页。

③ 翁独健主编《中国民族关系史纲要》，中国社会科学出版社，2001，第5~91页。

④ 费孝通主编《中华民族多元一体格局》，中央民族大学出版社，1999，第8~10页。

了由三皇五帝到大禹夏族群的形成轨迹。而以河南阳城遗址为代表的夏文化、殷墟为代表的殷商文化，以及陕西关中地区出现的青铜文化则分别属于以夏、商、周三个族群为核心的夏、商、周农耕政治体所创造。夏、商、周三个族群的形成和发展，不仅不是三个毫无关系的族群，反而是后者在前者基础上农耕族群的再次凝聚。也就是说，周人虽然是起源于渭水上游，但随着西周政治体的长期存在，辖境内的夏人和商人等族群被整合为周人，以周人的面貌出现在中原大地上。

历史进入东周时期，春秋列国和战国七雄的存在将周人分裂为诸夏、秦、楚等不同的政治体，但渴求成为“诸夏共主”的野心则促成了秦王嬴政最终实现诸夏族群的再次整合，于是又有了秦人的称呼。秦朝立国短暂，其对诸夏的再次凝聚只是刚刚开始，但继其后出现的政治体汉王朝不仅实现了对更大范围内族群的凝聚，而且前后持续4个世纪之久，由“此夏”、“诸夏”、“华夏”等称呼也为新的称呼“汉人”所取代。尽管以往学者普遍认为：“汉族名称的产生或从夏族、华夏族改称汉族，不是这一人们共同体的质的变化，更不是新民族的形成，只是名称的改变”[①]，但实际上夏人、商人、周人及诸夏、秦人、汉人等不同名称涵盖的族群是不同的，出现的原因虽然也各有不同，但却是因为不同政治体的存在所导致。应该说，政治体与族群分化聚合的关系是密切的，仅仅从名称的变化即可以看出，一方面农耕族群政治体的形成和长期存在对族群整合起着重要的作用，政治体的出现是导致族群凝聚的重要原因，另一方面族群的分化和凝聚也成为维持这些政治体运转的主要推动力量。

三　行国体制与王朝藩属碰撞和重组的阶段及其特点

以中原农耕地区和农耕族群为核心出现的王朝藩属，是奠定多民族国家中国形成的基础，农耕经济的相对稳定，一方面为王朝的持续发展提供了可靠的物质保证，另一方面也催生了发达的农耕文明。经济上的稳定和富庶，对于对大自然有较强依赖的脆弱的游牧族群具有一定的吸引力，而作为农耕文明重要组成部分的“天下”观不仅使农耕族群相对于其他族群有了非同一般的优越感，视周边族群为夷狄，也将“溥天之下，莫非王土；率土之

① 翁独健主编《中国民族关系史纲要》，第88页。

滨，莫非王臣”的价值观念向更大范围传播，“用夏变夷”不仅成为了农耕族群处理族群之间关系的重要指导原则，也是农耕族群衡量“王”（皇帝）是否“合法”和具有“德政”的重要标准，而“王”（皇帝）以“用夏变夷”为指导思想制定和实施的众多政策，谋求的最高境界是“九州攸同”[①]和“德化被四海”[②]，其结果即是对不同族群（夷夏）的整合。需要特别指出的是，这种对不同族群（夷夏）的整合和近现代主权国家的国民塑造尽管存在一些差异，但具有相同的性质，农耕族群由夏人、商人、周人到“夏”、“诸夏”，乃至秦人、汉人，已经清楚地反映出了中原地区不同族群整合的发展轨迹。值得注意的是，汉人族群形成之后，一方面成为王朝藩属构建的主题族群，另一方面夷夏族群之间的整合也并没有因此停止，王朝藩属和游牧行国之间的互动既不断推动着夷夏族群之间的整合，同时这种整合也成为王朝藩属和游牧行国之间互动的动力来源之一，最终促成了中华民族和多民族国家中国的形成和发展。

按照依据游牧行国的兴衰历程、游牧族群的聚散转变，以及其与王朝藩属、农耕族群互动的轨迹，笔者将游牧行国与王朝藩属的互动过程做以下阶段划分。

（1）先秦至秦汉时期（公元1世纪之前），匈奴游牧行国的出现及与汉王朝藩属体系的碰撞、对峙和交融。这一时期，游牧族群开始出现于北部和西部草原地区，经过长期的凝聚发展，至战国时期形成了东胡、月氏、乌孙、匈奴等几个大的游牧行国。秦汉之际，匈奴游牧行国得到进一步壮大，不仅涵盖了整个北方草原地区，而且兼并了东胡、月氏、乌孙等行国，将势力扩展到东起辽河，南至黄河以南，整个西域，都成为了匈奴游牧行国的范围。西汉初至甘露元年（公元前53年），匈奴游牧行国和汉王朝藩属体系进入碰撞、对峙阶段。甘露二年（前52），随着呼韩邪单于南下降汉，匈奴游牧行国虽然地位特殊，但依然是汉王朝藩属体系的重要组成部分，这种状况一直保持到永元三年（91）北匈奴单于“逃亡不知所在”。[③] 在这一时期，游牧行国形成和发展的突出特点是，匈奴在众多游牧行国中异军突起，不仅构建起了东起兴安岭，西至葱岭，涵盖整个草原地区的游牧行国，第一次以

① 《尚书全解》卷6《禹贡》，四库全书本。

② 《汉书》卷22《礼乐志》，中华书局，1962，第1032页。

③ 《后汉书》卷89《南匈奴传》，中华书局，1965。

一个完整的政治体的形式与农耕族群及王朝藩属形成对立，并展开互动关系，而且实现了对游牧族群的第一次凝聚和整合，游牧族群呈现匈奴化趋势。

（2）从“匈奴遁逃”到北魏灭亡，是游牧行国发展的第二个时期，时间大致从永元三年（91）到永熙三年（534）。这一时期，以鲜卑人为主体建立起来的游牧行国强大起来，先是檀石槐在延熹年间（158～165）建立了覆盖北部草原地区游牧行国并拒绝了东汉王朝的册封，后是拓跋鲜卑人力微在魏甘露三年（258）迁徙盛乐（今内蒙古和林格尔县北），晋太元十一年（386）拓跋珪立国为代，后改称魏，史称北魏。在游牧行国基础上发展起来的北魏，不仅将势力范围涵盖了整个北部草原地区，一度定都洛阳，将黄河中下游流域农耕地区也纳入了有效控制之下，而且将农耕族群建立的王朝势力压至长江流域，形成了二者对峙的局面，甚至使农耕族群的历史书写发生了根本改变，在游牧行国基础上发展而来的北魏，也成了“中国”王朝的“正统”之一。

（3）从北魏分裂至唐朝灭亡，是游牧行国发展的第三个时期，时间大致从东魏太平元年（534）到后梁开平元年（907）。这一时期，进入黄河中下游农耕地区的游牧族群逐渐融入农耕族群，而在北方和西方草原地区则先后出现了柔然、突厥、吐蕃、薛延陀、回纥（回鹘）等游牧行国，虽然一度和王朝藩属形成对峙，但多数情况下则是王朝藩属的组成部分。

（4）从后梁开平元年（907）到明朝建立（1368），是游牧行国发展的第四个时期。这一时期，游牧族群建立的政治体已经超出了单纯的游牧行国的范畴，其涵盖的范围不仅涵盖了草原地区，也向农耕地区拓展，进而与农耕族群政治体形成隶属关系，甚至将辽阔的农耕地区纳入有效控制之下。先是契丹对后晋的积极扶持，后晋皇帝石敬瑭称“儿皇帝”，燕云十六州成为辽朝的有效控制范围，进而与北宋王朝对峙；后是女真建立的金朝不仅取代辽朝成为草原霸主，而且在绍兴十一年（1141）迫使南宋达成“绍兴和议”，以淮河为界，南宋称臣，“中国正统”换位。最后是蒙古兴起草原地区，蒙古汗国不仅将游牧行国的优势发挥到极致，而且第一次实现了游牧族群主导的中华大地所有地区的“大一统”。

（5）从明朝建立到清朝的“大一统”，是游牧行国发展的第五个时期，时间是洪武元年（1368）至1911年。这一时期，先是明朝的出现结束了游牧族群构建的“大一统”，使游牧行国和王朝藩属对峙局面重新出现，但王朝藩属具有主导优势；后是兼有渔猎、耕牧多重特征的建州女真建立的后金（清）和游牧族群蒙古联合，再次实现了对中华大地的“大一统”，而多民族国家由王朝国家向近现代主权国家的转化不仅使游牧行国和王朝藩属的互动有了一个结果，也将农耕、游牧两大族群纳入多民族国家“国民”的塑造轨道，使其成为了中华民族的重要组成部分。

总之，在多民族国家中国形成和发展的历程中，游牧族群和农耕族群之间的关系是主要的动力之一，而游牧行国和王朝藩属的互动轨迹，为我们探索多民族国家的形成和发展提供了重要依据。

交叉区民众心态之研讨

——以唐朝长城区域为例[*]

李鸿宾

摘　要： 本文以文献中的两则史料为例，对唐与后突厥、契丹之间的交叉区河北诸州百姓在双方发生争执过程中所处的地位与政治立场的选择进行了阐释，旨在揭示他们秉持的态度、立场与其背后隐藏的政治、社会、文化诸要素之关联。本文写作的另一目标是企图避免采用表象之上的简单而浮面的成因去解释历史自身，力求看到文字记述背后隐藏的各种讯息及其暗码。河北（尤其所谓"边疆地区"的）百姓模棱两可的政治立场是他们对两个对峙政治体加诸他们头上的强制性约束而做出的自我保护性回应，这类行为在历史上并非个别而具有普遍性，当然这种"普遍性"是有前提设置的。

关键词： 交叉区　河北诸州　民众心态　忠诚度

作者简介： 李鸿宾，历史学博士，中央民族大学历史文化学院教授。地址：北京市海淀区中关村南大街27号，邮编：100081。

一

唐史材料里有这么两段记载耐人寻味，我这里先做摘录，然后讨论。

其一是《旧唐书·狄仁杰传》：

* 本文系"教育部哲学社会科学研究重大课题攻关项目《中国历代长城研究》（项目批准号10JZD0007）资助"之研究成果。

> 时河朔人庶，多为突厥逼胁，贼退后惧诛，又多逃匿。仁杰上疏曰："……伏愿（陛下）曲赦河北诸州，一无所问。自然人神道畅，率土欢心，诸军凯旋，得无侵扰。"（武则天）制从之。①

其二是同书《外戚·武懿宗传》：

> 万岁通天年中，契丹贼帅孙万荣寇河北，命懿宗为大总管讨之……由是贼进屠赵州（治平棘，今河北赵县）而去。寻又令懿宗安抚河北诸州。先是，百姓有胁从贼众，后得归来者，懿宗以为同反，总杀之，仍生刳取其胆，后行刑，流血盈前，言笑自若。②

这两段引文是唐朝分别与突厥、契丹对抗中卷入（或被卷入）的群体其政治态度的展现，尤其是朝廷相关官员处理此类事件的手段。笔者在这篇文章中重点讨论的就是朝廷官员对这些被卷入战争中的百姓的因应手段之差异及出现差异的缘由，尤其关注差异背后隐藏的朝廷与当时社会存在的族属、族性观念等问题。这也应和了国内学术界有关唐朝社会的主轴之一即胡汉关系以及日本学界自内藤湖南以来就认定的包括唐朝在内的中古社会两大重要线索的一条——同样是胡汉关系——的讨论。③ 笔者议论这些问题就是从上面的两例出发，狄仁杰主事的案例在时间上晚于武懿宗事件，然而二人在唐朝的官方文献中完全是以正反两个方向的极致而呈现出来，受到朝廷褒赞的狄仁杰一例之所以置放首位研讨，"正面"即映射朝廷意识形态的视角构成了笔者选择的主因。

二

第一段记载的突厥是高宗时期重新兴起（或复辟）的后突厥。他们复

---

① 《旧唐书》卷89《狄仁杰传》，中华书局，1975，第2891~2892页。参见《新唐书》卷115《狄仁杰传》，中华书局，1975，第4212~4213页。

② 《旧唐书》卷183《外戚·武懿宗传》，第4737页。参见《新唐书》卷206《外戚·武懿宗传》，第5842页。

③ 参见陈寅恪《唐代政治史述论稿》，上海古籍出版社，1982，第1页；〔日〕谷川道雄《魏晋南北朝隋唐史的基本问题总论》，李凭译，谷川道雄主编《魏晋南北朝隋唐史学的基本问题》，中华书局，2010，第1~23页。

国后，凭借自身机动灵活的骑兵优势，频繁地向唐朝北部州县展开攻击和骚扰[①]，夹在突厥与唐朝之间的地区，即北部沿长城地带各州县都处于突厥的威胁之下，这些地区是双方交战的中心场所，河北道中北部地带则是其中的重要征战地区。《资治通鉴》记载："河北积年丰熟，人畜被野，斩（默）啜虏赵、定（治安喜，今河北定州）、恒（治真定，今河北正定）、易（治易县，河北今地）等州财帛亿万，子女羊马而去。河朔诸州怖其兵威，不敢追蹑。"[②] 突厥在复兴之后的一段时期之内[③]，即高宗和武则天主政阶段频繁密集地向包括河北北部地区在内的边地即所谓长城地区的州县展开攻击[④]，其因由则有政治上的图谋，也有经济上的对财富和资源的觊觎，但就上文所述突厥进攻赵、定二州而言，政治的诉求似乎超越了其他，《旧唐书·则天皇后纪》说："（圣历元年即698年八月）己丑，默啜攻陷定州，刺史孙彦高死之，焚烧百姓庐舍，遇害者数千人。"同卷又说："癸未，默啜尽杀所掠赵、定州男女万余人，从五回道而去，所至残害，不可胜纪。"[⑤] 对汉地的粮草、布帛、高档消费品乃至工匠等掌握技术的人口的追求和掠夺，是游牧人进攻和南下的主要目标，这已为学界所共识[⑥]。默啜对赵、定二州的攻击，显然不是这个目标，否则屠杀万余人便无从解释。[⑦] 而备受突厥进攻的当地百姓，面临惨遭杀戮的危险，他们要么是在朝廷命官的率领下奋起抵抗，或据城死守；要么一旦处在朝廷州县照顾不了的地区，譬如村野旷古之地，他们就只有各自逃命，或被骑兵追杀，或被迫听从突厥之命随其

---

① 相关的史料记载，可参见岑仲勉《突厥集史》，中华书局，1958，第289～347页；吴玉贵《突厥第二汗国汉文史料编年辑考》，中华书局，2009，第445～507页。

② 《资治通鉴》卷206则天后圣历元年（698）九月癸未条《考异》引《唐统纪》，中华书局，1956，第6535页。

③ 关于突厥复兴事件，参见《暾欲谷碑》《阙特勤碑》《毗伽可汗碑》，这是突厥一方有关起事复国的记载，收入耿世民《古代突厥文碑铭研究》，中央民族大学出版社，2005，第92～176页；李鸿宾：《东突厥的复兴与唐朝朔方军的设置——兼论唐朝控制北部边地的方式及其转化》，《民族史研究》第1辑，民族出版社，1999，第147～168页。

④ 有关"长城地区"或"长城区域"的概念，参见李鸿宾《长城区域在唐史研究中的位置——从历史学与民族学结合的角度观察》，载瞿林东主编《中国少数民族史学研究》，北京图书馆出版社，2008，第144～154页。

⑤ 参见《旧唐书》卷6《则天皇后纪》，第127页。

⑥ 参见萧启庆《北亚游牧民族南侵各种原因的检讨》，《食货月刊》（台北）复刊第1卷第12期，1972年3月。

⑦ 关于这段期间唐与突厥的纠葛，可参阅薛宗正《突厥史》，中国社会科学出版社，1992，第472～478页；王小甫《唐朝对突厥的战争》，华夏出版社，2001，第97～102页。后者虽属通俗读物，却是建立在学术研究的基础之上。

而去，于是“河朔人庶，多为突厥逼胁，贼退后惧诛，又多逃匿”。[①] 他们面临如此境遇的唯一因由，就是身为唐朝百姓之故。倘若他们成为与突厥对抗的唐廷官军的一方，处于交战双方的相互攻击乃属正常之举，他们恰恰不是战争的参与者而蒙受残杀，从事理的角度讲显然并非公正，然而在那个参战畛域不明、官民混淆的时代，百姓被政治支配下的战争所裹挟是再普通不过的事。河朔百姓只要在这种关键场合无论出自什么缘故一旦与突厥人有所交集，不但不会得到宽免，反而遭受惩处，如同上文列举的武懿宗采取的手段那般。

突厥这段时期内频繁南下的直接原因是：默啜可汗有一女，欲与唐联姻，武则天以本家武延秀纳其女，默啜因武氏非李唐皇室正统而大怒，说：“我世受李氏恩，欲以女嫁李氏，安用武氏儿？”[②] 于是发兵南下，攻击赵、定等州，狄仁杰随即受命河北道行军副元帅[③]，率军抗击，突厥退归；狄随后转为河北道安抚大使，措置善后事宜。如何处置胁从突厥的数州百姓，就成为朝廷讨论的议题。如上所言，从朝廷的角度着眼，在敌我分明的战场上，任何人都没有超脱出世的资格，必须（或者被迫）表明立场和观点：倘若不誓死杀敌，就是投靠对方，没有中间道路可选择。所以河北中部和北部那些胁从突厥的百姓必须要受到制裁。朝廷的理由很充分：在这个大是大非面前，当地百姓的立场暧昧甚至不坚定，不与突厥抗争，丧失了应有的品性。

事情原本再简单不过。当初受命护送武延秀的春官尚书（吏部尚书）阎知微听命突厥，并随其南下参与了攻击赵、定的行动，武则天以其叛变为由惩处了他并夷其三族[④]；而对坚守赵州城誓不投降的刺史高睿则大加赞誉，“颁示天下，咸使知闻”[⑤]，高睿被置诸正史《忠义传》本身就鲜明地表达了朝廷和官方的态度。[⑥] 朝廷对阎、高的奖惩是建立在二人忠诚王朝的立场上。王朝的考虑有其法理依据，阎的行为是“十恶”之“谋叛”，属于“亏损名教，毁裂冠冕”的大逆不道[⑦]，破坏了王朝的法统，是决不允许的

① 参见《旧唐书》卷89《狄仁杰传》，第2891～2892页。

② 参见《唐会要》卷94“北突厥”条，中华书局，1955，第1691～1692页。

③ 参见《旧唐书·狄仁杰传》。按狄此次出仕应为副元帅，元帅乃为皇太子李显。辩见尤炜祥《两唐书疑义考释·旧唐书卷》，西泠印社出版社，2012，第27～29页。

④ 参见《旧唐书》卷77《阎立德附阎知微传》，第2679～2680页。

⑤ 参见《旧唐书》卷187上《忠义上·高睿传》，第4877页。

⑥ 《新唐书》也是同样处理的，参见卷191《忠义上·高睿传》，第5505～5506页。

⑦ （唐）长孙无忌等：《唐律疏议》卷1《名例律》，刘俊文点校，中华书局，1983，第6、8页。按“谋叛”之疏议曰：“有人谋背本朝，将投蕃国，或欲翻城从伪……之类。”（第8页）阎知微的“谋叛”显属前者。

行为；与之对应的高的举措则维护王统，彰显了唐的正统权威。二者背后触及的是关乎整个王朝在与周边外族政治体抗衡中的政治秩序，这应是问题的实质。

现在的问题是，对那些居处于赵州和定州的平民百姓，他们面临突厥屠杀的危险而被迫胁从，朝廷对这些有“污点”的人应该如何处置？如果依照敌我不两立的观点论究，说他们态度不端，立场不坚，似乎也能成立，对他们采取惩处措施也还讲得过去。这样做的结果固然简单易行，但忽略了事情的复杂性。狄仁杰正是看出了这重复杂性，他不同意朝廷简单而粗率的处理方式，于是提出上面“曲赦河北诸州，一无所问”的建议，还好，武则天以她的智慧接纳了建议，处置得当，这件事就过去了。但是对我们而言，这里面隐藏的一些东西，还是值得提出来讨论的。

笔者要讨论的核心，就是上文所涉及的赵、定等州百姓在突厥与唐朝之间所谓的政治立场问题。

首先，他们是朝廷的编户齐民，这个身份使他们在唐与突厥的对峙中无论采取什么态度，都不能改变他们的属民地位。虽然他们迫于突厥的威胁而跟从，但这种行为在朝廷看来是有问题的。狄仁杰本人也秉持着同样的看法，他在奏疏里说道：

> 议者以为虏入寇，始明人之逆顺，或迫胁，或愿从，或受伪官，或为招慰。诚以山东之人重气，一往死不为悔。比缘军兴，调发烦重，伤破家产，剔屋卖田，人不为售。又官吏侵渔，州县科役，督趣鞭笞，情危事迫，不循礼义，投迹犬羊，以图赊死，此君子所愧，而小人之常。民犹水也，壅则为渊，疏则为川，通塞随流，岂有常性……今负罪之伍，潜窜山泽，赦之则出，不赦则狂。山东群盗，缘兹聚结。故臣以为边鄙暂警不足忧，中土不宁可为虑也。夫持大国者不可以小治，事广者不可以细分。人主所务，弗检常法。①

这道疏奏表达了三层意思，第一层明确表示唐与突厥之间是敌我关系，唐朝属下的民众亦受制于这种关系的制约。这是据以判别河北民众政治立场的基础。第二层说的是战争兴起后，朝廷征发繁杂，百姓受损严重，甚至家

① 见《新唐书·狄仁杰传》，第4212～4213页；参见《旧唐书·狄仁杰传》，第2892页。

破人亡；再加上官吏盘剥欺压，百姓只有背离常轨，出逃外方。第三层的含义是说，对待这样的百姓，朝廷应以什么态度处理？他认为，百姓如同流水一般，阻则成渊，疏则为川，倘若不给他们生路，就等于逼迫他们聚集造反，给之出路则可成顺民。如果与上面第二段引文中的武懿宗那种不问青红皂白一概斩尽杀绝的行为相比，狄仁杰的建议显然更加明智，也更讲道理。他看出百姓的投附对方，与他们自身关联不大，而是官府强加于他们的负担、官吏的苛刻盘剥等举措造成的结果，所以他主张应当宽免百姓的这种“投敌”行为。

不论是狄仁杰还是武懿宗，他们将百姓作为惩罚的对象，都是建立在河北民众隶属王朝即君主之子民身份这个基础上。这也是狄仁杰奏疏中建议的第一层含义即立论的前提。上面谈到的阎知微之遭受唐律的制裁，同样是这个道理。狄仁杰并未为之回护①，显然，阎知微的行为是国家礼法纪律不能容忍的。作为朝廷命官，阎知微在关键时刻负有为国家、王朝尽忠的义务，他没能做到而遭受相应的惩罚理所当然。类似的例子还可以举出《旧唐书·李岘传》的一条记载：

> 初收东京，受伪官陈希烈已下数百人，崔器希旨深刻，奏皆处死；上（代宗）意亦欲惩处天下，欲从器议。时（李）岘为三司使，执之曰：“夫事有首从，情有轻重，若一概处死，恐非陛下含弘之义……若尽行诛，是坚叛逆之党，谁人更图效顺？困兽犹斗，况数万人乎！”②

这个事例说的是陈希烈等人投附安禄山一方而遭受收复两京之后唐廷的惩处，他们依照唐朝律法条款都犯了与阎知微一样的“谋叛”即叛国罪，受相应的惩罚毫无疑义。崔器与李岘意见的差异是惩处到什么程度的问题，

---

① 阎知微被武则天惩处之时（圣历元年即698年十月以后），狄仁杰充任河北道副元帅、安抚大使。他此时深受武则天信任，亦多上奏就时政陈述己见。按理，武则天惩处阎知微一事他不可能不清楚，以他受信任之程度而论，他对此表达看法与其身份和角色均不矛盾，文献中之所以没有他就此提出看法的任何描述，应当是他赞同朝廷此举的反映。相关情形可参阅《旧唐书·狄仁杰传》；《资治通鉴》卷206武则天圣历元年十月条（《资治通鉴》，中华书局，1956，第6535~6537页）。

② 参见《旧唐书》卷112《李岘传》，第3345页；《新唐书》卷131《宗室宰相·李岘传》，第4506页。

李从朝廷与安史叛军征战争取人心的长远角度考虑，希望将惩罚的幅度放置在一个精准的层面以获取更多人的支持，他们的差别仅此而已。

与此对应，河北诸州这些百姓“投附”突厥的现象与阎知微和陈希烈上述的叛国行为显然并非等同。在狄仁杰看来，他们的行为实系“迫不得已”的外界胁迫，特别是朝廷赋役的繁重对他们造成的强压负担、当地素劣无端官员施加于他们毫无止境的刻剥，这些因素不应被忽视，甚至在某种程度上是促成百姓行为发生的要素（详下）。

其次，狄仁杰还特别提到，朝廷边缘地带出现的麻烦远不如中心地区出现的事端对国家构成的威胁来得大：“边尘暂起，不足为忧，中土不安，以此为事”①。这才是触及到了狄仁杰“宽待”河北民众的内在心结。这16字组成的句子蕴藏的含义对我们理解狄仁杰和武则天处理国务问题，具有揭示本质属性的重要性。笔者为什么把武则天也算上？因为她最终接受了狄仁杰的意见，他们君臣对这个问题的理解应是一致的。

在他们的眼中，河北遭受突厥骚扰的这些州县并非属于朝廷的核心，而处在核心区与边缘区的交接地带，其重要性显然非同于关中腹地。狄仁杰的这个思路实际上就是唐太宗、李大亮君臣有关王朝国家疆域、人群构建思路的延续。在他们的心目中，唐朝的地域、人群犹如树干和枝叶，本土核心地带就是树干的“根本”，枝叶犹如周边四域，二者之差别清晰可见。② 这一套观念也并非太宗君臣所发明，是传统华夷格局、五服制度的再现。我们再举唐高祖的一道诏文为例：“画野分疆，山川限其内外；遐荒绝域，刑政殊于函夏。是以昔王御世，怀柔远人，义在羁縻，无取臣属……朕（唐高祖李渊）祗膺宝图，抚临四极，悦近来远，追革前弊。要荒蕃服，宜于和亲。”③ 作为开国之君的高祖，他下发的诏文对唐本土与周边外围不论是地域还是人群的观念均继承传统而来，那就是内外有别且畛域分明。对刚刚确立的唐朝而言，本土就是由都城所在的关中宰制山东，进而控制南部广阔区域而形成的局面④，这个局面的周边四邻是诸番外夷，亦即早期的荒服之

① 《旧唐书·狄仁杰传》，第2892页。

② 参见（唐）吴兢撰、谢保成集校《贞观政要集校》卷9《议安边》，中华书局，2003，第503～504页。

③ （宋）宋敏求编《唐大诏令集》卷128《蕃夷·绥抚·抚镇边陲诏》，洪丕谟等点校，学林出版社，1992，第632页。

④ 参见李鸿宾《唐朝的地缘政治与族群关系》，《人文杂志》2011年第2期。

属。这种内外有别的二元制建构虽因时过境迁、内外形势变化无常而出现诸多变化，但其核心本质则一脉相承。[①] 唐太宗君臣的“根本”“枝叶”的观念传此而承，狄仁杰连同武则天认可的内外思路同样并行不悖。从这个角度再看上文中突厥攻略的河北诸州，恰好处在与唐土边缘接近的地方，它们虽列朝廷正州正县，与羁縻府州迥然有别[②]，但这里的州县接近边缘，其地位因而与核心腹地之同类有所差距，这正是狄仁杰立论的根基。如此，我们就不难理解河北诸州的百姓之地位，自不同于中心地之民众，更与朝廷的命官判然有别了。

然而从法理的角度讲，我们从现存的唐代文献中也看不出民众与官吏在违法方面出现的差别（除了法律明确规定官员、贵族享有的特权和优待之外），这至少可以支持河北百姓与官员在忠诚朝廷的行为上秉持统一标准的立论，狄仁杰请求宽恕他们的奏疏中也没有涉及二者有所差异的问题。但同样不可否认的是，虽然法律条文规定的同一化，也不能否认事实上存在的区别。这个区别就是狄仁杰强调的地域以及生活在不同地域之上的人群的差异。狄仁杰向武则天上奏宽恕河北百姓的背后，倘若没有这个地域、群体的差距，那么他的请求能否被武则天所接受，还真的不好说。

再次，这个事件还促使我们重新思考这样的问题：在一个力求一统并在法律制度的规范上同样秉持均质化的王朝国家中，而且也的确颁布了诸如综合法规《唐律疏议》、具有行政典制职能的《唐六典》[③]，乃至对以往历朝制度进行规范的《通典》等主张王朝一体性的文本范式[④]，为什么在实际的施行层面却有如此的差别，以至于我们不得不重新思考“均质化”自身影

① 参见李鸿宾《“二元制构造”下的唐朝华夷观及其变化》，载陈尚胜主编《儒家文明与中国传统对外关系》，山东大学出版社，2008，第 118～128 页；《王朝国家体系的构建与变更——以隋唐为例》，载孙家洲、刘后滨主编《汉唐盛世的历史解读——汉唐盛世学术研讨会论文集》，中国人民大学出版社，2009，第 165～175 页。相关的他人研究，可参阅许倬云《传统中国社会经济史的若干特性（代序）》，此据氏著《求古编》，新星出版社，2006，第 1～14 页；李大龙《汉唐藩属体制研究》，中国社会科学出版社，2006，尤其参阅第 286～294 页。

② 唐朝羁縻府州的划分可参见谭其骧《唐代羁縻州述论》，此据氏著《长水集续编》，人民出版社，1994，第 133～155 页。全面的研究参见刘统《唐代羁縻府州研究》，西北大学出版社，1998。

③ 关于《唐六典》的性质及施用，学术界一直存有争议且成果众多，可参见周东平《唐六典》，胡戟等主编《二十世纪唐研究》，中国社会科学出版社，2002，第 155～158 页。

④ 《唐律疏议》刘俊文点校说明，第 1～10 页；〔英〕杜希德：《唐代官修史籍考》，黄宝华译，上海古籍出版社，2010，第 89～96 页。

响的限度以及对这个限度如何定位？说得通俗一点，就是在法典层面的一体化的背后，隐藏了操作层面的相异化的处理手段，到底是什么因素导致二者的分离？

我们注意到，即使是步入民族国家一体化行列的今日中国，在具体审核案件的过程中尚且受到诸种因素的制约和影响而对同一事的处理产生迥然有别的后果[①]，那么在远非均质化的王朝国家的视域下，追求一统化和均质化固然是王朝统治集团的愿望，但它所采取的措施和控制的能力以及那个时代提供给它的条件，显然还远远满足不了这样的诉求，于是，一统化常常成为国家追求的目标而停留在观念层面之上，即使这种均质化也并非是朝野上下毫无疑义的愿景。于是，事实上的内外有别、华裔之辨的现实状况成为朝臣解决问题的主要依凭，这就是决定狄仁杰对河北民众“投敌”行为另行“宽待”的因素。这些地区连同其百姓的政治特点，诚如拉铁摩尔描述的那样，接近草原北部游牧势力的民众，更容易与他们联系在一起；与此对应，靠近汉地的百姓则更易于接近中原内地。[②] 夹处强权势力中间地区的民众，因其自身命运无法通过自身的努力获得保障，外界强力的介入，就迫使他们往往走上谁强大就依附谁的道路，他们的意识也随强者而摇摆。这种非“从一而终”的变化无常的行为恰恰就是他们自保的利器。这种情形在古代社会十分常见，譬如北宋与辽朝、南宋与金朝交界或交叉地带的缓冲区就是明显的事例[③]；即使到了民族国家建构的现代社会，这种地带及其人群的政治态度，也常常因具体情况的变化而出现摇摆不定的情况，例如杨奎松所谈的抗战期间中日军队交战的过程中某些地方民众态度的转变，就是鲜明而生动的例证。[④] 这篇文章所展示的现象，与我们想象中抗击入侵日军的中国民众与政府军密切配合或至少大力支持的行为相反，他们却对日军有好感。之所以如此，是官军对他们的态度及行为严重损害了他们的利益和感情，对日军态度的转变与其说是针对日军，不如说是同胞的政府军。这与笔者上文讨论的狄仁杰宽待河北诸州百姓的因由颇为相似：这些州县百姓遭受唐朝官府和地方官的剥削、

---

① 参见冯筱才《政治运动的基层逻辑及日常化——一个“汉奸”的发现与审查》，《二十一世纪》（香港）2012 年 12 月号。

② 〔美〕拉铁摩尔：《中国的亚洲内陆边疆》，唐晓峰译，江苏人民出版社，2005，第 316 页。

③ 参见 Naomi Standen, *Unbounded Loyalty: Frontier Crossing in Liao China*, Honolulu: University of Hawaii Press, 2007。

④ 杨奎松：《何为民族主义及我们应该怎样爱国？——对近代以来中国民族主义问题的一种探讨》，《社会科学论坛》2005 年第 9 期。

敲诈和勒索，这种毫无人道的强制举措不但伤害了民众之心，又使他们家破人亡，甚至出现武懿宗那种视百姓如草芥、嗜杀如命的冷血动物的行为，这个时候再跟民众百姓去奢谈忠君爱国的大道理，能够获得他们的认可吗？

众多的事例可以证实，从理论上说，在我们今人视为在国家民族生死存亡的危难关头的百姓自应紧随政府抗击敌人才是不二选项的意识中，恰恰掩盖了历史的复杂性。历史的本真过程出现的那些甚至规模性地转向敌对一方的现象，不仅不是具体个别的，而且浮现于任何时期。其原因复杂多样，但己方强权势力对百姓的忽视甚至漠视的态度与强硬的行为引致他们的不满从而采取疏离、默然甚至抗拒的行动，至少被我们的研究长期忽略，这一点应当引起我们的警觉和重视。

最后，正是中心边缘二元制存在着结构性的差别，决定了这个地域的民众与中心区同类的异质属性。还有一个因素必须要清楚，即河北这些州县的百姓虽是唐朝的属民，但如上文所述，他们并非是唐朝与突厥抗衡的直接参与者。就战争的对阵双方而言，从军事角度看战胜任何一方，都是相互角逐的正常行为，消灭、俘获对手是己方之任。对河北州县民众的政治态度如何评判，朝廷对他们的行为采取什么措施，这些民众是否为冲突或战争中的责任一方，是据以论定的重要标尺；或当两个承载战争的政治体（统治集团或受其支配的下属势力）发生冲突和角力的时候，他们是否将所属的民众裹挟进去，也是判断民众的政治态度和立场的尺度。如果民众参与了其中的政治体并与其共命运，那么他们就会持有明确的立场，这时候的民众就变成了争执中的一方，此时的坚持、抗争或投降、依从才出现态度和立场的选择。历史上这类民众参与的现象虽然不乏其例，但更多场景下的民众是不在任何一方的政治体的冲突中显现的，至少在他们的主观动机上，他们不将自己明确地界定为参战的一方。这种状态下的民众与战争、冲突就应当是两回事，采用今天时髦的话语就是“不选边站”。河北州县的百姓就是这种情况的典型证例。因此，这个时候再要求他们与冲突的主体一心一意，就是主体势力一方的一相情愿了。但在朝廷支配国家的情形下，将民众的态度、立场与他们的参与，视作是他们应尽的义务，政府经常依此而胁迫群众卷入它主宰和支配的战争中，并将民众的参与或拒绝视为忠诚朝廷与背叛投敌的标尺，于是，与冲突、战争这类政治势力密切联系的行为，就被统治集团强加给民众，从而导致他们忠诚、背叛这类价值选择的出现。对这类情况的处理，在唐朝人的心目中因人而异。从前面的史料反映的情况看，河北诸州的民众并未参与朝廷对抗突厥一方的军事活动，他们在这场对峙中是旁观者，正因为如此，才有狄仁杰奏疏的申述。狄仁杰对此表示理解且抱有同情心，然而他的建议更多地考虑如何维护王朝在河北的稳定也是不可置疑的。另一个事例也同样能说明这个问题，《资治通鉴》卷202唐高宗调露元年（679）记云：

> 突厥寇定州，刺史霍王（李）元轨命开门偃旗，虏疑有伏，惧而宵遁。州人李嘉运与虏通谋，事泄，上令元轨穷其党与，元轨曰："强寇在境，人心不安，若多所逮系，是驱之使叛也。"乃独杀嘉运，余无所问，因自劾违制。上览表大喜，谓使者曰："朕亦悔之，向无王，失定州矣。"①

这条材料记载的李嘉运与交战中的敌方势力勾结，唐朝这方进行惩处有其理据所在，但主帅李元轨将惩处的范围只限制在李嘉运一人，对同党成员不再追加。他的依据是大敌当前要保持我方团结，倘若追究余党会造成震荡，于己不利。他所秉持的理由与狄仁杰几乎一致，显然，他们考虑问题的着眼点还是当下境况的稳定。

上面所举的事例实际上涉及这样的问题：王朝—国家、君主、将臣、百姓这几个要素之间究竟存在着什么样的关联？王朝国家的一个基本特征，就是国家整体属于创造者的私人而非民众。这个国家通常都是由一个集团采用暴力手段夺得并建立起来的，其中的为首者就成为国家的君主（皇帝），由他的胁从者们组建政府，占有一个确定的核心区作为统辖的疆土，进而治理这个疆土之内的百姓。② 王朝与管理者之密切关系，将它（他）们连在一起以至于彼此不分；而百姓只是作为王朝征收赋税、为国服役的外层对象而存在，他们与国家的联系则是通过统治集团这个环节实现的。由此可以看出，当王朝出现危机的时候，遭受牵连影响的主要是与之关系密切的统治集团（成员）而不是百姓阶层，这可以解释为什么当王朝被推翻尤其被异族势力推翻之时，与王朝命运俱在的往往是那些朝廷命官或与其有深层文化联系的

① 《资治通鉴》卷202唐高宗调露元年十月条，第6392页。

② 参见毛汉光《中古核心区核心集团之转移——陈寅恪先生"关陇"理论之拓展》，此据氏著《中古政治史论》，上海书店出版社，2002，第1~28页；王德权《"核心集团与核心区"理论的检讨——关于古代中国国家权力形成的一点思考》，《政治大学历史学报》（台北）第25期，2006年5月，第147~176页。

士大夫阶层了。[1] 从某种程度上说，君主宰制下的忠诚实际上是被限制在了一个相对狭小的范围之内。[2] 当唐政府出兵解决与突厥或其他外族的关系时，他们事实上只代表或反映了执政集团（文武百官）的意见，普通的民众则被排除在国家政治和军事的决策之外，当青壮年男子被征发从军出征时，也只有到了这个时候，他们才与政治集团发生利害的衔接。就此而言，河北诸州的百姓压根就没有被朝廷征发，朝廷与突厥的征战，在他们看来，与自己并不产生直接的关联。虽然他们所依托政权的稳固与否攸关他们的利益，但他们与唐政府毕竟是两回事，忠君爱国观念一统格局的笼罩并不能掩盖实际利益的差别。这就是河北民众与朝廷包括其统治集团的分层性与疏离感出现的缘由，也是我们所理解的狄仁杰据以宽待他们的深层理据。

三

现在再讨论上面第二段引文。

这段引文的事例与第一段性质相同但结果迥异。事件的主角同是河北（尤其）赵州的百姓。万岁通天（696）年中，契丹骚扰唐赵州，“进屠”二字表明包括百姓在内的民众遭受契丹军的残杀，其情状惨不忍睹。作为唐朝政府的代表，武懿宗受命为大总管前行抗御，旋即又改任安抚河北诸州。这个任命至少表明唐廷对河北赵州民众惨遭杀戮的现象了然于胸，然而他对百姓的安抚与狄仁杰的措施大相径庭：“先是，百姓有胁从贼众，后得归来者，懿宗以为同反，总杀之，仍生刳取其胆，后行刑，流血盈前，言笑自若。”武懿宗嗜血成性的形象在此被凸显出来。作为武则天同族人的他，这里的记载是否存在因武则天失势而被后世修史者刻意渲染而营造出来的气氛？按《宋史·张昭传》记云[3]：

---

① 这类事件充斥于各个朝代轮替之时，尤其异族入主使得许多前朝官员和文士感觉旧有政治和文化的终结而怀有与前朝俱荣俱损的感怀。在此种情形之下，他们与王朝国家的心结彰显得最为清晰。相关的研究甚多，此处可参见杨宇勋《从国家认同看金人自杀殉国》，《民族认同与文化融合》，台湾嘉义：中正大学南台湾人文研究中心，2006，第 71 ~ 118 页；氏著《千古未有之变局：南宋覆亡前自杀殉国官员》，《中国中古史研究》（台北）2010 年第 10 期，第 229 ~ 285 页。

② 参见 Jennifer Holmgren, The Making of an Elite: Local Politics and Social Relations in Northeastern China During the 5th Century A. D. , *Far Eastern History*, 30 (1984), pp. 1 – 79。

③ 按，张昭即张昭远，因避后汉刘知远讳而略。事见《宋史》卷 263《张昭传》，中华书局，1977，第 9085 页。

以唐史未成，（后晋高祖石敬瑭）诏（张昭）与吕琦、崔棁等续成之，别置史院，命昭兼判院事……开运二年秋，《唐书》成二百卷。[①]

这是《旧唐书》成书的简要概括。《旧唐书》（尤其前期）向以档案、《实录》取材为要[②]，武则天一朝史事亦依从《实录》，这已为学界共识[③]，然而武则天皇后纪的史臣评论，却出自五代撰写此书的史臣之手[④]，具体可能正是这位张昭远，其本传中记述他曾撰写《唐朝君臣正论》25卷，完成后上奏给后晋高祖石敬瑭。该书现已失传，但从“正论”一词分辨，张昭远显然要对唐朝君臣之形迹与品性进行总结，他所依凭的应当就是他所处的五代分崩离析的时代，以此鉴别正伪与真假。据研究，五代的正统论不论北方的五代还是主要是南方的十国，均有较为广泛的传布。以北方为核心，自后唐取代后梁而开启的延续唐朝法统的观念，一直伴随在五代诸政权的嬗替过程之中，取法于后唐的后晋标榜自身法统的正当性自无异议[⑤]，张昭远上述《唐朝君臣正论》应系此种正统论下属的产物。如此，作为皇后登上帝位的武则天一朝，在他的眼里如同牝鸡司晨一般，根本不应在法统的系列里，这就是《旧唐书》史臣曰的主要内容。易言之，武则天在她失势后被忠诚于皇权的正统主义史官视作僭越者在史书中是很明确的。[⑥] 与此对应的

① 见《宋史·张昭传》，第9090页。

② 参见黄永年《唐史史料学》，上海书店出版社，2002，第3～18页。

③ 参见（清）赵翼《廿二史札记》卷16《唐实录国史凡两次散失》，中华书局，1963，第309～312页。

④ 见杜希德《唐代官修史籍考》，第175页。

⑤ 有关五代正统论的阐释，参见刘浦江《正统论下的五代史观》，《唐研究》第11卷，北京大学出版社，2005，第73～94页。

⑥ 虽然武则天走上了法理的帝王之位，但五代和北宋撰修的史臣并不认可，不论是《旧唐书》还是《新唐书》，都将她视为皇后。前者的史臣评述她“称制十年”，“扼腕于朝危”，如同“牝鸡司晨，终能复子明辟”，这种回归李唐正统式的描述将武则天朝统的法理性彻底摒弃掉了（参见《旧唐书》卷6《则天皇后纪》）。《新唐书》在此基础上对武氏贬损得更加肆无忌惮：“武后之恶，不及于大戮，所谓幸免者也。至于中宗韦氏，则祸不旋踵矣。”（《新唐书》卷4《则天皇后纪》）撰写本纪的欧阳修之所以将武后列在本纪只是沿承旧史的体例，他从《春秋》的政治道德学说出发，视武则天王朝为僭伪的目的彰显无遗。按欧阳修秉持春秋笔法一说，可参见《宋史》卷319《欧阳修传》；（清）王鸣盛：《十七史商榷》卷93《新旧五代史一·欧法春秋》，黄曙辉点校，上海书店出版社，2005，第864～865页。有关两《唐书》史臣论赞的异同，参见《十七史商榷》卷70《新旧唐书二·新书尽黜旧书论赞》。

是，作为《新唐书》的主撰者欧阳修，他“奉诏修《唐书》纪、志、表，自撰《五代史记》，法严词约，多取《春秋》遗旨。苏轼叙其文曰：‘论大道似韩愈，论事似陆贽，记事似司马迁，诗赋似李白。’”[①] 武则天的史臣评语直接出自欧阳修，上文言之凿凿，而向有强调宋朝法统承续唐朝并有《正统论》著作问世的欧阳修之排斥武则天[②]，也就不足为奇了。值得我们注意的是，宋人正统论的说法影响到了以后的诸朝诸代[③]，譬如明清人议论唐朝君主之时，都排除了武则天的地位即是一例。[④] 与她有交集的武氏家族的成员作为劣迹斑斑的典型出现于史乘中也不乏其例[⑤]，武懿宗作为负面形象现于记载中不足惊讶。但他上述行为在《旧唐书》的着实记载，也并非空穴来风，应该是确有其事的反映。假如这个推测能够成立，那么他对河北那些遭受胁迫的民众残酷打压的行动及其隐藏的观念，就值得我们推敲一番。

为了说明问题，我们还是将他与狄仁杰作对比阐述。

第一，这两个人物在现存的两《唐书》、《资治通鉴》等文本中已经被类型化了。有关武懿宗的评论，《旧唐书》的史臣是这么说的：

> 自古后族，能以德礼进退，全宗保名者，鲜矣。盖恃宫掖之宠，接宴私之欢，高爵厚禄骄其内，声色服玩惑于外，莫知师友之训，不达危亡之道。故以中才处之，罕不覆败……皇唐受命，长孙、窦氏以勋贤任职，而武氏、韦氏以盈满致覆。夫废兴者，岂天命哉，盖人事也。[⑥]

---

① 见《宋史·欧阳修传》，第 10381 页。

② 参见欧阳修《正统论七首》、《正统辩上下》、《正统论上下》，《欧阳文忠公文集》卷 7、16，文津阁《四库全书》第 368 册《集部·别集类》，商务印书馆，2005。

③ 关于宋人正统论的研究，参见饶宗颐《中国史学上之正统论》，上海远东出版社，1996，第 35～49 页；刘复生《宋朝“火运”论略——兼谈“五德转移”政治学说的终结》，《历史研究》1997 年第 3 期；刘浦江《“五德终始”说之终结——兼论宋代以降传统政治文化的嬗变》，《中国社会科学》2006 年第 2 期。

④ 明人于慎行撰述的《读史漫录》卷 7《唐高祖至玄宗》（清人黄恩彤参订，李念孔等点校，齐鲁书社，1996）述及武则天朝史事，即以皇后而非女帝的身份描写的。见该书第 213～234 页。清人王夫之更直言将武氏附在中宗之属，称作“伪周武氏附于内”，明确否定她的法统地位（《读通鉴论》卷 21《中宗》，舒士彦点校，中华书局，1975，第 626～645 页）。这些观点承续的就是宋儒的正统主义。

⑤ 参见《旧唐书》卷 183《外戚传》，第 4727～4741 页；《新唐书》卷 206《外戚传》，第 5835～5843 页。《旧唐书》卷 183 史臣赞曰：“戚里之贤，避宠畏权。不恤祸患，鲜能保全。福盈者败，势压者颠。武之惟良，明于自然。”（第 4751 页）

⑥ 见《旧唐书》卷 183《外戚传》，第 4721～4722 页。

《新唐书》的撰述者亦云：

凡外戚成败，视主德如何。主贤则共其荣，主否则先受其祸……高、中二宗，柄移艳私，产乱朝廷，武、韦诸族，耄婴颈血，一日同污铁刃。[①]

对狄仁杰的评论，《旧唐书》的“史臣曰”：

天子有诤臣七人，虽无道不失其天下。致庐陵复位，唐祚中兴，诤由狄公，一人以蔽。或曰：许之太甚。答曰：当革命之时，朋邪甚众，非推诚竭力，置身忘家者，孰能与于此乎！仁杰流死不避，骨鲠有彰，虽逢好杀无辜，能使终畏大义。[②]

《新唐书》的“赞曰”：

武后乘唐中衰，操杀生柄，劫制天下而攘神器。仁杰蒙耻奋忠，以权大谋，引张柬之等，卒复唐室，功盖一时，人不及知。[③]

单就两《唐书》对二人的评价和议论的方式而言，有关武懿宗的部分是在演绎概观式的认知框架中进行评判的，《旧唐书》具体将武懿宗置于外戚的整体构架中表述，并将这个势力看作接近皇权获得宠信而导致覆亡的一般性之通则。这种叙事的特点就在于它被事先放置在一个早已定谳了的范式之内，即上文表述的五代史臣否认武则天正统地位的那个框架。这也就是说，有关对武懿宗的评论，都是建立在儒家意识形态化了的观念下的产物。但史臣也没有完全停留在这个层面，真要避免覆亡的悲剧发生，也并非完全出自天意，主动权仍旧掌握在他们自己的手中。与此对照，《新唐书》则将外戚命运的成败，视作君主个人的贤才观和对品性的把握之上。反观对狄仁杰的评价，集中在他于李唐复国取代武周表现的功勋之中，这个评介十分具

① 见《新唐书》卷206《外戚传》，第5833页。

② 《旧唐书》卷89《狄仁杰传》“史臣曰”，第2907～2908页。

③ 《新唐书》卷115《狄仁杰传》“赞曰”，第4221页。

体而非抽象，应是史臣对武周政权“篡位”正当性否定的展示。

论述至此，我们似乎对上述二人的评议有新的理解，即对外戚和狄仁杰的评议，五代和宋朝史臣是建立在中原朝廷法统政治和伦理道德的基础之上。外戚作为一种势力本可以存在于现实的生活当中，一旦该势力超越自身生活而与国家政治发生关联时，就被视为僭越而遭受朝廷和社会舆论的批判。逾越限度是其遭受诟病的主因①，这是传统政治不能认可的。与之对应，作为朝廷的命官，狄仁杰的所作所为完全符合国家和朝廷的政治伦理，特别是在被视为篡权的武周恢复李唐的过程中他所发挥的作用正是促使这一进程的顺利，更成为维护政权法统地位的典型而被赞奉。不幸的是，原本就遭受批判的外戚，在两《唐书》的史臣眼里，如果遇到英明的君主掌舵行驶，姑且尚有不错的表现；而武懿宗的行为则是肆权乱政的样例，这个行为与篡权的武则天联系在一起，更是外戚品性恶劣的典型。武懿宗之所以被史臣如此认为，除了他上述的品行之外，概念化或者说类型化的描述，强化了后世的印象。应当说，这是武懿宗给我们留下印记的主要资源。而这个概念化或类型化则是五代与北宋国家正统意识凸显的直接产物，是那个四分五裂或处于诸政权对峙下为强调自身法统正当性这种政治诉求的观念应验。只有在这种状态下，武则天的行为才属于僭越，与其有关的武氏家族才被视为乱政的蠹虫。武懿宗的形象就这样被定型下来。这至少是史臣或直接撰写者的共识。决定这些撰写者的，则是他们所服务的朝廷君主支配下的史馆机构。② 按《唐六典》对史馆史官职责的描述是：

> 史官掌修国史，不虚美，不隐恶，直书其事。凡天地日月之祥，山川封域之分，昭穆继代之序，礼乐师旅之事，诛赏废兴之政，皆本于起居注以为实录，然后立编年之体，为褒贬焉。③

这段记载表达的是史馆职责重在如实记载和表述，既不过分，也不忽

① 对武氏逾权干政持有激烈批判的是王夫之，他指斥说：“武攸绪者，武氏之族，依逆后而起，无功可录，窃将军之号，冒安平王茅土之封，与（武）攸暨等乘武氏之篡，拥衮冕而南面称孤……以法论之，免其殊死可尔，流放之刑，不可曲为贷也。”（《读通鉴论》卷21《唐中宗（伪周武氏附于内）》，第637页）。对外戚的干政，清人赵翼也持有同一态度：“两汉以外戚辅政，国家既受其祸。”（《廿二史札记》卷3《两汉外戚之祸》，第60页）。

② 参见杜希德《唐代官修史籍考》，第12～17页。

③ 参见《唐六典》卷9《中书省集贤院史馆匦使》，陈仲夫点校，中华书局，1992，第281页。

视，做到“实事求是”；但最后的“褒贬”则将这种实事求是置放在一个框架之内，“褒贬”所代表的就是朝廷和官方。这个传统至少从《春秋》就已开始，它将文本叙述的话语权掌握在了撰写者手里，而这些撰写者在唐初又被纳入政府的控制下，皇帝掌控话语权，唐太宗设置史馆的行为本身就是国家直接控制的象征。[①] 在这种情况下，史官的表达就超脱了个人情怀而成为朝廷的意识形态了。诚如学者指出的，在政府控制下的书写范式，表达的是政府、朝廷的思想和观念，唐朝无疑沿承了过去的道德传统，将儒家的道德评判贯彻并主宰这类的文本叙述。[②] 武懿宗、狄仁杰正是两个具体的案例，史臣对他们进行的评判，充斥的就是承续唐朝体统之五代、北宋意识形态的主流观念，只不过狄是以正人君子的儒臣的正面形象、武氏家族则是以乱权弄政的负面形象展示出来的。

第二，武懿宗、狄仁杰案例的价值除了传统儒家道德、伦理的层面之外，如前所述，他们涉及的问题溢出了唐朝这个单一政治体而囊括了唐与突厥、唐与契丹两个政治体效忠的范围。这也是本文讨论的核心即处于政治体交叉地带民众的忠诚的对象与程度的问题。我们首先看到的是，对狄仁杰的赞美和对武懿宗的贬斥，两《唐书》的史臣都是出自儒家伦理道德的角度和层面，这在上面说得很清楚了。导致我们对二人行为及其后面隐藏的观念的关注，还是他们处置河北诸州百姓对政府表现出的效忠问题。我们看到，无论是表现宽恕的狄仁杰，还是残忍过度的武懿宗，他们在处理河北百姓“投敌”、“不忠”的行为时，至少文献中并没有出现宋朝以后的汉人痛击那些投敌叛国者采纳诸如“汉奸”一类的话语，这似乎表明对同样的行为，尤其是汉人政治体与非汉人政治体处于政治军事对抗之时，对汉人群体或个人与交锋中的对手采取某种合作的那种行为，宋以后的汉人通常以“汉奸”这个词描述并采取多种手段予以惩处，似乎成为汉人统治集团乃至普通民众的普遍思维。

为什么宋朝以后这种观念普遍流行和大为增强了呢？根据学者的研究，这应与宋朝开始中国单一汉人族性观念强化有密切的关系。[③] 这个说法有其

---

① 有关唐朝官方掌控修史的记述，可参阅谢保成《隋唐五代史学》，厦门大学出版社，1995，第27～32、70～75页。关于唐朝官方控制修史权的前期脉络，可参阅胡宝国《汉唐间史学的发展》，商务印书馆，2003，第233～234页。

② 参见杜希德《唐代官修史籍考》，第8～9页。

③ 参见王柯《“汉奸”：想象中的单一民族国家话语》，《二十一世纪》2004年6月号，第63～73页。

道理。我们看到，当河北或身处北宋的汉人无论出自何种原因进入与北宋对峙的契丹辽朝仕职的行为者，在这个时期都是汉人社会舆论诟病的对象从而成为一个突出的问题[①]，这表明，同是与外人打交道，宋朝以后的汉人社会对外族观念的畛域呈现与唐朝迥异的局面，如同傅乐成分析的那样，唐宋社会的转型，在夷夏观念上的分化愈加严格而非混同[②]，导致这种局面的出现，从政治体的纵横捭阖的角度着眼，应当是非汉人政治势力的集结并壮大到威胁汉人王朝的地步，即如魏特夫分析的那样，契丹人建立的辽朝打破了以往北方游牧政权对中原渗透的路径，进而开启了南下征服的步伐[③]，虽然辽朝无法吞并北宋，但它兵锋指向的意图及给予北宋严重的威胁则是分外明确的。在两个或以上处于对峙状态下并且都想吞并对方的王朝内，视对手为敌人而大力强化彼此的畛域并采取诸多措施保卫自我，是维系王朝法统地位尤其是社会稳定的重要法宝。在这种一致对外的社会环境中，敌我对立分化的思维观念得以确立并升华，以至于正史的编纂出现《外国传》替代《四夷传》这样界限分别且明辨彼此的书写，应当就是这种社会形势对人们意识形态刺激的结果。[④] 在这种“单纯”、“一致”笼罩下的异族、外敌想象

① 参见 Naomi Standen, *Unbounded Loyalty: Frontier Crossing in Liao China*, Honolulu: University of Hawaii Press, 2007。

② 见傅乐成《唐型文化与宋型文化》，此据氏著《汉唐史论集》，联经出版事业公司，1977，第 339 ~ 382 页；潘蛟《“民族”的舶来及相关的争论》，中央民族大学博士学位论文，2000，第 26 ~ 30 页。

③ 见 Karl A. Wittfogel and Feng Chia - sheng, *History of Chinese Society: Liao* (907 - 1125), New York: The Macmillan Company, 1949, pp. 1 - 35；〔美〕魏特夫：《中国社会史——辽(907 ~ 1125)：总论》，唐统天等译，王承礼主编《辽金契丹女真史译文集》（第一集），吉林文史出版社，1990，第 1 ~ 5、42 ~ 44 页；〔日〕田村实造：《关于中国征服王朝》，袁韶莹译，王承礼主编《辽金契丹女真史译文集》（第一集），吉林文史出版社，1990，第 96 ~ 109 页。

④ 正史中将以往的四夷列为彼此分明的《外国传》始于宋初薛居正监修，卢多逊、张澹、李昉等参与的《旧五代史》（见该书目录，中华书局，1976）；元末脱脱、阿鲁图主持修纂的《宋史》踵武其后（见该书目录，中华书局，1977）。按照《宋史》卷 485《外国传一》史臣的阐释：“昔唐承隋后，隋承周、齐，上溯元魏，故西北之疆有汉、晋正朔所不逮者，然亦不过使介之相通、贡聘之时至而已……宋之待遇亦得其道，厚其委积而不计其贡输，假之荣名而不责以繁缛；来则不拒，去则不追；边圉相接，时有侵轶，命将致讨，服则舍之，不黩以武。先王柔远之制岂复有加于是哉！南渡以后，朔漠不通，东南之陬以及西鄙，冠盖犹有至者。交人远假爵命，讫宋亡而后绝焉。”（第 13981 ~ 13982 页）这段解说虽没有明言《外国传》设立的因由，但从宋朝与周边诸国关系的疏远特别是宋朝能力所及的情形，透露得十分清晰。易言之，《外国传》替代四夷传的主要理据，就是宋朝与这些政权关系的疏远所致。

和观念之擢升的氛围中，倘若有人与此相悖进入对方的阵营里，追求“纯粹”的汉人世界对此的忍耐度就会全然丧失，从舆论、观念进行批判和随后法律制裁的跟进，自在“合理”的应对中。一句话，宋代的中国开启了汉人与非汉人畛域鲜明分化的时代[①]，其中的原因固然多样并日趋复杂，不是本文论述的重心，我们只是表明这是时代和社会的整体变化的产物，我们的目标是在这样的对比中回过头来界定唐人与此类似的行为及其思想、观念呈现的差异，尤其是导致差异的缘由。

如上所述，宋代中国与以往呈现不同的现象就在于，笔者这里仅指族群畛域的清晰或模糊这个领域，它事实上开启了族属差异强化的时代，而这是建立在消化以往族群互存界限的基础之上的，著名的例子就是唐末五代时期北方非汉人的差异经此社会演变而渐趋消亡。[②] 与此相对应，本文讨论的主人公所在的时代，则是民族或族群呈现激烈涌动碰撞而唐朝则予以承认和兼纳的时代。事实上，唐朝之所以有如此的心态并非是它有意为之而显示出它的超越性，恰恰相反，是那个时代本身赋予唐朝如此的特性。至少现今的学术界更加辨明并强调了唐朝（统治集团）建构的南北统合的要素，易言之，唐朝的建立并非人们熟悉并默认的南部中国仅存的“中华正统”的文化遗存，它主要的元素系出北方草原游牧人的传统，当然是这些拓跋人南下与中原文明结合之后的北方系统。[③] 这表明，唐朝社会的构建本身就是超越南部汉人传统的自我限制而大量融进了北方游牧的因素，如同谷川道雄所说的“体现在北周吞并北齐→周隋革命→隋的南北统一这样一个历史进程中，而直接成为这一政治统一进程起点的，则是北魏末期的内乱”。[④] 这条线索清晰地揭示了唐朝北方社会的渊源，它赋予这个王朝北方社会以天然般的密切联系。试想在这样的氛围中出现的中原王朝与北方新兴势力的联系——不论是交往还是征战，都足以令中原王朝与北方关联的加强而非隔断，从太宗、

① 这也是导致宋代社会走向内敛化道路的主要原因之一。有关此问题，刘子健有经典性的论述，参见氏著《中国转向内在：两宋之际的文化内向》，赵冬梅译，江苏人民出版社，2002。

② 参见邓小南《论五代宋初“胡、汉”语境的消解》，《文史哲》2005 年第 5 期。

③ 参见〔日〕杉山正明《游牧民的世界史》（此书日文出版于 1998 年），黄美蓉译，中华工商联合出版社，2014，第 121、134 ~ 136、142、159 ~ 160 页；Sanping Chen, “The Legacy of the Tuoba Xianbei: The Tang Dynasty,” *Multicultural China in the Early Middle Ages*, Philadelphia: University of Pennsylvania Press, 2012, pp. 1 – 38。

④ 见谷川道雄《隋唐帝国形成史论》，李济沧译，上海古籍出版社，2004，第 4 页。

高宗征服东西突厥、用兵或羁縻契丹和奚人势力，到突厥复兴后对唐朝北部地区的骚扰等，这些活动都促成唐朝与他们之不解关系的愈加密切。草原政治体对南部农耕社会的需求和依赖，足以使他们频繁与中原联系，在这种彼此分明、竞争又交融的互动中，双方的分别就是具体的政治交往或者经济贸易的交流，在思想观念上也仅仅表现为具体的敌人、对手抑或盟友、联军①，换句话说，这样的场景并不能提供对峙的双方具有持续不断的明确不认可且排斥的观念。武则天时代的唐朝政府还是沿承着高祖开创的业绩，在华夷观念上虽然有所改动，但远非宋代以后中国那种带有种性在内的明确畛域，所以“汉奸”这样的词不会出现在唐朝，其因缘就在于此。

另一个要素同样不可忽略，这就是潘蛟提出的汉人中国的华夷观念是根据它自身与周边民族势力的互动而呈现并变化的。他说：“像唐太宗这样的帝王大都是信奉‘天下主义’的。但是，也应该指出，这种‘天下主义’一般都是以自己为‘天下之主’为背景的。当自己的天下受到异族威胁，或这个天下已被异族夺得时，汉族统治阶级则又会转向‘华夷之辨’，重新强调‘夷夏大防’。”② 本文讨论的时段虽然不若唐太宗向外开拓所具有的伸张精神，甚至军事战略亦从攻势转向了防守③，但此时的观念并没有发生本质的变化，唐与突厥、吐蕃、契丹这些周边外族的关系固然有各种各样的展现，但对时人而言，他们彼此之间只是军事、政治上的对手或盟友，观念上至多保留着汉人的那种华夷分合，并没有发展到宋朝以后那种畛域分明的程度。这应当归因于唐朝强盛局面的奠定。其后它的发展变化，导致它与周边民族势力关系的变化，是需要一个较长时间的演变的。在演变之前的时代，唐与周边外族势力基本上限于政治军事的纷争或统合，没有彼此不能容忍或势不两立的概念，这应当是很分明的。

① 有关唐与突厥彼此关系新近的系统性研究，可参阅 Jonathan Karam Skaff, *Sui - Tang China and Its Turko - Mongol Neighbors: Culture, Power, and Connections*, 580 - 800, New York: Oxford University Press, 2012。

② 见潘蛟《“民族”的舶来及相关的争论》，中央民族大学博士学位论文，2000，第 30 页。

③ 参见唐长孺《唐代军事制度之演变》，《国立武汉大学社会科学季刊》（1948 年 12 月），此据《山居存稿续编》，中华书局，2011，第 329 ~ 352 页。

箕氏朝鲜问题的再思考*

苗　威

摘　要： 本文对中国典籍中之“箕子”与“箕氏朝鲜”的文本历史，箕氏朝鲜史事在西汉呈现完整文本的原因，朝鲜半岛典籍中之“箕子”与“箕氏朝鲜”的文本历史等做了探讨。结论认为自朝鲜半岛有由本土史家所叙述的历史以来，从高丽王朝至朝鲜王朝，箕子叙事大体与中原王朝没有差异。

关键词： 箕子　箕子朝鲜　文本建构

作者简介： 苗威，历史学博士，东北师范大学历史文化学院教授、博士生导师。地址：吉林省长春市人民大街5268号，邮编：130024。

有关箕子的史事，最早见于《周易》。此后，在《尚书》《史记》《汉书》《后汉书》等文献之中多有关于“殷代三仁”之一的箕子记载。值得关注的是，在朝鲜半岛的文献《三国史记》《三国遗事》《帝王韵记》《东史纲目》等史籍中对箕子史事也有记述，尤其是朝鲜王朝，则有《箕子志》《箕子实纪》《箕子外纪》等专传。如何理解“箕子”与“朝鲜”的关系，是我们研究东亚历史不能回避的话题。

进入近代以后，关于“箕子”，尤其是“箕氏朝鲜”的历史解读出现很多种版本，而这种歧异的历史认识无疑与“民族国家”理念东渐之后，学者们自身国籍意识的“自觉”有密切关系。由于现实的每一个学者“都被赋予了明确的国籍意识，自然，也就无权要求学者们去大讲有违其本国现实利益的话”。但是，回望前近代的东亚世界，“不但种族关系难以说得清楚，甚至对各个区域政权间的此疆彼界也实在不易划出一条清晰的界线……当我

* 国家社会科学基金重大项目“朝鲜半岛古代史研究”（项目编号13&ZD105）阶段性成果。

们拿今天民族的国家甚至民族主义观念去审视并规划历史上的相关事务时，争执也就在所难免”。[①] 为做到既可以对历史进行客观回望，又可以避免因历史倒叙所引起的纷争与摩擦，我们有必要弃置传统的民族国家的视域，以更为宏阔的整体性“东亚视野”来观照前近代东亚区域内的族群、政权与社会。这里的“东亚视野”，就是研究者在全景式把握东亚格局的情形下，对箕氏朝鲜等东亚范畴内的古史做近焦处理，关注箕子的道德操守、生存选择、殷周嬗代、朝鲜半岛局势以及箕子们在朝鲜半岛的立家建国等情形。在这样的视野下，箕氏朝鲜的历史既是当地自己的活动，也有与中原政权千丝万缕的联系，亦是与朝鲜半岛其他政权或民族联系在一起的历史。

本文拟对古代文献进行集中梳理，在学界相关研究的基础之上，对东亚视野下的箕氏朝鲜问题进行思考，并对朝鲜半岛的“箕子观”进行反思，请学界同仁指正。

一 中国典籍中之“箕子”与“箕氏朝鲜”的文本历史

在追溯古帝先贤的历史记忆时，早期的诸子及诸经等典籍即使有所“语焉”也存在“不详”之憾，不过，在后人的追述中逐渐得到完善并明晰起来。也因此，20 世纪 20 年代以顾颉刚为代表的“疑古学派”提出“层累地造成说”，质疑传统的历史根基。虽然顾颉刚的“古史辨”一度为学界所边缘化，然而，时隔数十载，这场辩论仍时有嗣响。在解读箕子以及箕氏朝鲜历史文本的过程中，我们看到，传统的古史系统在建构的过程中，西汉及其稍后的司史者对于材料历史在取舍辩证的过程中无疑完成了即有史料与“时代”认同之间的链接，而“箕子”与“箕氏朝鲜”之间缺失的话语亦在汉代史家解构之后，得到弥合。

（一）先秦典籍中的“箕子”文本

“箕子”以文字的形式被记忆下来，可靠的时间大体是在春秋时期。关于“箕子”的记载内容，大致可分为以下几个方面。一是箕子是殷商朝廷中的重要官员，曾经犯颜直谏，佯狂而为奴。在《周易》之《明夷卦》中载

① 韩东育：《东亚研究的问题点和新思考》，《“东南亚与东北亚：复线历史与多元文化的再省思”学术研讨会论文集》，2010。

有："箕子之明夷利贞。象曰：'箕子之贞，明不可息也。'"[①] 据考，《周易》的成书，"人更三圣，世历三古"[②]，即经历了上古、中古、下古三个时代，由伏羲、文王、孔子三人完成。也就是说，至迟在孔子时代，《周易》已经修成。在成书于春秋战国的诸子著作中，箕子与比干、微子等同列类比，或被合称为"殷代三仁"。《墨子》载："箕子、微子为天下之圣人。"[③]《荀子》载："周公曰：'刳比干而囚箕子，飞廉、恶来知政，夫又恶有不可焉！'"[④] 同书又云："伊尹、箕子可谓谏矣，比干、子胥可谓争矣，平原君之于赵可谓辅矣，信陵君之于魏可谓拂矣。"[⑤]《庄子》云："外物不可必，故龙逢诛，比干戮，箕子狂，恶来死，桀纣亡。"[⑥]《论语》则载："微子去之，箕子为之奴，比干谏而死。孔子曰：'殷有三仁焉。'"[⑦]《孟子》曰："纣之去武丁未久也，其故家遗俗，流风善政，犹有存者；又有微子、微仲、王子比干、箕子、胶鬲皆贤人也，相与辅相之，故久而后失之也。"[⑧] 二是箕子忠心事商，忧心天下。《韩非子》载："昔者纣为象箸而箕子怖。以为象箸必不加于土铏，必将犀玉之杯。象箸玉杯必不羹菽藿，则必旄象豹胎。旄象豹胎必不衣短褐而食于茅屋之下，则锦衣九重，广室高台。吾畏其卒，故怖其始。居五年，纣为肉圃，设炮烙，登糟邱，临酒池，纣遂以亡。故箕子见象箸以知天下之祸，故曰：'见小曰明。'"[⑨] 箕子见微知著，见商纣骄奢而"怖"，表明其为臣守职。三是周代殷商而立之后，武王释箕子之囚。据《逸周书》载，武王在牧野战后，"立王子武庚，命管叔相，乃命召公释箕子之囚"。[⑩] 关于箕子之被囚，据《竹书纪年》载："王囚箕子，杀王子比干，微子出奔。"[⑪] 可能的理由是，纣王固执淫肆，不欲听箕子们的

---

① 《周易》"明夷"卦，参见阮元校刻《十三经注疏》，中华书局，2009，第 102 页。本文所引《十三经注疏》文本之标点，综合各家。

② 《汉书》卷 30，《艺文志》，中华书局，1962，第 1704 页。

③ 《墨子·贵义》，《诸子集成》上册，浙江古籍出版社，1999，第 647 页。

④ 《荀子·儒效》，《诸子集成》上册，浙江古籍出版社，1999，第 288 页。

⑤ 《荀子·臣道》，《诸子集成》上册，浙江古籍出版社，1999，第 308 页。

⑥ 《庄子·外物》，《诸子集成》上册，浙江古籍出版社，1999，第 446 页。

⑦ 《论语·微子》，参见阮元校刻《十三经注疏》，中华书局，2009，第 5494 页。

⑧ 《孟子·公孙丑上》，参见阮元校刻《十三经注疏》，中华书局，2009，第 5838 页。

⑨ 《韩非子·喻老》，《诸子集成》下册，浙江古籍出版社，1999，第 959 页。

⑩ 《逸周书·克殷》，参见黄怀信等撰《逸周书汇校集注》，上海古籍出版社，1995。

⑪ 《竹书纪年》帝乙五十一年，王国维撰《古本竹书纪年集校·今本竹书纪年疏证》，黄永年校点，辽宁教育出版社，1997。

“忤逆”之言，是故有箕子之被囚。及武王灭殷，箕子之囚方被解除。四是箕子在被周王所释之后，曾走而复“归”。据《尚书》载：“武王胜殷，杀受，立武庚。以箕子归，作洪范。”[①] 这里箕子“归”至之地，明显是周都镐京。[②] 然而，自何地而归，并不明确，箕子的“归自”地至少是商的京畿之外。在《尚书》中有“伊尹去亳适夏。既丑有夏，复归于亳”。[③] “汤既黜夏命，复归于亳，作汤诰。”[④] 其中的“归”自之地“亳”，即是“夏”的畿外之地。

通过检索目前可见的文献可知，“箕子”事迹在先秦诸“经”以及诸子著作中屡见不鲜。其得以被记载，皆是出于彼时撰“经”修“言”的先哲们有目的的在历史中提炼信息，“为我所用”：或择典型人物事迹强调操守；或粗陈仁者不被理解重用的史事，进而推论政权覆亡的原因。然而，其所关注的并不是逻辑关系理顺、脉络清晰、首尾连贯的人物小传或事件本末。所以，这种记忆历史的方式导致连续性历史的长线失忆。而这种做法，不仅为历史链条的连贯带来相当的困扰和接续的歧义，同时也为后人的历史解读带来纷繁聚讼。然而，综合上述关于箕子的信息，有关箕子赤诚忠君的气节已经铺叙明朗，其不食周粟的结局亦在情理之中。

（二）《史记》中的箕子与箕氏朝鲜文本

司马迁（公元前 145 ~ 前 87）所著之《史记》没有专门为箕子以及箕氏朝鲜列传，有关史事散见于《殷本纪》《宋微子世家》以及《自序》之中，进行整理之后发现，箕子与箕氏朝鲜在《史记》中是完整而且成系统的。比如《史记·朝鲜列传》之“朝鲜”，重点是指卫满朝鲜，然而开篇的“自始全燕时，尝略属真番、朝鲜”中的“朝鲜”则是指箕子所建之朝鲜。同时，在《宋微子世家》中叙述了箕子的为人、学识、武王封箕子于朝鲜以及箕子朝周的历史事实，虽未单独为箕子立传，但实际上已经将箕子之“传”或曰“世家”附载于《宋微子世家》之中。为了全面地了解《史记》

① 《尚书·洪范》，参见阮元校刻《十三经注疏》，中华书局，2009，第 397 页。

② 《尚书正义》云：“武王伐殷，既胜，杀受，立其子武庚为殷后，以箕子归镐京，访以天道，箕子为陈天地之大法，叙述其事，作《洪范》。此惟当言‘箕子归’耳，乃言‘杀受，立武庚’者，序自相顾为文。时王都在镐，知‘归’者，‘归镐京’也。”

③ 《尚书·胤征》，参见阮元校刻《十三经注疏》，中华书局，2009，第 335 页。

④ 《尚书·汤诰》。

的文本记载，附见于《宋微子世家》的箕子事迹列述如下：

箕子者，纣亲戚也。纣始为象箸，箕子叹曰：“彼为象箸，必为玉杯；为杯，则必思远方珍怪之物而御之矣。舆马宫室之渐自此始，不可振也。”纣为淫泆，箕子谏，不听。人或曰：“可以去矣。”箕子曰：“为人臣谏不听而去，是彰君之恶而自说于民，吾不忍为也。”乃被发佯狂而为奴。遂隐而鼓琴以自悲，故传之曰《箕子操》。

王子比干者，亦纣之亲戚也。见箕子谏不听而为奴，则曰：“君有过而不以死争，则百姓何辜？”乃直言谏纣。纣怒曰：“吾闻圣人之心有七窍，信有诸乎？”乃遂杀王子比干，刳视其心。

微子曰：“父子有骨肉，而臣主以义属。故父有过，子三谏不听，则随而号之；人臣三谏不听，则其义可以去矣。”于是太师、少师乃劝微子去，遂行。

周武王伐纣克殷，微子乃持其祭器造于军门，肉袒面缚，左牵羊，右把茅，膝行而前以告。于是武王乃释微子，复其位如故。

武王封纣子武庚禄父，以续殷祀，使管叔、蔡叔傅相之。

武王既克殷，访问箕子。

武王曰：“于乎！维天阴定下民，相和其居，我不知其常伦所序。”

箕子对曰：“在昔鲧陻鸿水，汩陈其五行，帝乃震怒，不从鸿范九等，常伦所斁。鲧则殛死，禹乃嗣兴。天乃锡禹鸿范九等，常伦所序。……”

于是武王乃封箕子于朝鲜而不臣也。

其后箕子朝周，过故殷虚，感宫室毁坏，生禾黍，箕子伤之，欲哭则不可，欲泣为其近妇人。乃作《麦秀之诗》以歌咏之。其诗曰：“麦秀渐渐兮，禾黍油油。彼狡僮兮，不与我好兮！”所谓狡童者，纣也。殷民闻之，皆为流涕。武王崩，成王少，周公旦代行政当国。管、蔡疑之，乃与武庚作乱，欲袭成王、周公。周公既承成王命诛武庚，杀管叔，放蔡叔，乃命微子开代殷后，奉其先祀，作《微子之命》以申之，国于宋。微子故能仁贤，乃代武庚，故殷之余民甚戴爱之。①

① 《史记·宋微子世家》，中华书局，1959，第1609～1622页。

通过引文可以得到三方面的信息。

一是关于箕子的史事，司马迁以春秋战国以来知识阶层的相关记载为文本依据，结合司马迁本人以及其父祖所搜集并掌握的资料[①]进行编辑整理，形成“通古今之变”的“一家之言”，而这种文本表述所展现的社会记忆的系统性与完整性也使之成为中国甚至东亚范围内祖源历史的一个范本。[②] 司马迁的文本结合了先秦诸经与诸子的记载，对箕子在殷商王朝为周武王所灭之后的史事仍记为：“（武王）封比干墓，释箕子囚。”[③] 周武王闻箕子之贤，克殷后遂向他请教治国之策。“武王已克殷，后二年，问箕子殷所以亡。箕子不忍言殷恶，以存亡国宜告。武王亦丑，故问以天道。”[④] 而上引《史记·宋微子世家》中亦载：“武王既克殷，访问箕子。”由此可见，武王对箕子非常重视甚至尊重，并且也是有意要重用箕子的。

二是箕子曾经回到中原“朝周”。据《尚书大传》载：“箕子既受周之封，不得无臣礼，故于十三祀来朝，武王因其朝而问洪范。”[⑤] 箕子在初到朝鲜半岛，异乡为客的情形之下，得到周封，权衡之后还是接受了周的册封，并且为了不失于臣礼，曾经远途迢迢，回到周朝礼拜，同时完成《洪范》。

三是武王封箕子于朝鲜。《宋微子世家》对于封箕子之事的逻辑线索是：周克殷→周王访问箕子→箕子应对武王之问并著有《洪范》→武王封箕子于朝鲜并许其不臣→箕子曾经朝周并著《麦秀之诗》。《史记》并不是文献中第一次记载箕氏朝鲜史事的，在司马迁之前，由伏生（或云“胜”）所传的《尚书大传》中，对于箕氏朝鲜的事情已经有所记载：“武王释箕子之囚，箕子不忍周之释，走之朝鲜。武王闻之，因以朝解封之。”[⑥] 很明显，这里箕子与周的关系是：武王释箕子之囚→箕子不忍周之释→东走朝鲜→武王封箕子。其与《史记》的最大差异在于箕子“东走”与“受封”孰先孰

① 据《史记·太史公自序》载：“司马氏世典周史，当周宣王时，失其守而为司马氏。司马氏世典周史。……太史公学天官于唐都，受《易》于杨何，习道论于黄子。太史公仕于建元元封之间……太史公既掌天官，不治民，有子曰迁。”

② 参见王明珂《英雄祖先与兄弟民族》，中华书局，2009，第50~58页。

③ 《史记·齐太公世家》，中华书局，1959，第1480页。

④ 《史记·周本纪》，中华书局，1959，第131页。

⑤ 孔颖达疏《十三经注疏》，《尚书正义》卷12《周书·洪范》，参见阮元校刻《十三经注疏》，中华书局，2009，第397页。

⑥ 孔颖达疏《十三经注疏》，《尚书正义》卷12《周书·洪范》，参见阮元校刻《十三经注疏》，中华书局，2009，第397页。

后。在《史记》对这一古事的释读系统中，很明显，“朝鲜”是在司马迁视野之内的，故而有周武王“封箕子于朝鲜”，并且允许其“不臣”。这是符合历史逻辑的。因为自汉高祖（前206～前195年在位）至汉武帝（前140～前87年在位）中期，在卢绾叛乱之后，东走的卫满设计灭亡箕氏朝鲜，建立卫氏朝鲜（前195～前108年）；元封三年（前108年）汉武帝灭亡卫氏朝鲜，在其地置建立乐浪等四郡，恰在这一年，司马迁继承其父亲司马谈的太史公之位。所以，“朝鲜”对于西汉君臣而言是不陌生的。对于箕子史事，以周武王大视野的角度，直写在洪范对策之后，封箕子于朝鲜，而弱化或缺省了箕子走之朝鲜而后武王追封的环节。应该说，司马迁所在时代的“现实”情境——今汉江以北的朝鲜半岛之地，大体上已经成为中原郡县直辖之地——为《史记》宏观“天下”构筑以及微观史实描写皆提供了基本的前提。与这种大时代背景相一致的，是司马迁所表述的箕氏朝鲜文本，是周王封册在先，而后方有箕子赴任，而非箕子出走之后周武王顺水推舟、被动册封。

佐证《尚书》的简单信息，在周克殷之后与武王访问箕子之间，尚有一个重要环节，即箕子走之朝鲜，与箕氏朝鲜受武王之封孰先孰后呢？笔者认为，从性格气节来看，作为忠君爱国的殷商大臣，在周朝建立之后，箕子为逃避中原国破嬗代的现实，采取了“出走”的办法。这和他当年在纣王时代宁可“被发佯狂为奴”亦不忍“彰君之恶”的做法异曲同工，符合人物的性格与思维逻辑。对于箕子而言，尽管周武王有知遇之恩，但是，毕竟亦有亡国之幽怨，故而在自由之后出走到周的辖区之外，这也符合箕子的为人原则与行事品格。所谓“不忍周之释”，恰表明了他不甘心殷朝灭亡的忠商思想，而从周朝出走则表现了“忠臣不事二主”的传统道德理念。分析箕子的处世哲学和道德理念，在两件大事上有比较明确的体现。其一，在对殷王谏而不听的情形之下，比干、微子、箕子三人由于各自的价值观不同，表现各异，比干为谏而死，微子去国离乡，箕子佯狂为奴。其二，对周政权的态度，箕子可同微子、伯夷、叔齐相比。在周灭殷之后，微子称臣于周，当周公平武庚之乱后，乃以微子统率殷族，封于宋，为宋国的始祖。[①] 伯夷、叔齐为孤竹君二子，武王灭殷，他们宁可饿死于首

① 《尚书·微子》；《史记》卷38《宋微子世家》。

阳山，也不愿食周粟。[①] 而箕子则选择远走他乡，另寻出路。由此，我们也可看出，箕子之国绝不会如学界曾言是建于辽西[②]，因为辽西是周政权统治势力所及之地，早在“肃慎、燕、亳吾北土也”[③]，并非“他乡”。但是，周武王在天下观的视野下，随即封箕子于朝鲜。在此之前，周武王已经对微子、武庚进行了分封。

（三）《汉书》《三国志》等史籍中的箕子和箕氏朝鲜文本

对箕氏朝鲜，班固主撰的《汉书》有载：

> 殷道衰，箕子去之朝鲜，教其民以礼义，田蚕织作。乐浪朝鲜民犯禁八条：相杀以当时偿杀；相伤以谷偿；相盗者男没入为其家奴，女子为婢，俗自赎者，人五十万。虽免为民，俗犹羞之。嫁取无所雠，是以其民终不相盗，无门户之闭，妇人贞信不淫辟。[④]

这段记载表明，箕子对于“朝鲜”文明起了重要的教化作用。实际上，来自中原地区的殷人必然都或多或少地掌握了中原的文化和技能，他们在到达朝鲜半岛之后，皆尽其所能地将先进的“礼义田蚕”文明，因地制宜地“教”给当地的土著民族。同时，箕子根据当地的实际情况，制定了八条法律法规，并将其用口头的形式向社会上的人进行传达，进而流传下去。可以说，箕子东来，给朝鲜半岛的土著居民带来了强劲的文明之风。不过，彼时的这种“教”应该是一种口耳教育，因为文字知识的推广和普及要有一个过程，而且，迄今也并没有任何的考古发掘证明殷代的甲骨文和青铜文化已到达了朝鲜半岛。但是，“礼仪田蚕”在半岛的存在，通过考古发掘是可以得到印证的。朝鲜半岛的稻谷以及诸如有段石锛、双孔半月石刀的东传，是

① 《孟子·万章下》；《史记》卷61《伯夷列传》。

② 张博泉根据在辽西发现的带有族徽“曩”的青铜礼器而主张“箕氏朝鲜初称箕，而不称朝鲜”，“其初地在辽西，今大凌河流域”，“箕氏朝鲜约在西周末春秋初并有韩侯之地后，其政治中心已由辽西迁至辽东，占有辽河以西、以东广大地区”；根据《易经》中的“箕子之明夷”而认为是“箕子适朝鲜”（张博泉：《东北地方史稿》，吉林大学出版社，1985，第36页）。

③ 《左传》昭公九年条，参见阮元校刻《十三经注疏》之《春秋左传注疏》，中华书局，2009，第4466页。

④ 《汉书·地理志》，中华书局，1962，第1658页。

与山东半岛上的东夷以及同东夷关系密切的殷人有不可分的关系的。一种新文化的传入，定然是通过教育手段才能实现的。

关于箕氏朝鲜，“魏时京兆鱼豢私撰”之《魏略》[①] 中有更为完整的记载，但《魏略》原本失传，在裴松之为《三国志》所作之注中较多地引用了《魏略》原文，故而，该书因《三国志》而得以大部分保存，近人张鹏一辑有《魏略辑本》。除关注魏国与汉末中原群雄逐鹿的历史之外，鱼豢对于周边政权的记载也很详细，所谓“殊方记载，最为翔实”，比如邪马台国、大秦国（罗马帝国）等。关于箕氏朝鲜，其云：

> 昔箕子之后朝鲜侯，见周衰，燕自尊为王，欲东略地，朝鲜侯亦自称为王，欲兴兵逆击燕以尊周室。其大夫礼谏之，乃止。使礼西说燕，燕止之，不攻。后子孙稍骄虐，燕乃遣将秦开攻其西方，取地二千余里，至满番汗为界，朝鲜遂弱。及秦并天下，使蒙恬筑长城，到辽东。时朝鲜王否立，畏秦袭之，略服属秦，不肯朝会。否死，其子准立。二十余年而陈、项起，天下乱，燕、齐、赵民愁苦，稍稍亡往准，准乃置之于西方。及汉以卢绾为燕王，朝鲜与燕界于浿水。及绾反，入匈奴，燕人卫满亡命，为胡服，东渡浿水，诣准降，说准求居西界，收中国亡命为朝鲜藩屏。准信宠之，拜为博士，赐以圭，封之百里，令守西边。满诱亡党，众稍多，乃诈遣人告准，言汉兵十道至，求入宿卫，遂还攻准。准与满战，不敌也。其子友亲留在国者，因冒姓韩氏。准王海中，不与朝鲜相往来。[②]

这段文字将箕氏朝鲜与卫氏朝鲜的嬗代情况记录得比较完整。这段史料主要记载了三件事。其一是燕、朝间的紧张关系；其二是朝鲜大夫礼化解了这种紧张的局面；其三是燕军攻打朝鲜。第一件事围绕燕欲自尊为王而展开。燕欲自尊为王的时间，应当在公元前323年。因为据史书记载，公元前332年，燕文公卒，太子立，即是易王。易王十年，“燕君为王”。[③] 此时，燕的领土没有太大的扩充，势力仍然在大凌河以南。及西周末年，由于北方

① 《史通》外篇，古今正史第二。

② 《三国志·魏书·东夷传》，中华书局，1959，第850页。

③ 《史记·燕召公世家》，中华书局，1959，第1554页。

草原民族的崛起，辽西地区诸族的势力强盛起来，进入春秋时期，燕国的疆域向南方退缩并在山戎等族的侵逼下，几乎亡国。《史记·燕召公世家》所云“燕外迫蛮貊，内措齐、晋，崎岖强国之间，最为弱小，几灭者数矣”①，即是彼时燕国处境的写照。齐桓公曾经在“尊王攘夷”的口号下，联合其他诸侯国，北伐山戎，并征服了辽西诸族，为燕国的北进开辟了道路。但是，由于居于西刺木伦河和老哈河地区的东胡趁辽西空虚迅速南下，占领了辽西，同化了该地区的各族，形成了统治该地区的强大势力，并成为燕国北方的劲敌。然而，毕竟在山戎被击走之后，燕国已占领了山戎之地，其势力也开始向辽西地区发展。《管子·地数》篇有“齐有渠展之盐，燕有辽东之煮”的记载，说明彼时燕国已对辽东地区进行开发了。需要强调的是，这里的“辽东”应指“古辽东”的西部沿海地区，因为彼时燕国的势力尚未到达辽东半岛。而所谓“古辽东”即是燕国东拓之前的辽东。《辽东志》云：“辽，远也，以其在九州之东，故名辽东。”② 古辽东的西限是今清川江，古高夷和古貊国应包括在古辽东的范围之内。古人又将辽东分为辽东、辽西，其界限即今医巫闾山，在这种情况下，“辽东”应指古辽东之东，而辽西则指古辽东之西，由此可以得知，古代应先有了“辽东”这一地名，然后才有“辽西”之称，所以《辽东志》又云：“（辽东）又兼辽西也。”战国时，辽西已是东胡的占领区，燕“欲东略地”，第一步就是要解决东胡的问题。然而，这一计划却引起了箕氏朝鲜的警觉和关注，于是马上也“自称为王”，并为“尊周室”而“欲兴兵逆击燕”。从“尊周室”的说法来看，彼时尽管距离箕子被封已经过了七百余年，但“朝鲜侯”始终没有忘记自己是周天子之诸侯国的身份，依然保持着“尊周”的政治意识。

第二件事中出现了箕氏朝鲜“大夫礼”的官职和人名。“大夫”是我国三代时的官职，是由诸侯册封的，此官职虽然并不是天子直接册封的，但是对天子仍然称臣，名曰“陪臣”，意即天子臣子之臣子。战国时，“大夫”只是爵称而不是官称，但箕氏朝鲜依然按照古制，国君之下有“大夫”之职，这是严格按照奴隶制社会天子—诸侯—大夫这种等级制而任命官职的。关于“礼”这个人，应该不是朝鲜半岛本地人，而是来自燕或齐的文人策士之流。作这种推断的原因有三。其一，从礼的名字看，明显具有中原地区

---

① 《史记·燕召公世家》，中华书局，1959，第 1561 ~ 1562 页。

② 刘子敏：《关于“辽东”的考辨》，《中国边疆史地》1996 年第 1 期。

的文化内涵；其二，从礼的作为看，他内谏朝鲜王，外说燕易王，左右逢源，是一个很有文化、很有辩才的人物，具有那个时代中原士人的素质；其三，礼十分了解彼时“天下”的形势，尤其是关于燕的情况，按照当时燕、朝的交流情况分析，其为土著朝鲜半岛人的可能性不大。在大夫礼的游说周旋下，两国解除了紧张的局势，避免了一场战争。

第三件事，燕国在昭王之世实现了东拓的愿望，不仅击走了东胡，而且占领了辽东貊人居住区，征服了朝鲜与真番，在古辽东之东设置了辽东郡，削弱了箕氏朝鲜对该地区的影响。有学者以“朝鲜遂弱”为依据，认为在燕东拓之前箕氏朝鲜是很强大的，并曾占有辽东的一些领域，笔者认为并非如此。这里的强弱是指朝鲜的影响力，而不是指其地域。实际上，箕氏朝鲜只不过是一个城邦小国，因为其历史悠久，文明程度较高，尤其是进入战国之后同东胡结成了联盟，其影响力增强罢了。燕国设置辽东郡之后，与箕氏朝鲜山水相连，比邻而居，其关系非从前可比。一方面，箕氏朝鲜已附属于燕国，失去了以往的独立性，另一方面又在燕国的影响下，接受了燕国带来的中原文明，从而使自己得到发展。前面所提到的“朝鲜遂弱”只是从政治影响而言，但从箕氏朝鲜整体的社会发展来看，还是进步了。

鱼豢的文本恰好衔接了《史记·宋微子世家》中关于“箕子”被武王封于朝鲜、《史记·朝鲜列传》中卫氏朝鲜灭亡箕氏朝鲜自立建国两段史事，弥补了文献史籍对箕子封于朝鲜之后史事的空缺，不仅使箕氏朝鲜的脉络大体清晰，同时也使箕氏、卫氏两朝鲜的嬗替更为明确。而且，如上所述，这些细节的充实与所涉及的时代背景颇为契合。鱼豢的文本极为明显地标识了箕氏朝鲜与中原王朝的关系，而且，这种关系并未因联系的稀少而中断甚至淡泊，直到燕易王时代，在各侯国纷纷自尊为王的情形之下，“朝鲜侯”方自称为王，并仍然保有“尊周室”之心。秦末，天下散乱，流亡于箕氏朝鲜的中原及边郡百姓渐多，燕人卫满是其中之一。

二　箕氏朝鲜史事在西汉呈现完整文本的原因

在司马迁的《史记》文本中，对于前史之中或忽略或散佚或隐约提及的箕子为周所释之后的史事，有脉络清晰的表述：箕子出走之后，于是“武王乃封箕子于朝鲜而不臣也”。可知箕子出走之地是“朝鲜”。对此，秦博士伏生在《尚书大传》中有明确记载：“箕子既受周之封，不得无臣礼，故于十三祀来朝。”顾颉刚曾指出，箕子东走朝鲜是“西汉时代突如其来的传说”[①]，顾氏的质疑已经有众多学者在反质疑，笔者亦认为此事是可以辨证的。据《吕氏春秋·先识》载：

> 夏太史令终古，出其图法，执而泣之……乃出奔如商……殷内史向挚见纣之愈乱迷惑也，于是载其图法，出亡之周……晋太史屠黍见晋之乱也，见晋公之骄而无德义也，以其图法归周。

引文为我们提供了三方面的信息。一是，在先秦，史官除负责修史之外，还有一项重要职责，就是掌管文献。对此，他史之中也有记载。《史记》云，老子曾经是“周守藏室之史也”[②]；据《周礼》载，“大史掌建邦之六典”，“小史掌邦国之志”[③]；又，《左传》载：“（昭公）二年春，晋侯使韩宣子来聘……观书于大史氏”[④]；二是，史官对于所司掌的图法——太史所掌管的国家各种文献档案——在乱世之中常常私自携带出投新君；三是，夏、商之末，太史“载”所典图法出走，表明彼时的文献数量并不少。然而，到秦王三十四年，秦始皇在丞相李斯等人的建议下，“史官非秦记皆烧之。非博士官所职，天下敢有藏《诗》、《书》、百家语者，悉诣守、尉杂烧之”。[⑤] 可知，秦始皇焚书所毁之书主要有三大类：一是秦记之外的全部史书；二是博士所掌握的《诗》《书》；三是博士所掌握的百家著述。从三类书来看，史书的焚烧是最为彻底的，秦以外的全部史书毁于一旦，而且，“史书”这一部分，都被史官所典于禁中，并未在民间有所流传，大体都是“孤本”，这也是我们迄今难以再见到相关的夏、商、周之“图法”的根源。而《诗》《书》以及诸子著作虽然也遭到焚毁，但这二部分基本未有“根除”，一方面，有博士所掌之书成为例外；另一方面，自孔子创私学起，“六经”就一直是私塾中基本的教材，代代因循，耳熟能详。秦火之后，至汉兴，有一部分被凭记忆传写下来。同时，亦有一些人将私人所藏的经以及诸子著作藏于墙壁中等方式保存下来，在这种情形之下，方有“古文经”与“今文经”之别。

---

① 顾颉刚：《三监的结局》，《文史》1988 年第 2 期。

② 《史记·老子韩非列传》，中华书局，1959，第 2140 页。

③ 《周礼·春官·宗伯》，参见阮元校刻《十三经注疏》，中华书局，2009，第 1628 页。

④ 《左传》昭公二年条，参见阮元校刻《十三经注疏》，中华书局，2009，第 4406 页。

⑤ 《史记·秦始皇本纪》，中华书局，1959，第 255 页。

在所存留的“经”与诸子著作中，对箕子东走朝鲜一事没有太多线索，其原因有三：首先，所谓“六经皆史”，标明“史”是“经”之余，虽然有《尚书》《春秋》这类具有“史”学因素的著作，但是《尚书》是记事起于尧舜，迄于秦穆公的文献汇编，是记载“可以为世法者”[①] 的圣哲之言，意在说明“王道”之本，记述重点是夏、商、周统治者的部分谈话、讲演词、命令和宣言，虽也有追述早期历史的内容，但篇幅不大；《春秋》是孔子出于“拨乱世，反诸正”[②] 的目的而作，虽然形成“以事系日，以日系月，以月系时，以时系年”[③] 的编撰体例，但因其过于简约（《春秋》记载自公元前722至前481年间二百四十二年史事，仅有一万五千字），同时又是以鲁国为记事中心，所以，见于记载的史事颇有局限。而诸子著作更是各有特色，并各有侧重和阐释中心。“人物”或“事件”的完整性在这一时期并未得到足够的关注。同时，彼时政权林立，社会动荡，令典籍撰述者的视域明显没有后来统一王朝时代那样开阔。所以，历史文本与叙述体系皆与汉代以后的范式有很大不同，这也是造成三代历史记载存在较大缺憾的主要原因。其次，彼时的信息没有达到相当畅通的程度。随着箕子离开周王畿渡海[④]东走，其亦从周代士人的视野中消失，虽则在“十三祀来朝”，但其后复归半岛。在从朝鲜半岛由南部往北部的发展过程中，因山水相隔，直到后来其北界与燕相邻，对相关的史事复有所记忆，其他更多时候则与中原消息阻断，因而也就鲜有记载。再次，从《尚书·洪范》对箕子之“归”有含糊记载可知，周人对箕子东走不是无载，而是由于修史者关注角度的问题，没有太多涉及。因为《洪范》篇所强调的就是箕子所作之“洪范”的主要内容，对于修撰的背景不过是一语带过，未做太多铺叙。周人有“溥天之下，莫非王土”[⑤] 的意识，也就是说，无论箕子从自己的视野消失多久，始终都是“王臣”，所以，“走”后复来就只用一个“归”字轻描而过，而未遑细论恰恰表明箕子东走事件本身并未引起时人特别的关注。当时的天下概念，据《孟子·梁惠王上》载“晋国，天下莫强焉”[⑥] 可知，“天下”的范围远远超出一国。在先秦典籍中

① 孔颖达：《尚书正义·尚书序》疏引《尚书纬》。
② 《春秋公羊传》哀公十四年，阮元校刻《十三经注疏》，中华书局，2009，第5115页。
③ 《春秋序》，阮元校刻《十三经注疏》之《春秋左传注疏》，中华书局，2009，第3695页。
④ 苗威：《古朝鲜研究》，香港亚洲出版社，2006。
⑤ 《诗经·北山》，阮元校刻《十三经注疏》，中华书局，2009，第994页。
⑥ 《孟子·梁惠王上》，阮元校刻《十三经注疏》，中华书局，2009，第5800页。

经常出现“来远人”[①]“柔远人”[②]“莅中国而抚四夷”[③]“不忘远”[④]“推恩足以保四海，不推恩无以保妻子”[⑤]等说法，“远人”“四海”“四夷”大体都是虚指，其“天下视野”可能大到虚化的程度。在这种认识体系之下，商周之际，对箕子及其族众的去来皆能坦然面对。

秦汉之世，随着文化的发达与繁荣，尤其是继编年体之后，纪传体的勃兴，以及官修史书体制的完善等因素，都为史学的繁荣创造了先机。这一时期，关于箕子与箕氏朝鲜的史事，也由此前被略为数语的“经”的记载模式，成为脉络清晰、体系完整的“史”的文本历史。

这一时期的史著，以对汉武帝之前的历史进行系统梳理与回顾，并创立中国“史体之正”（即纪传体）的司马迁之《史记》最具有划时代意义。《史记》是司马迁“罔罗天下放失旧闻，王迹所兴，原始察终，见盛观衰”[⑥]之作。其结构由五部分构成，即本纪、表、书、世家、列传。“本纪”以编年的形式记载古帝王事迹，“世家”记载王侯封国史迹和特别重要的人物事迹，“列传”载典型人物和周边民族的史事，“表”用表格的形式谱列世系、人物和史事，“书”则记述制度发展等。《史记》不仅开创了汉文典籍以“人”为中心的撰述先河，同时，亦对以华夏为中心，四夷拱卫的“天下”格局首次进行了较成系统的勾勒。[⑦]在这个“天下”构图中，箕子的足迹带动并拓展了从周至汉的当权者、司史者以及普通百姓等各阶层关注视线的东移，箕子在为周所释之后，出走至周直辖地之外的朝鲜半岛，并建立“朝鲜”[⑧]政

---

① 《左传》襄公十一年十二月条，阮元校刻《十三经注疏》，中华书局，2009，第4235页。

② 《礼记·中庸》，阮元校刻《十三经注疏》，中华书局，2009，第3536页。

③ 《孟子·梁惠王上》，阮元校刻《十三经注疏》，中华书局，2009，第5809页。

④ 《孟子·离娄下》，阮元校刻《十三经注疏》，中华书局，2009，第5928页。

⑤ 《孟子·梁惠王上》，阮元校刻《十三经注疏》，中华书局，2009，第5809页。

⑥ 《史记·太史公自序》，中华书局，1959，第3319页。

⑦ 《史记》计为12“本纪”，其中卷1为《五帝本纪》，其他11本纪亦皆是中原华夏君主。卷110、113、115、116、123分别是四周各民族或民族政权之列传，即《匈奴列传》《南越列传》《朝鲜列传》《西南夷列传》《大宛列传》。而对于“天下”观，在《史记》之中仅在《太史公自序》（卷130）中，就曾出现“天下”计30处。

⑧ “朝鲜”最早见载，是在《管子》之中，《揆度》篇载为“海内玉币有七筴……发朝鲜之文皮，一筴也”。《轻重甲》篇云：“发、朝鲜不朝，请文皮、毤服而为币乎。”这二则史料所载是春秋时期齐国与发、朝鲜贸易的情况。其中的“发”是指辽东地区的古貊族，“朝鲜”即应该是箕氏朝鲜。其后，在《山海经》《战国策》等文献中，“朝鲜”出现的频率明显增多，然而多是从地理坐标的角度一笔带过，如《战国策》卷29《燕策》：“燕东有朝鲜、辽东，北有林胡、楼烦，西有云中、九原，南有呼沱、易水。”

权的史事更为清晰系统。

鱼豢的箕氏朝鲜记事，笔者认为是写实的，原因有二。一是鱼豢所载的箕氏朝鲜，是略诸前而详诸后，也就是说，战国末期至秦汉之际的史实相对充实，而从箕子东走，至最末二代王箕否、箕准之间诸王的历史，皆略而不提，说明鱼豢亦是秉承先秦史家“有疑则阙”的传统；二是鱼豢的文化精神是“旷达宽容”的[①]，在《三国志·魏志·东夷传》注引中之《西戎传》中载：“俗以为营廷之鱼不知江海之大，浮游之物不知四时之气，是何也？以其所在者小与其生之短也。余今泛览外夷大秦诸国，犹尚旷若发蒙矣，况夫邹衍之所推出，《大易》《太玄》之所测度乎！徒限处牛蹄之涔，又无彭祖之年，无缘托景风以迅游，载骒裒以遐观，但劳眺乎三辰，而飞思乎八荒耳。”[②] 可知，鱼豢面对“外夷大秦”体现了平等之意，对异政权的历史认识还是非常客观的，因而，从这个角度，如果箕氏朝鲜不存在，或与中原王朝非“侯国”关系，以鱼豢的史识来看，当不会若此处理。

在陈寿的《三国志》中载有一段可以与《魏略》互补的史料：“昔箕子既适朝鲜，作八条之教以教之，无门户之闭而民不为盗。其后四十余世，朝鲜侯准僭号称王。”[③] 由于鱼豢的生卒年难以稽考，所以不能确知《三国志》与《魏略》的成书孰先孰后，但二者关于箕氏朝鲜的记事使相关史事脉络大体清晰。

东汉末年至三国时期，随着郡县的设置，中原王朝对朝鲜半岛的了解愈多，记载愈细。这种情况一方面体现了时代视野的开阔，另一方面则表明箕氏朝鲜曾经在史籍中缺失的记载在朝鲜半岛或以口耳相传的模式流传着，或以简略的方式被记载下来，至汉郡设立，相关的史事为中原士人所接受并熟知，进而逐渐见载于司马迁之后的史家载籍之中。

三　朝鲜半岛典籍中之“箕子”与“箕氏朝鲜”的文本历史

朝鲜半岛是汉字文化圈的一个重要组成部分。由于迟至1444年，在朝

---

① 参见李培栋《鱼豢“发蒙”》，《文史哲》1993年第3期。

② 陈寿著，裴松之注《三国志·魏书·乌丸鲜卑东夷传》后注引《西戎传》，中华书局，1959，第863页。

③ 《三国志·魏书·东夷传》，中华书局，1959，第848页。

鲜王朝世宗颁布《训民正音》之后，朝鲜才开始有了自己的民族文字——谚文，并与汉字一起使用。所以，此前的文献典籍多用汉字书写。事实上，彼时东亚虽然同“文”，但“语”却并不同，在交往中，有时靠翻译，比如新罗有专门的“译语”[①]；有时则靠“笔谈”，据日本圆仁（793～864）的《入唐求法巡礼行记》，日本人到中原王朝之初，语言不通，交流多是“笔言述慰”[②]“笔言通情”[③]，不过，朝鲜半岛人士在中原的交流大体是畅通的。比如，李朝的崔溥（1454～1504）在意外漂流到明朝境内之后，双方的汉语交流丝毫没有障碍[④]，而且，崔溥之世，谚文已经形成系统并在社会上推行，可是，崔溥五万言的《漂海录》却是其在辗转回至朝鲜之后用汉语写成的，这表明朝鲜的汉化程度之深。而箕子以及箕氏朝鲜相关的记事，在朝鲜半岛的历史文本中也是成系统的。我们试作如下梳理。

（一）《三国史记》中的箕子及箕氏朝鲜记事

《三国史记》由高丽朝大臣金富轼（1075～1151）撰修，是朝鲜第一部纪传体史书，也是存留至今有关朝鲜半岛古史的最为系统的文献史料。对于箕子与箕氏朝鲜，金富轼有如下几条记载：

> 记载1：海东有国家久矣。自箕子受封于周室，卫满僭号于汉初，年代绵邈，文字疏略，固莫得而详焉。[⑤]

这里以“海东”作为地理区间，而海东，即渤海之东，无疑即是朝鲜

---

① 新罗存在“译语”最早见载于唐人顾况的《送从兄使新罗》：“共散羲和历，谁差甲子朝。沧波伏忠信，译语辨讴谣。”（参见陈贻掀主编《增订注释全唐诗》第二册，文化艺术出版社，2001，第676页。在东亚文献中，与译语相关的记载最早见于《礼记·王制篇》：“五方之民，言语不通，嗜欲不同，达其志，通其欲，东方曰寄，南方曰象，西方曰狄鞮，北方曰译。”《说文解字》解释“译”为“传译四夷之言者”。

② 〔日〕圆仁：《入唐求法巡礼行记》，广西师范大学出版社，2007，第14页。

③ 〔日〕圆仁：《入唐求法巡礼行记》，广西师范大学出版社，2007，第28页。

④ 据崔溥的《漂海录》载：崔溥及同船42人在从朝鲜之济州岛漂至我国浙江沿岸时，泊于岸边的“中国”（《漂海录》语）船拥来，并说：“‘看你也是好人，随我可行。你有奇物送些与我。’（崔溥）臣答曰：‘漂流已久，所赍之物尽撒海中。若指我生路，所乘船楫皆恁的所有。’……”应对如流。（参见葛振家《崔溥〈漂海录〉评注》，线装书局，2002，第53页。

⑤ 《三国史记》卷29《年表上》，中华书局，1959。

半岛的所在。事实上，《三国史记》在金富轼的基本定义之中并不是“朝鲜三国”，或“高丽三国”，而是“海东三国”[①]，说明金富轼的“朝鲜半岛观”并不是以已经统和成一体的高丽为参照物而言的，而是以“海东”这样的区域方位而言的。并且，将受封于周室的“箕子”政权与僭号于汉初的“卫氏”政权同列于“海东有国家”的历史之列，说明金富轼对于箕氏朝鲜是持肯定态度的。之所以箕子与卫氏朝鲜史迹不甚清晰，概因“年代绵邈，文字疏略”之故。

> 记载2：（婴阳王）十八年初，炀帝之幸启民帐也，我使者在启民所，启民不敢隐，与之见帝。黄门侍郎裴矩说帝曰：“高句丽本箕子所封之地，汉晋皆为郡县，今乃不臣，别为异域。先帝欲征之久矣。但杨谅不肖，师出无功。当陛下之时，安可不取，使冠带之境，遂为蛮貊之乡乎！今其使者亲见启民举国从化，可因其恐惧，胁使入朝。”[②]

这一记载中提到高句丽之地“本箕子所封之地”等情况，实际上是指大同江流域一带。其史料来源是《资治通鉴》的记载：“帝之幸启民帐也，高丽使者在启民所，启民不敢隐，与之见帝。黄门侍郎说帝曰：‘高丽本箕子所封之地，汉、晋皆为郡县今乃不臣，别为异域。先帝欲征之久矣，但杨谅不肖，师出无功。当陛下之时，安可不取，使冠带之境，遂为蛮貊之乡乎！其使者亲见启民举国从化，可因其恐惧，胁使入朝。’”[③] 这则史料借隋唐二朝大臣裴矩之口表达了隋唐君臣对于箕氏朝鲜与高句丽在地缘关系上的认知。[④]

在《三国史记》之《高句丽本纪》之“论曰”中云：

> 记载3：玄菟、乐浪，本朝鲜之地，箕子所封。箕子教其民以礼义、田蚕织作，设禁八条。是以其民不相盗，无门户之闭，妇人贞信不

① 〔高丽〕金富轼：《进三国史记表》，参见《东文粹》卷1，或《东文选》44。

② 《三国史记》卷20《高句丽本纪》婴阳王十八年条。

③ 《资治通鉴》卷181《隋纪》炀皇帝上之下，大业六年条。

④ 隋唐时期，类似的议论较多，如：“（温）彦博进曰：‘辽东之地，周为箕子之国，汉家之玄菟郡耳。魏、晋已前，近在堤封之内……’”（《旧唐书》卷61《温大雅列传》）（参见苗威《从隋唐君臣的高句丽观看高句丽政权的性质》，《北方民族》2004年第2期）

> 淫，饮食以笾豆，此仁贤之化也。而又天性柔顺，异于三方，故孔子悼道不行，欲浮桴于海以居之，有以也夫？然而《易》之爻“二多誉，四多惧，近也”。①

“论曰”是金富轼对于所载历史的主观评论，这里主要是从地理沿革上指出，玄菟、乐浪等郡县是置于“朝鲜”故地之上的，而所谓“朝鲜”则是箕子的封地。接下来回顾了箕子受封之后的历史，即箕子“教其民以礼义、田蚕织作”，将文明引入朝鲜半岛，同时，设八条之教。由于“论曰”是《三国史记》最有标志性的表达金富轼主观认识的，在为高句丽本纪传“论”时，用五分之一的篇幅述写箕氏朝鲜的史事，表明在金富轼的意识之中，其对于箕氏朝鲜→汉四郡→高句丽的沿革演变还是有明确认识的。

此外，《三国史记》引（新）《唐书》语：“高句丽俗多淫祠，祀零星及日、箕子、可汗等神。国左有大穴，曰神隧，每十月，王皆自祭。”② 亦对高句丽的箕子之祭持肯定态度。

（二）《三国遗事》中的箕子及箕氏朝鲜记事

高丽忠烈王时代的僧人一然（1206～1289）所修撰的《三国遗事》，是收录新罗、高句丽、百济之遗闻逸事而成的。“所纪神异灵妙，专主崇佛弘法。论者谓荒诞不经，不足取信，然流风遗俗，往往散见于其中。”③ 关于箕氏朝鲜，有如下记载：

> 周虎王即位己卯，封箕子于朝鲜，坛君乃移于藏唐京，后还隐于阿斯达为山神，寿一千九百八岁。唐裴矩传云：高丽本孤竹国（今海州），周以封箕子为朝鲜，汉分置三郡。④

此书中首次出现了“坛君”的记载，认为是朝鲜半岛最早的“朝鲜”，

---

① 《三国史记》卷22《高句丽本纪》之“论曰”。

② 《三国史记》卷32《杂志第一》。

③ 〔朝鲜〕一然：《三国遗事》，《校订〈三国遗事〉叙》，〔韩〕明文堂，《三国遗事》，1993，第1页。

④ 〔高丽〕一然：《三国遗事·古朝鲜》，（汉城）明文堂，1993，第34页。

但对于箕氏朝鲜却并未否定，只是成为继坛君之后的政权实体，同时指出是“周虎王”所封。另外，同段又据他史记载，将孤竹国→箕氏朝鲜→汉郡→高句丽的地理沿革串连成为系统。

（三）郑道传的箕子叙述

郑道传（1342～1398），字宗之，号三峰，是朝鲜王朝初期的重臣，朝鲜王朝的首任宰相（1392～1398），在朝鲜王朝建国之初，得到朱元璋赐册国号之后，云：

> 盖以武王之命箕子者命殿下，名既正矣，言即顺矣。箕子陈武王以《洪范》，推衍其义，作八条之教，施之国中，政化盛行，风俗至美。朝鲜之名，闻于天下后世者如此。今既袭朝鲜之美号，则箕子之善政亦在所当讲焉。呜呼！天子之德，无愧于周武；殿下之德，亦岂有愧于箕子哉！将见《洪范》之学、八条之教，复行于今日也！[①]

可知，朝鲜王朝之初，其朝野上下对于箕子认同颇深。郑道传作为开国重臣，朝鲜王朝的开国典制皆参与创制，对于朱元璋赐国号为“朝鲜”，颇以为荣，“天子之德无愧于周武，殿下之德亦岂有愧于箕子载！”即将明太祖与周武王相并列，而朝鲜王朝建立者李成桂被视为箕子，真实体现了朝鲜君臣的箕氏朝鲜认知。

（四）《东史纲目》中的箕子及箕氏朝鲜记事

朝鲜王朝安鼎福（1712～1791）所撰的《东史纲目》在“图上”部分之“东国历代传授之图”中，箕子被列置于檀君与马韩之间；在“檀君箕子传世之图”中，箕子、箕准亦有列[②]。虽然安鼎福图表部分，对“东史”的谱系，是将箕子置于檀君之后，但在整体认系中，我们可以了解，安鼎福认为箕子是最早在朝鲜半岛建立政权实体的，在《东史纲目》正文之卷一，开篇便是《朝鲜箕子元年》。其云：

---

① 〔朝鲜〕郑道传：《三峰集》卷7，（汉城）韩国民族文化推进会编刊《标点影印韩国文集丛刊》第5册，1990，第414页。

② 〔朝鲜〕安鼎福：《东史纲目》，（汉城）韩国民族文化推进会版，第1页。

> 箕子元年，殷之太师箕子东来，周天子因以封之。箕子子姓，名胥余，殷纣之亲戚也，封于箕而子爵，故号箕子。仕殷而为太师，纣为淫佚，箕子谏不听，而囚之，乃被发佯狂而为奴，鼓琴以自悲。及周武王伐纣入殷，命名公释箕子囚。问殷所以亡，箕子不忍言王。乃问以天道，箕子为陈洪范九畴。箕子不忍周之释，走之朝鲜。武王闻之，因以朝鲜封之而不臣也。①

综合以上叙述可知，《东史纲目》的史料来源基本是中原汉籍文献，其认知与中原无二。

事实上，朝鲜王朝曾自比为“小中华”②，从某种意义上说，箕子认同是小中华意识的根本。世宗曾云：“吾东方文物以社乐侔拟中国，迨今二千余禩，惟箕子之教是赖。”③ 可知，直至朝鲜王朝，箕氏朝鲜在半岛的历史认知体系之中，皆处于重要位置，并且，朝鲜半岛人对于箕子的崇敬之情是由衷的。

自朝鲜半岛有由本土史家所叙述的历史以来，从高丽王朝至朝鲜王朝，箕子叙事大体与中原王朝没有差异。虽然从当代民族国家的角度，在对历史认识体系进行区分时，可以区分为两个系统，但箕氏朝鲜认识上的差别是近代以来的事情，从这个意义上讲，箕氏朝鲜在东亚，存在同途殊归的情形。

余　论

综合上述对“箕氏朝鲜”话语系统的梳理，笔者有几点体会。

第一，“箕氏朝鲜”的事项，以及诸多相关的史事，是当今中朝（韩）主权国家之间相互分享的历史记忆。这是因为历史本身的相互关联，被今日民族国家人为的分割造成的。从朝鲜半岛第一个政权实体“箕氏朝鲜”，到燕人卫满所立之卫氏朝鲜，以及取乐浪等边郡而代之的高句丽，这些政权或

① 〔朝鲜〕安鼎福：《东史纲目》，（汉城）韩国民族文化推进会版，第39页。原文为手写影印，标点为作者所加。

② 朝鲜王朝所谓“小中华”，据吴庆元在《小华外史总要通论》中云：“小中华者，中国称朝鲜为小中华，以其礼乐文明亚于中国也。”（《小华外史》上册，东京朝鲜研究会印行，1914，第208页）。

③ 《朝鲜王朝实录》卷40《世宗实录》“世宗十年四月辛巳”条，（汉城）东国文化社，1961。

立国于朝鲜半岛，或拓境至朝鲜半岛，皆成为朝鲜半岛古史的一个重要组成部分；但同时，无论箕子还是卫满朝鲜，抑或高句丽政权，其与中原王朝皆有千丝万缕的联系，曾分别以中原之侯国、中原之外臣、地方民族政权等身份成为古代中国东北地方史不可分割的组成部分。同一件史事被分割成两套话语系统，是因为中原王朝与朝鲜半岛各自政治实体存在的文字显现。就其渊源而言，由于箕子的出自、箕氏政权的自我认同，以及中原王朝的天下体系构建等因素，箕氏朝鲜是中原叙述的延伸，这是毫无疑义的。而从另一个角度，“箕氏朝鲜”在当地持久存续，而朝鲜、韩国追寻本土历史并构建认识体系，也是自然的行为。随着中原核心区与朝鲜半岛核心区的互动，半岛核心区萌生的本土化与本民族自身意识的强化，引发“箕氏朝鲜”的话语系统趋向疏离中原，或者为增加本土认同的旨向而否定箕氏朝鲜的存在从而确立本土檀君的历史存在，也是可以理解的。

“箕氏朝鲜”的兴亡，如同陈寅恪先生在《唐代政治史述论稿》下篇所谓内外盛衰相互联系的意思一般，追溯这些历史记忆，本应由大陆、半岛互相分享，然而，由于近现代以来民族国家意识的清晰和历史探讨者国籍意识的明确，相关历史的解读与研究在双方学界形成了既心领神会又彼此戒备的矛盾现象。历史研究者站在各自民族国家的立场上对相同史料、同一史事做出符合自己价值体系的论述，观点彼此乖离甚至扞格难通，在“一切历史都是当代史”情绪的纠结下，民族国家意识支配下的史学研究的视域被大大地限制了。与此同时，政治与外交因素的介入，使学术研究的动机和目的大打折扣。一个不争的事实是，在“民族国家”的范式之内，存在交集的历史资源在无法被合理切割的情形下往往成为学术研究的“敏感”话题，进而被人为地设置“禁区”。

第二，即使在“民族国家”之前的王朝国家的架构内，对“箕氏朝鲜”的解释也同样存在着不同的版本。就史料而论，“箕子”适朝鲜半岛的问题，如同顾颉刚“层累地造成”所说，实际上存在着后世逐渐完善并丰满起来的过程。从这个角度讲，古史与其说是先师的客观记录，不如说是后人记忆的完善。这种记忆所反映的是本土中心化的话语思考。对中原王朝而言，它自身构建的话语体系，是随着王朝的壮大而呈延伸性的发展。早期中原腹地是他们关注的中心，周边远夷只是一个想象；到王朝自身发展到超出中原之外的程度，原来的“远夷之地”就由虚构的幻想，变成了处置的现实。于是，中原王朝就用这样的现实再去构拟周边，其外夷所在的地区遂再次进入中原的视野。箕氏朝鲜的情形大抵如此。由于箕氏朝鲜远离中原，箕子同时代的中原史家对其所知不多甚或一无所知，加之司史者的侧重不同，故而文献实际所呈现的，与我们今天研究时对资料的期望有所差距就很自然了，但随着地理知识的扩展以及“天下观”视野的扩大，箕氏朝鲜在秦汉之后中原史家的话语系统中被逐渐勾勒逐步清晰，于是就形成了“箕氏朝鲜”的中原版本。

同样，朝鲜半岛亦有自身的话语系统。其话语的形成，直接衍生于本土势力的强大。流传至今最早的一部正史《三国史记》，记载了高句丽、百济、新罗三个政权的纵横捭阖。如同中原的《三国志》对魏、蜀、吴的处置以魏为正统一样，金富轼的《三国史记》选择新罗做正统，同时对基本覆盖朝鲜半岛的“三国”的祖源，皆以神话的形式表现出来。不过，《高句丽本纪》的“论曰”对高句丽故地之沿革还是做了明确阐述，指出：高句丽置于玄菟、乐浪等郡之故地，“玄菟、乐浪，本朝鲜之地，箕子所封。箕子教其民以礼义、田蚕织作，设禁八条。是以其民不相盗，无门户之闭，妇人贞信不淫，饮食以笾豆，此仁贤之化也”。其对箕子史事直陈不隐。在朝鲜半岛诸雄逐鹿的时代，各势力出于制衡对手的需要，均想利用自身与中原王朝建立的关系借以提升自己在半岛的地位。有关的记载在先史中较成系统，这应当是那段历史真相的反映。然而，一旦其中某一势力站稳脚跟进而一统半岛之后，其民族认同意识就开始强化，本土的族属意识、自我认同等就成为自身的诉求。各政权为了证明自身的正统性，就势必要追求文化渊源的流长和法统地位的正确，于是追寻本地文化之源而取代原来的祖先传说和记忆，就成为政权建设正当性的基本诉求。至僧人一然在《三国遗事》中首次将“檀君”神话记载下来，并在当代渐次取代箕子记忆，应当是本土意识强烈升华的写照。而这种取代，也是“层累地完成的”，一然首次撰述了檀君，但同时对箕子亦有记载，而发展至现当代，檀君历史渐次明晰，箕子记忆则逐渐模糊。这个过程亦是自高丽王朝以来，蒙生以本地自身的先民作为祖源的冀望，同时在历史叙述系统中将箕氏朝鲜史事措置滞后于檀君史事的基本因由。

李成桂立国之后，以“和宁”和“朝鲜”请国号于明朝。朱元璋以为“东夷之号，惟朝鲜之称美，且其来远，可以本其名而祖之”。“朝鲜”国号之赐，令朝鲜君臣至为感激。以“朝鲜”作为二选一的国号，表明李氏对于箕氏朝鲜的认同及尊崇。而朝鲜王朝的尊周，并以“小中华”自居亦从某种程度上强调了这种次文化圈的存在。因此，中原文明核心圈外围的政治性组织一旦形成，就有可能发展出自身的文明圈，这个文明圈较中原而言是次一级的、较小的核心圈，是处在外围的具有区域性特征的核心圈。朝鲜半岛政权所选择的道路就是如此。他们与核心区的中原王朝是以藩属和宗主的模式维系的，到了近代，西方民族国家的观念东传之后，他们首先选择了民族国家的道路，进而脱离了宗主—藩属的范式。与此对应，东北中部、北部和西部的政治势力，则向西部发展，选择了草原和中原，进而与中原核心区的联系进一步加强，并最终融入核心圈。

第三，本文的意图在于阐明：在历史上，存在着“箕氏朝鲜”的中原、朝鲜半岛两个系统的记载，但值得关注的是，这两个系统至 18 世纪仍然是基本同一的。然而发展至当代，韩国大部分学者否认箕氏朝鲜的存在。[①] 这种情况一方面体现了政治权力生长的需求，另一方面，由于传统王朝的语境内有中原核心区与周边外围区次文化圈的分别，连接其内外关系的核心要素，是儒家文化维系下的政治交往、经济沟通、贸易贩运和思想交流，间或掺杂着兵戎交革，但文化的系属则是其根本所在。儒家文化圈下的传统宗藩制，在遭遇近代“民族国家”范式的冲击之后，使王朝国家被迫走向民族国家的行列，东北地区原本作为周边外围的一个组成部分，在传统的范式内走向了大一统王朝的核心而被整合进入中国的民族国家之内；相反，朝鲜半岛及其成立的政权，则随之走向独自立国的民族国家的行列。其间的因素复杂多变，非此文所可尽言。需要阐明的是，正是在这个鲜明并敏感的“民族国家”范式的框架下，我们所叙说的“箕氏朝鲜”等古史，原本为中、朝（韩）所分享的历史资源，却被人为地予夺，以至于解释不清，甚至争衡不停。其症结所在，大体是由“民族国家”范式造成的。

---

① 韩国崔南善、李丙焘、金贞培等皆否定箕氏朝鲜，其中生活于日本殖民占领时期的崔南善为最早，其核心思想是为确立檀君朝鲜在半岛本土历史中的地位奠定学理基础。另外，亦有学者不否定箕氏朝鲜的存在，但认为箕氏朝鲜不在朝鲜半岛，而在中国的河北省（即孤竹国），如李亨求（《大凌河流域的殷末周初青铜器文化和箕氏与箕氏朝鲜》，《韩国上古史学报》1991 年第 5 册）。

高句丽王号问题刍议

孙炜冉

摘　要："国冈上广开土境平安好太王"是迄今所见最为完整的高句丽王号，通过对其分析可知，至迟到广开土王时期，高句丽已经形成自身独特的王号命名方式。与中原王朝帝号大体是由谥号、庙号、年号和尊号等构成相类似，高句丽王号基本是由"国家代称"+"谥号"+"王名"+"官号"四部分构成。借此可以类推出其他高句丽王号，尤其是广开土王之后的历代王号的全貌。另外，由《三国史记·高句丽本纪》可知，高句丽史上所谓"好太（大）王"者最少有四位，甚或自广开土王起皆谓"好太王"。而"国冈上""平（阳）冈上"并非指代葬地，乃是高句丽国家的一种汉译专属代称，本意为"以都城'国内城（平壤）'为中心的国家"。

关键词：高句丽　王号　国冈上广开土境平安好太王　故国　冈上

作者简介：孙炜冉，东北师范大学历史文化学院博士研究生。地址：吉林省长春市人民大街5268号，邮编：130024。

高句丽王号的研究，不仅可以窥知其独特的文化面貌，同时，也可以通过后人对高句丽王的追谥评价集中了解其一生功过，对于高句丽历史的深入探讨具有重要的参正价值。然而，长久以来高句丽王号整体面貌的研究非常薄弱，对于王号的构成、是否存在谥号等问题，至今尚未有清晰的研究脉络，相关问题只有梁志龙①、耿铁华②及罗新③等有所谈及。梁志龙在分析了

① 梁志龙：《高句丽国王名号相似现象的分析》，《北方文物》1999年第4期。

② 耿铁华：《从集安高句丽碑看高句丽是否存在谥法》，《高句丽与东北民族研究》（五），吉林大学出版社，2013。

③ 罗新：《好太王碑与高句丽王号》，《中华文史论丛》2013年第3期。

高句丽诸王王号名称中一些相同用字的基础上，认为一些名号不是真正的名号，而是一个近乎国王的沿袭称谓，另有一些名号，乃是族称的移用。耿铁华则以最新出土的集安高句丽碑碑文为切入点，对比分析了中原谥法的形成和特点，认定碑文中出现的高句丽王号不能作为确定年代的重要依据，进而认定高句丽不存在谥法，也不使用中原谥法。罗新以好太王碑文为研究重心，尝试从文字语言情景探讨历代高句丽王的政治名号，认为“至迟从广开土王时代开始，一个故去的高句丽王的正式王号应该包含有三个部分构成”，而文献中对于高句丽“故王称号记录存在较为随意或随机的情况”，认定“长寿王之前的高句丽王生前都拥有源自内亚传统的王号，表明了高句丽官号制度的多元传统”。

广开土王（通称“好太王”）在高句丽史研究中地位非凡，自19世纪末发现其纪功碑以来，近代高句丽诸问题研究一度为学界所瞩目，对这通石碑的研究从始至终都是一个学术热点问题，无论是从研究时间上、关注热度上，还是从取得的成果数量上，都在高句丽史的研究中占重要地位。以王号问题为例，碑文中所记“国冈上广开土境平安好太王”是迄今文献所见最为完整的高句丽王号。今年恰逢“广开土王碑”竖立1600年，笔者以该完整王号为切入点，通过该王号与其他历代高句丽王简称的对比分析，对整个高句丽王号做以管窥和合理的类推，以就教于方家。

一　高句丽王号疑问的缘起

《三国史记》是研究高句丽史最重要的文献资料之一，在对该书著录的历代高句丽王名字的整理过程中，对比中国诸正史《高句丽传》可以发现，与正史记述中诸王名字所呈现出较为统一性的特点不同，《三国史记·高句丽本纪》载录的二十八位王名竟有二十一人都有两个或者两个以上的称呼，仔细辨别，大多是同一名字的不同音译。这是因为，高句丽本身是一个有语言而无文字的民族，从文献和金石资料可知，其以汉字为通行记录方式。那么，作为不同的著录者，在将专有名词，尤其是名字的载记过程中，极易产生选取不同的汉字译述的情况。因此，这个过程很难达到如中原史家一样对名字的独一性。金富轼在撰写《三国史记》时，材料是丰富和多源的，除了来自中原的资料外，还有很多高句丽人以汉字撰写流传下来的文献，而这些文献对专有名词的载记则会因著者的不同而出现多种译体，于是便造成了《三国史记》中专有名词，如人名、官名、地名数种俱存，金富轼不希望遗漏任何一种版本，而以“一云”“或云”的方式都保留了下来。

从《三国史记·高句丽本纪》可以看出，高句丽王号基本都是以简称的方式标识。所以，很多国王只留下了名字或王号的局部，而未存全貌。从整个高句丽政治文化制度有着一个逐步健全的过程来看，高句丽起初的王号命名可能亦不甚正规，抑或在故国原王之前就没有正式的王号命名制度存在，其王号与同时期的百济和新罗一样，是以王名命之。[①] 所以，金富轼在撰史时，或者是其史源文献的撰写者，当是在不得已的情况下采用将载有归葬地点的王以其葬地进行命名的方式。这可能是高句丽人特有的一种领域意识的体现。[②] 可是，同时期的中原史料却从未见有对高句丽王以葬地而称之的习惯，只是称呼其名。而那些没有载记葬地的国王，高句丽撰史者及金富轼则以生平重要事迹而予以命名。例如，长寿王之前，在高句丽史上三个高寿君主依次被命名为“太祖大王”、“次（祖）大王”和“新（祖）大王”，是因其寿命高于当时的其他诸王而命之；山上王之命名，盖因其是首个将都城建于山上山城的君主[③]；至于三位以“故国”命名的君主都是葬地失载，而无奈以同意而不同字的“川”“原”“壤（襄）”来进行区别，“国襄”系是指国内城地区而言，对此，后文将详细论述（前三王情况更为复杂，将另文述之）。迨至故国原王死后，高句丽王号命名制度的雏形开始出现，但直至广开土王时期，相关礼法才得以形成定制，其后诸王再无以葬地而命名者。这点从广开土王碑中“守墓烟户法”的确立便可窥知。碑文中载：“自上祖先王以来，墓上不安石碑，致使守墓人烟户差错。唯国冈上广开土境好太王，尽为祖先王墓上立碑，铭其烟户，不令差错。”[④] 其中所反映之事，不仅是铭文烟户的数目和职责，更有对祖先墓地混乱无名情况的疏正。由此，对于诸王的命名才形成制度。那么，当以广开土王为节点，审视其前后高句丽王号的特点和真实情况。

---

① 百济王号开始不以王名为号基本始于盖卤王（名“庆司”，455～475 年在位）抑或东城王（名“牟大”或“摩牟”，479～501 年在位）；新罗则基本始于法兴王（名“原宗”，514～540 年在位）。

② 罗新：《好太王碑与高句丽王号》，《中华文史论丛》2013 年第 3 期。

③ 金毓黻：《东北史地》上篇，《社会科学战线》杂志社翻印，1980，第 102 页。

④ 释文见朴真奭《好太王碑与古代朝日关系研究》，延边大学出版社，1996，第 14 页。

二 广开土王王号分析

广开土王碑中出现“国冈上广开土境平安好太王”的王号全称，同文中后出现的称谓都是在这个王号基础上的简写，如“广开土境好太王”和“国冈上广开土境好太王”,[①] 分别简缩了“国冈上”“平安”以及“平安”。无独有偶，在中国集安冉牟墓的墓志铭文中和韩国壶杅冢出土的壶杅铭文中也都出现了广开土王的王号，冉牟墓志中称其为“国冈上太王”和“国冈上广开土地好太圣王”,[②] 而壶杅铭文中则为“国冈上广开土地好太王”。[③] 前文已然分析了专有名词在汉文译写过程中会有多种汉字表述的情况，如国岗、国罡、国冈，以及土境、土地，都是同音异写，没有实际差别；圣王，是对君主官号的修辞，还原回高句丽语中与“好（太）王”无实际的差别，即好太王、好王等同于圣太王、圣王。[④] 对比后两个铭文来看，与广开土王碑中所记的“国冈上广开土境平安好太王”完整王号相比较，都缺少“平安”二字。参阅正史《高句丽传》可以发现，中原史者记述有广开土王的《梁书》和《晋书》中将其名字记作“安”[⑤]，由此可知，“平安”当为广开土王之名讳，即“谈德”的另一种汉译。这也是为何除广开土王碑之外，冉牟墓志和壶杅铭文皆将此“平安”二字略去的缘故，盖因规避王之名讳。

如此，便可通过广开土王碑“国冈上广开土境平安好太王”的记载，清晰地看出一个完整的被译成汉语形式的高句丽王号构成。“国冈上”学界普遍认为其是指葬地[⑥]，笔者认为其与早先的葬地王号不同，此“国冈上”是一种特定名词的汉语翻译，实则指代的是“以都城‘国内城’为中心的国家”，是高句丽的国家代称（后文将做详细分析）；“广开土境”，这一部

① 释文见耿铁华《好太王碑一千五百八十年祭》，中国社会科学出版社，2003，第411页。

② 释文见耿铁华《高句丽历史与文化》，吉林文史出版社，2000，第309～311页。

③ 白种伍、金英兰：《高句丽遗址遗物的新认识——以韩国最新发掘的遗址为中心》，《边疆考古研究》2011年刊。

④ 罗新：《好太王碑与高句丽王号》，《中华文史论丛》2013年第3期。

⑤ 《梁书》卷54《诸夷列传·高句骊》：“后燕……以句骊王‘安’为平州牧，封辽东带方二国王。‘安’始置长史、司马、参军官……”（中华书局，1973，第803页）；《晋书》卷124《慕容盛载记》：“高句骊王‘安’遣使贡方物。”（中华书局，1974，第3100页）

⑥ 罗新：《好太王碑与高句丽王号》，《中华文史论丛》2013年第3期。

分极类似于中原谥号，但高句丽是否有类于中原礼制的谥法，还值得再加讨论，但此部分是对该王生平的集中评价和颂扬，其性质类似中原谥法是很明显的；“平安”，乃是该王之生前名讳；“好太王”，按照前文名词汉译的分析，“太王”“大王”“王”根本就是同一称谓的不同翻译，没有本质上的差异。从《三国史记·高句丽本纪》可知，能被称为好太王的高句丽王至少还另有三位，分别是文咨明王（明治好王）、阳原王（阳岗上好王）和平原王（平岗上好王）。可见，“好王”当是一种对王号的溢美之法，如同汉朝皇帝谥号前都要冠以“孝”字，盖源其以孝道治国的思想。那么，自广开土王开始，官号冠以“好”字，当亦是对国家美好前景寄托的溢美之辞。[①] 由此，可以看出高句丽完整王号是由“国家代称”、“谥号”（姑且称其为谥号）、“王名”和“官号”四部分构成的。结构如下：

国冈上	广开土境	平安	好太王
岗上		谈德	好大王
国罡上	广开土地	安	好　王
国家代称	谥号	王名	官号

2012 年 7 月，集安地区的麻线乡出土了继“广开土王碑”之后的又一通高句丽石碑，立即引发了学界一番激烈的研讨。其中，石碑的竖立年份及对碑文中各专家争相释读的一个“□□（年）定律”的文字认定[②]，对于高句丽王号制度的形成有着重要的参正意义。抛开争议性问题，按照各专家达成的共识：至迟到广开土王时期，高句丽已然形成了严格的王家墓葬制度。高句丽王陵与现存我国其他地区的王陵一样，都是统治者耗费大量人力、物力

① 罗新：《好太王碑与高句丽王号》，《中华文史论丛》2013 年第 3 期。

② 对于该碑的立碑时间，尤其是对碑文中“□□定律”的释读主要形成如下意见：耿铁华认为当立于好太王（广开土王）时期，“□□定律”当为广开土王十八年的“戊申”（408）（《集安高句丽碑考释》，《通化师范学院学报》2013 年第 3 期；《新发现的集安高句丽碑初步研究》，《社会科学战线》2013 年第 5 期）；张福有认为立于长寿王十五年（427），“□□定律”为好太王“戊申定律”（《集安麻线高句丽碑碑文补释与识读解析》，《东北史地》2013 年第 3 期）；徐建新的意见基本同于张福有（《中国新出“集安高句丽碑”试析》，《东北史地》2013 年第 3 期）；林沄认为立于广开土王十三年（403）（《集安麻线高句丽碑小识》，《东北史地》2013 年第 3 期）；徐德源认为立于广开土王时期，“□□定律”为“庚戌”年（410）（《新发现集安高句丽碑铭文主人公及部分铭文释读之我见》，《高句丽与东北民族研究》，吉林大学出版社，2013）；梁志龙、靳军认为立于长寿王即位初期（《集安麻线高句丽碑试读》，《东北史地》2013 年第 6 期）；李新全认为立于长寿王七十五年（487）（《集安麻线高句丽碑之我见》，《东北史地》2013 年第 6 期）。

营建的规模巨大的陵墓，同时又是用以供奉、祭祀的建筑，即所谓“陵寝”是推崇王权和加强政治统治的一种重要手段。由于古代迷信色彩浓重，推行“事死如事生”[①] 的礼制，所以“陵寝”是按帝王生前模式，即当时礼制的需要而规划和表现的。高句丽王陵的礼制同样遵循一个逐渐完善的演进过程，从始祖东明圣王葬龙山及第三代大武神王“立东明王庙”，说明高句丽起初便有着营建王陵和祭祀祖先的国家意识，追至第十九代王广开土王开始于陵园立碑明文烟户，说明这时高句丽王的陵寝制度最终完善。既然王室陵寝制度已经在这一时期得到确立，那么，对于王号的命名应当也随之确立，不应该仍是单纯的以王名代称王号，或在记史者笔下以葬地而辨之诸王，以防止“宫”和“位宫”这样因名字相同而产生的混淆。至于前三王之命名，从广开土王碑中可以看出，邹牟王、儒留王、大朱留王才是当时官方最权威的前三王王号，而《三国史记·高句丽本纪》中东明圣王、琉璃（明）王、大武神王，显然是再次经过修订的溢美性命名。相信这与婴阳王十一年(600)，“诏大学博士李文真约古史为《新集》五卷。国初始用文字时，有人记事一百卷，名曰《留记》，至是删修”[②] 有着很大的关系。随着高句丽官方修史及私人撰史的开始，很多原本只以名字称之，而未有正式王号的君主，则概以所葬之地命名，而葬地无明确载记者，则以生平之事命名，所以不同撰史者对于王号和王名的载记存在着差异。而且，因史书是以汉字书写，并不见得会如广开土王碑那样非得将王之全号明书，因此王号基本都是简写。故而很多王号若不以姓名对应，则会有同样的前缀和官号，从而难以区分。而阳原王和平原王之谥号部分显然佚失了，所以若不以名字来分辨，其两者的王号在《三国史记》中的书写本意根本就是一样的。这种情况可能是因李文真修史只截至安原王时期，故而造成金富轼撰《三国史记》时对于阳原王和平原王谥号的缺失。

三　历代高句丽王号分析

对于“国冈上”的解读，学界普遍认为这是某一个山冈区域，因高句

---

① 《荀子·礼论》载：“丧礼者，以生者饰死者也，大象其生以送其死，故事死如生，事亡如存，始终如一也。”（《荀子集解》，中华书局，1989，第366页）。

② 〔高丽〕金富轼撰、孙文范校勘《三国史记》，吉林文史出版社，2003，第244页。

丽王号多以葬地命名，进而认为这应该亦为埋葬高句丽王的某一处陵原。[①]倘真如此，那么在冉牟墓志中，对于墓主人冉牟生前“世遭官恩，恩育（誉）满国罡上”[②]的记载则无法合理解读。冉牟这样一位官至大兄，功业卓著的人物，为何要说国王对他“恩育满国岗上”呢？按照正常的理解，言说一位君主的恩德，多比喻为日月山河，只会往最大程度来形容，而不会仅比喻为一块区域有限、地势平缓的陵园台地。因此，把“国冈上”理解成一处葬地是无论如何也说不通的。这种溢美应指代为当政者能力权限的最大程度，而其最大的权限无非是就整个国家而言的，那么对于“国冈上”则应理解为高句丽这个国家的另一种代称。因此，笔者认为“国冈上”是高句丽人自己对“国家”这个词的专属汉译，其寓意是“以都城‘国内城’为中心的国家”，如此繁琐的意思，在译写为汉字时便使用了一个专属名词，即“国冈上”。“冈”（岗、罡）所要表达的其实是另一个字，即“纲”，乃《诗经·大雅·棫朴》“纲纪四方”之意思，“纲上”代指政权。

首个使用“国冈上”之称谓的高句丽王是“故国原王”（在位时间为331～371），从《三国史记·高句丽本纪》来看，其名为“斯由”，但中原正史中却俱称其为“钊（昭）”，在《三国史记·百济本纪》中对他的名字记载前后有所变化，百济近肖古王二十六年（371）条中，亦称其为“斯由”[③]，而盖卤王十八年（472）条中则改称其为“钊”。[④]显然，故国原王的称谓有一个从“斯由”到“钊”的转变过程。前文已述，中原史官修史，对于人名这样的专属名词较为严格的统一性和有延续性，纵观十二部为高句丽列传的正史，只有前三王，尤其是第二代王“琉璃明王”的名字较为混乱和有多个译称，这是因为其在位时高句丽初创，与中原王朝建立直接联系较晚等缘故。而记有故国原王名字的《梁书》《魏书》《隋书》

① 持此说者主要有耿铁华（《高句丽文物古迹四题》，《文物春秋》1989年第4期）、魏存成（《集安高句丽大型积石墓王陵研究》，《社会科学战线》2007年第4期）、罗新（《好太王碑与高句丽王号》，《中华文史论丛》2013年第3期）等。

② 释文见耿铁华《好太王碑一千五百八十年祭》，中国社会科学出版社，2003，第421～423页。

③ 〔高丽〕金富轼撰、孙文范校勘《三国史记》，吉林文史出版社，2003，第295页。

④ 〔高丽〕金富轼撰、孙文范校勘《三国史记》，吉林文史出版社，2003，第303页。

和《北史》四部正史中，只有《隋书》中出现了另一种记述——“昭列帝”。[①] 笔者认为不能简单认为这是修史者的笔误，当分析“钊”这个字的其他意思。清代段玉裁的《说文解字注》中说“钊，见也。此假借钊为昭也。孟子引书：‘昭我周王。’郭引逸书：‘钊我周王。’”可见“钊”与“昭”相通。但结合其初称“国冈上”，生前名“斯由”，死后方称“钊”，笔者认为，此“钊”可能就是其子小兽林王为其晋的谥号“昭列王”。此非中原帝王所敕封，为僭越行径，所以，魏收在《魏书》中才以“钊”代之而谓“钊烈帝”。《隋书》在修撰《高丽传》时撰史者是了解其中缘由的，所以才更“钊烈帝”为“昭列帝”。对于这一问题，朝鲜学者尹国日曾推断“列帝”是故国原王的谥号，借以想证明高句丽最高统治者具有皇帝的地位。[②] 笔者虽不认同尹国日所说的高句丽君主具有皇帝名号的观点，但亦认为“昭列帝”当为小兽林王为其父所晋谥号，是为彰显其为国捐躯的壮烈人生，但《隋书》用“帝”字称之显然是僭礼的。从文献记载可知，故国原王是高句丽史上唯一一位因战而殁的君主，战死沙场、马革裹尸几乎是所有民族战争英雄的最高评价标准，作为历来持勇好战的高句丽人，亦当以此为贡献国家事业的最高殊荣，不然不会毫无隐晦地将君主死于非命之事记载于史册之中。所以，故国原王在高句丽人心中有着特殊的敬意和极高的地位。而故国川王的继任者小兽林王又是一位积极学习中原文化制度者，其在

① 关于“昭列帝”的问题，《魏书·高句骊传》中载：（东川王位宫）“其玄孙乙弗利，利子钊烈帝。时与慕容氏相攻击，建国四年（实为建国五年，即公元342年），慕容元真（慕容皝）率众伐之……”曹德全先生认为《魏书·高句骊传》该处应理解为：“其玄孙乙弗利，利子钊，烈帝时与慕容氏相攻击……”，指出所谓烈帝（《隋书》中为“列帝”）当为北魏列帝拓跋翳槐（329~335年和337~338年在位）（曹德全：《烈帝辨》，见《高句丽史微探》，中华国际出版社，2001）。然而通过《三国史记·高句丽本纪》可知，故国原王斯由（钊）即位前，高句丽与慕容氏最后一战为美川王二十一年（320）的辽东之战，对应代国（北魏前身）君主为平文帝拓跋郁律（316~321年在位），而此战之后，双方保持了近20年的和平期，高句丽与慕容氏再开战端乃是故国原王九年（339）的新城之战。也就是说在公元320年至339年之间，因慕容氏忙于与后赵等国争雄以及内部王位的争夺，而未与高句丽发生过战事（见《晋书·慕容廆载记》及《晋书·慕容皝载记》）。由此可见，北魏列帝拓跋翳槐在位期间，并未发生过高句丽与慕容氏相攻的事件，《魏书》中所谓“时与慕容氏相攻击”，系指以339年的新城之战开始之事，尤为强调的乃是发生在（北魏）建国四年（实为建国五年，342）的慕容皝攻陷丸都之战，因为此战给予了高句丽重创。因此，笔者并不认同烈帝乃为北魏烈帝拓跋翳槐的理解和认识。

② 〔朝鲜〕尹国日：《高句丽最高统治者的皇帝地位》，文一介译，《东北亚历史与考古信息》1992年第2期。

位期间引进汉文典籍、佛教，在国内建立太学、寺院等[①]，极大促进了高句丽的汉化程度和儒学的传播。如此，前有这样一位极具民族凝聚力的殉国君主，后有如此一位大力效法中原制度的开化君主，那么，小兽林王在位期间为生平壮烈的父亲尝试使用谥号就有着极大的可能性。只是，这种晋谥方式未必正式，亦未必会套用中原模式。从高句丽始终独树一帜的官职名称来看，高句丽向来不是一个直接照搬中原制度的国族，而是喜欢将外来制度加以重新改造，这便造就了高句丽王独特的王号命名方式。

任何制度都有一个逐渐成熟最终才得以确定的过程，因受文献限制，尚不能窥见故国原王王号的全貌，但已经依稀可见“国家名”+“谥号”+“官号”的雏形。其可能的王号是“国冈上昭列王”，亦可能如广开土王一样，为“国冈上昭列斯由王”。

当“国冈上”问题明晰之后，另一个问题又浮出水面，那就是究竟何为“故国”？学界普遍认为“故国”系指都城位置而言[②]，亦有学者对其究竟是都于国内城而称谓卒本，还是都于丸都山城称谓国内城，抑或都于平壤而称谓国内城地区，展开过讨论[③]。众说纷纭，莫衷一是。但是从高句丽三位以“故国”而命名的国王王号来看，实则这些王的王号根本就是一模一样的。因为“川”“壤”“襄”“原”放在汉语词义中看，是一个意思的不同表述罢了。造成这样以用一个意思的不同字眼来区分和表述的原因，盖因王号佚失的缘故，而只剩下王号构成中的首个部分，即“国家代称”的部分，也就是高句丽语译称的“国冈上”。换言之，这些人都被称为“国冈上+××+（名字）+王”。当谥号部分缺失时，所能区分者盖为其名字，而其王号又因避讳不方便以名字而命之。那么，为什么要在“国冈上”，亦即“国壤（襄、原、川）”前面加“故”字呢？这是因为都于平壤时期，至少还有两位国王也是文献可见的“×冈上+××+（名字）+王”的形式，即阳原王和平原王，与三位“国冈上”不同，这两位冠以“阳冈上”和“平冈上”。其实，如果明白了“国冈上”的意思是“以都城‘国内城’为中心的国家”这个道理，那么就能明白阳原王（阳岗上好王）和平原王

① 〔高丽〕金富轼撰、孙文范校勘《三国史记》，吉林文史出版社，2003，第221页。

② 曹德全：《“新国”与“故国”简析》，《东北史地》2004年第3期；苗威：《高句丽“平壤城”考》，《中国历史地理论丛》2011年第2期，等等。

③ 张福有、孙仁杰、迟勇：《豆谷、豆谷离宫及琉璃明王陵》，《东北史地》2006年第2期；张福有：《好太王碑中的“平壤城”考实》，《社会科学战线》2007年第4期，等等。

（平岗上好王）这两个王号前缀的意思，即是“以都城‘平壤（阳）’为中心的国家”。前文已述，对于没有文字的民族，那么用任何一个同音汉字来书写都不足为奇。所以，阳、壤实则都是同指。因此，这五位大王如果在没有名字和谥号来区分的前提下，都是“以国都××为中心的国王”。而为了便于进行区分，突出前三王是在过去都城地区，才在其前加上“故”字，这三王王号（亦即葬地）俱佚失，为做区分，又用同一意思的三个不同汉字来命名。后两位王是在现在都城，所以才分别有了“阳（壤）冈上”“平冈上”，亦是用同一地区的不同汉字来区分。

如此，则从广开土王至荣留王九王之王号大体如下：

19 世——国冈上　广开土地　　平安　好太王
20 世——国冈上　长寿　　　巨连　　王
21 世——平冈上文咨（明治）罗云　好王
22 世——阳冈上　安臧　　　兴安　　王
23 世——平冈上　安原　　　宝延　　王
24 世——阳冈上××（佚失）　平成　好王
25 世——平冈上××（佚失）　阳成　好王
26 世——阳冈上　婴阳　　　大元　　王
27 世——平冈上　荣留　　　建武　　王

笔者认为，自文咨明王开始，王号第一部分从国内城的“国”字转变成“平”和“阳”（壤）的交替，从《三国史记·温达传》中亦可得到证实。《温达传》记其为平冈王时人，为平冈王之驸马，发迹于抵御周武帝伐辽东之役。[①] 显然，这里所谓的平冈王乃是公元 549 年至 590 年在位的平原王，另号平冈上好王。因为，起初接壤辽东的政权为北齐，北齐于公元 577 年被北周灭亡，此刻北周才与辽东接壤，是年平原王还遣使朝贡北周。[②] 而北周亡于公元 581 年，所以周武帝兵伐辽东，只可能是在高句丽平原王在位时期。《温达传》称平冈王之后的即位者叫“阳冈王”，显然是指继位的平原王之子婴阳王而言，而不是平原王的父亲、被称为阳冈上好王的阳原王。

---

① 〔高丽〕金富轼撰、孙文范校勘《三国史记》，吉林文史出版社，2003，第 523～524 页。
② 〔高丽〕金富轼撰、孙文范校勘《三国史记》，吉林文史出版社，2003，第 240 页。

《温达传》载："及阳冈王即位，温达奏曰：'惟新罗割我汉北之地为郡县，百姓痛恨，未尝忘父母之国。愿大王不以愚不肖，授之以兵，一往，必还吾地。'王许焉。"[①] 同书婴阳王十四年条（600）亦载，是年，"王遣将军高胜攻新罗北汉山城"。[②] 从《温达传》和《婴阳王本纪》的战争结果来看，都是以高句丽败绩而收场。显然，两处所述汉山郡之战为同一事件，而《温达传》所指之阳冈王即为婴阳王，更加证实了笔者对于高句丽平壤时期的诸王王号的推算。

余　论

那么，是何原因造成王号全称的佚失呢？这与高句丽社会没有系统的史书修订制度有关。[③] 首先，最初高句丽王没有固定且成制度的王号命名方式，所以很多命名都是以王的名字来记述，后世在统一修史时则将许多王以归葬地命名。其次，一些在广开土王之后的高句丽王尽管有了较为正式的王号命名方式，但考虑高句丽第一部正式由国家出面修撰的正史是在婴阳王十一年（600）才进行，此时，高句丽已立国638年之久，且该书撰成后即陷入中原王朝与高句丽长年的战事之中，半个多世纪后高句丽即已亡国，所以其流传性不广。最后，即便王号制度已经确立，但对于较长的王号称谓，记录者多以汉字简称而书写。以广开土王为例，仅谥号部分，《三国史记》中便有广开王、开土王等多种简称，可见金富轼的史源材料中就是简写方式，故被金氏直接引用。正是因为这些材料普遍简称王号，所以在战乱和史料佚失过程中便造成了王号全称的佚失。广开土王的全称能见于世，则要归功于金石文献广开土王碑的发现。欲见其他王号的全貌，还需借助更多金石碑文等考古资料的发现。

此外，还要声明一点，就是笔者并不认为当时的高句丽人自身有以国王葬地命名王号的习俗，理由有三点。首先，如果有以葬地命名王号的传统，则不会在早期王号中出现"太祖大王""次大王""新大王"这样迥异的王号，王号命名作为国家制度，如此随性，显然缺乏礼法制度的统一性和延续

① 〔高丽〕金富轼撰、孙文范校勘《三国史记》，吉林文史出版社，2003，第524页。

② 〔高丽〕金富轼撰、孙文范校勘《三国史记》，吉林文史出版社，2003，第244页。

③ 从《三国史记·高句丽本纪·婴阳王》十一年条（600）可知，高句丽的首部官修史书始于公元600年。

性。其次，“故国之谷（川、原、壤、襄）”显然是一个非常广阔的地域，是国内城附近地区的概称，而无论是东川之原、西川之原也好，中川之原、美川之原也罢，无疑都囊括在这个区域之内，那么在众多以葬地命名的称号中，突然冒出三人的称号是包括其他王陵在内的大区域的命名，则缺乏礼法制度的严肃性和严谨性。最后，以葬地命名王号显然是非常晦气的方式，并不符合一般民族对于祖先和王者的溢美性和赞颂性。笔者认为，许多葬地的名称是因王陵在此而后有地名，而这些地名的产生，可能就在广开土王时期，为了明确烟户具体为哪一位先王守墓服务才立碑命名的。也就是说，在广开土王之前，即高句丽王号命名制度未确立之前，各王几乎都应是如广开土王碑中对开国前三王以及同时期的百济、新罗王号命名方式一样，是以王名称呼和记录王号。直到广开土王在祖先王墓前立碑，才有以葬地称王号的出现，但其本意是为铭文烟户各司其域而已，而不是出于高句丽人尤其是高句丽王室的传统习惯法则。后来撰史者则出于对尊者讳的初衷，才不再以广开土王之前的诸王名字称之，而以葬地称其王号，但这些也都仅限于个别文献的记载用途，而不是广泛为之的行为。即便如此，仍有一些王的葬地，即墓前石碑已然因时间久远或战乱等原因亡毁，所以对于这些王不得已而另寻名号命之。这便是广开土王之前王号杂乱无章的原因。

文献与资料

“同为国民，以御外侮”
——姚锡光《筹蒙刍议》述评

冯建勇

摘　要：1904年以降，中国北部边疆危机加剧。彼时，姚锡光两次赴内蒙古东部地区考察，用以筹划蒙古新政。其考察所得汇集为《筹蒙刍议》，体现了姚锡光塑造“国民”的思想，乃至其相关具体实践操作设想。与众多执著于传统的“设郡县、垦蒙地”筹蒙方略相比，姚锡光通过亲历探察，对解决蒙古各部落问题的出路进行了不懈的探求，提出了一条全新的路径，即从近代民族国家构建的角度出发，主张蒙、汉民同治，推动蒙旗兴学以培养同质的国民，同时还倡导吸引民间资本力量进驻边疆地区，乃至整合边疆民族地区之膨胀力，表现出了一种鲜明的近代国家、国民意识。

关键词：姚锡光　《筹蒙刍议》　塑造国民

作者简介：冯建勇，历史学博士，中国社会科学院中国边疆研究所副研究员。地址：北京市东城区先晓胡同10号，邮编：100005。

引　言

1904年以降，中国北部边疆危机加剧。其间俄国持续加紧对外蒙古地区的渗透；日本亦通过日俄辽东战争，将东三省南部和内蒙古东南部攫为自己的势力范围。面对内外蒙古地区极端落后的状况和北部边疆深重的危机，蒙古各部的改制问题成为当时朝野舆论关注的焦点之一。除了驻边将军、都统、大臣等，各省督抚亦相当关注朝廷之筹蒙要略。与此同时，受新政风气之影响，一些蒙古王公从振兴蒙古民族精神出发，亦提出相关图强奏议。[①]

是时，伴随着全国性新政的逐步推进，清政府不得不酝酿改变传统的治蒙方略，决议在内外蒙古地区实施“新政”。为了抚绥蒙古王公上层，防止日俄蛊惑下的离心倾向，也是为了全面筹划蒙古新政，清廷两次遣肃亲王善耆巡视考察内蒙古东部地区，其间理藩院（1906 年 10 月 26 日以后改称为“理藩部”）练兵处官员姚锡光作为随行要员，全程参与了考察。姚锡光考察所得，尽被录入其考察途中所撰说帖、条议及信笺中，后得以汇编，这就是本文的研究对象——《筹蒙刍议》。

一般认为，《筹蒙刍议》是研究清末内蒙古情形和清朝治蒙政策的重要文献，诸多学者对其给予了关注，相关先行研究成果亦可供参阅。[②] 这些先行研究对姚锡光赴蒙考察大致情形及其《筹蒙刍议》的主旨内容做了一些较为细致的梳理，为该领域的深入研究提供了重要启发和借鉴。尽管如此，显而易见的是，目前关于这一课题的先行性研究还存在诸多尚需探讨的问题，比如对《筹蒙刍议》中反映出来的关于国家、民族、边疆地方关系的入世关怀之探讨，鲜有学者论及。因此之故，笔者拟在全面检阅姚氏《筹蒙刍议》的基础上，重点考察姚锡光塑造“国民”之思想，及其相关具体实践操作设想。出于这种考量，《筹蒙刍议》反映出来的近代国家、国民意识成为贯穿本文的一条主线，本文所有的论述都将围绕这一主旨展开。依据前述脉络，笔者将从姚锡光关于设立行省、教育、边防、垦务等四个方面展开讨论，并对其“塑造国民”之思想予以综合评价。

一　行省制度：“收回各札萨克土地人民之权”

19 世纪中后期，中国边疆地区持续爆发危机，这微妙地改变了清朝统

① 可参阅白拉都格其《清末蒙古王公图强奏议概论》，《内蒙古大学学报》1997 年第 4 期。

② 有关《筹蒙刍议》的先行研究成果主要有：苏德毕力格《关于姚锡光和他的〈筹蒙当议〉》〔《内蒙古大学学报》（人文社会科学版）2004 年第 4 期〕、舒习龙《姚锡光生平及其成就初探》（《长江论坛》2007 年第 1 期）、舒习龙《姚锡光与晚清边疆治理》〔《成都理工大学学报》（社会科学版）2006 年第 9 期〕、白杨《试论姚锡光的“筹蒙主张”》（内蒙古大学 2009 年硕士学位论文）等论著。此外，赵云田《清末新政期间的“筹蒙改制”》（《民族研究》2002 年第 5 期）、乌云格日勒《清末内蒙古的地方建置与筹划建省“实边”》（《中国边疆史地研究》1998 年第 1 期）等文从清末新政筹蒙改制的视角，对姚锡光及其《筹蒙刍议》有所论述。

治者的传统治边思维。至19世纪末20世纪初，在清统治者的视野里，边疆地区及其毗邻地区不再被认为仅仅是“柔远之夷”和“朝贡地方”，而是被提高到一个更加重要的地位，即维护内地安定和国家生存所依赖的“屏障”。以蒙古地区为例，该地区毗邻俄国，日本亦有伸足，鉴于此，清政府开始尝试推动对该地区社会基层的整合。

关于对内外蒙古地区的经营和筹划与巩固边防和抵御外来势力的威胁这两者之间的关系，当时许多朝臣的奏疏中都有所反映。就在姚锡光跟随肃亲王考察东蒙的前后，一些朝廷大员、封疆大吏、蒙古王公等亦随之响应，纷纷提出相关筹蒙对策，其中关于是否在蒙古地区设立行省、调整行政区划一案，成为一个备受争议的主题。在此仅罗列几条涉及设立行省、实行行政区划改革之奏议，详见下表。

清廷部分朝臣筹蒙计议一览

上奏人	筹蒙行政区划调整要点	出处
乌里雅苏台将军连顺	从无民可治、筑城糜帑、生计不便、耗增俸饷、自坏藩篱等方面考虑，提出“蒙古部落，碍难改设行省”。	中国第二历史档案馆《清朝理藩部档》1523卷宗，第195号
科布多参赞大臣瑞洵	“北路游牧地方，改设行省有害无利：一曰隔阂，二曰蠹扰，三曰疑惧，四曰苦累。应毋庸议。”	《清德宗实录》卷518“光绪二十九年六月庚辰”条
给事中左绍佐	“西北空虚，拟请设立行省。”“欲经营蒙旗，莫先于事权归一，欲事权归一，莫要于设行省。”	《清德宗实录》卷550“光绪三十一年十月庚子”条
热河都统廷杰	“遵议西北全局，以改设行省为要，改设行省以人民财赋足敷分布为要。今若划分三省，恐形逼窄，宜依据左绍佐原奏，以承德、朝阳两府两盟之地，再隶以张、多、独三厅，围场一厅及察哈尔迤东各旗地为热河省，以为畿辅左臂；以丰镇右翼四旗，并归绥道属之归化、萨拉奇、托克托城、和林格尔、清水河五厅，武川、五原、东胜三厅，而隶以乌伊二盟、阿拉善一旗为绥远省，以为畿辅右臂。俟整理就绪，再将乌科各城一律改设。”	《清德宗实录》卷575“光绪三十三年六月庚申”条

据上可知，在设立行省的问题上，具体到各朝廷大臣、边疆大吏和蒙古王公提出的各项举措，可以看出，他们对在蒙古各部落实施新政的期望值各有不同。以朝廷大臣为一派，如左绍佐等，他们拟用内地行省的标尺来衡量蒙古地区，希图在蒙古地区一举设立行省制度，从而一劳永逸地解决蒙古问

题；而作为边疆大吏，热河都统廷杰于蒙古情形颇有了解，依其上奏之条陈，他认为须在内蒙古地区实现行省建制的基础上，才可在外蒙古实行行省体制；乌里雅苏台将军连顺、科布多参赞大臣瑞洵等，认为改设行省不适合蒙古实际情形，明确反对在蒙古地区建立行省制度。

受上述朝野舆论之影响，姚锡光在考察过程中十分关注蒙古各部落的行政区划调整及设置行省之可行性问题。作为一名亲历者，姚锡光在调查中认识到，东四盟蒙古地理位置非常重要，该地方“适当畿辅、奉吉腰膂之间，此实堂奥之忧，并非边隅之患也，似应亟为经营，建设重镇。斯内于京师有磐石之安，外于奉吉有建瓴之势，时势所趋，所宜急起直追，不可前却徘徊，坐失事会者也”①。

姚锡光在考察中还发现，由于蒙古地区历史上属于清朝“藩部”，当时清朝在蒙古各部依据不同情形，分设盟旗制、郡县制予以管辖，导致行政上的两属管理，政出二门，致使蒙民在“部民”与“国民”之间进退失据，动辄得咎。他对这种情形做了形象的描述：“边墙以外，蒙古界域，行政机关，本极复杂。下则州县与札萨克同有地方之责，各具出奴入主之嫌；上则督抚与将军、都统皆膺疆寄之司，尤有二君一民之惧。互相牵制，即互相隐忍，是以官民之间，蒙汉之际，分歧错出，状如散沙，百务不兴，正坐此弊，盖其行政机关之不能统一久矣。”②

针对此诸弊端，姚锡光建议：“窃维封建与郡县，二者不能并存，而封建之法，尤不宜于今日之世界，势分力薄，不相统一，不足捍御外侮，其势不能久存，自非易封建而郡县，不能为治。然欲易为完全无缺郡县制度，非收回各札萨克土地人民之权不可。”③ 在姚锡光看来，不论蒙民、汉民，必须同受治于地方官，“同立于一土地之上，而区别两种人民，受治于两种官吏，非特五洲万国，无论本国属地，无此办法。且畛域区分，势必猜嫌互起，诉讼繁兴，迭起愤恨。兹蒙古各部已开作府厅州县之处，应无论蒙民汉民，皆受治于地方官”。④

姚锡光还就在蒙古各部落实施郡县制可能造就之远景做了展望：“诚使将蒙古人一律归地方官管辖，其出身仕途一律与各州县汉人无异，则内向之

① 姚锡光：《实边条议》，《筹蒙刍议》卷上，光绪三十一年八月上练兵处王大臣。
② 姚锡光：《实边条议》，《筹蒙刍议》卷上，光绪三十一年八月上练兵处王大臣。
③ 姚锡光：《实边条议》，《筹蒙刍议》卷上，光绪三十一年八月上练兵处王大臣。
④ 姚锡光：《实边条议》，《筹蒙刍议》卷上，光绪三十一年八月上练兵处王大臣。

情，如水赴壑。朝廷似亟宜因势利导，吸收无量数之蒙民，直隶于国家统治之下，同化之力，似无过于此。”① 总之，“此于政治上关系，乃有画一之方；于社会上关系，方具同化之力”。② 由姚氏所发言论观之，他极力反对把民族意识凌驾于国家意识之上，强调利用郡县制收回各札萨克之土地、人民之权，统合蒙古各部之民族、部落意识，将无量数之蒙民培育为国家意识统合之下的“国民”。

诚如上所述，相对于盟旗制（即封建制）而言，姚锡光对郡县制度较为推崇。然而，这并不代表姚锡光赞同某些朝臣提议遽然在整个蒙古地区设立行省的观点。通过亲历考察和切身体验，姚锡光认为，较为可行的办法应当是稳步推进，即当前可以在内蒙古东部地区设立行省，先谋内二省，以保漠南，再建北三省，以制北徼。具体来说，“应如新疆开设行省成法，将热河、口北两道所辖二府三厅六县益以迤北境地，画至外蒙古南界止西循三厅边境，顺山河天然形势，亦北指外蒙古界为西线，别设直隶、山北行省，以资控制”。③

二　蒙旗兴学：从“部民”到“国民”

清朝最后十年，中国正处于社会大变革时期。随着新政在蒙古各部落的次第开展，一部分参与新政的蒙古贵族认为，蒙古民族的衰亡的原因在于基层社会的衰退，而基层社会正是由那些民族意识淡薄、经济窘迫、盲目迷信佛教的群众构成。基于此，他们试图通过学校教育唤醒民族意识，开蒙古各部落之风气④；并通过改善生活方式和生产方式，构建新的基层社会。由此层面观之，“新政”以来，这些具有新政思想的蒙古王公所摸索的民族复兴之路，其最基本的就是教育政策，这集中体现了他们改造社会的思想以及强烈的民族意识。这表现在文化教育方面，则是蒙古各部落出现了“蒙旗兴学”的热潮。

所谓“蒙旗兴学”，即在蒙古各盟旗兴办新式学堂，乃因“废科举，兴

① 姚锡光：《实边条议》，《筹蒙刍议》卷上，光绪三十一年八月上练兵处王大臣。

② 姚锡光：《实边条议》，《筹蒙刍议》卷上，光绪三十一年八月上练兵处王大臣。

③ 姚锡光：《实边条议》，《筹蒙刍议》卷上，光绪三十一年八月上练兵处王大臣。

④ 比如，光绪三十四年库伦办事大臣延祉以蒙古风气未开，“拟设蒙养学堂，专习满、蒙、汉语言文字”（《清德宗实录》卷585“光绪三十四年八月己巳”条）。

学校”维新思潮之影响及清廷颁布之有关教育章程而逐步兴办起来。这其中，较为典型的是“贡王三学”之创办。[①] 1906 年，随着清廷“教育宗旨”的颁布、提学使司及劝学所的设置，特别是 1907 年《强迫教育试行办法》的发布，理藩部与学部开始研讨与制定蒙古族等边疆民族的国民教育方针、政策。对此，蒙古王公贵族们亦积极响应。

1908 年，蒙古王公贵族成立了“筹办蒙古教育建议案”股员会，股员会设股员长 1 人，股员若干。是年 12 月 27 日，“筹办蒙古教育建议案”股员会将《筹办蒙古教育建议案》提交到理藩部。该“建议案”主要包括以下四点内容[②]：

1. 在蒙古的小学校中，其教育应暂时从蒙古语着手，在不远的将来使用汉语。

2. 迅速在京师设立蒙文师范学堂。募集在内地的蒙古八旗与汉军八旗，使其学习蒙古文、蒙古语，以及教授方法。特别是应将在中等学校毕业且精通普通科学者作为募集对象。修业年限为 2 年（如是为了加快蒙古教育普及的速度，若教员不足，可将满蒙学堂、殖边学堂的学生作为临时教员使用之）。

3. 学部应快速编辑初等、高等小学校的教科书（其中，初等小学校最初的两年，专门使用蒙古文。到了三年级与四年级，同时使用蒙古文、汉文。在高等小学校的场合，适用蒙汉文对照读物。其他教科书的编纂必须在两年内完成。中学校及其以上的学校的教科书使用内地的汉文教科书。其他的编纂无必要）。

4. 在内、外蒙古的各盟迅速地设立小学校教员养成所，将年龄 20 ~ 30 岁且精通蒙古文的蒙古族作为募集对象。修业年限为 2 年。蒙古文师范学堂的毕业生得以充任这些小学校教员养成所的教员。

---

① 所谓“贡王三学”，系指蒙古王公贡桑诺尔布先后创办的三个学堂，即崇正、守正、毓正学堂。1902 年（光绪二十八年）冬，卓索图盟喀喇沁右旗札萨克多罗郡王贡桑诺尔布在革新旗政的同时，在蒙古地区首先创办了新式学堂，即“崇正学堂”。该学堂除学习蒙、汉文外，还习日语、俄语、算术、历史、地理、音乐、体育、绘画、书法等课程。1903 年（光绪二十九年），贡王私自赴日考察，他回旗后又创办了“守正武备学堂”和“毓正女学堂”，聘请日本女教师河原操子任教，伊藤柳太郎、吉田四郎等为军事教员。至民国元年（1912），喀喇沁旗崇正、守正、毓正 3 个学堂共毕业 600 余人。有关上述详情，可参酌吴恩和《贡桑诺尔布》（《内蒙古文史资料》第 1 辑，第 25 ~ 28 页）。

② 转引自于逢春、刘民《晚清政府对蒙古族的国语教育政策》，《中国边疆史地研究》2008 年第 2 期。

据上述内容，我们可以观察到，蒙古王公贵族在此反复强调的是，蒙人的语言与文字同内地的差异，且蒙古的游牧生活与宗教同内地亦有不同，基于此，“蒙人教育应以蒙文行之”。[①]

以上我们对蒙旗兴学的开展状况做了一个大致的阐述，那么，这一现象在中央政府官员眼中又是一个怎样的图景呢？1906 年 8 月，时任办垦大臣姚锡光考察了内蒙古的教育实施状况。他在考察中发现，蒙汉杂居的旗分，能够读汉书识汉字者，“间有其人”；而在离边墙稍远的蒙旗，识汉字者，“千不得一矣”，“上自王公，下至箭丁，专事诵经”。因此亟须“认真开导，集款兴学”[②]。随后，姚氏在复学部的《蒙古教育条议》中，开宗明义地指出：“查蒙古地方辽阔，风气不同，欲兴教育，自应由近及远，逐渐推广，方有着手之处。”[③]

尽管姚锡光极力主张发展蒙古教育，但亦比较注意既有教育开展中存在的问题。首先，“上年及今岁春间，两次出边考察蒙古，见州县与蒙古王府各立学堂，蒙古王府，亦仅喀喇沁办有蒙小学堂、武备学堂、女学堂各一所。州县学堂中无蒙民，蒙古学堂中无汉民”。[④] 亦即汉、蒙学堂相互间存在严格的族群、门户之见，不利于相互融容，养成国民。

其次，“蒙古学堂，则率以提倡兵操为主，而其授课所引譬，暇日所演说，则时以恢复成吉思汗之事业，牖其三百万同胞以相鼓舞，而我朝圣武神功，阒未一闻，则其心盖可想见。若外国教习之别有主意，乘隙而来，更不足论矣”。[⑤] 前述兴办蒙学现象，于中央政府而言，是为了培养同质的国民；然而，在边疆地区，它可能会产生另一种景像。比如，贡桑诺尔布在阐述其筹办“贡王三学”之动因时就曾有如下表述：“我身为王爵，位极人臣，可以说没有什么不如意的事，可是我从来没有像现在这样高兴。因为亲眼看到我的旗民子弟入了学堂，受到教育，将来每一个人都会担起恢复成吉思汗伟业的责任。”[⑥] 据此可知，贡桑诺尔布等蒙古王公积极在蒙古地方推行新政的宗旨，在于期待恢复成吉思汗的伟业，重现蒙古民族与蒙古帝国的荣光。

---

① 《那亲王等提出筹办蒙古教育建议案》，《理藩院·全宗·蒙旗类》卷 301。

② 姚锡光：《蒙古教育条例》，《筹蒙刍议》卷下，光绪三十二年丙午八月复学部。

③ 姚锡光：《蒙古教育条例》，《筹蒙刍议》卷下，光绪三十二年丙午八月复学部。

④ 姚锡光：《蒙古教育条例》，《筹蒙刍议》卷下，光绪三十二年丙午八月复学部。

⑤ 姚锡光：《蒙古教育条例》，《筹蒙刍议》卷下，光绪三十二年丙午八月复学部。

⑥ 贾荫生：《崇正学堂》，载政协赤峰市委员会文史资料委员会编印《赤峰市文史资料选辑》第 4 辑，1986，第 61～62 页。

而在“筹办蒙古教育建议案”中，蒙古族精英试图以蒙古语文唤起蒙古民族的集体认同感，而这肯定会与清廷产生疏离。恰如姚氏所议，从民族国家整合的视角来评判的话，如果在蒙民的教育中过于强调民族的或地域的特色，州县汉民教育与盟旗蒙古学堂教育相互隔离，则国民统一性势必被弱化，这显然与清朝政府构建民族国家的立场背道而驰。

随后，姚锡光进一步对“贡王三学”的办学宗旨提出了质疑：“蒙古部落虽分，户口亦寡，而其各旗之札萨克仍隐然有君国子民之资格，则今日之兴学设教，其为各部札萨克代教其部民乎？抑为我国家养成国民，同任赋税，同执干戈，相与浑化于无迹乎？此一至大之问题也。论者每以蒙古愚弱为病，夫教育者，所以易愚弱为明强也。试问其明强以后，是否足资其力，以限带我疆宇乎？抑转使我肘腋之下增无量之隐忧乎？此又一至大之问题也。有此两大问题，利害相形，而思虑生焉，思虑所积，而宗旨在焉。”① 在此，姚锡光提出了一个尖锐问题，即“蒙地兴学”，是为了培养札萨克“部民”，还是为国家养成“国民”？

基于上述现实，姚氏提出：“窃谓今日定蒙古教育，莫良于满汉同化之一法，此于国家有利无害，于蒙古有利无害，于汉民有利无害，似蒙汉同化之教育定，而教育之宗旨即定。”② 他认为，为了实现蒙汉相融，在强化蒙古族国语教育的基础上渐次达成国语统一，乃必经之路。他的终极理想是：“蒙汉同化，则互相携手，同为国民，以御外侮。”③ 事实上，姚锡光对蒙古族教育的构想，对晚清的学堂教育与国语教育方针产生了强烈的影响。比如，在1911年公布的《蒙藏回地方兴学章程》中，即可以管窥边疆地方学堂教育中强调国语教育倾向之一斑。由此，亦可证明姚锡光提倡国民教育的前瞻性。

三　边防：采撷边疆地方之“膨胀力”

一般认为，历代中国边疆的治理和管辖有内边、外边之分。内边的治理，可分为两种类型，一为同一时期中央政权对控制薄弱的民族地区所采取的防范和治理措施，另一类为分裂时期政权与政权之间的对峙地区和对边远

① 姚锡光：《蒙古教育条例》，《筹蒙刍议》卷下，光绪三十二年丙午八月复学部。
② 姚锡光：《蒙古教育条例》，《筹蒙刍议》卷下，光绪三十二年丙午八月复学部。
③ 姚锡光：《蒙古教育条例》，《筹蒙刍议》卷下，光绪三十二年丙午八月复学部。

民族地区采取的防范措施。外边的治理，即是指防范外来殖民主义的入侵。总的来说，直至1840年鸦片战争以前，历代中央王朝面对周边的“蕞尔小夷”，更多的是关注内边之治理。

以清代中前期对蒙古地区的治理为例，统治者看到黄教能使蒙古各部落“昔日的勇猛强健之风渐失，化为温和萎靡懦弱驯顺，沦为安于贫困”，认为它能够消解蒙古族强悍的民族本性，以利于羁縻。康熙帝就曾直言道，“黄教使人迁善去恶，阴翊德化，不可忽也”，“建一庙胜养数十万兵”。[①]乾隆帝亦直截了当指出，蒙古俱当喇嘛，可致其势力锐减，“然蒙古衰弱，中国之利也，以黄教柔驯蒙古，中国之上计也”。总的来说，清朝前中期历任统治者多认同“兴黄教即所以安众蒙古，所系非小”[②]的观点，对喇嘛教采取了保护和褒腋的政策，不仅鼓励各盟旗兴修大批寺庙，而且由皇帝亲自下令敕建庙宇，以至于喇嘛教成为蒙古封建制度的思想支柱，亦蜕变为清朝和蒙古地方封建领主统治蒙古族人民的得力工具。[③]此外，还有一项政策也起到了弱化蒙古的效果，这就是旗界封闭制度。严格的游牧界限强化了草原民族的生态封闭性，而这一点恰恰与游牧社会的生产力要求不相符合。这种趋势在清王朝的治蒙政策下达到了极点，导致蒙古各部落与北面的俄罗斯社会和南面的汉农业社会极少接触。

然而，1840年鸦片战争以降，当面对“千古未有之大变局”之际，清朝统治者蓦然发现，在传统内边防务仍然紧张的同时，近代意义的边防即外边防务问题已然日渐凸现。19世纪70年代，左宗棠与李鸿章关于“海防”与“塞防”之争中所发言论，可被视为朝廷大员对边疆地缘政治的战略认识的深层次理解，左宗棠提出的“重新疆者所以保蒙古，保蒙古者所以卫京师”[④]的观点无疑体现了一种高屋建瓴的“外边”战略意识。从某种意义上来说，这种战略意识本身包含着一种“传统—近代”治边观念的转变。左宗棠“筹省”奏议提及从内、外两个方面加强对边疆的治理，这可被认为是清廷官吏对近代意义上的外边防务战略认识的发端。直至20世纪初“清末新政”渐次开展，近代国家的边疆问题意识在清朝政府统治阶层——

① 康熙帝：《弘仁寺碑文》。

② 乾隆帝《御制喇嘛说》，见竖立于今北京雍和宫之碑文；文献资料则见于《卫藏通志》卷首。

③ 林幹：《东胡史》，内蒙古人民出版社，1989，第247页。

④ 《左文襄公奏稿》卷50。

无论是处江湖之远的边疆大吏，还是居庙堂之高的留心边疆事务者——的头脑中得到进一步确认。

此间，姚锡光尤为关注俄、日两国在蒙古地区之活动。在姚氏看来，基于地缘政治的原因，俄国人“野心异志、睥睨四邻，夙以殖民侵略为惯技”，“火车往返，垂涎其地久矣”[①]；日本经营朝鲜，绝非仅为镇服朝鲜计，“其不遑之心，盖待时而发也”[②]。此间接触到的诸多事实亦印证了姚锡光的担心并非多余，比如在考察途中，姚锡光敏锐地察觉到，有“各国人等”在东蒙进行“侦察”。[③]

与此同时，姚锡光在考察途中还深刻感受到了普通蒙古民众因信仰黄教在经济上所遭受的沉重剥削，“一宗教迷信之耗费，一喇嘛重利之盘剥。……秋成以后，比户唪经，僧众之权，且可勒派，现款销糜，莫此为甚。平日又无工可做，不见一钱，禾稼未收，资生之谋，惟仗利债，而喇嘛实为蒙户债主，通计月息约合三分、五分，或至加一加二以上下不等。秋收所入，除还债唪经抵用以外，赢余无几，不待来春，又须恃借贷度日矣”。[④] 蒙古民族极为愚昧的生产方式和极端贫困的生活状态，让姚锡光倍感担心。

鉴于上述情形，姚锡光对清朝治蒙政策作了反思：“我朝之御蒙古，众建以分其力，崇释以治其生。一绝匈奴回纥之祸，其术可谓神矣。顾乃不思同化之方变，居国以严藩翰，遂至疆邻交迫，肩臂孤寒。”[⑤] 基于此，姚锡光认为，尽管清朝中前期成功地使用“众建以分其力，崇释以治其生”之手段，有效地化解了蒙古各部对清廷统治的威胁，但是在强邻逼处、深入堂奥的现实情势下，中央政府必须重新审视和检讨以往的治蒙政策。

针对既存问题，姚锡光提出了相应对策，即主张采撷边疆民族之“膨胀力”（即英文 power 之对译词）为国家所用，用以实边。姚锡光在《筹蒙刍议》中首先分析了膨胀力的种类及相互关系：“膨胀力有三：一生齿之膨胀力，一财产之膨胀力，一政治之膨胀力。而财产之膨胀力亦有三：有农业之膨胀力，有工业之膨胀力，有商业之膨胀力。而各种膨胀力实互相为用，

① 《姚锡光奏请拣大员专办内蒙垦务摺》，见《东三省政略》卷二，《蒙务》。

② 姚锡光：《再上王大臣笺》，《筹蒙刍议》卷下，光绪三十二年丙午四月。

③ 姚锡光在《筹蒙刍议（下）·再上王大臣笺》（光绪三十二年丙午闰四月）中提及，考察巴林、乌珠穆沁时，发现亦有日本、俄罗斯人前来“考察”；前行至赤峰，有外人二十余名先后而至，均属可疑。

④ 姚锡光：《实边条议》，《筹蒙刍议》卷上，光绪三十一年八月上练兵处王大臣。

⑤ 姚锡光：《蒙古教育条例》，《筹蒙刍议》卷下，光绪三十二年丙午八月复学部。

无民间生齿、财产之膨胀力以为国家之后援，则政治之膨胀力无自而生；无政治之膨胀力，而民间生齿、财产之膨胀力又无自而保。”①

接着，姚锡光举证西方国家对民间膨胀力的关注以阐明其功用：“西人生齿、财产之膨胀力咸臻極盛，所以横出旁溢，能从己国越数国万里而侵入人国。”②

最后，姚锡光从“筹蒙实边”的立场出发，提出了相关建议，即“我国蒙古地方何以异是，自应从民间固有之膨胀力尽力扩充，于其未有之膨胀力尽力提倡，实边之道，胥在是矣。窃维我国历代以来，开边之策，率主兵力，而无民间之膨胀力以继其后，往往一蹶不振。观于汉唐盛时，其鞭策所及，亦殊辽阔。汉开西域，营轮台，唐于西北两边，亦曾开金微、幽陵、龟林、燕然、北庭、龟兹诸都督府；然皆旋得旋失，守弃不常。盖孤城远戍，力薄形单，其势原不可久”③。

以上姚锡光关于膨胀力的论述，可视为其在“边防”与“防边”转换语境中，对内外蒙古面临困境所做的深入思考。在此，姚锡光提出了“边防”的前瞻性战略思想，强调了中央政府与蒙古边疆地方利益的一致性，即应当采撷民间之膨胀力作为统治者的坚强后盾，依靠边疆民族之力量，变传统的“防边”政策为近代的“边防”战略。关于这一点，时人亦有指出：“盖锁国之时代，患在藩属，谋国家者，必重防边。防边云者，防边人之或内侵也。交通之时代，患在敌国，谋国家者，必重边防。边防云者，用边人以御外侮也。惟防边人之或内侵，故利用边人之弱，惟用边人以御外侮，故利用边人之强。”④

四　垦务：别开生面，引入资本力量

清朝中前期，对蒙古各部实施封禁隔离政策。清初在划定旗界时，规定

① 姚锡光：《续呈实边条议以固北圉说帖》，《筹蒙刍议》卷上，光绪三十一年八月上练兵处王大臣。

② 姚锡光：《续呈实边条议以固北圉说帖》，《筹蒙刍议》卷上，光绪三十一年八月上练兵处王大臣。

③ 姚锡光：《续呈实边条议以固北圉说帖》，《筹蒙刍议》卷上，光绪三十一年八月上练兵处王大臣。

④ 荣升：《经营蒙藏以保存中国论》，载（东京）《大同报》，第七号，1908 年 6 月 28 日（光绪三十四年五月三十日）。

严禁各部蒙古各旗王公与阿拉木图（牧民）越界游牧和往来，违者王公罚俸、牧民罚畜，私自出境更要治罪。蒙人进入内地只能从规定的几个关口通过，往与来的人数相同，而且限制人数。禁止蒙古人学习、接触汉族文化，不能用汉人、汉文。顺治十二年（1655），清廷颁布内地民人“不得往口外开垦牧地”的禁令。直至19世纪末，面对北部边疆危机加剧的形势，清廷和封疆大吏开始议论治边之策。1880年3月，王公大臣会议指出，应在蒙古地区实行屯垦以加强北部边防。张之洞亦提出应垦蒙地以筹饷练兵，用以抵御“蚕食蒙疆”的沙俄。但遭到蒙古王公激烈反对未能实施。[①] 直至1901年清政府实行新政，其中“裕度支”成为解决财政危机的一条出路，山西巡抚岑春煊的奏折将开垦蒙古荒地与“裕度支”结合起来，明确提出开垦蒙地可以增加财政收入。[②] 于是，清廷谕令督办垦务。至此，清朝延续两百年的封禁政策被废弃了，开始大举移民垦殖蒙地。

正是在上述新政实施之背景下，姚锡光在两次的东蒙考察过程中特别关注当地垦务的开展情形，并在上陈的奏议中提出了相关开展办法。姚氏在考察了天时、土质、水源等相关农政要素后，提出开放之次第：“东北蒙部，东腴于西，南腴于北。东以科尔沁左右两中旗为腴，南以巴林、阿鲁科尔沁、东西扎鲁特为腴，故开放之序，以自东而西，自南而北，于势为顺。东南两面开发既竣，而求垦者方麇集不已，则推而至西北较瘠之区，亦所甘任；故开放之始，当从东南两面入手。”[③]

随后，姚锡光有针对性地分析了当前垦务开展办法存在的弊病：“查热河都统所订放荒办法，每人领地不准有逾三顷，以为限制。如是则所招皆劳力者辈，资本之家，断不阑入，此于地方发达，实生无穷阻力。又查奉天新设洮南一府，市里繁盛，而府治以外，弥望荒芜。盖皆东三省流民闻风而至，而资本家转裹足不前，洮南垦务之艰阻，正坐此病。”[④] 在此，姚锡光特别强调了招垦过程中流民零散领垦对“资本之家”进入蒙疆垦务市场产生的阻滞力，即可能导致垦务之开展难以形成规模化优势。姚锡光在《覆

① 《张文襄公全集·奏议》卷2，北京文华斋刻本，1928。

② 《岑春煊奏折》光绪二十七年十一月二十六日（朱批），见内蒙古师范大学图书馆藏《光绪谕折汇存》。

③ 姚锡光：《呈复经画东四盟蒙古条议》，《筹蒙刍议》卷下，光绪三十二年丙午六月上练兵处王大臣。

④ 姚锡光：《呈复经画东四盟蒙古条议》，《筹蒙刍议》卷下，光绪三十二年丙午六月上练兵处王大臣。

奏东三省内蒙垦务并预筹办法折》中还提及：“蒙地垦务机关，以筹款为主旨，故一经清丈后，便无余事。甚或欺虐蒙民侵吞款项。”因而面对蒙垦，“蒙汉闻之，几如谈虎变色”。[①] 此语直接道出了清廷在开展垦务政策上的失误和边吏的贪渎。

针对既有招民垦荒政策存在的诸多弊端，姚锡光认为，新地放垦正宜别开生面，以畅新机。何谓“别开生面”？姚锡光在奏议中就其所设想的招徕之办法做了明确阐述，即“新地垦辟，以资本家为重，而劳力家次之”。[②] 随后，姚锡光引入国外相关案例作为实证，将招垦中资本家垄断经营与流民零散领垦之功效做了一个鲜明对比。在姚氏看来，“美洲及澳洲，开辟之速，立臻富庶，其源盖出于此。我长城以外，垦辟业垂百年，而地方繁盛之机，滋长甚缓，盖劳力者多率山东无业流民，侵灌而入，有如满地散钱，无从提挈。根柢不坚，华实曷茂？兹拟仿美洲大农办法，派员赴长江一带及广东并南洋各岛，招有资本之家，集合公司，则开兹新土，期以巨万见金吸入东蒙，则不数年间，芜积之区，将成都会，实力既充，乃有凭藉”。[③]

以上，我们对姚锡光就蒙疆垦务之开展的思考和建议做了简单阐述，大致可以观察到：与同时代的大多数关注边疆垦务的社会精英主张招民开垦相比较，姚锡光提出了将中国民族资本引入边疆，发展规模性垦务之动议。显然，这一动议仍然是与前述姚锡光力主采撷民间之膨胀力“筹蒙实边”的立场是一致的。如果从资本主义发展的历史着眼，对开发边疆地区进行稍微充分的研究，我们即可以了解到，一般来说，由于边疆地区有大量闲置的可供开垦的土地，它具有较大的移民空间和广阔的资本市场。显然，上述潜在的利益吸引力足以让内地民间资本力量对边疆地区充满渴望，由此出发，姚氏所提建议实有可行之处。

事实上，需要指出的是，清末新政期间，在蒙疆各旗垦务的开展过程中，资本的进驻大致亦与姚氏设想一致。马克思主义经典作家指出，“资本

① 姚锡光：《呈复经画东四盟蒙古条议》，《筹蒙刍议》卷下，光绪三十二年丙午六月上练兵处王大臣。

② 姚锡光：《呈复经画东四盟蒙古条议》，《筹蒙刍议》卷下，光绪三十二年丙午六月上练兵处王大臣。

③ 姚锡光：《呈复经画东四盟蒙古条议》，《筹蒙刍议》卷下，光绪三十二年丙午六月上练兵处王大臣。

主义如果不经常扩大其统治范围，如果不开发新的地方并把非资本主义的古老国家卷入世界经济的漩涡，它就不能存在与发展”。[①] 就姚锡光所处之时代而言，20 世纪的最初十年中，世界资本主义市场对中国的影响急剧加强，使得中国经济对外国贸易的依赖性更大。显然，此间中国边疆地区是外国资本最先渗透到的地方，但它们由于距离中国内地遥远，交通不便，在经济方面同内地的联系还极端薄弱。几乎与姚锡光处于同时代的列宁在谈到外国资本对俄国的国内市场——俄国边疆的渗透时，曾有如下描述：“拿‘遥远的北方’——阿尔汉格尔斯克省来看，该省辽阔的土地和自然资源还没有怎样开发。当地主要产品之一木材，直到最近主要是输往英国。因此，从这方面说来，欧俄的这一区域就成为英国的国外市场，而不是俄国的国内市场。”[②] 同样，这种情况亦适用于表述同时期的中国边疆地区：它首先是成了外国资本力量的角逐地。

然而，伴随着外国资本对近代中国的渗透或入侵，中国国内市场显著扩大，这同样为民族资本主义在本国的发展创造了条件。这一时期，中国民族资本主义亦在迅速地发展。其间，在这里追求新财源的资产阶级化了的地主与士绅阶层壮大起来。这些土地所有者的主要部分，逐渐掌握了资本主义的经营方式，并且试图将新的经营方式引入土地广袤、人烟稀少的边疆地区，这就是垦荒公司，可谓资产阶级化的地主新阶层企业活动的特殊形式。此种类型的企业活动，不仅吸引了地主、乡绅和官僚，甚至也吸引了大量商人。[③] 于是，中国民族资本力量亦开始涉足边疆。

结　语

1840 年鸦片战争前后，中国边疆地区开始多事，有识见者承乾嘉西北史地学派之余绪，较为关注边疆地区形势之演变。这一时期较有代表性的便是，龚自珍提出了著名的《西域置行省议》。但由于时代的局限性，龚自珍的主张不可能有什么真正重要的社会内容，而只是如其所自称的“何敢自

① 列宁：《俄国资本主义的发展》（1895 年底～1899 年 1 月），《列宁全集》第 3 卷，人民出版社，1984，第 547 页。

② 列宁：《俄国资本主义的发展》（1895 年底～1899 年 1 月），《列宁全集》第 3 卷，第 548 页。

③ 〔苏〕齐赫文斯基主编《中国近代史》下册，三联书店，1974，第 597 页。

矜医国手，药方只贩古医丹”①。

然而，在19世纪末至20世纪初这样一个特定的时代，与清朝陷入王朝国家的泥淖形成一个强烈对应的是，民族国家已成为西欧乃至整个文明世界典型的正常的国家形式。马克思主义经典作家亦不得不承认：“民族国家是最适合现代的（即资本主义的、文明的、经济上进步的，不同于中世纪的、前资本主义等等时代的）条件的国家形式，是使国家能最容易完成其任务（即保证资本主义最自由、广泛、迅速发展的任务）的国家形式。”② 显然，单从实现国家职能和提高社会效率的视角来看，民族国家无疑是保证国家安全和社会经济发展的最好形式。

正是在上述时代背景下，“清末新政”实施以降，清统治者开始重视对蒙古地区的筹划和经营，一方面是因为新政在全国已经成为一种风尚，另一方面则应是列强对蒙古地区的觊觎。统治者内部就筹蒙政策展开了深刻的讨论，但显而易见的是，仍然多是传统的治边方略。

与众多执著于传统的“设郡县、垦蒙地”方略相比较，姚锡光通过亲历考察，对解决蒙古各部落问题的出路进行了不懈的探求，提出了一条全新的进路，此种思想在姚氏《筹蒙刍议》中得以集中展现。在今天看来，《筹蒙刍议》从近代民族国家构建的视角出发，主张蒙、汉民同治，推动蒙旗兴学以培养同质的国民，同时还倡导吸引民间资本力量进驻边疆，乃至整合边疆民族地区之膨胀力，以期实现其终极理想：“蒙汉同化，则互相携手，同为国民，以御外侮。”由是观之，姚锡光所持主张与近代民族国家之构建路径契合，他积极倡导塑造近代中国边疆民族地区之“国民”，体现了一种鲜明的近代国家、国民意识。

① 龚自珍：《己亥杂诗》之四四。

② 列宁：《论民族自决权》（1914年2月至5月），《列宁全集》第3卷，人民出版社，第225页。

西藏辛亥年及其余绪编年事稽考

——以英国档案为中心

房建昌

摘　要： 国内几种流行的涉及1911年2月13日至1913年3月12日间事情的西藏编年大事记有的1911年无一字记载，有的语焉不详，这显然是缺乏史料。这一时期实际上是辛亥革命在西藏的发生历史。在中国辛亥革命史的研究中，西藏辛亥革命史的研究一直缺乏详细的研究，所以已经出版的中国有关辛亥革命在各地的论文集多没有西藏的文章。此文试图补充这一不足，以英国档案为中心，对1911年2月13日至1913年3月12日间西藏辛亥年及其余绪做了编年事稽考略，对一些史事做了分析考述。

关键词： 辛亥革命　西藏　英国档案　第十三世达赖喇嘛

作者简介： 房建昌，1955年生，中国社会科学院中国边疆研究所研究员。地址：北京市东城区先晓胡同10号，邮编：100005。

近年来，对中国辛亥革命的研究已经形成了完整的学科体系，但其对辛亥革命在西藏的影响却极少被提及。如中国文史出版社1991年出版的《辛亥革命在各地》一书中，收录了30篇谈及辛亥革命对各地影响的文章，然而对西藏在辛亥革命前后的历史却只字未提。在有关西藏的书籍资料中，对辛亥革命的记载同样很少，甚至没有。譬如四川社会科学院的张云侠女士所编《康藏大事纪年》（重庆出版社，1986）中，竟没有1911年的任何记录。实际上是未将辛亥年析出。

由时任四川甘孜州政协副主席的藏族学者噶马降村编著的《藏族万年大事记》（民族出版社，2005）中，对辛亥年及以后的一两年也是记述得比较简单，有的重要性事件往往寥寥数笔一带而过，月日也没有确定。

西藏文献大师吴丰培先生编辑的《民元藏事电稿》（西藏人民出版社，1982）一书整理了部分有关西藏的国务院事务来往电报稿件，应可从侧面对辛亥年后的西藏有所了解，但遗憾的是该书记载始于1912年4月29日，在此之前仍是一片空白。

造成如此局面，无非是由于有关西藏辛亥革命前后的资料稀少且零散。值辛亥革命一百零三周年之际，本文试将涉及辛亥革命在西藏影响的国内海外诸多资料按大事记的形式收集整理，尽量利用阴阳历和藏汉历的换算，将时间确定到月日，以供今后从事西藏和中国大事记编纂的同志们参考，并希望能够初步结束对这一问题研究的忽视和薄弱状况。

一　西藏辛亥年及达赖喇嘛在印度

《西藏达赖喇嘛年谱》记载：佛龄三十六岁，藏历铁猪年，公元1911年（宣统辛亥三年）2月13日（一月十五日星期一）印度事务部档案记载：尼泊尔的拉萨代表向自己的政府报告，扎什喇嘛1911年2月13日抵达拉萨，与联豫安班交换了访问。①

2月14日（一月十六日星期二）藏历十二月十三日，英印档案载1911年2月，达赖喇嘛访问了印度和尼泊尔佛教圣地。

《西藏达赖喇嘛年谱》1910年十二月十三日（藏文本作三日）载：前往印度圣地朝拜。自大吉岭乘火车经西里古日（shi - li - ku - ri）到达达普（ta - pur）之地。从此出发依次前往色加市（ser - skyavi - grong）、杂当市（rtsva - mchog - grong）和古西市（ku - shavi - grong）等进行广泛供施。十三日达赖喇嘛一行乘坐廓尔喀政府提供的大象，下榻鲁米尼（lumbhi - ni）林苑附近的城宫内，高兴地参加了以廓尔喀习俗举行的盛大洗尘宴会。

此后，前往巴然普（vbav - ram - phu）之地。应该地国王的邀请来王宫，愉快地接受了国王丰盛的供云。后下榻以围墙林苑装饰的国王的夏宫内。第二天乘坐国王专门配备的身高体大的象，两侧以鬈花和金银带各三条装饰，象体布满各色上等绸缎半满璎珞上的金制马鞍上，身后由诵经僧

① 《西藏达赖喇嘛年谱》，《西藏文史资料选辑》第11辑，民族出版社，1989，10R/10/206，下册305b。

和护卫大象的卫士们前引，各大臣官员乘骑，来到瓦热札斯佛塔（Va - ra - na - si mchod - rten，“札”为“那”之讹）尊前摆设丰盛供云。然后乘火车来到噶拉雅［gha - ya，今天为噶雅（Gaya）火车站］火车站，从此乘骑前往金刚座寺（rdo - rje - gdan），摆设供云。向释迦牟尼大普提开眼，献库内黄色绸缎和俄罗斯紫黄色围裙等物品。某日，前往尸林大寒林佛母（bSil - ba - tsha，清凉寒林，摩羯陀金刚座东南一尸林名，汉译多了佛母）和乃然札那尔（ne - rnydza - nar，应为那兰陀）河进行朝拜等佛事活动。

2月24日（一月二十六日星期五）藏历十二月二十三日，《西藏达赖喇嘛年谱》记载：此日，返回火车站继续乘车前行，到达瓦那（wa - na）火车站。第二天，前往灵鹫山（Bya - rgod phung - po ri，直译为鹰尸山），向坐落在一层半楼高的房屋内的石制释迦牟尼佛像摆设供云，沐浴开光。应蒙古罗杂瓦益西郎杰的请求，向时轮大法会讲授《般若波罗蜜多心经》，然后又返回瓦那火车站，乘火车来到杂玛普（dza - ma - pur），然后经萨黑根吉尔（sa - heb - ghan - zir）和萨根噶里（sa - kivi - gha - li）河等地，于二十五日返回大吉岭巴札堡西里萨（pa - ta - su - hi - li - sa）驻地。灵鹫山又称耆者崛山（Rajgir hill，Gridh Koot Rajgir，在比哈尔邦），在菩提伽耶（即金刚座寺）以北70公里。

印度方面一资料载，达赖喇嘛去了Bodh - Gaya，Benares［贝纳热斯，即瓦拉纳西（Varanasi）］，Rajagir（灵鹫山），Gauhati（高哈蒂，当时属于西孟加拉邦和阿萨姆邦的Kamrup地区），Kashinagara（在奥里萨邦），Balarampur（即巴然普，在西孟加拉邦；似乎为北部靠近尼泊尔的北方邦的Balrampur）和尼泊尔的Lumbini. 鲁米尼即蓝毗尼，为释迦牟尼诞生地。现在，有机场的尼泊尔边境小镇Bhairahwa为连接印度铁路线的尽头，有很好的机动车道连着蓝毗尼。印度方面另一资料载达赖喇嘛去了印度和尼泊尔的菩提伽耶、Sarnath（鹿野苑，即灵鹫山、王舍城）、Puri（在东印度奥里萨邦）、Kapilvastu（有写作Kapilvastupa的，则为塔名，在尼泊尔蓝毗尼东25公里，为释迦牟尼王国范围，今作Tilaurakot，kot意为堡）。

2月26日（一月二十八日星期日）藏历十二月二十五日，达赖喇嘛在朝圣孟加拉各大寺院两周后返回大吉岭。

1911年3月21日，威廉逊在珞渝的Komsing（空心村，东经95.0°，北纬28.3°处的底杭河东岸。此地名不见于《西藏自治区地名录》）被尾随而来的附近 Rotung 村（若通村，东经 95.2°，北纬 28.2°处的底杭河南岸。此地名亦不见于《西藏自治区地名录》）和格邦村民杀死，于是阿萨姆军警借机派出了阿波尔讨伐团，直接沿底杭河北上追捕这些村民；另外还派出了米什米和米日［僜人（一说为珞巴）的一支］探查团，前者直接针对我国下察隅地区，后者直接针对我国阿波尔以东偏南的珞渝地区。时间为 1911～1912 年间。关于这三个讨伐探查团的大概情况见英国随军记者哈密尔顿（Angus Hamilton，1874～1913 年在世，此人为英国皇家地理学会会员）所著《在阿波尔丛林》（*In Abor Jungles：Being an Account of the Abor Expedition the Mishmi mission and the Miri mission*，伦敦，1912）一书。书后附有一幅较详细的地图，增加了该书的学术价值。实际上，按照当时的军事规定，哈氏被禁止随军，所以 37 岁的他只好在界外搜集资料。此前曾游历过下察隅地区，此次亦随军的贝利讥其只好用一大堆道听途说来满足与他签了合同的书商及读者，而且叙述有不准确之处。[①] 但实际上该书的内容我们今天看来仍是十分有史料价值的。当然，我们从英国翻拍回来的英国档案所收率领阿波尔探查团的军警首领的报告则更详细了，但这些档案分散而某些内容过细，且我国一般人很难见到，所以哈氏此书就显得简约明了，当然，他的书我国一般人同样很难见到。

5 月 9 日（四月十一日星期二），《甘孜藏族自治州概况》记载："英国上校贝尔立，一九一一年由康定至巴塘，未经当地政府允许，即潜入巴塘、盐井、毕土、闷空、鸡贡、察隅等地测绘地图。"[②] 此人名 Frederick Marshman Bailey，所以他的名字应当译成贝利，下面我们就用正确的名字"贝利"。而且他当时只是英国印度军队的上尉，他 1882 年生于印度一军官家庭，1911 年时只有 29 岁。他年纪大了才以中校退役，似乎没有官至上校。他 1967 年 85 岁卒于家乡。[③] 他 5 月 9 日抵达打箭炉，在此他见到了从

① 见其《无护照至西藏》（No Passport to Tibet. 伦敦，1957）一书，第 29 页。

② 《甘孜藏族自治州概况》，第 107 页。

③ 我在英国解密档案中见到他到印度后提交的秘密报告，十分详细，附地图，是当时西康情况的珍贵史料。剔除了机密成分，主要以地理考察为内容，贝尔立 1912 年在英国《地理杂志》第 334～471 页发表了 138 页的《穿越西藏东南一部分和米什米山区之行》（*Journey through a Portion of South－Eastern Tibet and the Mishmi Hills*，The Royal Geographical Society【with the Institute of British Geographers】）。1945 年，才适当解密，在伦敦出版了 175 页的小书《中国—西藏—阿萨姆：1911 年的一次旅行》（*China-Tibet-Assam：A Journey*，1911，London，Jonathan Cape，175p.）。

云南刚刚到此的美国女士肯达尔（Elizabeth Kimball Kendall），两人共进晚餐。[①] 贝利5月19日离开打箭炉。

5月17日（四月十九日星期三），1911年3月，在大吉岭印刷的美国《大陆报》（*Continent*）记者艾利斯（William T. Ellis，美国费城人）发现达赖喇嘛在大吉岭，同年5月17日，他在该报纸[②]发表了1444字的采访达赖喇嘛记，内言：他刚采访了达赖喇嘛。达赖喇嘛住在大吉岭一小村庄，还未被当地记者采访过。一天早上，他在可望见喜马拉雅山雪的该小村庄面对面见到了达赖喇嘛。达赖喇嘛由两位西藏王公陪同，他们给了记者中国丝绸哈达，记者用胳臂挽着，用拇指托起，献给了在现代欧式坐床上的达赖喇嘛。记者被允许与达赖喇嘛有四步之内的距离。达赖喇嘛用金碗和金杯饮食。达赖喇嘛说荣赫鹏侵藏后他出走。返藏后曾要往美国派留学生。

7月9日（六月十四日星期日），驻藏大臣联豫有平定波（密）匪仰祈圣鉴事一折。英国议会西藏档案有据《四川官报》50号（1911年10月22日）所载全文的翻译。[③] 我们没有见到中文原文。与《联豫驻藏奏稿》比对，为四月二十五日奏折[④]的全文英译。译文分8段，大要如下：（1）与藏地毗邻者，以波密为最大。东连滇省维西（阿墩子），西接工布，南连怒夷接缅甸，北与硕板多及察木多相接。（2）波密属化外，道路险阻。（3）上年春川军入藏，步三管带陈渠珍占据 Kanpu（工布）。（4）上年腊月（1911年1月），波密人出东久劫掠。（5）钟颖抵达德摩。（6）接到钟颖报告。（7）出兵东久一带，不日将平定。（8）以上为最近派兵平定波密情形，仰

---

① 该女士1913年出版了《一位在华远足者：西部中国和蒙古之行印象》（*A Wayfarer in China: Impressions of a Trip across West China and Mongolia*，14页后正文388页，有两幅地图，另外有照片）一书，第六章为“打箭炉”（第123～139页），提到了此事。她说明正土司的府邸是当地两三个值得一提的建筑之一。藏族人口约700户。内地会在此有站点，但遗憾的是两位传教士均不在，不过他们的中国助手热情接待了她在传教士住处为她提供了住处。她后来去了成都。她说在传教士住处住有一英国印度军官贝尔立上尉，他回国休假两年，现在返职路上，前面要经过巴塘，目标是他荣赫鹏探险时去过的拉萨。这是她在中国人社会两周多后首次见到同类。她后来知道贝尔立因为此行获英国皇家地理学会吉尔奖（Gill Medal awarded by the Royal Geographical Society，即“吉为哩”奖）。她没有同当地的天主教会接触，她认为这里的法国天主教会与藏人、汉人和基督教新教关系均不佳。她说这里的暴利茶这样必需品贸易被少数商人通过喇嘛界的女代表垄断。她认为这里的藏人很友好。人们叫她“姑娘”。

② 美国长老会《大陆报》，5月17日周三，第8页。

③ 《英国议会西藏档案》1911，第15卷，第2～3页。

④ 《联豫驻藏奏稿》第127～128页。

祈圣鉴事。

10月31日（九月十日星期二），格勒编著的《甘孜藏族自治州史话》载："一九一一年美国牧师浩格登和英国牧师叶葱郁、顾福华、成忠宣等去云南德钦（阿墩子）进行侦察活动。在此前浩格登和医士哈德借赴德格游历为名，私自前往同普、昌都、江卡、乍丫等地。"[①] 这是什么时间呢？史德文夫人编集的《西藏的史德文》一书记载：在美国休假的他们夫妇在准备回巴塘，听到中国传来消息，要搞共和国，所有的传教士准备离开中国的传教点。那些在打箭炉的逃到了巴塘，由浩格登夫人及他们的小女儿露丝、哈德博士夫妇，叶葱郁夫妇组成的小队向未知的云南进发穿越。城里每天上演着各种鞭笞、处决和惩罚。小露丝在她的篮子里带着一本西藏佛教吉祥幸运册子。在大理府，他们接到消息让他们加快行进。他们终于到了云南府，然后乘火车前往香港，接着乘蒸汽轮到了上海。历经艰辛，他们终于回到了美国。15天后，浩格登夫妇的儿子瓦尔特·哈罗德出生在旧金山医院。[②] 可见，他们不是进行侦察活动，是逃命。

哈德（Hardy，William Moore，1883～1961年在世，文学学士、医学博士，内科）1910年来巴塘。夫人妮娜（Nina Maud Palmer Hardy，哲学学士，1884～1956年在世）1910年来华，后与第二次来华的哈德结婚，1914年一起到巴塘，他们的儿子威廉（Hardy，William Palmer）1916年生。当史德文向美国教会报告罗富德去世，要求补充人员。一直找不到合适的人。这时罗富德美国家乡Nashville（纳什维尔）一年轻人哈德愿意来。他将于翌年完成医学工作。

顾福华（Robert Cunningham），1907年来华，澳大利亚人，隶属中国内地会，20年代末与夫人（1909年来华）仍然驻打箭炉。据1930年8月9日的《悉尼早捷报》报道，这两天他在此一些宗教会所介绍西藏。1917～1937年，他在一些传教士杂志上发表了几篇有关西藏喇嘛教的文章，主要是他对炉城一带的记录。梅心如《西康》一书载：康定有英国人顾福安，教师，男，43岁；顾德司，传道，女，41岁；均为1905年4月来此。[③] 此即为顾福华夫妇。

① 格勒编著《甘孜藏族自治州史话》，四川民族出版社，1984，第220页。

② 史德文（Flora Beal Shelton）夫人编集《西藏的史德文》（*Shelton of Tibet*），New York，1923，第81～82页。

③ 梅心如编著《西康》，正中书局，1934，第127页。

成忠宣（A. J. Clements，又作陈忠宣），当史德文在打箭炉时他就在此了，所以1908年前已经来华，隶属中国内地会。[①]

二　西藏辛亥年革命及反应

11月20日（九月三十日星期一），此日，英国驻亚东商务委员致电英国锡金政务官和英印政府：中国革命已经传至亚东和西藏其他地方，中国亚东海关税务司已进入英国亚东商务代办处避难。事件的进展将及时报告。

12月15日（十月二十五日星期五），正在德里参加加冕典礼的英国驻锡金政务官贝尔密报印度政府，说他刚刚收到西藏民众大会（春都）的一封信，内容有11月20日（九月三十日），在春丕谷的清军突然消失，去了拉萨；其中一些（经过锡金）流亡（印度）英国境内；包括一名中国边境官员（应当指马师周）。清军在瞿坛卡波杀死两名他们自己的官员。

同日，英国驻江孜商务委员致电英国锡金政务官和英印政府：中国革命已经传至江孜，中国官员的妻子们和其他妇女已经寻求入英国江孜商务代办处避难。这样的避难在英国江孜商务代办处是否被允许？

11月23日（十月三日星期四），此日夜，被江孜革命清军羁押的江孜商务委员黄福明逃离江孜前往印度。同日夜，逃离的还有江孜警察局监督长虞镐藩。[②]

12月1日（十月十一日星期五），亚东海关税务司张玉堂、江孜商务委员黄福明[③]、江孜邮局局长洪某和西藏邮局局长邓维屏此日离开（亚东），（由英印军队护送）前往印度。同日，约12名中国逃难者从亚东和江孜离开前往印度。[④] 12月3日（十月十三日星期日），亚东海关负责人旺曲次仁

---

① 1913年，辛辛那提的美国基督会出版了史德文夫人的《西藏的阳光和阴影》（*Sunshine and Shadow on the Tibetan Border*，141页，额外插有28幅照片，十分珍贵），此书版权页为1912年，但是书后有应当是编辑的1913年9月的附记，所以肯定是此年出版的。叙述至辛亥革命爆发离开巴塘。因为出书时她还在美国。书后记载浩格登的儿子婴孩时死在巴塘并葬于此。

② 《联豫驻藏奏稿》（西藏人民出版社，1979）宣统二年十一月十一日《保举川军入藏及在藏防守人员摺》第150页记载："通判职衔……虞镐藩……请以通判不论双单月选用。"

③ 《联豫驻藏奏稿》第75页《奏请商埠委员片》："通判职衔黄福明，熟悉洋务，以之派充商埠委员，询能胜任。"

④ 此月记载无说明者均据英国驻亚东商务委员麦克唐纳的按例上报的《亚东日记》。

此日来看望麦克唐纳。

12 月 4 日（十月十四日星期一），帕里宗本告诉麦克唐纳，帕里、噶拉和康马的藏人遭清军攻击，要求英国帮助。被麦克唐纳口头回绝。

12 月 6 日（十月十六日星期三），西藏商务委员此日来拜访麦克唐纳，该西藏商务委员已停止向清军提供给养和支应乌拉差。

12 月 7 日（十月十七日星期四），此日，中国边务委员（靖西同知）马师周来见麦克唐纳，并要求得到英国商务代办处的庇护，以躲避亚东爆发的骚乱。12 月 8 日（十月十八日星期五），马师周和他的妻子及一名助手高（gow）助理中国边务委员进入了英国商务代办处避难。

12 月 9 日（十月十九日星期六），藏人和清军此日开始在江孜爆发冲突。藏人被打败，36 人被清军俘虏，除一名老人被释放外，全部被枪决。

12 月 10 日（十月二十日星期日），帕里的藏人警告驻此地的清军士兵，如果他们不放下武器并退回中国内地，就将受到攻击。

12 月 11 日（十月二十一日星期一），大约 27 名帕里清军士兵接受了藏人的建议，于此日决定返回内地并到达亚东。12 月 12 日（十月二十二日星期二），此日，帕里的清军士兵把步枪出售给西藏商务委员后离开，前往印度准备返回中国内地，他们得到了藏人提供的免费运输（乌拉差）。

在英属印度时期的德里周边地区，杜尔巴的含义引申为“正式的社交聚会”，这些社交聚会统称为德里杜尔巴（Delhi Durbar），它也是社会名流公开对大英帝国表达效忠和支持的场合。被称为历史上最盛大的德里杜尔巴是在 1911 年 12 月为祝贺乔治五世登基而举行的杜尔巴（Coronation Durbar），乔治五世和玛丽王后亲身出现在聚会现场，并且穿戴着加冕典礼的礼服，这在印度和帝国历史上是史无前例的，他们也是英国统治印度期间唯一以君主身份到访印度的王室成员，几乎所有在当时受册封的王族和贵族成员都出席了这次的杜尔巴。此日，在亚东和江孜的英国人也过了杜尔巴节，宣读了英王乔治五世的谕旨，所有的英国人建筑夜里张灯结彩。

12 月 13 日（十月二十三日星期三），岗巴宗本拜访麦克唐纳。他是班禅喇嘛派来的，寻求当日喀则发生动乱时能得到英国的帮助。

12 月 15 日（十月二十五日　星期五），正在德里参加上述加冕典礼的英国驻锡金政务官贝尔密报印度政府，说他刚刚收到西藏民众大会（春都）的一封信，与以前一样，他没有回答这封信。

12 月 18 日（十月二十八日星期一），《西藏达赖喇嘛年谱》1910 年 3

月 14 日前记载："接受英印总督木鹿拉（dBvin - jivi rgyal - tshab mu - lu - la）的拜会。"1911 年八月后记载："接见印度总督木鹿拉。"两记载显然有混译或混记之处，但后一记载应是确切的；而汉译明显据后一书。牙含章编著的《达赖喇嘛传》记载："据达赖十三世传载：辛亥革命爆发后，印督木鹿拉（民托）特来大吉岭，会晤达赖，密谈甚久。会后达赖即派达桑占东（即擦绒）潜赴西藏，策动各地的反汉暴动。"[①]《西藏达赖年谱》1928 年最末尾记载："此年，致函印度总督洛扎伊尔（rGya - gar rgyal - tshab lo - di air - la），谓藏历五月十一日收到贵总督来函，其中言及已决定取消用汽车递送江孜至帕里间的邮件，我和藏人咸感欣慰，特此（致）谢忱。又云：我常怀协助解决今后藏、英之间所遇各种麻烦等情之心。所赠礼品已全收览。"实际上 lo - di 为英语有爵位者 Lord 的译音，uir 为 Weir 的译音，全名 James Leslie Rose Weir。他 1883 年 1 月 29 日生于印度，为长子，父亲当时为英印殖民政府军官，最高军阶为中校，苏格兰人；后在英国 Wellingborough，Jena 和 Woolwich 的皇家军事学院受的教育，1900 年加入皇家炮兵部队，1904 年入印度第 5 骑兵部，1908 年入政务部，任印度北部接近尼泊尔的古城 Gwalior 的长官助理，1909 年 12 月 13 日 ~ 1912 年 2 月 15 日任江孜商务代办，当时的清驻藏官员称呼其为韦亚；其间 1911 年 1 月 23 日 ~ 4 月 1 日、8 月 10 日 ~ 12 月 30 日因故不在职，由亚东商务代办麦克唐纳暂时代理。1911 年 8 ~ 10 月贝尔不在时，代理驻锡金政务官。他特别喜欢西藏和喜马拉雅地区，尽可能阅读有关这方面的书。他的父亲和两位叔伯在 19 世纪驻守加德满都，当韦亚任职秘书处时，江孜有了空缺，遂借机谋得。在江孜，他奉贝尔为师，并深受影响，后来被认为是贝尔类型的人物。他话不多，性格谨慎温和，不能说是没野心，但他的处世原则是"多写多干"。博学、持重又聪明，他是英印殖民政府可放心地安排任何地区的官员。1912 年从江孜离任，他认识了一位丹麦探金矿者的女儿、年轻的新西兰妇女泰拉（Thyra Sommers），同年在仰光结婚。1912 ~ 1914 年驻今属巴基斯坦的 Baluchistan（俾路支），1914 ~ 1918 年驻西北边境和美索不达米亚，1918 ~ 1920 年任伊朗的克尔曼沙阿领事，1920 年任伊朗的设拉子领事，1922 年任今属巴基斯坦的赫扎拉的代理委员，1923 年任中部印度土邦 Baghelkhand 政务代理，1924 年再驻俾路支任秘书，1925 年任今属巴基斯坦

① 牙含章编著《达赖喇嘛传》，人民出版社，1984，第 238 页。

的奎达政务代理，1926~1928 年驻克什米尔；1928 年 10 月至 1933 年 1 月任锡金政务官，1931 年 4~8 月时不在时由前代理锡金政务官和前代理江孜商务代办威廉逊暂时代理。他 1933 年获英帝国印度勋章，最高军衔为上校。1933~1938 年任驻巴罗达和古吉拉特邦公使。他好射击、高尔夫和网球。1946 年时住在克什尔首府斯利那加。1950 年 67 岁卒。

1911 年，44 岁的圣彼得堡大学梵文副教授谢尔巴茨基［Theodore（Fyodor Ippolitovich）Stcherbatsky，1866 年生，1942 年 76 岁卒］为搜集和研究梵文文献来到印度，在大吉岭见到了达赖喇嘛，贝尔任翻译。谢氏有德尔智的介绍信。谢氏要求达赖喇嘛允许他入藏搜集和研究梵文和有关藏文文献，达赖喇嘛当然表示支持；但由于当时西藏的情况，谢氏没有成行，翌年回俄国。谢氏后升教授，成了俄国数一数二的梵文大师。

有人误认为英印总督与达赖喇嘛密谈后，趁辛亥革命派遣亲英分子达桑占东（后来又名擦绒）潜回西藏，策划武装叛乱。与此同时，英国还在西藏边境一带集结军队，以为声援。西藏部分大农奴主乘机以达赖（喇嘛）名义发布了实际上是脱离祖国的“驱汉”命令，大肆驱杀汉人，并组织以达桑占东为总司令的“民军”（即藏军）万余人，围攻拉萨、日喀则、江孜的川军，且进扰川边地区。又命噶厦政府发表文告驱逐川军。文告说：“内地各省已推翻君主、建立新国”；汉人应当从西藏逐出去。1912 年春，达桑占东调集五千藏军向江孜进攻。驻守江孜的川军百余人，固守依山的造纸厂，并向拉萨求援。由于粮食不济，援兵不至，该部川军在英商务专员及尼泊尔驻藏代表的“调停”下，被迫以枪支弹药换取路费，离开江孜，经印度返回内地。不久，日喀则守军也被迫放下武器。同年 4 月，达桑古东又调集大批藏军围攻驻拉萨的川军。钟颖率千余人据险防御，等待援军。经数月苦战，川军交出武器，由汉、藏、尼三方共同封存，不得擅取；川军全部退伍，经印度回国；中央政府派出的官员照旧驻藏，并保留一定数量的卫队。8 月中旬，川军交出毛瑟枪一千五百支、开花炮三门、机枪一挺、子弹八十箱。此时，钟颖已被北京政府任命为驻藏办事长官，但西藏亲英分子拒不承认，屡次促其起程。钟颖因未得中央同意，执意不走。双方遂复开战。此时，钟颖所部仅约二百人，粮弹俱缺，终于被迫离开西藏。驻拉萨川军被缴械撤离后，英帝国主义于 1912 年底武装护送达赖回到拉萨。达赖周围的一小撮亲英卖国分子，公开策划西藏“独立”，并以极其野蛮的手段镇压坚持反帝爱国的僧俗人士。英军亦以“护商”为名，由江孜侵入拉萨。1912 年，北京政府派军入藏平叛，英国威胁北京政府停止进军西藏。

《西藏历史》的作者陈庆英的记述为："在藏的川军在辛亥革命后内部已经分为几派，争斗不止，加上孤立无援，逐步陷入弹尽粮绝的绝境。后来，由尼泊尔驻拉萨的代表出面作调解人，钟颖等人和达赖喇嘛派来的伦钦强钦巴谈判达成停火办法，川军将枪支弹药交出，由尼泊尔和英国的官员负责安全，从江孜、亚东经印度由海路返回内地。到 1912 年 12 月底，联豫、钟颖等官员和在藏的川军等全部离开了西藏。"

另一说法是："拉萨城中等不来援兵，粮食又尽，终于穷极思变，冒险攻取尧西，扣压了达赖的家眷，以此为资，官民数百人逃出生天。钟颖一行于 1912 年 12 月 18 号离开西藏（拉萨），他的出藏之路，是一步三回头，心有不甘，意犹未尽。他多么渴望事情在他返程途中忽逢转机，而他可以重返拉萨，他以处理撤退军民事务为由，就赖在边境上，拖一天算一天。英人藏人轮番来下逐客令，他就换一个地方再拖，从拉萨到靖西，从靖西到亚东，从亚东到朗惹，从民元 12 月到民二 4 月下旬，藏人再次把他包围，收枪，不卖粮，而同时，他的免官电报也到了。他终于绝望了，离藏赴印。其实，从拉萨第二次被围到现在，中央的态度已决定了，他的一切努力均无效，一切挣扎均徒劳。"

12 月 19 日（十月二十九日星期二），亚东西藏商务委员拜访麦克唐纳。12 月 20 日（十一月一日星期三），岗巴宗本再次会晤麦克唐纳。12 月 23 日（十一月四日星期六），马（师周）先生、高先生和岗巴宗本与麦克唐纳共进午餐。碧喜代本没来，因为他不想见汉人。

12 月 24 日（十一月五日星期日），高先生和马师周夫人此日返回俾俾塘。

12 月 25 日（十一月六日星期一），马师周返回俾俾塘。

12 月 27 日（十一月八日星期三），麦克唐纳拜访了马师周和亚东西藏商务委员。他认为两位官员之间的关系现在有些紧张。清驻江孜警视长 Shey（石？师？史？施？译音不能肯定）某拜访了麦克唐纳。他对麦克唐纳说想弄些钱去印度。

12 月 29 日（十一月十日星期五），韦亚上尉（Captain Weir）此日抵达亚东。韦弗上尉（Captain Weaver）亦抵达此地，行巡视之责。据其孙辈提供的史料，其全名肯定应当为 Humphrey Weaver，他 1906 ~ 1915 年服役于第 114 马赫拉塔印度联队（114th Mahrattas Indian Army）。该联队负责亚东和江孜的英国商务代办处的警卫之责。翌年，他与韦亚在帕里一起见到了达赖喇嘛。

12 月 30 日（十一月十一日星期六），麦克唐纳将他代理的英国驻江孜商务代办处委员的工作移交给韦亚上尉。

12 月 31 日（十一月十二日星期日），此日，韦亚上尉和韦弗上尉离开（亚东），前往江孜。

三　1912 年清军从西藏退出过程

1912 年《西藏达赖喇嘛年谱》记载：佛龄三十七岁藏历水鼠年公元 1912 年（民国壬子元年）1 月 1 日（十一月十三日星期一），此日韦亚（英国驻江孜商务委员）宿营在帕里，除在瞿昙卡波的约 12 名旧式军人外，春丕谷已没有清军了。（江孜）宗本于此日来拜访韦亚。

1 月 3 日（十一月十五日星期三），南岗（又名达桑占堆）于此日来拜访麦克唐纳，他曾于达赖喇嘛 1910 年 1 月外逃印度期间，与清军在甲桑铁桥寺（曲水渡口）交战。他告诉麦克唐纳，他将前往日喀则与班禅喇嘛商谈，并加入那里由孜仲洛桑指挥的藏人军队。

1 月 4 日（十一月十六日星期四），韦亚宿营在康马，因为害怕杀死汉人而遭到汉人的报复，除几名老人外噶拉和康马的（藏族）居民全部逃走了。

1 月 5 日（十一月十七日星期五），9 名携带武器的清军于此日到达帕里，说他们要收走之前被卖给春丕谷人的清军步枪，但藏人不允许这 9 名清军继续前往亚东。此日，韦弗上尉和韦亚抵达江孜，马吉符和史悠明于此日晚前来寻求庇护，韦亚回绝了他们。（江孜）宗本于此日来拜访韦亚。

1 月 6 日　（十一月十八日星期六），此日，这 9 名清军决定返回江孜，寻求增援。11 名增派的清军于此日抵达帕里，他们是为钱锡宝负责辎重（行李）的。拉萨安班的前任右参赞，钱锡宝此日来拜访韦亚。翌日，钱离开前往春丕。

1 月 7 日（十一月十九日星期日）钱锡宝启程前往春丕。此日，在三名藏人官员陪同下，夏培朗通来拜访韦亚。他们从拉萨来，为了和汉人官员一同安排达赖喇嘛回藏。

1 月 8 日（十一月二十日星期一），此日，英国驻亚东商务委员麦克唐纳向上级提交了上一年12月的亚东日记，后面总的概括如下：拉萨和江孜现在是平静的。据报告在波密被杀的罗长裿已经抵达拉萨（此误。应当为在波密杀了罗长裿的清军已经抵达拉萨）。数批武装清军正在来帕里，但是藏人不允许他们下至春丕谷；除非他们放下武器，答应返回中国内地。达赖喇嘛的使节洛桑应西藏官员们的要求撤至香地（今天的南木林县），现在抵达江孜。三名藏官夏培朗通（噶伦）、察绒色（公子）、饶噶厦和两位清官钱锡宝、理事官（此误以官名为人名）从拉萨来江孜，来调停因为清军和藏人间引起的动乱。钱锡宝还要去亚东，可能接着去大吉岭，邀请达赖喇嘛返回拉萨。他可能会返回中国内地。

从江孜逃离的江孜西藏商务委员达喇嘛据报告已经抵达拉萨，他被强留下来领导藏军抵抗清军。驻守岗巴宗的所有30名清军前来江孜。据报告藏人杀死了驻守定日的3名清军，缴获了一些中国的来复枪。另外据报告：剩下的驻守定日的约27名清军全部逃往日喀则。色拉和甘丹寺的僧人准备起事抵抗清军。由于哲蚌寺允许安班联（豫）避难，所有的藏人均感愤怒。亚东西藏商务委员和春丕谷的所有头人去见英国驻亚东商务委员麦克唐纳，要求英国保护，因为清朝驻藏官员已经无法维持统治；麦克唐纳当即予以回绝。

1月9日（十一月二十一日星期二），张管带和尼泊尔中尉（尼泊尔驻江孜代表）来拜访韦亚。

1月11日（十一月二十三日星期四），马吉符和史悠明于此日来拜访韦亚，马辞职后，史于1月6日继任其商埠监督（靖西同知兼署亚东关监督）的职务。

1月12日（十一月二十四日星期五），韦弗上尉和马吉符离开前往印度，张管带和约20名士兵离开前往拉萨。只剩下了大约40名清军士兵驻扎在江孜。

1月13日（十一月二十五日星期六），钱锡宝在40名清军的护卫下于此日抵达麦克唐纳的所在地亚东，到达不久就去拜访了麦克唐纳。在会谈中，钱锡宝向麦克唐纳表示不愿继续停留在拉萨，他担心清军士兵可能再度引发骚乱，使他不得不稳定局面，并且被强行推为领导。他表示代理安班钟颖统领在清军士兵中威望很高，但钟颖手中的资金只够支付三到四个月的军饷。他不知道代理安班将如何处理，除非军队按时发放军饷，否则，毫无疑问骚乱将会爆发。他说当他离开拉萨的时候，大约还有500名清军驻扎在那里，他还听说罗长裿和大约100名来自罗的家乡（即湖南人）的士兵已到达离拉萨30英里的地方。

1月14日（十一月二十六日星期日），麦克唐纳接见了钱锡宝。钱告诉麦克唐纳，他已向北京发出了一封辞职的电报，并将返回他在上海的家。他表示，希望英国的影响力可以扩散到西藏的其他地方。

1月15日（十一月二十七日星期一），有一名清军士兵去年11月经过亚东时杀死了江孜学校校长。这位清军士兵此日在俾俾塘被一名与钱锡宝一同来此的那位去年11月被杀死的江孜学校校长的朋友杀死了。

1月16日（十一月二十八日星期二），前任江孜商埠监督马吉符此日到达亚东，并告诉麦克唐纳他要返回中国内地。

1月17日（十一月二十九日星期三），拉萨颇本（清军军粮官）经过亚东，他只带了少数几名随从，要横穿印度去中国内地。韦亚收到了班禅喇嘛寄来的一封信，询问达赖喇嘛返藏的消息，韦亚回答说他没有关于此事的消息。1月19日（十二月一日星期五），不丹帕卓彭洛（帕卓省省长）送给麦克唐纳一些水果等作为礼物。

1月20日（十二月二日星期六），帕里东宗本离开帕里前往拉萨。

1912年1月20日，锡金政务官贝尔从大吉岭附近的营地致电英印殖民政府，报告达赖喇嘛因他的一班人在大吉岭健康受损，已经有两位高官去世，其他官员也经常生病；将于2月2日从大吉岭迁移噶伦堡，随同保护警察一起迁移，达赖喇嘛计划待约一个月，然后返藏。藏历十二月十八日（2月5日），几位伦钦盖印附哈达致函贝尔先生，言西藏各方面僧俗派代表们来见达赖喇嘛，请他尽快返藏。医生（doctor，指拉门堪布）因为较低地方的气候不适宜达赖喇嘛，建议他迁移噶伦堡以为改变。达赖喇嘛将于此月二十四日（2月11日）离开大吉岭迁移噶伦堡，待时机返藏。西藏还有满洲军队，考虑到达赖的安全，请求立刻让英国政府派些军官，至少带100名士兵，保护达赖喇嘛和江孜和亚东的英国商务代办处，如在汉藏间有不便，请转请英国政府派一位官员作为代表驻西藏拉萨与达赖喇嘛在一起。达赖喇嘛表示希望返藏前能按西藏礼俗当面向印度总督对在印度受到的善待表示感谢，不谈政治；如不方便，可由几位噶伦代表。作为私人行为，往返加尔各答由西藏方面自己安排。英语和藏语都很好的莱登拉代替贝尔任陪同。

1月28日，印度政府又致电贝尔，言总督建议让噶伦们由莱登拉陪同去加尔各答对麦克马洪爵士作一次访问。

1月31日，印度政府致电贝尔，言继续我1月28日的电报，要贝尔就达赖喇嘛从大吉岭赴噶伦堡事与大吉岭代理委员福赖斯特保持联系。除了陪同保护的普通警察，不要再有别的要求。达赖喇嘛动身时，大吉岭代理委员福赖斯特没必要出现，尽管该委员言噶伦堡华人很多。至于贝尔可相机行事。

2月17日，伦敦的印度事务大臣克鲁勋爵致电印度政府，言沙皇对达赖喇嘛的信有回复，根据礼节，将由俄国领事主持仪式递交沙皇信件，俄方不介意有一位英国官员在场；如印度方面不介意，可相应安排。同月21日，印度政府致电克鲁勋爵，言本月10日在大吉岭，贝尔在场，俄国总领事向（达赖）喇嘛递交了沙皇的信。文件本月15日寄上。

《西藏达赖喇嘛年谱》1911年后面记载："达赖喇嘛和随从人员在大吉岭住所旅馆，每月房租和水费极其昂贵，花费很大。因此，不丹王昂色热杂噶吉乌金（vBrug - rgyal nang - gzims rva - dzva ka - ci 'O - rgyan）在噶伦堡自己的住处附近新建了一所宽敞华丽的住所。由众人热烈迎请，达赖喇嘛移居此处。从此噶吉乌金承担了全部供应。一次，达赖喇嘛应邀参加噶吉乌金的家宴，封噶吉乌金的公子索朗多吉为西藏政府的四品官员。对噶吉乌金赠送的这所别墅命名为'泳乐宫（Mi - vgyur mngon - dgavi pho - brang）'。"

下面为达赖喇嘛火蛇年十二月下旬（应为1918年2月）给热杂噶吉乌金之子索南托杰和其姑母阿仪土登旺姆（a - yi thub - bstan dbang - mo）的写在黄绸上的封文的藏文转写的部分解释。

达赖封索南托杰（bsod - nams stobs - rgyal）今后将继其父为不丹（lho - vbrug，政府）大主管，即森本（nang - gzim，内侍）；还为西藏四品官，相当于代理噶伦。因为达赖1912年返藏前作为客人在噶伦堡乌金和其妹为其新建的"不丹屋"（vbrug - nang）住了三个月。1910 ~ 1912年，达赖喇嘛住在大吉岭。热杂 rva - dzva 即拉甲 raja，意为"君"；噶吉 ka - ci 即 Kazi，在南亚一带当时指当地官员。

乌金多吉（ogyan rdo - rje），可能出生于19世纪70年代，商人，在大吉岭和噶伦堡有大片土地，1902 ~ 1907年为噶吉，1907 ~ 1916年为不丹西部的哈谷总管（governor of Ha）、不丹大总管（gongzim and deb zimpon），1907年1月1日获 Rai Bahadur 头衔，1911年12月11日获不丹国王（玛哈拉甲）所授拉甲头衔，他1916年6月22日卒于噶伦堡的泳乐宫。

托杰多吉，1896年生，1953年9月57岁突然卒于噶伦堡的不丹屋。

a－yi 意为“母”，为对女士的尊称。她当时正访问拉萨，在布达拉宫和拉萨各寺院为其兄祈祷冥福，数次对三大寺和其他各派寺院做了布施。她受到达赖喇嘛接见，在诺布林卡的噶桑颇章（bskal－bzang pho－brang）获得此盖红印封文。她被达赖喇嘛特准可乘带至少两位随从的至少四人抬轿至该颇章门口。ka－sbug 即噶伦堡。

经一起从日本回来的察瓦池楚活佛介绍，1912 年 3 月多田等观在不丹王在噶伦堡为达赖喇嘛所建的行宫拜会达赖喇嘛，他是被西本愿寺的大谷光瑞与青木文教一起派来的；达赖喇嘛赐了与俩人名相近的土登嘉措之名，后来他以土登根措之名主要在色拉寺待了 10 年。钟美珠上引译书前面译“不丹王”为“不丹国王”，显然是不知道拉甲（君）与玛哈拉甲（大君）的区别。

《西藏通史——松石宝串》载：“藏历铁猪年（公元 1911 年）秋季，不丹国王向达赖喇嘛捐献了一座宽敞华丽的别墅，别墅建在大吉岭，达赖喇嘛就居住在这里没有返藏。”① 捐献者的身份和别墅地点均不正确。该书主要使用藏文史料，但后面的书目却无《十三世达赖喇嘛传》，令人不解。至于贝尔的《十三世达赖喇嘛传》汉译本，《西藏通史——松石宝串》也没有引用。

1 月 21 日（十二月三日星期日），大约 75 名从拉萨来的清军士兵此日到达江孜。

1 月 22 日（十二月四日星期一），马师周的夫人今日造访麦克唐纳，表示她在几天内就将离开前往噶伦堡，在完成和继任者的交接后马师周也将随后前往。

1 月 23 日（十二月五日星期二），从拉萨增派至江孜的 60 名清军士兵于此日抵达。

1 月 25 日（十二月七日星期四），因洗劫上春丕谷的藏人住宅而遭逮捕的 4 名清军士兵于此日被押往锡金英国占领区。在俾俾谷居住的汉人在经过亚东时，从联安班的秘书（应当为右参赞钱锡宝）敲诈了一些卢比，总数约 675。

1 月 27 日（十二月九日星期六），一支 60 人的清军部队离开江孜前往

① 恰白·次旦平措等著《西藏通史——松石宝串》下册，陈庆英等译，西藏古籍出版社，2004，第 978 页。

日喀则，还有10名清军士兵离开前往康马。逃至拉萨的（江孜）西藏商务委员达喇嘛此日返回江孜。

1月28日（十二月十日星期日），碧喜代本告知麦克唐纳，达赖喇嘛将在2月11日之后离开大吉岭前往噶伦堡。碧喜代本还接到命令，要求向在噶伦堡的达赖喇嘛处分发经过亚东送来的200头用于运输的驮牲。碧喜代本进一步对麦克唐纳说，他得到一些暗示，一些西藏官员准备迎接达赖喇嘛返回西藏，包括：（1）达赖喇嘛的兄弟；（2）霍康扎萨；（3）班禅喇嘛的大秘书（仲译钦莫）；（4）另一名扎什伦布寺的官员达颜诺布。

1月29日（十二月十一日星期一），此日，韦亚请包括夏培朗通在内的11名西藏官员共进午餐，同汉人间关于达赖喇嘛返藏的和谈进行得并不十分顺利。

1月30日（十二月十二日星期二），达赖喇嘛的专轿此日从拉萨来到江孜。专轿将载着对达赖返藏的期望被运往春丕。

1月31日（十二月十三日星期三）藏人在秘密的召集军队，以方便达赖喇嘛回藏。此日，据报罗长裿死于拉萨东面山南的泽当。于1月27日前往康马的清军士兵此日返回江孜，并带回两个老人，以询问去年11月清军士兵被杀一事。

大体上来说，近几个月来发生在西藏的一系列骚乱，其表现出最主要的特征是，西藏的陆军或新军部队的不满情绪逐渐升级。这可以直接归因于中国近日来的剧变。拉萨、江孜和日喀则的士兵们彻底失去了控制。汉人官员，无论是文职还是武官，都开始害怕起他们自己的军队来，基于这个原因钱锡宝和其他一些官员借道印度返回了中国内地。现任的安班钟颖，曾是一名中将，被西藏的清军推举为安班，凭着通过劫掠拉萨和布达拉宫而得来100万章嘎（约合25万卢比）的钱用作军饷，他稳定住了拉萨的士兵们。接近12月底的时候，一支汉人远征队从波密返回拉萨，数目大约有800人；有500名汉人被杀。有1500名波巴（波密人）被杀害，其中包括女人和小孩。这些士兵在12月26日杀死了他们自己的首领罗长裿，并在经藏布峡谷时沿途洗劫了泽当和一些寺院。在抵达拉萨时，这些士兵们要求安班付他们像以前钟颖给过以前清军那样多的钱。安班请求藏人官员们借他这笔钱，并承诺以后会归还给这些藏官，但他们还没有筹到这笔钱。

300名康巴（西藏的民间好战者）的介入使事态进一步复杂化了，他们的首领是香河流域（在距离日喀则东北约4日的行程）的孜仲洛桑。达赖喇嘛的一名密使（即坚赛南岗）也到了那里，并企图拿起武器攻击汉人。在这两股力量间，班禅喇嘛所处的地位非常微妙。如果他拒绝支持达赖喇嘛的使节所处的一方，或许会引发扎什伦布寺和达赖喇嘛的地方政府间的矛盾。目前为止新军在各地驻军的数目如下：拉萨 1300 人，江孜 110 人，日喀则 100 人，春丕无，帕里无，定日宗无。

2 月 5 日（十二月十八日星期一），驻俾俾塘的中国边境官（靖西同知）马师周拜访了麦克唐纳，对麦克唐纳说他接到了拉萨代理安班的命令，让他将俾俾塘的职务交给张管带。等张管带到了亚东，马师周就要去江孜接任江孜关监督。马师周不愿意接受江孜这一新职务，说等到将职务交给继任者，他要回中国内地。

2 月 6 日（十二月十九日星期二），此日，碧喜戴琫告诉麦克唐纳，他接到来自大吉岭的命令，将 200 头驮畜发往噶伦堡，用以为达赖喇嘛及一行驮运行李。

2 月 10 日（十二月二十三日星期六），达赖喇嘛的专轿经过亚东，负责人是四品官索康色。

2 月 14 日（十二月二十七日星期三），被称作亚谿堪穹的达赖喇嘛的大哥、西藏一品官霍康扎萨克，由甘丹寺和哲蚌寺的两名代表陪同抵达亚东。他们告诉麦克唐纳应民众大会（春都）的要求去印度请达赖喇嘛返藏。他们不认为达赖喇嘛此时返藏足够安全，这要等到新式清军大部分撤离西藏。

2 月 16 日（十二月二十九日星期五），一位来自洛扎的喇嘛告诉麦克唐纳，泽当的清军因为追索藏军逮捕了两位琼结宗本，他们还劫掠了与达赖喇嘛在一起的哲康噶伦的财产。100 名清军从拉萨抵达江孜，前往日喀则。

2 月 21 日（正月四日星期三），在商务代表处的巴扎尔（集市），一汉人用剑袭击了一藏人，后者重伤，24 小时内死去。汉人和藏人当局正在调查此事。

2 月 29 日（正月十二日星期四），根据最近的情报，拉萨有清军 1500 人，江孜 90 人，日喀则 200 人（据守日喀则宗）。亚东无新式清军，不多的驻守俾俾塘和瞿坛卡波的为旧式清军，总数约仅有 30 人，但是他们拥有 50 支马克辛来复枪和大量弹药。这是随钱锡宝一起回中国内地的清军留下的。

日喀则东北约 70 英里的香地南木林宗现在有约 500 名藏军，他们拥有 50 支马克辛来复枪。

中国中央在西藏的邮电事业现在停止了，亚东、江孜和帕里的邮局关闭了，原来由藏军担任的邮差撤走了。

3月1日（正月十三日星期五），帕里宗本拜访了麦克唐纳，告诉麦克唐纳现在在日喀则附近的香（南木林）要2000名藏兵。3月3日（正月十五日星期日），在噶拉，麦克唐纳遇见帕拉堪钦。后者在主持修路和准备物品，以迎接达赖喇嘛返回西藏。3月4日（正月十六日星期一），最近从拉萨回来的朗通夏培死在江孜附近的（他自己的）朗通庄园。3月5日（正月十七日星期二），麦克唐纳抵达江孜。3月21日（二月三日星期四），扎萨克喇嘛西藏江孜商务委员洛桑顿珠此日被撤职。接替他的是达赖喇嘛从大吉岭派来的堪穹。

4月15日（二月二十八日星期一），《西藏达赖喇嘛年谱》1912年记载："二月间法国人伊里·加尔者比扎尼伊拉（Pha - ran - sivi mi Ai - lig - san - brar Bras - pvid Ni - ai - li）到印度等佛教发祥地参观之后晋见达赖喇嘛，为了解佛教产生的渊源，提出了一些简要的问题。根据提问，做了深入浅出的回答，并印发了这次谈话的要义。"

年谱的中文翻译者显然不知道 Ai - lig - san - brar Bras - pvid Ni - ai - li 是谁？我认为乃 Alexandra David - Neel 的对译。此人即大卫·妮尔（Alexandra David - Neel，1868～1969年在世），她是4月15日首次在噶伦堡见到达赖喇嘛的。

四　1912年英印文官杨格考察古格

当清军在拉萨、日喀则、江孜等地与藏人激战时，印度的英国官员杨格借助来噶大克处理英印驻噶大克印度籍贯商务委员事，接待人为西藏地方政府在当地的札布让宗本的便利，第一次对古格遗址进行了科学考察，从而揭开了古格考古的序幕。4月22日，28岁的印度文官杨格（Gerard Mackworth Young，1884年4月7日生于伦敦，1965年11月28日81岁卒于英国）离开西姆拉，5月9日抵达吉尼四站外巴什哈尔的卡南。什布奇（边境山口）之外，他的行程经过了古格的一部分。越过萨特累季（河）七天后，他抵达了香孜，见到了从其总部翻越过来见他的札布让宗本。离开古格的香孜。在噶大克结束了公务后返回。6月14日，在返回印度途中，他越过博果拉前往托林。他带着英印驻噶大克商务委员、两名廓尔喀卫兵、一名从西姆拉带来的护卫警察。抵达托林的翌日晨，该寺及其所属诸庄园的俗家管理者强佐来看他。在该寺精心考察了约两天，他离开托林寺回印度。[①]

他克斋（Thakur Jai Chand），1904 年 11 月履任，1912 年 1 月卸任。他是被人告发有利用职权贪污行为。杨格来此调查，顺便带他走。1904 年的拉萨条约创设了噶大克商务代办一职，印度地方政府官员拉胡尔（Lahul）的登记员他克斋为首任。[②] 1904 年 12 月，荣赫鹏在西姆拉接见了上任前的他。当时西部西藏据估计仅有 1 万～1.5 万人，主要为牧民。普兰为管理中心，离所谓的海拔 14240 英尺的噶大克镇有几天的路。荒凉的噶大克 34 英里外的噶尔昆沙为官员夏居。这常易为外人所难解，有关地图也容易标错。藏官多来自拉萨，因条件艰苦，多会派仆人代理，有机会借收税来敛财。有位宗本尚算友好，说他总算不孤独，因为此生他首次见到了白人。1904 年 12 月 1 月他克斋抵达西藏的什布齐，扎不让宗的一位在此征税的藏官阻止他克斋一行前往噶大克。他还在几个地点下令不让对他克斋一行放行。他告诉他克斋已将他到来的消息上报了噶大克，如获令即放行。回复要五六天的时间。

杨格 1907 年 23 岁加入印度文官政府，1929 年 45 岁获印度帝国勋章（CIE），1932 年从印度文官政府退休，1936 年与裴䨻（Humfry Payne）合作出版了《雅典卫城拱门大理石雕刻文字》（*Archaic Marble Sculpture from the Acropo*）一书。1936～1939 年任希腊雅典英国考古学校校长。1941～1944 年任印度国防部秘书。他的父亲 1840 年生，是位爵士，1897～1902 年任旁遮普总督，1924 年 5 月 10 日 84 岁卒。

我们之所以在此根据英国资料叙述杨格的经历，是因为他是古格考古第一人。因为杜齐在一部讲述西藏考古的书中提到了杨格，中国对古格历史感兴趣的人才知道了杨格，但是具体情况却不清楚，更找不到他 1918 年在《旁遮普历史学会杂志》上发表的其中附托林寺的几张寺院基座遗址图的 22 页的论文。

5 月 9 日（三月二十三日星期四），1000 名工布藏军抵达拉萨。

---

① G. M. Young, A Journey to Toling and Tsaparang in Western Tibet,《旁遮普历史学会杂志》1918/1919，卷七，第二号，pp. 177，188（530）－190（532），191（535），194（538），196（540），198（542）。

② 印度学者阐多拉（Khemanand Chandola）女士：《世代穿越喜马拉雅：中部喜马拉雅与西藏关系研究》（*Across The Himalayas through the Ages: a Study of Relations between Central Himalaya and Tibet*. 新德里，1987），第 93～94 页。

5 月 11 日（三月二十五日星期六），此日，英国《泰晤士报》发表了《西藏的冲突——清军投降》（加尔各答，4 月 11 日）的报道，内容为：关于拉萨的清政府守军与包围的藏人武装之间冲突的流言，尽管是含糊不清和自相矛盾的，但在目击者看来，胜利的天平似乎在朝藏人一方倾斜，似乎他们可以重建优势，除非有清政府强大的援军介入。因清政府当局对是否增派更多军队没有达成统一意见，更多增援的到来似乎有所延误。北京对局势的了解很少，一封电报被送至拉萨，询问为何代理人（国会代表）没有从西藏送至中国议会（参议院）。

据英国人在印度创办的英文日报《政治家》（*Statesman*）在江孜的通讯员报道，现在，整个西藏都武装起来了，更重要的是，凭借着从邻国的走私，藏人拥有了威力较强的武器，如问世不久的温彻斯特连发枪、俄式马克辛来复枪、日式来复枪和毛瑟手枪。

不管怎样，毫无疑问的是藏人已攻占了江孜和日喀则。在江孜的清军，在 3 月 31 日抵挡了藏人的一次攻击后，发现藏人的数量很多，而且清军得到增援的希望几乎没有。因此他们决定准备停战，并在 4 月 1 日在江孜宗投降（交出宗碉）。在一些印度的官员，包括戴维·麦克唐纳和一名尼泊尔混血儿的协助下，清政府的商务官可以签订和约，投降的清军士兵缴械了，从藏人那里得到缴械的枪支的补偿，并经印度返回中国内地。藏人涌向解除武装的地点，向沮丧的清军士兵们扔土——这是传统习俗中用来驱赶坏东西（恶魔）的方式。

在这些事件的进程中，江孜的小规模的冲突发生时，日喀则的汉人与藏人之间也发生了战斗。4 月 5 日，从江孜投降清军处得到一些消息，解释了和约中的诸条款，争斗双方间的会议持续了很长时间，在激烈的讨论后谈判破裂。战斗随后再度爆发，身处日喀则的班禅喇嘛不得不外出避难。4 月 8 日，藏人攻陷了据点城墙的西门，但随后他们在庆功宴中喝得大醉，被清军突然袭击，藏人大约 80 人在战斗中被击中。然而第二天早上，清军就依和约向班禅喇嘛缴枪投降。在取得优势时，藏人所表现出的自我克制源于最近的一次星占，星占的结果显示，西藏的流血冲突将导致达赖喇嘛的死亡。

6 月 10 日（四月二十五日星期一），杨芬，1883 年生，辽宁喀喇沁左翼旗大城子（今喀左县政府所在地）人，北京高等师范（今北京大学）毕业。当时藏事日急，遂从该师范选派通英文懂外交的人，袁世凯派 20 岁的杨芬以“劝慰员”（又作“宣慰员”）身份于 1912 年六月十日（应为阳历）

从北京启程，率领一干人走海路前往大吉岭与达赖喇嘛建立联系，但达赖已经返藏。他们一行化装成蒙古喇嘛本来是不想引起英国人注意。被英国人识破后只好与英印殖民政府交涉进藏事宜。我们所见他的报告和电文中未见到他抵达大吉岭的日期，但他谈到在大吉岭与英巡抚吉郎有交涉。

6 月 24 日（五月十日星期一），《西藏达赖喇嘛年谱》记载：1912 年“藏历五月初十日”即公历 6 月底，达赖喇嘛“离开噶伦堡孟噶颇章向西藏行进，途中一些英国方面的官员列队脱帽晋见”。英印方面报告的日期为 6 月 24 日晨。牙含章的《班禅额尔德尼传》言达赖喇嘛“藏历五月初五日从大吉岭启程回藏”①，但显然时间和地点均误。6 月 28 日下午，达赖喇嘛安全抵达亚东，7 月 5 日离开。在帕里，第 114 马赫拉塔（Mahrattas）印度军的韦亚上尉（即上述同名人）和韦弗上尉（Humphrey Weaver）谒见了达赖喇嘛。该军 1906～1915 年驻藏锡边境地区。7 月 6 日，达赖喇嘛抵达热隆，14 日下午 3 点抵达江孜。在 15 日晨拜会了英国江孜商务委员（代办）顾德后前往聂茹。

8 月 25 日（七月十三日星期日），大吉岭代理委员吉郎（J. Lang）致密函给上司拉杰沙希专区委员（The commissioner of the Rajshahi Division，该专区现在属孟加拉，但大吉岭当时属孟加拉，现在属印度），报告杨芬此日与五位蒙古喇嘛抵达大吉岭。② 他化装成蒙古喇嘛，名 Ped - You - Tho（译音白尤德），名片上写 Yin - Tsun - Chang - Chihli，N. C. 前面之意不明，后面为“华北直隶”之意。

9 月 1 日（七月二十日星期日），吉郎探出了杨芬的汉名和真实身份。其余五人为：1. Tanjhita，Tayzin，Yang Fon（音译唐古特、丹津、杨芳。英印档案说杨芳是杨芬之兄，该蒙古喇嘛使团的真正领队。1910 年在罗长裿之前此三人从拉萨参加与被驻藏大臣派出的西藏劝回达赖喇嘛蒙古使团，后直接回了内地北京，这次是再次来见达赖喇嘛）。2. Tashi - Pin - Chog（札西彭措）。3. Sonam - Tashi（索南札西）。4. Tashi - Wang - Chuk（札西旺曲）。5. Gong - Phek（贡培）。

他们的物品被直接运到噶伦堡，他们急于去那里。印度政府所见韦乐沛

---

① 牙含章编著《班禅额尔德尼传》，西藏人民出版社，1987，第 226 页。

② 兰姆（Alastair Lamb）：《麦克马洪线》（*The McMahon Line*，伦敦，1966）一书第二卷第 396 页言其 9 月初抵达大吉岭。这显然是不准确的。

的报告中杨芬是共和国的爱国者，约 27 岁，热河人，能讲一点英语。他被允许通过江孜与达赖喇嘛电文联系，所以一切均在英国人的掌握之中。他在锡金等了一段时间试图入藏，未果。

9 月 2 日（七月二十一日星期一），大吉岭代理委员吉郎致密函给上司拉杰沙希专区委员，报告了杨芬抵达大吉岭。

9 月 5 日（七月二十四日星期四），此日，钟颖收到大总统的命令，被任命为西藏长官。

9 月 13 日（八月三日星期五），英国驻锡金政务官贝尔在锡金一侧的纳荡见到了在此设立了接待从西藏经过亚东撤出的清军站点的 48 岁的韦乐沛（Michael Edward Willoughby）。贝尔对韦乐沛谈到随清军一起撤出的有亲汉的藏人（指与清军一起战斗的），这些人可能不愿意去中国内地；可安排在英国境内（主要指大吉岭和噶伦堡）。在西藏的同胞后来对他们不那么愤恨了，于是他们有可能返回西藏。

韦乐沛 1864 年生，英国军人，八国联军侵华时 36 岁随英军来华，1907 年转华北英国驻军中任职，1909～1912 年以陆军中校任英国驻华使馆陆军参赞（Military Attaché）。因精通汉语、熟悉西藏情况，他的上司朱尔典公使派他去藏锡边境处理清军回国事宜。他在锡金一侧的纳荡设立了站点。[①] 他卒于 1939 年，享年 75 岁。

9 月 21 日（八月十一日星期六），莱登拉致函拉门堪布，通报了报纸的消息；后者接到此信三天后回信。9 月 24 日（八月十四日　星期二）藏历八月十三日，达赖喇嘛的亲信参谋（医生、学者）拉门堪布同年 10 月 4 日（八月二十四日星期五）藏历八月二十三日向莱登拉代本通报了藏历八月十三至十八日拉萨的激战：拉门堪布说本想向莱登拉送去拉萨的消息，但是由于耽搁，没有收到可靠的报告。拉门堪布说：根据最近的协议，陆军将军钟（颖）应当与所有的清军官兵返回中国内地。但是钟（颖）说因为民国政府任命他为西藏安班，所以他要待在拉萨。钟（颖）没有按照协议交出所有

---

① 见韦乐沛《1912 年 8 月奉命遣返投降藏人的拉萨清驻军工作的报告》（*Report on the Work of the Mission Engaged on the Repatriation of the Chinese Garrison of Lhasa which Surrendered to the Tibetan in August 1912*；Simla，goverment central branch press，1912，47p. 24illus；A map showing routes from the Chumbi valley to Darjeeling are included）。参见中研院近代史所外交档案：外交部西藏档（1～5）有英国公使朱迩典（John Newell Jordan）《询印政府所拟关于华兵出藏及附带枪弹转运办法》一件。

的武器，而是留下了所有最后的武器，如两三挺马克辛机关枪和一些最好的野战炮。钟（颖）将军不是将所有的士兵送回，而是留下了300名精兵和200名普通士兵在丹吉林寺、衙门和其他一些坚固的房屋里，并且配给了武器。钟（颖）将军既不遵守口头协议，也不遵守书面协议，无法无天。因此，藏历八月十三日，藏军准备强行进入丹吉林，以检查其中是否有清军和武器。当藏军抵达丹吉林院子，该寺僧人和清军向藏军扔石头，后者撤退了。清军开了两三次火，杀死三个藏军士兵。除此之外，此日无其他大事。9月28日（八月十八日星期六）藏历八月十七日，大约在此日，钟颖将军用英文（附藏文和法文本）致函英国驻江孜商务委员，通告此日收到该委员的信。

10月4日（八月二十四日星期五）藏历八月二十三日，达赖喇嘛的亲信参谋（医生、学者）拉门堪布此日向遍知莱登拉代本通报了拉萨的激战。

10月10日（九月一日星期四）藏历八月二十九日，《西藏达赖喇嘛年谱》记载：1912年“藏历八月二十九日”，达赖喇嘛“离开桑顶寺”两天后“经尼索渡口下榻色曲廓央则寺院（Zad chos – vkhor – yang – rtsevi dgon – pa），并在此住锡三个月”。青木文教著《秘密之国西藏游记》言10月15日抵达该寺，察瓦池楚活佛言两日前抵达，这应该是达赖喇嘛抵达的日子。青木言达赖喇嘛比他早到数日。而后青木一直随同达赖喇嘛到拉萨。青木详细描述了达赖喇嘛在该寺经营了煤矿等开采，从制度、军火和操练上整顿了藏军，创制了雪山狮子旗和军旗，建立了邮政制度，向英国、俄国派遣了留学生。这实际上是西藏“独立”运动的起源。

10月13日（九月四日星期日），《西藏达赖喇嘛年谱》记载：1912年“藏历八月二十九日”，达赖喇嘛“离开桑顶寺”两天后“经尼索渡口下榻色曲廓央则寺院，并在此住锡三个月”。青木文教著《秘密之国西藏游记》言10月15日抵达该寺，察瓦池楚活佛言两日前抵达，这应该是达赖喇嘛抵达的日子。青木言达赖喇嘛比他早到数日。而后青木一直随同达赖喇嘛到拉萨。青木详细描述了达赖喇嘛在该寺经营了煤矿等开采，从制度、军火和操练上整顿了藏军，创制了雪山狮子旗和军旗，建立了邮政制度，向英国、俄国派遣了留学生。这实际上是西藏“独立”运动的起源。

11月23日（十月十五日星期六），此日，联豫抵达亚东。

11月26日（十月十八日星期二），此日，汪曲策忍会见联豫。

12月11日（十一月三日星期三），英国驻锡金政务官贝尔致电印度政府，报告此日联安班已经越境入锡金，抵达纳荡。

12 月 12 日（十一月四日星期四），联安班将从纳荡继续前行。

尾　声

1913 年《西藏达赖喇嘛年谱》记载：佛龄三十八岁，藏历水牛年，公元 1913 年（民国癸丑年），1 月 7 日（十一月三十日星期二）《西藏达赖喇嘛年谱》记载十二月六日（夏格巴的《西藏政治史》换算为 1 月 7 日）达赖喇嘛离开桑顶寺，青木文教著《秘密之国西藏游记》载为 1913 年 1 月 12 日。

1 月 13 日（十二月六日星期一），伦敦的印度事务大臣克鲁勋爵致电印度政府，询问杨芬的行踪。

1 月 21 日（十二月十四日星期二），印度政府致电克鲁勋爵，言回复你们本月 13 日的电文，杨芬与两位成员还在大吉岭与噶伦堡一带，另外两位已经回了中国。显然从电文得知，杨芬常常表示要与钟颖的军队一起回去。英印档案载 1913 年 5 月底，还在大吉岭与噶伦堡一带徘徊的杨芬放弃了入藏，去了加尔各答。英印档案以后没了他的记载。回国后，他 1913 年七月（应为阳历）到口（指口北，察哈尔口北张北及多伦等六县），向口北宣抚使姚锡光（后任蒙藏事务局副总裁，1856 年生）报告调查藏务情形。1915～1917 年，先在本旗南公营子的东仓高等小学任教，后任喀喇沁左旗公署学务代表。以后在北京师范大学、蒙藏学校和绥远的蒙古学院任教，1938 年 55 岁病故绥远，灵柩运回原籍安葬。

3 月 12 日（二月四日星期三），因工作结束，韦乐沛带领廓尔喀卫队离开了纳荡（那当），因为将卫队留在当地无必要。

瑞典人施尼茨克尔及其有关图理琛使团的记述

阿拉腾奥其尔

摘　要：1700年，俄国与瑞典之间长达21年的“北方战争”爆发。在1709年6月的波尔塔瓦战役中，有2500名瑞典官兵被俘。其中普通士兵或被迫服各种劳役，或被押往彼得堡充作苦力，参加俄国建设新都的劳动，而军官则被流放西伯利亚。在这些被流放西伯利亚的瑞典军官中，重骑兵旗手约翰·克里斯托夫·施尼茨克尔于1713年进俄军服役，并受命护送出使伏尔加河流域土尔扈特汗国的清朝图理琛使团，身后留下有关护送图理琛使团的札记，详细记载了使团在土尔扈特汗国的活动。本文拟勾稽中外载记，对俄国与瑞典之间长达21年的“北方战争”、约翰·克里斯托夫·施尼茨克尔及其有关出使伏尔加河流域土尔扈特汗国的清朝图理琛使团的札记做了全面考察和探讨。

关键词：施尼茨克尔　图理琛使团　土尔扈特汗国　中俄关系

作者简介：阿拉腾奥其尔，中国社会科学院中国边疆研究所副研究员。地址：北京市东城区先晓胡同10号，邮编：100005。

引　言

康熙五十一年（1712）五月，康熙皇帝派出以侍读学士殷札纳为首的使团，出使游牧于伏尔加河下游的土尔扈特汗国。该使团自北京起程后，假道西伯利亚，历时三年，于康熙五十四年三月返回北京。因该使团成员图理琛撰写《异域录》一书而闻名中外，后人就将这个使团称作“图理琛使团”。据图理琛《异域录》记载，康熙五十二年（1713）七月二十三日，使团行抵图敏，即今秋明市，“到彼之日，管栢兴官排列旗帜兵丁迎接，请至伊家款宴，复馈送食物。候供给，止宿之日，有鄂罗斯出征掳来之西费耶斯科国数人，来舟中鼓吹絃歌，以为娱，赏以银钱、肉食”[①]。这是图理琛第一次提到“西费耶斯科国人”。图理琛在另一处，即在“改郭罗多”条下还记：“越四宿，至索罗博达地方。皆林薮，（喀穆河）河岸之上有庐舍，鄂罗斯并掳来西费耶斯科国人五千余户（按：《异域录》满文本作 susai boigon，意为五十户）杂处。”[②] 图理琛所称“西费耶斯科国”，来自俄语“Шведское государство”或“Шведское Королевство”，即今瑞典，那么当时在遥远的西伯利亚为什么会有那么多瑞典人？

与这个问题相关的是，马汝珩、马大正在提到康熙五十三年（1714）六月初二日图理琛使团向阿玉奇汗递交康熙皇帝敕书的情景时，曾写道：“另一个当事人，当时由俄国政府指派陪同图理琛一行到阿玉奇汗牙帐的И. Х. 什尼切尔在回忆录中有一段生动的描写”，并引用了这位当事人的相关记述。[③] 今天我们知道，这位当事人就是在俄军中服役的瑞典战俘，其全名准确的叫法应为“约翰·克里斯托夫·施尼茨克尔（Johann Christophe Schnitzker）”。这位约翰·克里斯托夫·施尼茨克尔又是何人？他就图理琛使团的出访又记了一些什么呢？本文拟勾稽中外记载，试图就上述问题做一些力所能及的探讨。

一　北方战争与俄军中的瑞典战俘

《异域录》载：“康熙五十一年（1712）四月二十二日，恭请圣训。”是日，康熙帝向使团布置此次出访的各项任务，并一再强调沿途注意事项，不可不谓面面俱到。其中一项提到“此役，鄂罗斯国人民生计，地理形势，亦须留意”[④]。因此，图理琛沿途十分重视对俄国百姓生计、地理形胜的观察和记载。康熙五十三年（1714）三月上旬，使团抵达萨拉托付（今译萨

---

① 图理琛：《异域录》上卷。
② 图理琛：《异域录》下卷。
③ 马汝珩、马大正：《漂落异域的民族——17 至 18 世纪的土尔扈特蒙古》，中国社会科学出版社，1991，第 105 页。
④ 图理琛：《异域录》上卷。

拉托夫），因“时雪甚大，众不能前进，遂驻扎萨拉托付地方”。这使图理琛得暇整理沿途所记资料，并将其汇成文字。他写道：

> 鄂罗斯国向无汗号，原僻处于西北近海之计由①地方，而地界甚狭。传至依番瓦什里鱼赤②之时，其族内互相不睦，以至于乱，依番瓦什里鱼赤力甚微弱，乃求助于西费耶斯科（瑞典）国王，而西费耶斯科国王许助依番瓦什里鱼赤兵八千并粮饷，欲取鄂罗斯之那尔瓦城，依番瓦什里鱼赤从其言，将那尔瓦城归于西费耶斯科国。因假此兵力，依番瓦什里鱼赤征收其族类，而自号为汗焉，迄今三百余年。从此强盛，将喀山并托波儿等处地方俱已征获。其后，又侵占伊聂谢并厄尔库、泥布楚等地方，国势愈大。鄂罗斯国现在国主察罕汗之名，曰票多尔厄里克谢耶费赤③，年四十一岁，历事二十八载，所居之城名曰莫斯科洼。因遣使索取归于西费耶斯科国之那尔瓦城④，而西费耶斯科国王不许，遂成仇敌，已十五年。西费耶斯科国王，名曰喀鲁禄什⑤，年三十三岁，所居之城名曰四条科尔那⑥。初战，败鄂罗斯之兵，大加杀掳。后再战，为鄂罗斯国察罕汗所败，伤人甚多，失城数处，以致危急，逃往图里耶斯科国，拱喀尔汗所属鄂车科付之小城居住，已经八年。⑦

这段文字内容涉及俄国风俗习惯、法律、宗教、历法等诸多方面，特别是图理琛有关俄国历史的记载，是中国人关于俄国历史的第一次最完整叙

① 满文作 giio，基辅，指俄国历史上的基辅罗斯。按：9～11 世纪时，基辅罗斯疆域西至波罗的海，今芬兰湾、圣彼得堡尽在其版图之内。

② 满文作 ifan wasili ioi cy，即伊凡四世，伊凡·瓦西里耶维奇（Иван Васильевич，1530－1584），被后世称为“伊凡雷帝”（Иван Грозный）。

③ 满文作 piyoodor elik siyei ye fi cy，即彼得一世，彼得·阿列克谢耶维奇（Петр Алексеевич），通常称作“彼得大帝”。

④ 满文作 narwa，俄文名为 Нарва。1558 年被俄国占领，1581 年被瑞典所占，1595 年划归瑞典。

⑤ 满文作 karulusi，即瑞典国王查理十二世。按：所谓“查理十二世”的译法，系据英文翻译，罗索欣《异域录》俄译本作 Каролус，此应系瑞典文正确读法。今俄文译作 Карл XII。

⑥ 四条科尔那，满文作 sytiyo k'olna，即今瑞典首都斯德哥尔摩。按：sytiyo k'olna（四条科尔那），系俄语旧式叫法 Стекольно 之音译。参见《18 世纪俄中关系（1700－1725）》（文件资料集），第 1 卷，莫斯科 1978 年版，第 635 页注释 155。

⑦ 图理琛：《异域录》卜卷。

述，也是中国人关于当时正在进行的北方战争的第一个报道。

众所周知，为争夺波罗的海出海口及其沿岸地区，历史上俄国与波兰、丹麦、瑞典多次进行过战争。17 世纪末，为夺取波罗的海出海口，彼得一世先后与波兰、丹麦结成反对瑞典的“北方同盟”，同时，于 1700 年 7 月与土耳其缔结“为期 30 年的君士坦丁堡和约”[①]，随即向瑞典宣战，从此拉开了长达 21 年的“北方战争”的帷幕。1701 ~ 1702 年，经两年的持续交战，俄国夺取了具有战略意义的涅瓦河口地区，并于 1703 年 5 月下令在涅瓦河口叶尼萨利岛建彼得 - 保罗要塞，为俄国未来的首都——圣彼得堡——奠定了基础。

1708 年，瑞典国王查理十二世为重新收复被俄国占领的领土，决定进攻俄国，于同年 9 月穿过波兰进入乌克兰，出现在俄国边境。俄国方面阻止瑞典军队入侵实行“焦土政策”，坚壁清野，给瑞典军队断草断粮，导致瑞典军队的饥饿和疾患，使其力量严重削弱。1709 年 6 月，俄瑞双方又在波尔塔瓦决战，瑞军战死 9000 多人（一说 7000 人），被俘 2500 多人，精锐部队丧失殆尽，查理十二世负伤，率残兵逃往土耳其境内，然后“在化装后马拉松式地骑马穿过欧洲，顺利地返回瑞典”[②]。但是，俄国对瑞典的北方战争并没有因取得“波尔塔瓦战役”的胜利而结束，直到 1720 年，俄军在瑞典登陆，直逼瑞典首都斯德哥尔摩，瑞典被迫求和，并于 1721 年 8 月，双方在芬兰尼什塔特签订和约，“北方战争”才算落幕。至此，经过 21 年的北方战争，俄国终于夺得波罗的海出海口，为争霸世界打通了道路，加入到欧洲列强的行列之中。

波尔塔瓦战役结束后，被俘的瑞典军人被押往莫斯科，军官被关押在莫斯科，而普通士兵们在被关押一段时间后，被迫服各种苦役，如在盐矿挖盐，更多的士兵则被转往圣彼得堡，作为苦力参加俄国修建新都的劳动。但考虑到在莫斯科长期关押大量瑞典军官，会对京城安全构成潜在的隐患，彼得一世下令将他们分散到乌拉尔山以东尚未开发的西伯利亚省西部地区。因此，大部分被俘瑞典军官被流放到西伯利亚，在当时西伯利亚的省会城市托波尔斯克看押。

---

① 孙成木、刘祖熙、李建主编《俄国通史简编》（上），人民出版社，1986，第 244 页。

② 〔美〕J. E. Bosson. Some Early Swedish Contributions to China Border Area Studies，载《国际中国边疆学术会议论文集》，台北，1985，第 1823 页。

与普通士兵相比，军官被免除苦役，生活相对自由得多，他们还被允许在托波尔斯克城里及其周围自由活动，以便发挥他们的机智与才能维持生存。这些军官大多受过非常良好的教育，具有多方面的才能，一些人还在当炮兵和修筑要塞的过程中，得到过测量和工程技术方面的训练。因此，俄国当局便雇用他们去设计和修筑托波尔斯克城堡的几处工事。他们还在托波尔斯克建起一所学校，不仅为他们自己的孩子，也为当地俄国人、蒙古人以及其他“土著居民”的孩子提供教育。① 但也有一些人因为这种无限期的监禁生活而感到沮丧，接受沙俄当局提议到俄国军队中服役。有不少瑞典军官因在俄国军队里施展他们的才能，而受到重视甚至重用，约翰·克里斯托夫·施尼茨克尔便是其中一员。

二　约翰·克里斯托夫·施尼茨克尔及其《关于阿玉奇汗的卡尔梅克人》

关于约翰·克里斯托夫·施尼茨克尔（Johann Christophe Schnitzker）的生平，我们知之甚少。我们了解他，主要是通过《18世纪俄中关系文件资料集（1700－1725）》一条注文，只知道他的名字叫约翰·克里斯提安·什尼切尔（Иоганн Христиан Шничер），是在俄军中服役的瑞典人，曾经奉西伯利亚省长加加林之命，护送清朝图理琛使团赴伏尔加卡尔梅克阿玉奇汗处。其有关清朝使团出访卡尔梅克的札记 *Berättelse om Ayuckiniska Calmuckiet* 最早用瑞典文出版，其德译文由弥勒（G. F. Müller）发表《俄国史集》（*Sammulung Russischer Geschicht*）第4卷，部分内容的俄译文《关于中国使臣以及1714年7月2日他们是怎样受到卡尔梅克人礼遇和迎接的》（О китайских посланниках, как они в 1714 году июля 2 дня калмыками почтены и приняты были）1764年在《学术月刊》（11月号）上发表②，1978年作为附录收录在档案资料汇编《18世纪俄中关系（1700－1725）》

① 〔美〕J. E. Bosson. Some Early Swedish Contributions to China Border Area Studies，载《国际中国边疆学术会议论文集》，台北，1985，第1824页。

② Ежемесячные сочинения и известия о ученых делах. СПб, 1764 г., ноябрь с. 428～440。按：耿昇译《卡尔梅克史评注》（中华书局，1994）据法文译作《每月新书》；柳若梅译《俄罗斯汉学史》（社会科学文献出版社，2011）据俄文译作《每月文汇及学术信息》；阎国栋《俄国汉学史》（人民出版社，2006）一书译作《学术月刊》，这里，采用阎国栋译法，下同。

第1卷等。[①]

今据瑞典裔美国学者包森（J. E. Bosson）的研究，上述信息需要做一些修正：(1) 约翰·克里斯提安·什尼切尔的真名，应为约翰·克里斯托夫·施尼茨克尔（Johann Christoph Schnitzker）；(2) 他关于图理琛使团的札记在最初用德文写成，后被译成瑞典文在斯德哥尔摩出版。[②]

约翰·克里斯托夫·施尼茨克尔，出生年月不详，系瑞典国王查理十二世军队重骑兵旗手，1708年在今乌克兰的皮尔雅廷被俘，最后也被放逐到西伯利亚城市托波尔斯克。据包森推测，他不是库兰德（Courland）人，就是波罗的海沿岸罗斯托克附近的维斯马（Wissmar）市人。[③] 1713年，施尼茨克尔进入俄国军队服役，并于当年被首任西伯利亚省长马特维·加加林任命为一个骑兵连的指挥官，负责护送此时已到达西伯利亚边境的清朝图理琛使团前往伏尔加河流域的土尔扈特汗国。施尼茨克尔没有辜负加加林对他的期望，他从俄国边境小城楚库栢兴（今诺沃色楞格斯克），护送使团穿过西伯利亚一直到伏尔加河下游卡尔梅克阿玉奇汗的营地，然后又将使团从伏尔加河下游送回中俄边境楚库栢兴，使使团安全离境返回京城。可以说，对于图理琛使团圆满完成出使土尔扈特汗国的任务，并安全回国，施尼茨克尔功不可没。

至于他以后的生活，只知他在俄国军队中获得了陆军中校的头衔。后来，因其从俄国军队退役的申请遭到拒绝，他逃离俄国，回到了瑞典。1722年11月15日，他以上尉军衔从瑞典军队退役。按照包森（J. E. Bosson）的说法，“1715年冬，在伏尔加河畔的萨拉托夫城，施尼茨克尔对他接触到的卡尔梅克人进行了描述并写成了一份关于中国使团的报告”[④]。这份报告最初用德文写成，原稿有两件（编号42号、63号），现藏瑞典林雪平兰兹－奥赫（Lands－Och）图书馆。据包森推测，编号为42号的藏品为施尼茨克尔札记的原稿，而63号藏品系后来的复制品。其依据是，42号原稿多

① 〔苏〕H. Φ. 杰米多娃、B. C. 米亚斯尼科夫编《18世纪俄中关系》（文件资料集），第1卷（1700－1725），莫斯科，1978，第638页注释1。

② 〔美〕J. E. Bosson. Some Early Swedish Contributions to China Border Area Studies，载《国际中国边疆学术会议论文集》，台北，1985，第1828页。

③ 〔美〕J. E. Bosson. Some Early Swedish Contributions to China Border Area Studies，载《国际中国边疆学术会议论文集》，台北，1985，第1826页。

④ 〔美〕J. E. Bosson. Some Early Swedish Contributions to China Border Area Studies，载《国际中国边疆学术会议论文集》，台北，1985，第1826～1827页。

出大约400个词语，是其他版本中所没有的；42号藏品标题的拼写与达尼埃尔·戈特利布·梅塞施米特曾有过的一份原稿的标题拼写相一致。42号藏品标题的全称是：

> 描述阿玉奇汗卡尔梅克人如何陷入俄国的统治之下，卡尔梅克人现在居住何处，他们人数众多，分为四支，他们的政治、生活方式、布道者、神像和祷祈以及众神的来源。该作者约翰·克里斯托夫·施尼茨克尔于1714年受西伯利亚最高长官马特维·彼得罗维奇·加加林委派护送到达西伯利亚边界的中国使团。[①]

1744年，施尼茨克尔这份报告以《关于阿玉奇汗的卡尔梅克人》（*Berättelse om Ayuckiniska Calmuckiet*）为题，通过著名出版商和书商拉尔斯·萨尔维斯的出版社以瑞典文出版。[②] 但由于此时诸如本泽柳斯大主教、雷纳特上尉和冯·斯特拉连贝尔格以及作者本人已先后过世，当这本书出版的时候，作者的名字Schnitzker（施尼茨克尔）被误写成了Schnitscher（施尼切尔）[③]。需要指出的是，施尼茨克尔《关于阿玉奇汗的卡尔梅克人》一书的瑞典文版有约翰·古斯塔夫·雷纳特做的注释。雷纳特曾在准噶尔生活17年之久，学者们曾期待他应该为后人留下一些记载，但我们至今还未发现有这样的记载。但他为施尼茨克尔的《关于阿玉奇汗的卡尔梅克人》所做的注释应该包含有这样的内容。

据法国汉学家伯希和（Paul Pelliot）称，他曾见到过“这本瑞典文小册子中的德译本，其中第四部分是有关赴阿玉奇汗辖地的清朝使节之情况。文中有一些列的引人入胜的细节，它们可以证实和补充图理琛的记载，值得在一部比较研究论著中重新探索之”，“从各种迹象来看，正是这第四部分后来在弥勒的关心下而译作俄文”[④]。由此可知，Г. Ф. 弥勒1760年发表在《俄国史集》第4卷以及1764年发表在《学术月刊》11月号上的俄译文

① 〔美〕J. E. Bosson. Some Early Swedish Contributions to China Border Area Studies，载《国际中国边疆学术会议论文集》，台北，1985，第1828页。

② 《关于阿玉奇汗的卡尔梅克人》（*Berättelse om Ayuckiniska Calmuckiet*），斯德哥尔摩，1744。

③ 〔美〕J. E. Bosson. Some Early Swedish Contributions to China Border Area Studies，载《国际中国边疆学术会议论文集》，台北，1985，第1827页。

④ 〔法〕伯希和：《卡尔梅克史评注》，耿昇译，中华书局，1994，第117页。

《关于中国使臣以及1714年7月2日他们是怎样受到卡尔梅克人的礼遇和接待的》就是施尼茨克尔《关于阿玉奇汗的卡尔梅克人》一书的第四部分，而有关卡尔梅克民族风俗习惯及信仰方面内容则略而未译。第二次翻译、删减版本发表在《萨拉托夫省报》1842年第18～19期和《阿斯特拉罕省报附录》1843年第39期上，但有关清朝使团一使臣在途中病故以及将其尸体火化后带回的内容被删减了。[①]《18世纪俄中关系（1700－1725）》（文件资料集）第1卷刊载的正是《学术月刊》1764年发表的版本。所有俄译本都删去了雷纳特的注释，不能不说是一个遗憾。日本学者今西春秋在其《校注异域录》一书详尽利用了施尼茨克尔的材料。[②]

三　施尼茨克尔对清朝图理琛使团的记述

1978年出版的《18世纪俄中关系（1700－1725）》（文件资料集）第1卷，以《施尼切尔（施尼茨克尔）关于1714－1716年护送清朝使团赴卡尔梅克阿玉奇汗处的报告》为题收录了施尼茨克尔札记1764年的俄译文。其实，该报告系施尼茨克尔《关于阿玉奇汗的卡尔梅克人》一书的节译本，包含两个小标题：一是《关于中国使臣以及1714年7月2日他们是怎样受到卡尔梅克人的礼遇和接待的》；一是《中国使臣们是怎样火化经长久发烧后于1716年3月27日去世的同伴的》，不仅详细记载了清朝使团在土尔扈特汗国的活动及有关阿玉奇汗及土尔扈特方面如何接待使团的情况，而且还详细记载了清朝使团成员在回国途中病故的情况，可与图理琛《异域录》互为补充，相互印证。

（一）与清朝使团在土尔扈特汗国活动的相关日期

关于使团第一次渡伏尔加河的日期。施尼茨克尔记："1714年6月17日，我们刚一渡过伏尔加河，被称作'好战的'（Дейнерих）穆尔札乌金台吉[③]就率

① 参见〔苏〕Н. Ф. 杰米多娃、В. С. 米亚斯尼科夫编《18世纪俄中关系》（文件资料集），第1卷（1700－1725），莫斯科，1978，第638～639页注释1。

② 〔日〕今西春秋：《校注异域录》，天理，第139页注释181、182和第140页注释183。

③ 俄文原文作 мурза Узин－тайша。мурза，亦称 мирза，源于波斯语 мирза，是南俄草原，土尔扈特汗国周边诸如鞑靼、诺盖等突厥语游牧民族对其大封建主、领主的尊称。按：《异域录》作"魏正台吉"。

卡尔梅克人众前来迎接，并将我们护送至（阿玉奇）汗的营地。"[①] 图理琛《异域录》满文本载："sunja biyai juwan ningun de, ejil bira be doofi, temen, morin yongkiyame isinjire be aliyame emu inenggi tehe."（五月十六日，渡额济勒河，因驼马未齐，候住一日）。康熙五十三年五月十六日，即1714年6月27日。根据俄历与公历换算法，27日减去11天，此日，应为俄历1714年6月16日。这似与施尼茨克尔所记"1714年6月17日"略有出入，但从图理琛上文"因驼马未齐，候住一日"的说法看，施尼茨克尔所记"1714年6月17日"似又不误，显然，施尼茨克尔想强调的是，渡河次日，穆尔札乌金台吉等率卡尔梅克人众"前来迎接"这件事。《异域录》汉文本云："（康熙五十三年）五月初六日，渡厄济儿河。"康熙五十三年五月初六日，系公历1714年6月17日，俄历1714年6月6日，似乎相差甚远。

关于递交敕书的日期。施尼茨克尔所记清朝使臣向阿玉奇汗递交"国书"（敕书）的日期为：1714年7月2日，即公历1714年7月13日，这与图理琛所记完全吻合。如满文《异域录》作"（ninggun biyai）ice juwe i erde, hesei bithe be tukiyeme jafabufi［（六月）初二日晨，捧旨前往］"，汉文《异域录》谓"次早（六月）初二日，捧旨前往"。

关于阿玉奇汗再次宴请使团的日期。施尼茨克尔记：（1714年）7月10日，（阿玉奇汗）汗再次宴请了我们。关于此次宴请日期，满汉文本《异域录》均作：（康熙五十三年六月）初十日，即公历1714年7月21日。根据俄历与公历的换算法减去11天，即俄历（1714年）7月10日。

通过对比图理琛和施尼茨克尔有关清朝使团在土尔扈特汗国活动的相关日期的记载，我们可以确认，图理琛《异域录》满文本的记载是相当准确的，可信的。

（二）关于清朝使团在土尔扈特汗国的活动及阿玉奇汗对使团的接待

清朝使团出使土尔扈特汗国的外交使命，或主要任务，至少是主要任务之一，就是向阿玉奇汗转交康熙皇帝的敕书。因此，向阿玉奇汗敬献康熙皇帝的敕书，无疑是图理琛使团在土尔扈特汗国的最重要的活动。关于清朝使臣向阿玉奇汗递交敕书的细节，施尼茨克尔做了详细描写，他写道：

---

① 〔苏〕H. Φ. 杰米多娃、B. C. 米亚斯尼科夫编《18世纪俄中关系（1700－1725）》（文件资料集），第1卷，莫斯科，1978，第484页。

> 中国使臣们来到（阿玉奇）汗帐幕前，从木盒里取出一份用金纸书写的国书。他们的总头目殷扎纳（Агадай）[①] 拿着国书，用双手举过头顶四分之一俄尺，和自己的其他同事一起，十分肃穆地走进帐幕，一直走到（阿玉奇）汗的座位前。（阿玉奇）汗坐在丝绒座椅里，座椅置于一块高四分之一俄尺，上面铺着波斯地毯的地方。致辞完毕，殷扎纳向（阿玉奇）汗递交本国汗的国书，然后双手拥抱了阿玉奇的双膝。阿玉奇则把自己的右手放到使臣的肩上，以示感谢，而后又坐了下来。[②]

我们知道，图理琛关于递交敕书这样非常正式而隆重的活动，却是寥寥数语，一笔带过，他说："次早初二日，捧旨前往……至阿玉气（奇）汗幄帐前，切近下马，交递谕旨。阿玉气（奇）汗跪接，北向恭请东土大皇帝万安毕，我等宣旨。"[③] 俄罗斯学者注意到了这一细节并且在"阿玉气（奇）汗跪接"一句处做了注释，称"关于向阿玉奇汗呈递清帝国国书一事，什尼切尔（施尼茨克尔）有完全不同的描述"，接着直接引用了施尼茨克尔的上述描写。[④] 看来，图理琛所谓"阿玉气（奇）汗跪接，恭请东土大皇帝万安"的说法，的确值得怀疑。

施尼茨克尔报告的《关于中国使臣以及1714年7月2日他们是怎样受到卡尔梅克人的礼遇和接待的》一节，主要叙述清朝使团在土尔扈特汗国的活动及阿玉奇汗及其家族礼遇，接待使团的有关情况。从施尼茨克尔的记述看，土尔扈特汗国方面为迎接清朝使团做了充分准备：一是，在阿玉奇汗营帐附近，为使团及其随从人员和俄方护送人员搭建了10顶帐篷；二是，为迎接清朝使团的到来，应土尔扈特汗国方面的请求，俄阿斯特拉罕地方当局代表贵族鲍里斯·克雷托普（Борис Креитоп）[⑤] 和一名中尉，率龙骑兵

---

① Агадай一词，词义不明。其中"дай"，应为满语da（达），意为"头目、头领"，而"Ага"，似为满语age或agu，均有"兄长"之意。倘若如此，Агадай一词，有可能是使团成员对作为使团首领（团长）的殷扎纳的尊称，故，作者有此用法。

② 〔苏〕Н. Ф. 杰米多娃、В. С. 米亚斯尼科夫编《18世纪俄中关系（1700－1725）》（文件资料集），第1卷，莫斯科，1978，第484页。

③ 图理琛：《异域录》卷下。

④ 〔苏〕Н. Ф. 杰米多娃、В. С. 米亚斯尼科夫编《18世纪俄中关系（1700－1725）》（文件资料集），第1卷，莫斯科，1978，第636页注释169。

⑤ 鲍里斯·克雷托普，阿斯特拉罕火枪队队长，1706年，阿斯特拉罕地方当局负责卡尔梅克事务的官员。

100人，携4门礼炮前来助阵；三是，从阿斯特拉罕邀请了俄国乐队；四是，从阿斯特拉罕进了干果、葡萄酒、伏特加酒等。但这些内容，在图理琛的记载中，相当简略。

关于阿玉奇汗、阿玉奇汗夫人达尔马巴拉以及阿玉奇汗妹多尔济阿拉布坦、子沙克杜尔扎布相继设宴，招待清朝使团的情况，图理琛《异域录》均以“作乐筵宴”一笔带过，未做详细描述。施尼茨克尔的报告对阿玉奇汗等设宴招待清朝使团的情况，也有记载，尤其对阿玉奇汗第一次延请清朝使团的场景做了详细的描写。关于7月2日阿玉奇汗的宴席，他写道：“其间，不断端上奶茶。一块普通锦缎铺在地上，当作桌布，每人面前又置一块质地厚实的餐巾纸，无碟、勺和刀等。锡盘子上盛满了各种蔬果，有无花果、巴旦杏、葡萄干、核桃仁，还有大块大块的砂糖。这些锡制餐具都属于一个亚美尼亚人，他在卡尔梅克人那里当厨师。吃了有一个小时或者更长，这些锡餐具上又盛上了与索罗钦斯克产黍米、葡萄干一起煮的羊肉，每人面前满满一盘，卡尔梅克人用餐用手抓，而中国人则按照他们的习俗用细长的筷子。”① 饭后，鸣放礼炮，西洋乐器音乐演奏，最后摔跤、射箭表演。需要指出的是，根据图理琛的记载，因在（六月）初四日阿玉奇汗之妃达尔马巴拉的宴席上表现出色，“莫不称善”，故有“初五日”阿玉奇汗“闻天使内有善射者二人”，遂差“伊侍近之异什来禀称”，“我国王欲得一观”，“于是，噶扎尔图及米丘二人，携上赐弓矢前往”②。而在施尼茨克尔的报告中，噶扎尔图及米丘二人出现在7月2日阿玉奇汗的宴席上。施尼茨克尔写道：“摔跤结束后，射手们出场，他们表演用箭射靶。中国使臣们的随从人员中有两人参加了射箭，一个名叫Бицет（米丘），一个名叫Карга（噶扎尔图）③，他们与卡尔梅克射手射箭打赌，可是卡尔梅克射手们没有一个人能像此二人那样百发百中，甚至没有人能将Карга（噶扎尔图）的箭从靶子上拔下来。”④

① 〔苏〕Н. Ф. 杰米多娃、В. С. 米亚斯尼科夫编《18世纪俄中关系（1700－1725）》（文件资料集），第1卷，莫斯科，1978，第484页。

② 图理琛《异域录》卷下。

③ 图理琛《异域录》载：“于是，噶扎尔图、米丘二人，携上赐弓矢前往”，“次日，阿玉奇汗以噶扎尔图、米丘善射，各送马一匹。”由是看，清朝使团随从人员中参加此次射箭表演的是新满洲噶扎尔图和米丘二人，噶扎尔图，满文本作gajartu；米丘，满文本作mitio。施尼茨克尔所记Бицет，应为“mitio”无疑，即“米丘”；Карга，则当为“gajartu”，即“噶扎尔图”。

④ 〔苏〕Н. Ф. 杰米多娃、В. С. 米亚斯尼科夫编《18世纪俄中关系（1700－1725）》（文件资料集），第1卷，莫斯科，1978，第485页。

关于土尔扈特方面赠送礼品，施尼茨克尔记载："次日（7 月 11 日），送来 300 匹马以及其他礼物：（阿玉奇）汗赠送马 80 匹，沙狐皮 300 张，（阿玉奇）汗长子[1]赠马 70 匹，皮革 300 张，幼子[2]赠马 60 匹，（阿玉奇）汗妹妹赠马 50 匹，（阿玉奇）汗夫人赠马 40 匹。中国使臣们出于谦恭和礼貌，只收每人一匹马，退回皮革、沙狐皮等。此后，再没有人给他们送来过任何东西。"[3] 这与图理琛所记基本吻合。

（三）关于清朝使团成员在回国途中病故的情况

施尼茨克尔在报告中有这样一段记载："1715 年 12 月 2 日至 1716 年 2 月 3 日，在托波尔斯克度过之后，我们再次启程，于 2 月 11 日，抵萨马罗夫（Самаров），不得不在此等候，俟河流解冻。可是，3 月 27 日，一位名叫哈布恩的使臣故去了。"[4]

关于使团成员在中途病故之事，满汉文本《异域录》均无记载。这大概与图理琛和纳彦等先行回国有关。《异域录》载："于十一月初七日，回至托波儿地方"，"十二月二十二日，拨给驿马拖床，出护送官兵，余同纳颜各带跟役二名，自托波儿起程"。也就是说，康熙五十四年十二月二十二日（1716 年 1 月 16 日），图理琛与纳颜"在托波儿地方"与使团告别，自托波尔斯克起程后，经塔拉、托木斯克、伊尔库茨克、叶尼塞斯克先行回国，而使团大队人马，则仍由原路返回，于（俄历）2 月 11 日，抵萨马罗夫（按：《异域录》作"萨马尔斯科"），并在此候河流解冻，（俄历）3 月 27 日，使团成员哈布恩病故。因此，对于使团成员哈布恩病故之事，图理琛并不知情，《异域录》缺载，可以理解。

根据施尼茨克尔的记载，使团将死者尸体火化后，将骨灰带回。施尼茨克尔对使团给死者更衣、入殓、火化、收骨灰以及吊唁等情况，均有较详细的描写，但未提供有关死者身份的任何信息。到目前为止，我们只知道叫"哈布恩"，至于他究竟是什么人，在使团中扮演何种角色，我们一概不知。

---

① 指阿玉奇汗长子沙克杜尔扎布。

② 应为阿玉奇汗子衮扎布。

③ 〔苏〕H. Ф. 杰米多娃、B. C. 米亚斯尼科夫编《18 世纪俄中关系（1700－1725）》（文件资料集），第 1 卷，莫斯科，1978，第 485 页。

④ 〔苏〕H. Ф. 杰米多娃、B. C. 米亚斯尼科夫编《18 世纪俄中关系（1700－1725）》（文件资料集），第 1 卷，莫斯科，1978，第 486 页。

结　语

综上所述，由于北方战争，特别是波尔塔瓦战役的失败，有大批瑞典官兵被俄军俘虏。普通士兵在被关押一段时间后，大部分被转往圣彼得堡，作为苦力参加俄国修建新都的劳动，也有一部分战俘被迫服务各种苦役，如在盐矿挖盐，而大部分被俘瑞典军官则被流放到西伯利亚，在西伯利亚的省会城市托博尔斯克看押。按照包森的说法，"（这些军官）他们大体上是一群受过良好教育的人，具有许多实际才能。无论是那些在莫斯科遇到他们的人，还是后来路过西伯利亚的旅行者都在谈论他们的音乐才干。这种才干使他们在莫斯科和托博尔斯克两座城市中颇受欢迎，成了社会的一部分"①。这就是图理琛所说"有鄂罗斯出征掳来之西费耶斯科国数人，来舟中鼓吹弦歌，以为娱，赏以银钱、肉食"。② 他们依靠音乐方面的一技之长，来获得一点赏钱或一顿晚餐，以此维持生存。可以说，这正是他们在西伯利亚流放生活的真实写照。

约翰·克里斯托夫·施尼茨克尔还算幸运，1713 年，他就进入俄国军队服役，并于当年被首任西伯利亚省长马特维·加加林任命为一个骑兵连的指挥官，负责护送出使伏尔加河流域的土尔扈特汗国的清朝图理琛使团。施尼茨克尔是一个有心之人，他将护送经历及其在土尔扈特汗国的所见所闻记录成文字。施尼茨克尔关于护送清朝图理琛使团的记述后以瑞典文、德文、俄文传世，为我们提供了许多重要的信息，很多记载具有重要价值。如清朝使臣向阿玉奇汗递交敕书的细节，图理琛《异域录》记载的是阿玉奇汗"跪接"，但施尼茨克尔记载的则是清朝使臣殷札纳向阿玉奇汗行使了下对上的"抱膝礼"。这个看似无伤大雅的小事，实际上却牵涉双方是何种心态的大问题。对清政府来说，行使何种礼仪不是可有可无的事情，而是涉及国家形象以及对国际秩序不同看法的大问题。③ 所以，是阿玉奇汗"跪接"，

---

① 〔美〕J. E. Bosson. Some Early Swedish Contributions to China Border Area Studies，载《国际中国边疆学术会议论文集》，台北，1985，第 1824 页。

② 图理琛：《异域录》上卷。

③ 详见王开玺《清代外交礼仪的交涉与论争》，人民出版社，2009，第 40～46 页；关于清朝与俄国的礼仪之争，详见尤淑君《接待俄使之异：论清朝对俄政策的变化》，《中国边疆史地研究》2013 年第 3 期，第 55～67 页。

还是清朝使臣行“抱膝礼”，双方必进行了一番博弈。最后应该是以施尼茨克尔的记载为准，即清朝使臣向阿玉奇汗行使了“抱膝礼”，这不但是因为其记载细节详细，逻辑清晰，更是因为其不代表双方的利益，没有必要讳饰事实。而图理琛则因为行使“抱膝礼”不符合“天朝上国”的地位，故有讳饰的必要，也因此一笔带过阿玉奇汗“跪接”的细节。由此可见，在研究相关问题时，多文种材料的运用，多角度的分析是非常重要的。

“边疆史地丛书”评议

马大正

作者简介：马大正，中国社会科学院中国边疆史地研究中心（现中国边疆研究所）原主任，研究员。

1991年7月18日，由中国社会科学院中国边疆史地研究中心（以下简称“边疆中心”。现更名为中国边疆研究所）和黑龙江教育出版社在北京人民大会堂联合召开了“《边疆史地丛书》暨《中国边疆史地研究》季刊首发式”。时任中国社会科学院副院长汝信到会祝贺，出席首发式的有来自国家民委、国家海洋局、总政联络部、总参作战部、军事科学院、海军学术研究所、中国藏学研究中心、中国国际友好联络会等国家机关、军事部门、科研单位、社会团体的领导和专家，以及中国社会科学院直属局和有关研究所的负责人和专家参加了首发式。

“边疆史地丛书”由边疆中心主编，黑龙江教育出版社出版，该丛书是新中国成立后第一部以边疆史地为主题，并由边疆地区出版社出版的边疆史地学术丛书，而《中国边疆史地研究》则是新中国成立以来我国第一份边疆史地研究的学术期刊。

“边疆史地丛书”工作自1989年启动至2009年出版工作告一段落，历时整整20年。我作为这项工作亲历者，借此篇幅叙其始末，实亦是学人的职责。

边疆中心自确定通过开展以中国疆域史、中国近代边界沿革史、中国边疆研究史为内容的三大研究系列，推动中国边疆史地研究的战略构想后，一直把主编一套丛书、创办一份期刊作为实施上述战略构想的重要举措而四处奔走呼吁，以期获取支持。功夫不负有心人，主编一套丛书的设想得到了黑龙江教育出版社的响应和支持，并于1989年9月正式签署了《黑龙江教育出版社、中国社会科学院中国边疆史地研究中心出版“边疆史地丛书”协议书》，规定1990年出版“边疆史地丛书”第一批图书7种，对“丛书”出版的相关责、权、利也做了合情合理的规定。为了做好“丛书”的出版工作，边疆中心方面决定由主要领导主抓此项工作，包括选题的组织、确定和审阅，保证“丛书”政治上不出错，学术上过得硬；而黑龙江教育出版社方面为这套丛书的出版更是功不可没，如果没有黑龙江教育出版社的支持，是很难出版的，正如当年报评：“原因很简单，这类学术著作印数少，出版社每每赔钱。中国出版界中有像黑龙江教育出版社这样的出版者，他们不以盈利为唯一目的，还要为文化积累、学术进步做出贡献。因此，他们有计划地每年从盈利中拿出一部分来支持有价值的学术著作出版。”① 其实，出版社还要为可能发生的非学术因素干扰承担风险，我作为当事的亲历者，深知此事可言和不可言之不易。

第一批选题7种，如期出版了6种：

吕一燃：《中国北部边疆史地研究》；

吕一燃主编《中国边疆史地论集》；

吕光天、古清尧：《贝加尔湖地区和黑龙江流域各族与中原的关系史》；

〔苏〕克列亚什托尔内著、李佩娟译《古代突厥鲁尼文碑铭》；

陈春华译编《俄国外交文书选译——关于蒙古问题》；

〔苏〕戈列里克著、高鸿志译《1898－1903年美国对满洲的政策与“门户开放”主义》。

只有一个预定选题即郝建恒主编《中俄关系史译名辞典》因作者未能如期交稿，一直到2000年才得以出版。

自此之后，“边疆史地丛书”的编选、出版工作得以顺利、愉快的持续，协议双方一直实践着协议书所规定：“双方领导易人不妨碍本协议的履行”的共识，直到2009年11月，吕文利《历史书写与藩部政治——〈皇朝藩部要略〉研究》出版，“边疆史地丛书”走完了它20年难忘的岁月。

“边疆史地丛书”的20年岁月可做如下几项小统计。

其一，1991～2009年共出版学术专著、专题性学术论集、资料、译作类59种63册，总计1790.7万字；59种著作依内容分类列目如次：

---

① 《〈边疆史地丛书〉出版》，《瞭望周刊》（海外版）1991年第32期。

综论类

吕一燃编《马克思、恩格斯论国家、领土与边界》（1992年12月出版）；

吕一燃主编《中国边疆史地论集》（1991年3月出版）；

马大正主编《中国边疆史地论集续编》（2003年5月出版）；

厉声、李国强主编《中国边疆史地研究综述》（2002年12月出版）；

林荣贵主编《中国古代疆域史》上中下三卷四册（2007年12月出版）；

马大正、刘逖：《20世纪的中国边疆研究——一门发展中的边缘学科的演进历程》（1997年11月出版）；

马大正、李大龙主编《20世纪中国西部开发史》（2005年10月出版）；

于逢春：《中国国民国家构筑与国民统合之历程》（2006年12月出版）；

安京：《中国古代海疆史纲》（1999年8月出版）；

吕一燃：《中国海疆历史与现状研究》（1995年1月出版）。

专论类

王静：《中国古代中央客馆制度研究》（2002年12月出版）；

李大龙：《西汉时期的边政与边吏》（1996年10月出版）；

李大龙：《唐朝和边疆民族使者往来研究》（2001年9月出版）；

李大龙：《都护制度研究》（2003年11月出版）；

张永江：《清代藩部研究——以政治变迁为中心》（2001年9月出版）；

吕文利：《历史书写与藩部政治——〈皇朝藩部要略〉研究》（2009年11月出版）；

赵云田：《清史新政研究——20世纪初的中国边疆》（2004年10月出版）；

高鸿志：《英国与中国边疆危机1637~1912》（1998年12月出版）；

黄定天：《东北亚国际关系史》（1999年4月出版）；

吕光天、古清尧：《贝加尔湖地区和黑龙江流域各族与中原的关系史》（1991年5月出版）；

马大正、杨保隆、李大龙、权赫秀、华立：《古代中国高句丽历史丛论》（2001年2月出版）；

杨茂盛：《中国北疆古代民族政权形成研究》（2004年3月出版）；

卢明辉主编《清代北部边疆民族经济发展史》（1994 年 9 月出版）；

马曼丽主编《中国西北边疆发展史研究》（2001 年 8 月出版）；

薛宗正：《安西与北庭——唐代西陲边政研究》（1995 年 10 月出版）；

李方：《唐西州行政体制考论》（2002 年 7 月出版）；

李方主编《唐西州官僚政治制度研究》（2008 年 10 月出版）；

魏良弢：《叶尔羌汗国史纲》（1994 年 5 月出版）；

阿拉腾奥其尔、闫芳编《清代新疆军府制度职官传略》（2000 年 11 月出版）；

王东平：《清代回疆法律制度研究》（2003 年 9 月出版）；

华立：《清代新疆农业开发史》（1995 年 4 月出版）；

许建英：《近代英国和中国新疆（1840～1911）》（2004 年 12 月出版）；

厉声：《哈萨克斯坦及其与中国新疆的关系》（2004 年 1 月出版）；

杨铭：《唐代吐蕃与西域诸族关系研究》（2005 年 12 月出版）；

张云：《元朝中央政府治藏制度研究》（2003 年 10 月出版）；

吴从众：《西藏察隅僜人的社会与文化》（2001 年 9 月出版）；

李国强：《南中国海研究：历史与现状》（2003 年 12 月出版）；

吕一燃编《南海诸岛：地理、历史、主权》（1992 年 10 月出版）；

刘为：《清代中朝使者往来研究》（2002 年 8 月出版）；

孙宏年：《清代中越宗藩关系研究》（2006 年 1 月出版）；

朱昭华：《中缅边界问题研究》（2007 年 2 月出版）。

专题性论集类

吕一燃：《中国北部边疆史研究》（1991 年 3 月出版）；

马大正：《边疆与民族——历史断面研考》（1993 年 12 月出版）；

马大正：《中国边疆研究论稿》（2002 年 8 月出版）；

〔日〕若松宽著、马大正等编译《清代蒙古的历史与宗教》（1994 年 5 月出版）；

周伟洲：《边疆民族历史与文物考论》（2000 年 3 月出版）；

孟广耀：《北部边疆民族史研究》（上下册）（2002 年 5 月出版）；

张羽新：《清代前期西部边政史论》（1995 年 5 月出版）；

纪大椿：《新疆近世史论稿》（2002 年 7 月出版）；

马大正、厉声、许建英：《芬兰探险家马达汉新疆考察研究》（2007 年 12 月出版）。

资料、译作类

包文汉整理《清朝藩部要略稿本》（1997 年 2 月出版）；

刘民声、孟宪章、步平：《17 世纪沙俄侵略黑龙江流域史资料》（1992 年 10 月出版）；

吕一燃编《北洋政府时期的蒙古地区历史资料》（1999 年 9 月出版）；

〔苏〕克列亚什托尔内著、李佩娟译《古代突厥鲁尼文碑铭》（1991 年 8 月出版）；

〔俄〕温科夫斯基著、〔俄〕尼·维谢洛夫斯基编、宋嗣喜译《18 世纪俄国炮兵大尉新疆见闻录》（1999 年 8 月出版）；

〔日〕日野强著、华立译《伊犁纪行》（2006 年 9 月出版）；

陈春华译《俄国外交文书选译——关于蒙古问题》（1991 年 3 月出版）；

〔苏〕）戈列里克著、高鸿志译《1898 ~ 1903 年美国对满洲的政策与“门户开放”主义》（1991 年 3 月出版）；

郝建恒主编《中俄关系史译名辞典》（2000 年 5 月出版）。

其二，丛书各著作大体均可归入三大研究系列研究之范畴，依边疆地域而言，东北 5 种，北方 8 种，西北 3 种，新疆 13 种，西藏 3 种，海疆 3 种；涉及清代中朝、中越、中缅关系各 1 种；工具书 1 种。宏观上论及中国边疆治理和研究的综论之作有 20 种。

其三，著作第一作者若依单位言，边疆中心 15 人，31 种著作，相关研究部门 16 人，16 种著作，高等院校 13 人，15 种著作；若依地区言，北京 25 位，哈尔滨 5 位，呼和浩特 3 位，乌鲁木齐 2 位，兰州 1 位，西安 2 位，合肥 1 位，南京 1 位，重庆 1 位。

其四，作者的年龄，在著作出版时均为 30 ~ 60 岁，收有诸多年轻学子的博士学位论文，可以说 20 年间有三代学人参与本丛书的学术工作，并为边疆史地研究留下了一笔宝贵的学术遗产。

“边疆史地丛书”作为定位于学术的一套持续出版了 20 年的丛书，从推动边疆史地研究的深化、聚集研究人才均起到了良好的作用，其学术上值得重视之处有如下三端。

其一，丛书选题创新，提前人之未提，发前人之未发，具有填补学术研究空白的价值。

综论性专著的选题中，林荣贵主编《中国古代疆域史》和马大正、刘逖《二十世纪的中国边疆研究——一门发展中的边缘学科的演进历程》而言，前者洋洋161万字，对始自先秦迄止清朝消亡整个历史时期中国疆域的形成、发展、奠定、变迁的全过程做了科学的描述和阐论，其丰富的内涵如本书导论中所言："作为一部相对系统、完整的《中国古代疆域史》，所涵盖的基本内容，应该包括历代疆域格局的沿革、历代王朝（或政权）对其辖区的治理（包括政区建置在内的行政设置和军事戍边政策、措施的推行）和边疆经略（包括陆疆和海疆）的继承和发展情况"，"本书在已有研究的基础上，作一次力不从心的尝试"。而后者，诚如戴逸教授所言："这是国内外第一部比较系统地研究中国边疆研究发展历程的著作"，"是适应中国边疆研究发展趋势的拓荒之作"，"作者较好地将'20世纪的中国边疆研究'和'一门边缘学科的演进历程'这两个主题有机组合起来，也就是较好地将中国边疆研究史研究和中国边疆研究理论研究结合起来，从而也就体现出此书的广度和深度"[①]。赵云田《清末新政研究——20世纪初的中国边疆》出版时是同类主题学术专著的第一部，填补了清末边疆新政这一课题研究中的薄弱环节。

此类创新在专题性论著中更显普遍，如有关中央政府边疆治理方面有王静《中国古代中央客馆制度研究》，李大龙《西汉时期的边政与边吏》《唐朝和边疆民族使者往来研究》《都护制度研究》，张永江《清代藩部研究——以政治变迁为中心》，王东平《清代回疆法律制度研究》；有关有清一代涉外关系方面有刘为《清代中朝使者往来研究》，孙宏年《清代中越宗藩关系研究》，朱昭华《中缅边界问题研究》，许建英《近代英国和中国新疆（1840～1911）》；有关历史上边疆地方政权研究方面有马大正等《古代中国高句丽历史丛论》，杨铭《唐代吐蕃与西域诸族关系研究》，魏良弢《叶尔羌汗国史纲》，以及专论南中国海历史与现状的李国强《南中国海研究：历史与现状》等。对上述已列专著进行逐本评议，哪怕是简单的评议，也是本文篇幅所难以容纳的，在此，我只想就《南中国海研究：历史与现状》作者的研究历程和本书的学术含量讲几句题内与题外的感言。该书成

① 马大正、刘逖：《二十世纪的中国边疆研究——一门发展中的边缘学科的演进历程》，1997，第288～289页。

书于2002年1月，出版于2003年12月，作者的研究则始于1989年，够得上“十年磨一剑”了，而作者的南中国海研究得以开始和持续，又得益于身为中国边疆史地研究中心的研究人员，先后参与和主持了三个南海研究项目，即其一是1988年外交部委托项目“南沙群岛史地研究”（该项目同年被列为中国社会科学院1988年度重点研究项目）；其二是1994年出版的《海南及南海诸岛史地论著资料索引》（李国强是主要编者），其三是1997年边疆中心重点课题“近百年南海问题研究”。上述20世纪80年代末至90年代的三项工作的学术实践，实际上让作者完成了自己学术生涯的“原始积累”，本书则是“厚积”后的一次“薄发”。我作为虚长作者若干岁的同事，对作者这十余年学术工作近距离的观察和关注，我看到了一位年轻学子成长的历程，于我也可谓是学人生涯中的一乐。关于本书的学术内涵的丰富与超前，只要看看其第二章至第七章的目录：“中国南海历史主权概述”“南海主权争端的过去与现状”“南海主权的法理概述”“南海主权涉及的国际关系”“中国海权的演进与中国海军保卫南海”“中国处理南海主权争议的努力”，即可窥其一斑。如作者在本书结尾中坦言：“20世纪已经过去，我们未能解决南海问题，这不能说不是一个遗憾。21世纪已经来临，南海主权争议还能走多远呢？我们将继续予以关注。”（第522页）是的，南中国海研究一直是作者学术研究中最重要的关注点，只是随着作者肩负责任的加重、加大，南中国海研究于作者言已不是十年、二十年前最重要研究关注点的唯一！

其二，丛书选题中资料和译著具有重要学术价值。其表现可从两个方面来认识。其一是提供资料具有指导性和唯一性，前者如吕一燃编《马克思、恩格斯论国家、领土与边界》；后者如包文汉整理《清朝藩部要略稿本》，李佩娟译《古代突厥鲁尼文碑铭》，宋嗣喜译《18世纪俄国炮兵大尉新疆见闻录》，华立译《伊犁纪行》等。其二是重要学术会议的论文结集，应将这项工作视之为是一项十分重要的学术积累，而不是可有可无的应景之举，这方面选题如吕一燃主编《中国边疆史地论集》，马大正主编《中国边疆史地论集续编》，马大正等主编《芬兰探险家马达汉新疆考察研究》等。前两种是在中国边疆史地研究推进历程中起过重要作用，召开于1988年和1999年的两次中国边疆史地学术讨论会的学术论文结集，后一种是由边疆中心主持与芬兰有关学术部门合作进行芬兰探险家马达汉国际学术讨论会上中外学者提交论文的结集。另外还有一本《中国边疆史地研究综述（1989～1998

年)》，该书连同《中国边疆史地研究》杂志曾开辟并持续多年的专栏年度中国边疆研究论著目录索引，是学人从事中国边疆研究史时不可或缺的资料。

其三，丛书为学有所成的学者出版的论文专集，我们称之为专题性学术论集，尽管这类选题在已出版的59种选题中占的比例并不高，但其学术含量一直为业内同行所看重，可视之为本丛书的又一特色。这方面选题诸如有吕一燃《中国北部边疆史研究》，马大正《边疆与民族——历史断面研考》《中国边疆研究论稿》，周伟洲《边疆民族历史与文物考论》，纪大椿《新疆近世史论稿》，孟广耀《北部边疆民族史研究》等。同类选题中还包括为日本学者若松宽编选的论文专集《清代蒙古的历史与宗教》。该书编译者马大正1991年年末为该书所撰“代编者序”中指出：“若松宽教授是当今活跃于日本史坛的蒙古史学家。近三十年笔耕不息，在清代蒙古历史与宗教研究领域内，以其选题新颖，资料丰富，研考严谨，在当代日本蒙古史研究中独树一帜，颇享盛名，同时赢得中国蒙古学界的称道，在国际蒙古学界也有广泛的影响。”该集所收论文如作者在“中译本自序”中所言：“本书虽然以《清代蒙古的历史与宗教》命题，但内容的重点是卫拉特蒙古史，尤集中于准噶尔王国史的研究。宗教篇所收论文也有半数以上是与17至18世纪卫拉特蒙古史有直接关联的各位高僧的事迹考订。”正因如此，该书出版后受到卫拉特蒙古历史研究者的关注。时过20余年的今天，仍不时有研究卫拉特蒙古史的年轻汉蒙学子，将该书作为研究的必读参考书而四处寻觅早已脱销的这本印数仅为1000册的作品。

当然，丛书选题学术上的不足和遗憾可留待研究者和读者研判评议，但从选题组织者的角度，我以为至少有如下一端是明显的缺失，即选题中仅有清代中越宗藩关系和中缅边界问题多少涉及西南边疆外，将西南边疆历史作为研究对象的选题竟无一种，实在是不可原谅的缺失。

1998年，为庆祝中华人民共和国成立四十周年，黑龙江教育出版社提出，从已出版的“边疆史地丛书”著作中选编出版“《边疆史地丛书》精选辑”的设想，此议得到边疆中心的大力支持，很快确定了选目，开始了紧张的出版进程，并于1998年12月一次精本七种：《二十世纪的中国边疆研究——一门发展中的边缘学科的演进历程》《中国北部边疆史研究》《西汉时期的边政与边吏》《安西与北庭——唐代西陲边政研究》《叶尔羌汗国史纲》《清代新疆农业开发史》《贝加尔湖地区和黑龙江流域各族与中原的关系史》《十七世纪沙俄侵略黑龙江流域史资料》。1999 年 3 月 13 日，边疆中心与《光明日报》书评周刊在北京联合召开“边疆史地丛书”精选本出版座谈会。会后《光明日报》以“再现边疆史地风貌，推动边缘学科建设”为题，用一个整版的篇幅，刊发了与会戴逸等七位专家的发言。戴逸教授在题为《研究历史，建设边疆》发言中指出：“‘边疆史地丛书’是一套好书，既有学术价值，集中了专家学者的研究成果，又具有现实意义，对于建设和发展边疆地区有重要的借鉴作用。”① 《人民日报》刊发的记者报道也指出：“边疆史地丛书”的出版，“力图把以往分散的、封闭的研究引入集中的、开放性的轨道”。“随着以此为代表的一系列研究成果的问世，一门新兴边缘、交叉学科——中国边疆学正在形成。”②

2000 年“边疆史地丛书精选辑”荣获第十二届中国图书奖。这是“边疆史地丛书”各册专著频获各级、各类奖项的最高奖项。

20 年间“边疆史地丛书”的多项选题还获得过多项省部级优秀成果奖，“边疆史地丛书”以其学术的前沿性获得了学界同行的认可与重视，而黑龙江教育出版社则以边疆研究成果的出版而成为国内外知名的品牌出版社。

---

① 《光明日报》1999 年 3 月 19 日第 11 版。

② 卢新宁：《圈点千古江山——写在〈边疆史地丛书〉再版之际》，《人民日报》1999 年 4 月 6 日第 11 版。

图书在版编目（CIP）数据

中国边疆学．第2辑/邢广程主编．—北京：社会科学文献出版社，2014.12
ISBN 978-7-5097-6706-1

Ⅰ.①中… Ⅱ.①邢… Ⅲ.①疆界-中国-文集
Ⅳ.①K928.1-53

中国版本图书馆CIP数据核字（2014）第262804号

中国边疆学（第二辑）

主　　编／邢广程
副 主 编／李国强　李大龙

出 版 人／谢寿光
项目统筹／宋月华　杨春花
责任编辑／于占杰　周志宽

出　　版／社会科学文献出版社·人文分社（010）59367215
地址：北京市北三环中路甲29号院华龙大厦　邮编：100029
网址：www.ssap.com.cn
发　　行／市场营销中心（010）59367081　59367090
读者服务中心（010）59367028
印　　装／北京季蜂印刷有限公司

规　　格／开　本：787mm×1092mm　1/16
印　张：20.5　字　数：352千字
版　　次／2014年12月第1版　2014年12月第1次印刷
书　　号／ISBN 978-7-5097-6706-1
定　　价／98.00元